全国普通高校人文社会科学重点研究基地

东北师范大学世界文明史研究中心

教育部重点研究基地项目：
现代欧美人口迁移与宗教多元化(批号:02JA2JD770008)

现代欧美移民与民族多元化研究

梁茂信 著

商务印书馆
2011年·北京

图书在版编目(CIP)数据

现代欧美移民与民族多元化研究/梁茂信著. —北京:商务印书馆,2011
ISBN 978-7-100-07384-4

I.①现… II.①梁… III.①移民—研究—欧洲 ②移民—研究—美洲 IV.①D750.38 ②D770.38

中国版本图书馆 CIP 数据核字(2010)第185538号

现代欧美移民与民族多元化研究
梁茂信 著

商 务 印 书 馆 出 版
(北京王府井大街36号 邮政编码100710)
商 务 印 书 馆 发 行
北京民族印务有限责任公司印刷
ISBN 978-7-100-07384-4

2011年11月第1版 开本 787×960 1/16
2011年11月北京第1次印刷 印张 30¾

定价:67.00元

目　　录

前　言

最近十多年来，对美国的移民与人口流动问题研究的加深和对许多问题的深层次思考，使我的研究视野不断扩展，延伸到其他国家和地区。通过阅读大量史料，我发现人口迁移贯穿于整个人类文明的历史。阅读的材料越多，这种感受就越强烈。在人类进入近现代之前，不同地区、不同群体的迁移大多是有组织的迁徙，其动机要么是为了征服其他民族，要么是逃避战争、自然灾害，或是出于生活方式的需要。无论属于何种形式，其性质基本上属于谋求生存或保存生活方式的生存型移民。

自哥伦布发现“新大陆”以来，随着欧洲资本主义的发展和殖民主义的扩张，经济全球化的进程逐步加快，它从欧洲首先扩展到美洲，然后又蔓延到亚洲、非洲和大洋洲地区。在此过程中，大凡能把握机遇、积极参与到资本主义市场经济体系中的国家，不仅其人口流动异常活跃，而且由于工业化引起的经济结构升级相对较快，社会发展中的结构性变化也日新月异。一方面，最先开始工业化的国家，其人口的城市化水平也比较高；另一方面，从工业化进程的启动到加速时期，劳动力向海外迁移的规模日益增大，然而在完成了向工业社会的转型之后，由经济发展引起的自发性的海外移民浪潮骤然减弱，而来自周边落后国家和地区的劳动力日益增多，而且随着工业社会的成熟，最先开始工业化的国家又完全成为跨国移民净迁入国家。从这两个层面看，除美国、澳大利亚、加拿大和新西兰等传统的外来移民接受国家外，英国、法国和联邦德国等西欧各国在19世纪末开始接受外籍劳工或移民，北欧国家在20世纪初也有一些移民进入。南欧和东欧地区各国是19世纪到

20世纪上半期人口迁出最多的地区，第二次世界大战后人口迁出的现象仍然很突出。到70年代末，意大利、希腊、西班牙和葡萄牙等国家才开始出现移民净迁入现象。当然，从移民迁出国家看，在19世纪中期之后，遭受欧洲列强入侵的亚洲各国也开始出现大规模的人口迁移。到20世纪，所有被卷入市场经济体系的国家，都出现了人口的迁入或迁出。据统计，在1800—1950年间，全球有6700万人口永久性地改变了住址，其中迁离欧洲的移民有6000多万，2/3以上去了美国。在欧洲各国迁出的移民中，意大利移民最多，仅在1846—1932年间迁居海外的人口就有1000多万。第一次世界大战后欧洲有770万人口在欧洲内部迁移，第二次世界大战后有2500万人口改变了国籍。①

从20世纪50年代开始，国际移民的来源和流向都发生较大变化。从全球范围看，主要表现在如下几个方面：

第一，美国、加拿大、澳大利亚以及新西兰等传统的移民国家仍然吸收了大批外来移民，其中既有大批的欧洲移民和难民，也有来自亚洲、非洲和拉丁美洲的移民。从流向看，迁入美国的移民最多。尤其是在1965年美国对移民政策进行改革后，不仅每年的移民限额逐渐增多，而且各种族的移民都能在平等条件下入境。来自亚洲、拉丁美洲和非洲的移民日益增多，并成为当代美国外来移民的主要来源。据统计，到20世纪90年代，居住在美国的外来移民累计达到2300万人。②

第二，在世界近现代史上，欧洲作为洲际移民迁出最多的地区，其内部各国间的人口迁移也十分活跃，基本流向是从南向北、从东向西。值得注意的是，自20世纪70年代以后，迁出南欧国家的移民不断减少，而来自东欧国家的移民日益增多，他们除部分流向西欧和北欧国家

---

① Ogden, Philip E., *Migration and Geographical Change*, Cambridge, U. K.: Cambridge University Press, 1984, pp. 1-2.

② Rogers, Andrei, and Sabine Henning, "The Internal Migration Pattern of the Foreign-Born and Native-Born Populations in the United States: 1975-80 and 1985-90", *International Migration Review*, Vol. 33, No. 2, 1999, p. 404.

外，还有许多移民流向美、加等传统的移民国家。这种变化在80年代苏东剧变后更加突出。例如，迁居海外的波兰移民在80年代末进入高潮期的同时，迁入波兰的苏联移民也进入一个高潮期。从波兰迁出的移民在1983—1984年有2.2万，1989年达到3万，1990—1994年年均为2.1万。在匈牙利，外国出生的移民人数在1996年已经达到14万人，多数是在1988年以后入境的。同样，在1995年捷克外来移民已达15.9万人，其中25%来自斯洛伐克，另有44%来自东欧其他国家。① 除欧洲之外，随着战后亚、非两大洲的殖民地纷纷宣布独立，原来掌管这些殖民地政治和经济大权的欧洲裔纷纷迁回自己的祖国，与此同时，许多在殖民地直接服务于宗主国统治的土生人口，也因种种原因迁入宗主国。从流向看，移民迁入较多的是联邦德国、法国、英国、荷兰、瑞典、比利时和瑞士等国家。结果，西欧和北欧就成为继美国之后当代世界上接受外来移民最多的地区，外籍人总数已达2000万，其中50%来自欧盟成员国以外的国家，有500多万来自英、法等国的前殖民地。② 外来移民的到来对迁入国家人口增长产生了较大的影响。例如，在1950—1970年间，外来移民占比利时人口增长的21%、法国人口的35%、瑞典人口的30%、瑞士人口的44%、联邦德国（西德）的45%。相对而言，外来移民在英国和威尔士人口增长中的比例较低（13%），但是在伦敦等城市则在22%左右。③

第三，亚、非、拉三大洲是当代全球最大的移民来源区，三大洲内部的人口跨国迁移也十分活跃。例如，在东南亚地区，随着新加坡、韩国、

---

① Zlotnik, Hania, "Trends of International Migration since 1965: What Existing Data Reveal", *International Migration*, Vol. 37, No. 1, 1999, p. 31.

② Holmes, Leslie, and Philomena Murray, *Citizenship and Identity in Europe*, Brookfield, Vermont: Ashgate Publishing Company, 1999, p. 56.

③ Ogden, Philip E., *Migration and Geographical Change*, p. 7. 在本书涉及的国家名称中，德国变数最大。为避免混乱，笔者将1945年以前的德国，包括19世纪统一之前，统称为"德国"。在战后"西德"和"东德"并存时期，本书研究对象是西德，故"西德"和"联邦德国"所指相同。两德统一后用"德国"表述。

马来西亚和中国台湾“四小龙”的崛起，吸引的外籍劳工日益增多。在20世纪70年代之后，日本作为东亚经济强国，因受人口老龄化和劳动力供给不足的掣肘，允许外籍劳工入境就业。到1990年，日本的外籍劳工已达136.2万人，其中44％来自中国、菲律宾、泰国和越南等，另外41％是来自巴西和秘鲁的日本裔。在西亚石油输出国家，外籍劳工之多令人惊讶，其人数在1990年达800多万，多数来自东南亚国家。在非洲，许多劳工相继迁居西欧和西亚地区。北非的阿尔及利亚人、摩洛哥人和突尼斯人纷纷流向法国，部分摩洛哥人流向德国、比利时、荷兰和意大利。埃及也有数十万劳工流向利比亚和西亚石油输出国家。在西部非洲，来自圭亚那、马里和布基纳法索的移民主要流向科特迪瓦沿海地区从事农业。到1980年，该地区的外籍劳工达到300多万，其中半数以上来自布基纳法索，1/4来自马里。在西非其他国家，外籍劳工数量较少。例如，外籍劳工占塞内加尔人口的2％，占布基纳法索、马里、毛里塔尼亚和尼日尔等国人口的1％，占圭亚那人口的0.3％。南非作为非洲经济最发达的国家之一，不仅其国内人口流动非常活跃，而且还云集了许多来自周边国家的劳工，仅南非采矿业就有20多万外籍劳工。在拉丁美洲，外来移民人数在1990年达到750万，占全球移民总数的6.2％。接受移民的国家主要有阿根廷、巴西和委内瑞拉。这三个国家自19世纪以来就一直对欧洲移民开放。在20世纪80年代，三国因经济滑坡，许多白人纷纷迁回欧洲。1991年，白人仅占三国移民总数的25％，而出生在拉丁美洲的其他国家的移民比例上升到67％。1980年，阿根廷外籍人口将近200万，多数来自玻利维亚、智利、巴拉圭和乌拉圭等国。在加勒比海地区，除多数移民流向美国和加拿大外，还有少数迁到拉丁美洲国家，此外，在加勒比海地区，地方性的人口流动也十分活跃。最后，在拉丁美洲和加勒比海地区还有部分难民。从1987年哥斯达黎加、萨尔瓦多、危地马拉和尼加拉瓜达成维护中美洲永久性和平的协议到1992年，该地区的难民达到120万。在古巴，每年都有近十万人乘小船来到美国，多数被美国海岸警卫队拦截，

1994 年被拦截的古巴移民增长了 10 倍，被遣返回国的人数达到 3.7 万。[①]

从上述资料中可以看出，当代全球范围内的跨国人口迁移十分活跃，总体流向不仅表现为由发展中国家向发达国家的迁移(即“南北流向”)，而且在发展中国家之间(即“南南流向”)也呈现出前所未有的活跃态势。更为重要的是，在这种纵横交错的跨国性人口迁移中，涉及的国家越来越多，人口规模也日益加大。1976 年，许多国家将国际移民仅仅看做是“一个居于次要位置的议题”，只有 13％的国家制定了与移民入境相关的政策，17％的国家制定了限制移民出境的政策。到90 年代，情况发生了明显的变化。1995 年，40％的国家制定了限制移民入境人数的政策，24％的国家制定了限制出境人数的政策。换一个角度看，发达国家中对移民入境采取不干预政策的比例从 1976 年的 59％下降到 1995 年的 18％，对移民出国采取不干预政策的发展中国家的比例在同期由 80％降至 42％。发达国家中制定限制性入境政策的比例由 26％上升到 43％，制定同样政策的发展中国家由 3％上升到 29％。[②] 尽管制定限制性政策的国家越来越多，但是全球范围内的人口迁移并没有减弱。据联合国统计，1965 年跨国移民有 7500 万，到 1990 年达 1.2 亿，平均年增长 1.9％，其中在 1965—1975 年间平均为 1.2％，此后 10 年间上升到 2.2％，到 1985—1990 年间达到 2.6％，到 1990 年跨国移民占全球人口的 2.3％。从流向看，1990 年，跨国移民占发达国家人口的 4.5％、欠发达国家人口的 1.6％、大洋洲人口的 18％、西亚人口的 11％、北美的 8.6％，在实行市场经济的欧洲国家则

① Zlotnik, Hania, “Trends of International Migration since 1965”, *International Migration*, Vol. 37, No. 1, 1999, pp. 33-34, 36-37, 39, 40-41.

② United Nations, Population Division, *International Migration and Development: the Concise Report*, ST/ESA/SER. A/164, New York: United Nations Reproduction Section, 1997, pp. 21-25.

达到6%。[①] 由于跨国移民主要流向欧美国家,大批移民入境后对这些国家的人口增长影响甚大。据联合国统计,在1990—1995年间发达国家的人口增长有45%与国际移民有关,外来移民分别占美国、澳大利亚和新西兰人口增长的1/3,占西欧国家人口增长中的88%。另一方面,国际移民使发展中国家的人口增长率减少了3%,其中非洲国家的人口增长减少了1%,亚洲为2.6%,拉丁美洲和加勒比海为7.1%。[②]

笔者展示这些数据,无非是要说明经济全球化进程中市场经济社会的流动性。因此,在观察人口流动问题时,如果再考虑到如下两方面,展现在我们面前的景象就是一幅精美的波澜壮阔的全球性人口流动的画面。第一,有更多的人口因旅游、经商、求学或探亲等种种原因而处于流动状态。据统计,跨国旅游的人口由1960年的6900万增长到1990年的4.54亿。[③] 第二,经济全球化的推动力来源于生产与消费需求的互动及其在市场上的对接,市场中潜藏的巨大的经济利益又驱使各国企业资本和劳动力在流动中实现最有效的产出。于是,资本的流动推动了经济结构的升级,劳动力的流动推动了各国城市化和大都市区化的发展。据统计,在1900年发达国家人口城市化比例为26.1%,欠发达国家仅为6.5%;到1975年,发达国家达到70%以上,欠发达国家只有27%;到2000年,发达国家达到75%,欠发达国家达到40%;在2000年之后,发达国家缓慢增长,而欠发达国增速较快;到2030年,欠发达国家的城市化水平将达到56.4%,发达国将达到82.6%。[④] 显然,在20世纪后半期,世界人口的城市化发展神速。2000

① United Nations, Population Division, *International Migration and Development*, p. 13.

② United Nations, Population Division, *International Migration and Development*, pp. 11-12.

③ Zlotnik, Hania, "Trends of International Migration since 1965", *International Migration*, Vol. 37, No. 1, 1999, p. 23.

④ Zlotnik, Hania, "World Urbanization: Trends and Prospects", in Champion, Tony, and Graeme Hugo, eds., *New Forms of Urbanization: Beyond the Urban-Rural Dichotomy*, Burlington, Vermont: Ashgate Publishing Company, 2004, p. 46.

年居住在城市的全球人口达到 29 亿，比 1950 年的 7.3 亿高出三倍。全球人口城市化速度之快，从 1950 年的 29%上升到 2000 年的 47%，到 2007 年达到 50%，表明全球城市化的社会的形成。① 更令人惊讶的是，自 60 年代中期开始，欧美发达国家的城市人口流动进入了一个以离心性为突出特征的新时期，其结果不仅表现为大都市区郊区化社会的形成，甚至在一些地方还出现了令人迷惑的“逆城市化”现象。按照联合国相关材料的界定，逆城市化是“一种人口分布向城市等级下层转移的过程，即从大城市向小城市、从小城镇向农村的迁移……在一些国家，的确出现农村人口增长的现象”。② 总之，面对上述规模宏大又扑朔迷离的人口运动，有学者把 20 世纪后半期称为“人口迁移的时代”。③ 还有学者站在更高的层次上，对现代人口的迁移及其与社会经济生产中的其他要素的关系做了精彩的阐述。文中写道：“过去和现在的移民都可以被认为是全球化的一种表现和结果。全球化包括一系列相互关联的过程，其中最为重要的是稳定增长的资本，生产和商品的循环，以交通、通讯和媒体等主要表现形式的各种新技术的渗透，地区性和跨国性的政治发展和联盟的合作（例如欧盟、北美自由贸易区）……及基层政治合作等。这些过程加剧了地区之间、国家之间和社区之间的不平衡性，进一步促进了移民迁移。”④ 因此，无论在发达国家还是在发展中国家，每年都有大量人口因职业或环境等因素而改变住所。“越

① United Nations, Department of Economic and Social Affairs, Population Division, *World Urbanization Prospects: The 2003 Revision*, ST/ESA/SER. A/237, New York: United Nations, 2004, p. 13, http://www. un. org/esa/population/publications/wup2003/WUP2003Report. pdf(2006 年 1 月 8 日下载).

② United Nations, Department of Economic and Social Affairs, Population Division, *World Urbanization Prospects*, p. 33.

③ Zlotnik, Hania, "Trends of International Migration since 1965", *International Migration*, Vol. 37, No. 1, 1999, p. 23.

④ Nyberg-Sørensen, Ninna, Nicholas Van Hear, and Poul Engberg-Pederson, "The Migration-Nexus Evidence and Policy Options State-of-the-Art Overview", *International Migration*, Vol. 4, No. 5, 2002, p. 7.

来越多的人都发现自己处于……流动性过渡期……每天、每月、每个季节，参与者在其空间和社会区域中，永无休止地流动并处于升级状态。”①

面对如此活跃又令人眼花缭乱的社会现象，嗅觉敏锐的各国学者纷纷著书立说，各种新说层出不穷。到目前为止，国外成果浩如烟海，除影响较大的《国际移民评论》和《国际移民》杂志定期发表专题论文外，类似《美国政治与社会科学年鉴》等杂志也不定期刊发分析国际移民的专栏文章。美国和欧洲的许多大学都设立了专门研究机构和研究中心。由于宏观和微观上的移民是一个纷繁庞杂的历史与社会现象，许多成果又出自于历史学、经济学、民族学、社会学和人口学等学科的专家之手，成果数量可谓汗牛充栋，视角各有千秋，无法逐一评价，故举其要者略述如下，其他成果会在正文相关章节中评介。

20 世纪 50 年代，美国著名学者西奥多·舒尔茨在研究劳动力的资本效用时认为，传统经济学原理已不足以说明现代经济的发展，只有通过人力资本论才能做出合理的解释。在他看来，人力资本是通过个人和社会的投资所形成的资本。从货币形态看，它表现为提高人力的各项开支，主要有保健、教育、职业培训和空间迁移等项支出；当这些投资转化为人力资本后，就表现为人的知识、技能和经验等。从社会角度看，人力资本表现为工作的总人数及其总工作时间；作为一种投资，人力资本必然有收益，是劳动者收入的主要源泉。因此，人力资本价值也可以表现在人力所有者的经济收入上。舒尔茨认为，过去的学者在研究经济发展的动力时，只考虑到有形的物质资本，而没有考虑人力资本。自然资源处于不同的地理位置，而可以进行再生产的物质资本和拥有人力资本的劳动者的地理位置要根据人们可利用的经济机会来确定。表现在区域经济和人口增长的关系上，劳动者根据自己的人力资本、经济发展中的物质资本投资流向及其与自然资源的契合程度，决定

① Robinson, Vaughan, ed., *Migration and Public Policy*, Cheltenham, U. K.: Edward Elgar Publishing Limited, 1999, p. xi.

是否迁移。在这种条件下,“人口的迁移就是经济制度与人口的规模和构成之间相互作用的主要结果之一”。这里所说的经济制度就是以自由主义为核心的市场经济制度。在这种制度下,人口流动是一种必然。人们在迁移的过程中,目的之一就是希望通过改善环境,寻求更好的机会,使自己的资本投入能得到更高的回报。他说:“促使人们迁移的真正动力,通常是经济上的净收入以及非金钱性的满足的某种组合。所谓经济上的净收入,就是扣除掉进行迁移所花费的成本之后所得到的金钱数目。根据人们的特质及经济条件之差异,这种迁移成本的变动范围很大。一般地说,个人迁移的成本比全家迁移的成本少;青年时代进行的迁移所花费的成本比年纪大的人要少。这种成本在人力资本上具有自我投资的性质……”[①]舒尔茨强调人力资本回收的迁移理论所反映的多为个人及其家庭的迁移行为,不能解释各种类型的难民现象,也不能说明历史上的非自愿移民的现象。

斯蒂芬·卡斯尔等人则根据马克思主义的阶级观,对西欧国家的移民劳工进行了分析,认为他们的到来为西欧资本主义经济发展提供了一支可以随时利用的“劳动力后备军”。这些国家的土生劳工可以通过工会组织和社会福利等形式而受益,他们成为劳工贵族后,不愿意承担那些有失颜面的低薪职业。企业主也就不得不以较低的工资雇佣外籍劳动力。可是,西方国家并不允许外籍劳工永久定居,而是要求他们在合同期满后返回原籍。虽然不少劳工并未回国,但由于他们没有获得侨居国的公民资格,因而也就没有权利参与那里的政治与社会生活,无权享受相应的福利计划。当经济出现衰退时,他们就成为被遣返或被驱逐的对象。[②]

与上述观点截然不同的是,斯蒂芬·阿德勒在分析欧洲国家引进

① 〔美〕西奥多·W. 舒尔茨:《论人力资本投资》,吴珠华等译,北京经济学院出版社1990年版,第206页。

② Castles, Stenphen, and Godula Kosack, *Immigrant Workers and Class Structure in Western Europe*, London: Oxford University Press, 1973.

合同劳工时，从经济全球化背景视角下，依据传统的依附论思想，提出了“相互依赖论”的观点。他认为，依附论强调的是发达国家对落后国家的剥削，而相互依赖论强调的是彼此间在一定意义上的联系性和对等性，尽管其中也存在着不平等的成分。当一个国家为自身发展而必须做出决策时，不可避免地会影响到他国。这种依存关系表现在贸易、环境、打击毒品走私和恐怖主义、民族关系和人权等各方面。在移民方面，国与国之间就是一种对等的相互依赖关系，彼此都因为国际劳工的迁移而受益。但是，当一国的移民劳工在另一国的数量达到一定程度时，“移民就成为国家间一个令人烦躁的问题”。于是双方举行谈判，然而，两国在经济上的相互依赖性导致双方在与移民相关的一系列问题上讨价还价，弱者一方会把移民与双方感兴趣的其他问题联系起来，强者一方则坚持分别对待。“由于国际间的相互依赖是牺牲了强者的利益而有利于弱者，相互依赖模式会通过移民实现更加平等的收益分配……”① 显然，这些学者只看到了移民向母国汇款或移民在西方国家学到新的生产技术等，认为这是移民对迁出国家带来的收益，但是对于移民为迁入国经济发展的贡献却只字未提。

相比之下，英国学者安东尼·里奇蒙则另辟蹊径。他在《外来移民与民族冲突》一书中通过对马尔萨斯、斯宾塞、马克思和芝加哥学派的观点进行梳理之后，提出了“社会资源竞争—同化”说。他认为各国学者在研究移民原因和民族同化问题时，没有提出“关于族裔关系或种族冲突的社会学解释”。为此，他运用折中主义方法，从社会学层面特别是不同民族群体围绕资源竞争的角度进行分析。在他看来，与种族关系相关的许多关键性概念，包括权力、安全、认同和交流等概念，与其阶级、民族、族裔和种族及民族语言、宗教和文化相互适应，形成了一个错综复杂的体系。在这个体系中，处于统治地位的民族或阶级往往运用

---

① Adler, Stephen, *International Migration and Dependence*, Farnborough, Hampshire: Gower Publishing Company, 1981, pp. 42-43.

手中的权力确定社会财富的分配模式，而处于弱势地位的民族和阶级往往是这种模式的牺牲品。于是，他们为谋求生存而被迫移民。当移民进入类似于美国和加拿大这样白人处于统治地位的国家时，实际上就等于进入了一个已经被确定的社会圈子之中，每个群体都不能超越既定的“势力范围”，更不能威胁到处于统治地位的群体的利益。在资源稀缺、群体之间缺乏平等条件的情况下，移民群体之间以及与侨居国土生公民之间，就会在就业机会、土地、矿产、选举权等方面展开竞争，并在竞争中逐渐适应了主流社会的生活方式和观念，完成了文化上的同化。在此过程中，移民自身也经历了两个转变：一是从相对狭小的同质性的农村社会进入更加集中的人口杂质性非常突出、生活节奏更快的城市社会；二是移民进入新的国家后首先从社会低层开始，然后逐渐地向上层流动。决定移民流动性的关键是他们能否较快地掌握主流社会的语言并提高自身就业技能。[①] 实际上，这种观点既吸收了结构主义理论又兼容了 19 世纪美国的熔炉理论思想，没有看到种族关系紧张对民族多元化的影响，更没有注意到市场经济条件下经济结构和科学技术变化对社会发展的促进作用及其对人口迁移的影响。

有鉴于此，菲利普·马丁等人根据多年来盛行于学界的“推拉”理论和社区网络系统论来分析移民的产生和发展过程，认为“供给—推力”因素将劳工推出国门，而“需求—拉力”因素吸引移民来到发达国家。在两方面因素的合力作用下，后来的移民借用亲朋好友或本民族同乡建立起来的信息网络，确定了最终的迁移目的地。尽管发达国家在历史上或因殖民地的关系而吸引外来移民，或通过政府计划引进“客籍劳工”，但在 20 世纪 90 年代的移民链条中，“需求—拉力”因素有所削弱，而西方国家难以控制的“供给—推力”因素和网络系统的作用日益加强。虽然多

① Richmond, Anthony H., *Immigration and Ethnic Conflict*, London: The Macmillan Press Ltd., 1988, pp. 31, 37-38; Halli, Shiva S., and Leo Driedger, “Immigration Challenge 2000”, in Halli, Shiva S., and Leo Driedger, eds., *Immigration Canada: Demographic, Economic and Social Challenges*, Toronto: University of Toronto Press, 1999, pp. 4-5.

数西方发达国家在加强对边境控制的同时又通过向发展中国家提供经济援助，或增加资本投资和扩大贸易等方式，期望落后国家的经济发展能削减移民潮的促成因素，但结果是远水不解近渴，更何况西方国家无法彻底根除其国内企业对非法移民劳动力的需求。于是，在社区网络系统的作用下，移民仍然能合法或非法地进入发达国家。①

与上述观点相似的是"劳工供求关系论"。这种理论强调移民从劳动力过剩的发展中国家向劳动力稀缺的发达国家流动，它与国际资本呈反向流动态势。在此过程中，移民迁出国和迁入国以及移民本身都在受益。对移民迁出国来说，输出过剩的劳动力资源能减轻对就业市场的压力，避免许多相关社会问题；但如果是技术人才的流失，可能对迁出国的经济发展造成较大的损失。对于接受国来说，外籍劳工的到来解决了国内劳动力不足的问题。这种观点与新古典经济学理论有相似之处。劳动力作为经济发展的一种投入，其数量、质量和人力资本都是企业生产投入必须考虑的重要因素。另一方面，由于生产体系与人口之间的关系主要是由市场调节的，劳动力和商品市场供求关系变化引起的价格变动对劳工的收入具有调节作用，只要工资差异存在，就会促成企业投资的转移和家庭的流动性。因此，市场价格机制还可以应用到解释家庭的空间流动性方面。②

与上述观点截然不同的是，比尔·乔丹等人从"移民体系论"的角度出发，认为纯粹强调移民"推拉"理论，"无法充分解释移民的模式。在很长的时间里……常常是日益增长的流动性与移民迁出国家迅速增长的生活标准相吻合。而且，随后的移民路线显然受到贸易和投资的

---

① Martin, Philip, "The Migration Issue", in King, Russell, ed., *The New Geography of European Migrations*, London: Belhaven Press, 1993, p. 6; Hammar, Tomas, et. al., *International Migration, Immobility and Development*, New York: Oxford University Press, 1997.

② Blotevogle, Hans H., "Introduction: Population and Economic Restructuring", in Blotevogel, Hans H., and Anthony J. Fielding, *People, Jobs and Mobility in the New Europe*, Chester, New York: John Wiley and Sons, 1997, pp. 5-6.

影响，并在经济发展的不同时期，在一些国家形成了‘移民体系’。”这种模式的例证之一是19世纪英国、美国和德国之间的资本、劳工和商品的流动；另一个例证是20世纪60年代美国、加勒比海和东南亚国家的贸易、资本流向与移民的关系。在这两个例证中，向美国大规模的移民与移民迁出国的工业化进程并行不悖，因此，探讨移民的成因和流向时，“不能脱离投资与贸易而去孤立地加以解释”。在20世纪70年代，墨西哥、菲律宾、韩国、中国、印度、多米尼加、牙买加和哥伦比亚等国家出现的大规模移民，都是伴随着本国的工业化进程和美国投资的增长而发生的，移民的流向与贸易路线基本相同，移民来到发达国家之后主要流向经济和贸易比较活跃的大城市地区。①

最后，需要说明的是“边缘—中心理论”。它认为自20世纪以来，欧洲国家的移民呈现为从边缘向中心的流动，这种趋势一直持续到20世纪70年代。表现在地理上就是从西班牙、葡萄牙、意大利、希腊和南斯拉夫等地中海沿岸国家向英国、法国、联邦德国、比利时、瑞典和瑞士等西欧、北欧国家的流动。尽管他们多数是以“客籍劳工”的身份入境的，但他们在合同期满后并未回国，而是成为永久性的移民。正当发达国家在70年代遣返“客籍劳工”的时候，来自亚洲、非洲和拉丁美洲国家的大批移民接踵而至，他们与那些寻求家庭团聚的移民一起，构成从边缘向中心流动的移民潮。由于这些移民与迁入国的主流文化相去甚远，处于中心位置的欧洲各国及其公民陷入一种矛盾境地。在殖民地时代，欧洲列强一直都在竭力将自己的价值观念强加于那些被奴役的国家，可是，当大批移民从发展中国家纷至沓来的时候，他们也带了自己的民族文化，并对迁入国文化构成了较大的挑战。令发达国家的决策者更加不安的是，由于现代通信和交通条件的发展，入境移民通过自己的社

---

① Jordan, Bill, and Frank Düvell, *Irregular Migration: The Dilemmas of Transnational Mobility*, Cheltenham U. K.: Edward Elgar, 2002, p. 83.

区,又为后来的移民提供了信息渠道,形成永无休止的“链条移民”。[①]

从目前中国学界的研究看,有关美国和加拿大的研究成果相对较多,有关欧洲的研究日益增多,形势喜人,但从全球视野下对欧美发达国家国际移民的研究仍比较少见。[②] 这一方面是因为西欧国家接受外来移民的历史较短,规模也不像美国那样备受瞩目;另一方面,对于中国学者而言,欧洲国家的语种多,资料难度大,研究人员中历史学者相对较少。学者对移民问题的关注程度也不如美国那样高。

因此,从经世致用的角度出发,笔者在本书中首先关注的是20世纪欧美五国——美国、加拿大、英国、法国和联邦德国——的跨国移民问题。这样做的理由是:(一)尽管瑞典、瑞士、比利时、意大利、西班牙等国也有不少外来移民,但它们接受移民的时间较短,移民的来源和规模都不能与上述五国相提并论。当然,在必要情况下,当笔者在论述与这些国家相关的问题时会有所涉及。(二)上述五国是世界近现代史上经济发展较快、市场经济机制相对完善、国内和国际人口迁移比较充分的国家,它们在经济全球化的进程中影响较大,人口的迁出和迁入数量多、时间长。因此,探讨这五国的经济发展与人口迁移的关系,能够充分说明世界近现代历史上市场经济发展过程中,各种直接或间接性因素变化与国际移民之间的关系。至于这五个国家的国内人口流

---

① Mercuro, Nicholas, Han Entinger, and Jack Carter, *Immigration in Western Democracies: The United States and Western Europe*, Vol. 1, London: JAI Press Inc., 1989, pp. 4-5.

② 国内学者关于美国外来移民与人口流动的研究,见邓蜀生:《美国与移民:历史、现实与未来》,重庆出版社1990年版;梁茂信:《美国移民政策研究》,东北师范大学出版社1996年版;戴超武:《美国移民政策与亚洲移民》,中国社会科学出版社1998年版;钱皓:《美国的西裔移民研究——古巴、墨西哥移民历程及双重认同》,中国社会科学出版社2002年版。关于加拿大移民的研究,见王昺:《文化马赛克:加拿大移民史》,民族出版社2003年版;姜芃:《加拿大文明》,中国社会科学出版社2001年版;梁茂信:《都市化时代:20世纪美国人口流动与城市社会问题》,东北师范大学出版社2002年版。近年来关于欧洲移民的整体研究,参见宋全成:《欧洲移民研究:20世纪的欧洲移民进程与欧洲移民问题化》,山东大学出版社2007年版。

动，因本书研究的主题范围限制，宜另立题探讨。（三）在历史上，国际移民是一个由区域范围逐渐扩展到全球范围的过程，横向方面涉及的国家数量多，本书因篇幅有限而无力深入，其中未竟之处容后探讨。（四）笔者在2002年与同事董小川教授一起成功地申请到教育部重点研究基地项目——《现代欧美人口迁移与宗教多元化》（项目批号：02JA2JD770008）的课题。按照分工，我承担现代欧美人口迁移部分，董小川教授从事宗教部分的研究。为此，在2003年，笔者利用在香港大学研访的机会，收集到相关宝贵资料，之后又在国家图书馆和其他院校查阅了部分专著和论文。在本课题结项后，特别是在2008—2009年笔者利用作为富布赖特访问学者的机会，在美国加州大学圣迭戈分校继续查阅相关资料并完成了本书的定稿工作。

在思考研究的切入点时，笔者试图从欧美国家市场经济发展与人口迁移的关系这一角度进行分析。这样定位绝非偶然心血来潮，而是根据笔者多年来阅读材料过程中逐渐产生的认识。基于这样的思考，笔者在撰写本书的过程中，分别在各章中对下列问题进行了探讨。

第一章以时间为背景，勾勒了“新航路”开辟后欧洲涌动的移民潮，指出了近现代移民与中世纪之前移民的区别，对移民来源由西欧向北欧和南欧扩张的过程进行了评述，认为这一过程与欧洲各国市场经济的发展特别是近代以来的工业化进程具有密切联系。北美洲、拉丁美洲、大洋洲以及欧洲列强在世界各地区的殖民地等，都是欧洲移民迁入的地区，其中，迁入北美的移民人数最多，民族结构最为复杂。接下来，笔者论述了欧洲内部的跨国人口迁移，说明了英、法、德等国家经济转型与移民迁移的结构性变化的关系，经济发展较快的地区吸引的移民较多，反之就很少，且流失现象严重。19世纪末到20世纪初，欧洲跨国移民的流向格局基本没有变化。不同的是，20世纪上半期迁入欧洲的移民仍来自于欧洲内部。在第二次世界大战结束后，除欧洲的跨国移民继续由南向北迁移之外，更多的移民主要来自欧洲各国以前的殖民地。他们的到来对迁入国家的民族结构产生了较大的影响。

第二章论述了当代西欧国家移民政策的变化及其原因，认为经济发展对劳动力的旺盛需求构成了各国吸引外籍劳工和移民的主要因素。具体说，影响移民来源与流向的因素中包括：政府引进合同劳工的协议、移民迁出国与迁入国之间的历史与文化联系以及地理位置等。联邦德国的外籍劳工主要是通过政府间协议招募来的。法国吸引移民的方式也是如此，但是也有许多移民来自法国以前的殖民地。英国的外来移民主要来自新独立的英联邦国家，其中包括印度、巴基斯坦和西印度群岛等地。本章最后一部分专门对意大利、西班牙、葡萄牙和希腊这四国移民迁出和迁入变化进行了简单的概括，认为它们到80年代初实现了由移民净迁出国向净迁入国家的转变。当英、法、德等国开始严格限制外籍劳工的时候，许多外国移民便以这四个国家为跳板，然后再进入西欧和北欧国家。值得注意的是，进入这四个国家的移民中不仅有来自西欧、北欧、美国和加拿大的移民，还有大批的来自非洲和亚洲国家的移民，民族多元化特点非常突出。

第三章集中就欧洲一体化进程中与跨国移民相关的问题展开论述，认为在从欧共体成立之日起先后签订的《申根协定》、《单一欧洲法令》和《马斯特立赫特条约》等标志性文件中，各成员国就将人口的自由流动与商品、资本、信息和各种服务的自由流动相提并论，表明各成员国对人口自由流动的高度重视。同时，在涉及人口自由流动问题时，各种条约和重大文件中都明确了成员国公民资格与欧盟公民资格的关系，指出了各成员国在公民资格、公民权利以及对非成员国公民的入境和入籍的差异。各国都认识到，应该积极吸引技术移民，加强对欧盟“外围”边境的控制，防止非法移民入境，在对寻求避难者的审查方面竭诚合作，并确定了一体性的合作机制。本章最后一部分探讨了欧盟国家面临的移民要求入境的压力和各成员国政策的限制性、欧盟成员国之间的民主与集中的关系以及各成员国之间在建立民族同质性社会与民族和文化多元化等方面的矛盾和困境。

第四章主要围绕美国和加拿大移民政策的发展进行比较。由于笔者多年来研究美国的移民史并有相关著作出版，对加拿大的研究比较薄弱，故本章中对加拿大着以重墨。由于两国有共同的经历，宏观意义上的移民政策大同小异，而微观上则各具特点。从殖民地时代开始，加拿大的宗主国转换并没有引发新的移民潮，而英属13个殖民地之间形成的竞争机制，却为吸引欧洲移民注入了活力。在美国建国后，联邦政府采取的自由放任政策为地方政府运用各种方式鼓励外来移民提供了良好的条件。各州吸引移民的措施也开始发挥积极的作用。比较而言，在19世纪上半期，加拿大鼓励移民政策的力度有限，对民族来源的选择性更强，入境人头税政策的实施在一定程度上限制了欧洲移民。从19世纪末期到20世纪30年代，两国吸引移民的主要对象首先是来自英国和其他西欧、北欧国家的移民，其次是东欧、南欧国家的移民。两国在第二次世界大战之前，都实施了具有明显的种族歧视特征的限制性政策；在第二次世界大战期间，两国都对日本侨民实行了集中关押的政策，都废除了歧视性的排华法案；进入50年代之后，两国都实施了有限松动的移民政策，到60年代后又都取消了对移民的民族来源的限制。不同的是，美国执行的是以国籍为基础的限额制度，而加拿大则制定了带有实用主义色彩的积分制。在这种政策背景下，两国的移民来源都从欧洲转向亚洲和拉丁美洲。这种具有划时代意义的变化，加速了两国人口结构中的民族多元化的发展趋势。

第五章集中对欧美国家的难民政策进行分析。在20世纪之前的洲际移民和欧洲的跨国移民中，宗教难民和经济难民并不鲜见。在以自由放任为主要政策标志的时代，各国政府对难民入境采取了默认的态度。尽管难民入境后受到了当地居民的排斥，但是他们毕竟最终找到了自己的栖身之所。在20世纪30年代，当纳粹德国疯狂迫害犹太人的时候，以美英为首的西方发达国家因为深陷经济危机的泥潭，不仅提高了对移民入境的经济条件，而且在绥靖政策的影响下，面对犹太人受到的亘古未有的迫害却并未采取实质性的举措。相反，在第二次世界大战结束后，由于滞留在德国数百万的劳工和难民无家可归，欧美各国分别从各自的政治、经济和外交利益考虑，先后安置了许多难民，其中最突出的是，随着东西方冷战的升级，难民政策中的意识形态特征日益突出。难民能否入境不是取决于他们需要救助的程度，而是他们在经济上和政治上的利用价值。这表明在欧美各国的难民政策中，人道主义色彩完全是从属于政治上的需要。冷战结束后，寻求避难的各国难民人数依然居高不下，可是欧美国家的入境政策却越来越严格，人道主义的呼声被日益强烈的排外主义高调淹没了。

第六章主要论述欧美各国的非法移民问题。非法移民作为与合法移民对应的一种迁移形式，滥觞于移民接受国严格限制移民入境的政策。从时间上看，它首先产生于20世纪20年代后期的美国，30年代有所恶化。但是，作为一种社会问题，真正引起美国政府关注则是50年代中期。在美国政府实施清洗和驱逐非法移民的行动之后，问题曾一度得到缓解。可是从60年代后期开始，非法移民问题再度恶化，并在80年代发展到失控的状态。相比之下，非法移民在欧洲出现得相对较晚，程度也不像美国那样严重。到80年代，欧美各国政府都实施了软硬兼施、多管齐下的禁止性措施，但是移民非法入境的问题依然如故。

第七章开门见山地对西方学界的各种移民和人口迁移理论进行梳理和评价，认为这些理论从各自的研究视角出发都有其合理性，但是，都无法解释更大时空范围的国际移民现象，也不能诠释各国经济发展与人口的城市化之间的互动关系。在此前提下，笔者以马克思主义理论为指导，缕析了经典作家对社会分工与人口迁移之间关系的观点，梳理了近代以来各国工业化经济发展与移民潮的起伏变化之间的关系，解释了近代以来国际移民的现象。笔者认为，在市场经济条件下，各种经济因素和非经济性因素相互交织，引发了国际移民潮，使之呈现出波澜壮阔的发展态势。在各种移民中，最为突出的是以工业化为标志的市场经济机制促成的、移民以和平的方式经久不衰地从一个国家到另一个国家或从一个大洲到另一个大洲迁移的现象，这是世界近现代史上的移民与世界中世纪之前的移民的根本区别之所在。相对而言，其他因素居于次要性地位。

第八章重点探讨了欧美国家为促进移民融合和同化而制定的种种政策，其中包括移民归化与公民资格、劳工住房、失业保险、政治选举与被选举和双语教育计划等，其中的主旋律是反对种族歧视、追求平等。尽管各国政策的开明程度和保障力度各有不同、政策的执行方式迥然有异，但其主旨是希望为移民创造一个和谐民主的社会氛围，使得他们随着时间的推移逐渐认同主流社会的政治制度、语言文化和生活方式等，最终完成民族的同化。然而，由于各国政府在执法中存在明显的局限性，不仅政府机构中的种族歧视司空见惯，而且社会上的种族主义和排外主义不时地在兴风作浪，因此，政府的许多措施是口惠而实不至，移民依然徘徊在侨居国的社会边缘。

第九章对欧美国家的民族多元化问题进行了分析。美国作为接受外来移民的传统国家，其移民来源在 19 世纪末起就开始发生变化，而美国和加拿大两国土生人口中的民族多元化趋势在 20 世纪初期就初步形成，到 20 世纪 60 年代更加明显并成为社会各界所接受的事实。在西欧国家，随着战后有色种族移民的日益增多，英、法、德等国的民族结构中，民族和种族多元化的趋势日益突出。这一方面是因为许多有色种族的移民不断入境，为移民接受国外来移民的语言和文化的生存与延续注入了活力；另一方面是因为移民的融合与同化既需要一定的时间和社会条件，也需要移民自身认同的转化。但是，由于移民入境时经济条件有限，在语言和文化上与主流文化之间存在障碍，他们大多聚居在那些房价低廉、就业机会较多的社区。之后，“链条移民”纷至沓来，移民社区由小到大，形成了与主流社会的隔离。尽管一些学历较高、就业技能较强的移民能够融入当地社会生活中，移民与当地居民的通婚率也在不断上升，但是，移民自身就业技能的限制性、语言与文化上的隔膜、对母体文化的依赖性、主流社会的种族歧视等因素，成为许多移民无法逾越的障碍。

结语在总结前文的基础上指出了欧美各国接受外来移民的几种趋

势，认为这些国家人口生育率的低增长或负增长与其经济发展的反向态势，必然决定这些国家继续实施选择和限制的移民政策。吸引的对象更多的是那些具有技术专长和高学历的移民，那些低学历的体力劳工，即使欧美发达国家会实施一些临时性的引进计划，在总体上也会受到限制。各国打击非法移民入境的政策不会改变。各国吸引移民的规模与类型取决于这些国家社会经济发展的需要。另一方面，发展中国家社会经济的发展还会引发人口的大量迁移，其中包括合法和非法移民。欧美国家在继续实施促进移民融合和同化的政策中，种族歧视和排外主义的制约因素仍然非常突出，民族多元化的问题还会持续。文中还列举出笔者认为学术界值得继续探讨的问题，其中包括对当代移民潮中备受瞩目的女性移民的研究、发展中国家人才流失、移民汇款和回流移民对发展中国家经济发展的影响、移民入境后的国内流动性、国际移民与人口流动理论问题研究等。

必须申明的是，笔者在本书中的观点和论证可能还或多或少地存在着疏漏和缺陷，这需要笔者在今后的岁月中进一步加深和拓宽研究的视野、范围和层次，并努力实现理论上的升华，同时也希望国内学者能广泛交流，推陈出新，在宏观上和微观上，推出大量的研究成果，进而在总体上对人口流动问题得出一些带有规律性的认识。

在此书即将问世之际，笔者首先要感谢我的博士生吕洪艳和欧阳贞诚。他们是我这部书稿的第一批读者，并在资料采集和文稿校对方面做了一些工作。我还要感谢东北师范大学和历史文化学院的领导，没有他们的支持，恐怕我不能被第二次荣幸地选入富布赖特计划，因而也就很难保证本书的顺利完成。当然也感谢直属教育部的东北师范大学“世界文明史研究中心”，没有该中心的经费支持，这部书稿也恐难面世。

梁茂信

2008年11月22日于美国

圣迭戈大都市区拉霍亚市

第一章　涌动的移民潮

新航路开辟之后，随着欧洲列强在海外殖民活动的加剧，各国的移民潮也随之开始。殖民地经济的开发推动了宗主国资本的原始积累，工业化的发展又推动了产业结构的升级，城市化进程也骤然加快。在以市场为导向的经济变革中，千年来自给自足的传统家庭自然经济备受冲击，世世代代以土地作为生存基础的农民丧失了赖以生存的生产资料，成为具有商品价值的自由劳动力。他们为求生，迁移到附近城市或经济发展较快的邻国；那些经济条件较好并富有冒险精神的青壮年劳动力则漂洋过海去寻找发迹的机会。19 世纪中期以来，随着西欧国家工业化进程的加快，劳工供不应求的矛盾开始显现，吸引了东欧和南欧国家的劳动力。进入 20 世纪后，这种自东向西、由南向北的劳工迁移模式仍在继续，但是外来移民的增多引起了迁入国居民的不满，于是，西欧国家的移民入境政策中增添了几分限制性色彩。第二次世界大战结束后，由于战时人口伤亡惨重，交战双方都因为劳动力不能满足经济发展需要而开始招收外国劳工，而在入境的移民中，除部分来自南欧和东欧外，还有大批来自亚洲和非洲的移民。从此，西欧成为当代世界上仅次于北美的接受外来移民最多的地区。

一、大西洋上的移民潮

在近代以前，欧洲人口迁移的史料俯拾即是。一部欧洲文明史就是一部人口迁移与融合的历史。从公元 2 世纪到中世纪，日耳曼人多次入侵西欧地区。后来，一波接一波的日耳曼人从北部纷至沓来，在现在法国的不列塔尼等地留下了他们的足迹。另一个例证是亚美尼亚人。亚美尼亚地处中亚，是古代和中世纪时期的交通枢纽，资源非常丰富，因而先后吸引了希腊人、罗马人、拜占庭人和土耳其人。他们依次成为这一地区的主宰者，迫使亚美尼亚人纷纷迁移到中欧和巴尔干地区。公元 10 世纪时，亚美尼亚人散布在意大利、法国、英国、匈牙利、波兰、摩尔多瓦、巴勒斯坦、埃及、伊拉克、印度、菲律宾和中国等地区。同样，在中世纪上半期，一些德意志农民来到俄国和巴尔干地区。后来，一些德意志商人在东欧和巴尔干地区十分活跃，其中的一些移民还在当地充当雇佣军，为那里的统治者卖命。德意志人善于经商，在当地享有许多特权，其社区也享有较高程度的自治权。因此，在一些组织有序的德意志移民社区，居民们很好地保持着自己的民族传统。① 在古代和中世纪，欧洲多数人口的迁移无不与殖民、征服活动或战争有密切的关系。不管是公元前 2000 年到公元前 1700 年雅利安人对印度的入侵，还是公元前 950 年到公元前 800 年形成的环绕地中海的希腊文明圈，或者是古罗马时期建立的强大的地中海殖民地，或者是公元 640 年到 1250 年的伊斯兰教移民，都是如此。②

甚至在人类社会进入近代早期之后，人口"原始"迁移的特征依然清晰可见。例证之一是频繁的战争引起的人口迁移。例如，17 世纪以来在东欧、南欧和中欧，奥地利和普鲁士、俄罗斯和奥斯曼帝国之间的冲突曾导致了不同种族群体在不断变化的版图上多次迁移。1559—1593 年的宗教战争以及 1566—1587 年发生在荷兰的民族起义，最终以新教徒的大逃亡告终。西班牙人在征服尼德兰民族起义期间毁灭了安特卫普，之后，该市的社会精英迁移到阿姆斯特丹和德意志的一些城

---

① Sheffer, Gabbriel, *Diaspora Politics at Home and Abroad*, Cambridge, U. K.: Cambridge University Press, 2003, pp. 58-60.

② Broeck, Julien van den, *The Economics of Labour Migration*, Cheltenham, U. K.: Edward Elgar Publishing Company, 1996, pp. 7-13.

市。在德意志的亚琛和法兰克福,外国移民之多,分别占其总人口的20%,在科隆市,外国移民占该市人口的5%。在一些小城市,外国移民几乎达到了所在城市人口总数的50%。[①] 例证之二,宗教冲突引起的难民成为中世纪晚期和近代早期人口迁移的主要形式之一。宗教纷争中的少数教派,大多成为被驱逐的对象。这类型的例证之一是犹太人。从罗马帝国瓦解后到公元10世纪,来自地中海东部地区的犹太人散布在伊比利亚半岛、意大利、法国和英国。自12世纪以来,随着基督教徒在各地金融信贷实力的增强,许多地方犹太人的资本不断被边缘化,伦敦和巴黎等地对犹太人的迫害,导致不少犹太人迁移到伊比利亚半岛、非洲和东欧国家以及安特卫普和阿姆斯特丹。他们在那里建立民族社区后,又开始经商。每到一处,犹太人很快就展示了自己的精明才干,并在当地的商业市场占据一席之地。然而,在每个地方,犹太人都很容易成为被排斥的对象。在中世纪晚期到近代早期,不止一个国家排斥过犹太人。1492年西班牙下令驱逐境内的犹太人之后,被迫移居海外的犹太人达到18万之多,其中9万名犹太人迁移到英国。[②] 在16世纪的宗教改革和三十年战争时期,犹太人遭到虐待或被驱逐,似乎已经成为家常便饭。逃往东欧国家的犹太人与日俱增,并在那里形成了新的较大规模的社区。波兰和立陶宛等地犹太人由1500年的3万人增加到1575年的15万人。[③] 由于犹太人善于经商,容易在竞争中受到当地人的排挤,犹太人不得不将自己与其他民族隔离起来。相应地,在16世纪的罗马(1556年)、佛罗伦萨(1570年)、锡耶纳(1567

---

① Nicholas, David, *Urban Europe, 1100-1700*, Hamshire: Palgrave MacMillan, 2003, p. 45.

② Livi Bacci, Massimo, *The Population of Europe: A History*, translated by Cynthia De Nardi Ipsen, and Carl Ipsen, Malden, Massachusetts: Blackwell Publishers Ltd., 2000, p. 119;〔美〕乔尔·科特金:《全球城市史》,王旭等译,社会科学文献出版社2006年版,第119—120页。

③ Moch, Leslie Page, *Moving Europeans: Migrations in Western Europe Since 1650*, Bloomington: Indiana University Press, 2003, p. 27.

年)等城市,都能看到围墙高耸的犹太人隔都区(Ghettos)。[①] 此外,法国各宗教派别之间围绕王位皇权的争夺,导致50万胡格诺派教徒被驱逐出境,仅仅在1685—1690年间,因不堪忍受迫害而逃离法国的胡格诺派教徒就接近16万人。[②] 不言而喻,即使进入近代早期,人类自古以来形成的原始迁移方式依然在继续。国家和民族之间的战争、领土征服以及国内宗教冲突造成的难民等,仍属于传统意义上的"生存型移民"。最后,德意志人的侵略和扩张,成为近代早期最为典型的"原始"移民方式之一。从17世纪末到1786年,德意志人为扩张版图而不断发动战争,大批的德意志军队进入南欧国家,在1748—1786年间,大约有6万名德国军人在现在的匈牙利定居,随之而来的还有18万平民。从1763年到1800年,大约3.7万德国人迁移到俄国黑海附近的伏尔加河流域,同时,在腓特烈大帝的支持下,30万德国人向东部的普鲁士拓殖。[③] 到18世纪末期,先后有43万德意志人迁移到普鲁士扩张的地区,普鲁士因此也就成为德国各邦国中最强大的国家。[④]

从上文中可以看出,近代之前的欧洲人口迁移,大多产生于民族征服、殖民和侵略战争。人类围绕土地等各种资源的争夺,成为不同地区不同种族迁移、征服、杀戮和发动战争等种种暴力冲突的根源。在多数情况下,暴力征服就成为"各族裔群体产生、生存和解体的重要因素"。[⑤] 这些事实,加上一些因为自然灾害而造成的被动迁移的移民,都说明古代中世纪时期的人口迁移属于生存型移民。与现代意义上的和平时期经济正常发展而引发的自愿性发展型移民截然不同,后者的迁移主要是以个人或家庭为单位的迁移,而不是在外力因素作用下为

---

① Nicholas, David, *Urban Europe*, p. 46.

② Livi Bacci, Massimo, *The Population of Europe*, p. 119.

③ Moch, Leslie Page, *Moving Europeans*, p. 64.

④ Livi Bacci, Massimo, *The Population of Europe*, pp. 28-29.

⑤ Sheffer, Gabbriel, *Diaspora Politics at Home and Abroad*, pp. 34-35. 类似的观点见 Broeck, Julien van den, *The Economics of Labour Migration*, pp. 7-13。

求得生存的"被迫型移民"。近代之前,人口的迁移则是以民族为单位的原始迁移,其结果或者是政治疆界的变更与重塑,或者是政权的更迭与文明的交替,在每次完成了对被入侵者的征服后也会安邦定国、促进社会与文明的发展,但是对于经济特别是生产方式和社会结构变革的影响则相对居于次要位置。当然,不能因此就认为,在近代以前,不存在任何形式的和平拓殖。尽管缺乏翔实的人口统计资料,也没有人能清楚而准确地勾勒出欧洲历史上各民族的人口数量的增减状况。但凭借历史常识的判断,可以认为,欧洲人口随着历史的演进而不断增长,而且在生产力水平相对较低的情况下,如果人口不迁移,就会被固定在相对狭小的地理空间内,其生存繁衍就会遇到极大的困难。因此,边境和平垦殖的活动在英国、法国和德意志以及斯堪的纳维亚地区一直持续到 17 世纪。[①] 应该明确的是,一个民族群体在自己国内以和平的方式迁移,具有明显的社会性和政治组织性,因而仍然属于生存型移民,与现代意义上为谋求改善生活条件而迁移的发展型移民有本质上的差别。

自 1492 年哥伦布发现新大陆之后,欧洲海上强国在世界各大洲开展殖民活动,引发了欧洲人口的大迁移,特别是兴起于 19 世纪的移民潮,极大地改变了欧洲白种人口的地理分布。到第一次世界大战前夕,居住在欧洲以外的白种人占白人人口的 21%。移民迁出欧洲后,迁移到美国的人数最多,达 3700 万,其次是加拿大,约 720 万,阿根廷有 640 多万、巴西 430 多万、澳大利亚和新西兰 350 多万,其余流向南非和津巴布韦等国家。[②]

根据不同移民类型,笔者将过去 400 年来的欧洲移民潮分为三个时期。第一个时期是 1500 年到 1815 年;第二个时期是 1815 年到

---

① Livi Bacci, Massimo, *The Population of Europe*, pp. 31-32.

② 在迁入美国的 3700 万欧洲移民中,有 330 万是来自其他美洲国家。在迁入加拿大的 720 万移民中,有 200 多万后来迁居美国。参见 Baines, Dudley, *Emigration from Europe 1815-1930*, Hamshire, England: MacMillan Education Ltd., 1991, pp. 8, 11-12。

1945 年;第三个时期是第二次世界大战后到 20 世纪末期。本节主要论述前两个时期,第三个时期在本章最后一节论述。

在第一个时期,移民的阶层结构带有突出的殖民地时代的特征。处于最上层的是那些与王权关系密切的贵族、冒险家、商人和军人,他们后来成为殖民地的管理者;处于中间层次的是那些寻求发展机会的自耕农或者是逃离宗教迫害的教民(如清教徒);处于底层的是众所周知的"非自由移民"或"非自愿性移民"。这一层移民可分为三种。第一种是契约移民。这类移民包括单身移民和举家迁移者,其中既有自愿迁移但无力承担路费的劳动者,也有被拐来的富家子弟,还有些是被英国政府发配到殖民地的罪犯。不论社会背景和迁移方式如何,他们自愿或被迫与商人、殖民地代理或船运公司签订契约,后者提供旅费,前者来到殖民地后服务五到七年,期满后获得自由。从来源看,契约移民在英国、爱尔兰和德意志移民中比较盛行。据估计,在 1630—1700 年间来自英国的契约移民达到 38 万,其中 2/3 来到西印度群岛,其余迁移到弗吉尼亚和马里兰等地。有研究表明,在 1630—1700 年间进入北美殖民地的移民有 15.5 万人,而在 1700—1780 年间达到 34.6 万人。这就是说,到美国革命前,来到北美殖民地的移民不到 50 万。① 由于缺乏完整的权威性统计,有关移民人数的说法众说纷纭。有学者认为,在 1700—1790 年间有 35 万移民来到北美,有人说 40 万(1700—1775 年)、45 万(1700—1790 年),也有说 82.2 万(1607—1790 年)。②

第二种是因肮脏的奴隶贸易而被强迫迁移的非洲黑人。早在奴隶

---

① Grabbe, Hans-Jürgen, "European Immigration to the United States in the Early National Period, 1783-1820", *Proceedings of the American Philosophical Society*, Vol. 133, No. 2, 1989, p. 191, http://links jstor. Org/sici? sici = 0003-049X% 28198906% 29133%3A2%3CI90%3AEITTUS%3E2. 0CO%3B2-Y(2008 年 3 月 27 日下载).

② Fogleman, Aaron, "Migrations to the Thirteen British North American Colonies, 1700-1775: New Estimates", *Journal of Interdisciplinary History*, Vol. 22, No. 4. 1992, p. 693, http://links. jstor. org/sici? sici = 0022-1953% 28199221% 2922% 3A4% 3C691%3AMTTTBN%3E2. 0. CO%3B2-%23(2007 年 6 月 24 日下载).

贸易开始之前，欧洲白人殖民者就曾试图奴役土著民族，以便解决劳动力不足的问题。尽管这种奴役形式失败了，但就其破坏性而言，“它超过了对非洲人口的奴役”。尚且不论每次厮杀中死伤的土著人，就是那些被俘的印第安人也被当作奴隶。他们有些人被贩卖到海拔高达4000米的安第斯山脉的矿区服劳役。由于过度劳累、疾病威胁和白人的屠杀等，大批印第安人死亡。例如，在迁移到波托西(Potosi)的6万名巴哈马印第安人中，最后的存活者只有800人。在奴役印第安人的企图失败后，殖民者把目光转向非洲黑人。早在15世纪中期，葡萄牙人就从非洲带回一些黑人并使之从事家庭奴仆劳动，随后西班牙人也迅速加入黑奴贸易行列。1570年，西班牙殖民地的黑人只有4万人，到1650年已达85.7万人。在1800年前后，相继有1000多万黑人被贩往北美地区，而最后活着到达北美的黑人只有其中的5%。[①] 黑人作为当时最大的非自愿性移民，其移民美洲的历程书写了人类历史上一部最为惨烈的血泪史。

第三种是地理范围更加复杂的苦力贸易。整体而言，苦力主要来源于印度和中国，各自涉及的人数分别达到500万和700万。在19世纪上半期，亚洲的日本、爪哇岛、美拉尼西亚和密克罗尼西亚岛也相继成为苦力贸易的来源地。在参与苦力贸易的欧洲国家中，来自英国、法国、德国、荷兰、比利时、丹麦、西班牙和葡萄牙等国的商人们通过收买、欺诈和绑架等各种方式，将各国苦力分别运往欧洲列强在世界各地的40多个殖民地，其中有22个属于英国的殖民地，它们包括圭亚那、特立尼达、格林那达、安提瓜、牙买加、加拿大、乌干达、南非、澳大利亚、新西兰和斐济等，另有些苦力被贩卖到美国、秘鲁、泰国和夏威夷等地区。需要指出的是，在长达半个世纪的苦力贸易中，华人被欧洲列强看作为

---

① Broeck, Julien van den, *The Economics of Labour Migration*, pp. 17-18; Steiner, Dale R., *Of Thee We Sing: Immigrants and American History*, New York: Harcourt Brace Jovanovich Publishers, 1987, p. 64.

其殖民地提供劳动力的主要来源。数十万华人被运往东南亚、南非、大洋洲、南美洲，萨摩亚、加拿大、古巴、特立尼达等。当代海外华人的分布基本上是这个时期的苦力贸易形成的。[①]

上述三种类型的非自由移民，尽管迁移形式迥异，但本质相同：都是当时资本主义经济中劳动力供给的一种有效方式，其运作受到当时的商品市场、劳动力市场和资本市场的制约。无论是商人和种植园主，还是契约工本身，他们都在寻求最有效的方式来追求物质资本和人力资本的最大收益。因此，在契约有效期，契约移民遭受的剥削与奴役之残酷也就不足为奇了，而契约工违约逃亡也在情理之中。

第二个时期是1815—1930年。其间，欧洲开始了人类有史以来持续时间最长、规模最大、移民来源国家最多的人口大迁移。与前一时期不同的是，在这100多年间，移民主要是自愿性的“发展型移民”。具体地说，他们移民的目的是为改善自身经济状况。到20世纪初，这场日渐高涨的移民潮因为第一次世界大战爆发而被中断四年，其后又开始恢复。仅在1919—1929年间，流向美国的移民就近410万。1929年经济危机爆发之后一直到第二次世界大战结束，尽管跨越大西洋的欧洲移民大潮余波未尽，但作为一个时代已经结束。据一些学者研究，在1850—1914年间约有5000多万欧洲移民迁居世界各地，其中70%流向北美，12%迁移到南美洲，9%流向南非、澳大利亚和新西兰；另有100万法国人迁移到非洲。在这些移民中，有1100万英国人、1000万意大利人、700万爱尔兰人、600万西班牙人和葡萄牙人、500万奥匈帝国人、500万德国人，还有300万来自斯堪的纳维亚国家。[②]

---

① Broeck, Julien van den, *The Economics of Labour Migration*, pp. 25, 28.

② Broeck, Julien van den, *The Economics of Labour Migration*, p. 32. 有的统计与引文有出入。尽管移民总数相同，但涉及具体国家时差异明显。有学者认为，在迁居海外的移民中，有1140万英国人、990万意大利人、730万爱尔兰人，奥匈帝国500多万，德国480多万，西班牙440多万，俄国310万，葡萄牙180多万，瑞典120万，挪威80多万，其他国家如芬兰、法国、丹麦、瑞士、荷兰和比利时等国家流失的人口在20万到40万之间。见 Baines, Dudley, *Emigration from Europe*, pp. 8-10。

需要指出的是，这个时期的欧洲移民有三点变化：第一，在移民的来源方面，1890 年之前的移民主要来自英国、爱尔兰、德国和斯堪的纳维亚国家，此后主要来自东欧、南欧国家（如意大利、俄国、波兰和奥匈帝国等）。例如，在 1821—1860 年间，来自西欧国家的移民占美国入境外来移民总数的 90%以上，尽管此后有所下降，但 1880 年仍然高达 75.9%，1890 年为 75.3%，1900 年之后急剧下降，到 1910 年仅为 37.4%，1920 年只有 25.3%。相反，来自东欧国家的移民在 1860 年以前仅占美国入境移民总数的 1%左右，1870 年以后开始缓慢增加，1890 年以后加速。在 20 世纪最初的 20 年间，东欧和南欧国家的移民成为美国外来移民的主要来源，占所有入境的外来移民的 52.3%。在 20 世纪 20 年代美国政府严格限制东欧和南欧国家移民之后，西欧和北欧移民在入境移民中的比例上升到 32%，而东欧和南欧国家的移民仅占 27.9%。此后，来自东欧和南欧国家的移民再也没有重现以前的规模。[①] 第二，移民来源最多的国家是英国、意大利、爱尔兰和德国等，其他国家的移民比较少。即使在这些国家中，情况也千差万别。例如，新航路开辟以来，英国作为大西洋沿岸一隅的岛国，却能称雄世界百余年。它除自身拥有强大的海军之外，维系其在世界各地的殖民地统治的另一种手段，就是遍布世界各个角落的英国移民。英国是第一个开始工业革命的国家，其经济和社会结构转型较快，在大量向海外移民的同时，又是欧洲较早接受移民的国家。至于意大利、奥匈帝国和俄国等，都是工业化开始较晚的国家，并且常常受到西欧国家商品的冲击，社会经济和人民生活跌宕起伏，其移民人口除大部流向西欧国家外，更多的是迁移到北美洲。第三，移民迁离欧洲之后的流向不均，以北美地区最多，拉丁美洲和大洋洲地区较少。这种格局的形成，其

---

① U. S. Department of Justice, Immigration and Naturalization Service, *Statistic Yearbook of the Immigration and Naturalization Service*, Washington D. C: U. S. Government Printing Office, 1991, pp. 48-51.

促成因素较多。

首先,当移民决定走出国门的时候,决定他们流向的主要因素之一是广义上的民族和文化认同感,表现在狭义上则是亲情和乡情。两方面因素使接收移民的国家和地区形成鲜明的民族特点。例如,在近代殖民化运动初期,欧洲各国的殖民者作为开路先锋,为本民族的后来者开拓了道路。英国殖民者主要流向是:北美殖民地、加拿大、澳大利亚、新西兰、津巴布韦和南非等;葡萄牙人主要是迁移到巴西、莫桑比克和安哥拉;荷兰人则迁居印度尼西亚;法国移民主要流向突尼斯和阿尔及利亚;西班牙人集中流向墨西哥、南美洲和加勒比海地区。在狭义上,最能解释这种问题的当属"网络系统论"。按照该理论的解释,移民是各种主客观因素作用下自然选择的结果。"向外迁移人口从来都不是从人口中随意抽取的毫无选择的样本,年龄、性别、收入和其他不同参数都常常有明显的差异。而且,这种差异因时间和地点各异而有所不同。在一些地区,迁移人口是最贫困的;在另一些地方,最贫困的人口却无力承担路费。爱尔兰的马铃薯饥荒移民就是为谋求生存,他们从来没有考虑返回故乡。其他人打算临时性地迁移外地几年后返回故乡,建造新的宅所或购买一块土地。还有一些是临时性迁移的移民,但是最终成为定居者而没有再返回故乡。"①无论属于何者,一旦开拓型移民在一个地区定居之后,在文化、乡情、亲情和血缘与民族认同感等因素的作用下,"血缘与社会网络系统"就会发生作用,其突出的表现是"链条移民"。对此,有学者指出:"毫无疑问,链条移民一直是欧洲移民远距离迁移并且一再重复的关键性机制。"在许多相同的村落,人们模仿先行者的足迹,相互传递信息,同乡结伴而行,互相帮助。人们在乡情意识的驱使下,先来者为后来者提供旅费,提供职业和住房信息,到移民社区后帮助学习当地的语言和文化等。因此,在进入美国和加拿大的移民中,其区域流向具有鲜明的民族特征,每个地区都形成了民族

---

① Broeck, Julien van den, *The Economics of Labour Migration*, p. 37.

聚居区。①

其次,接受移民的国家在政治、经济、民族、人口和吸引移民对象等方面的差异也影响着移民的流向。例如,澳大利亚长期作为英国的殖民地,其欢迎的对象首先是英国移民,其次是西欧和北欧移民,对于来自东欧和南欧的移民,也实行了限制性的政策,当亚洲移民开始迁入澳大利亚之后不久,澳大利亚就制定了禁止入境的政策。1947 年,在澳大利亚 760 多万人口中,87.7%的居民是英国裔,北欧和西欧国家的后裔占 7.2%,东欧和南欧国家的后裔占 1.7%,亚洲国家的后裔占 1.2%。②与澳大利亚相似的还有美国和加拿大。美国地大物博,经济发展快,又长期奉行移民自由入境的政策,因而吸引了大量的欧洲移民。1920 年以后,美国开始实施禁止亚洲移民入境、限制东欧和南欧移民的政策。这种政策一直实施到 1965 年才彻底改变。相比之下,加拿大吸引移民的政策力度远逊于美国,而且从 19 世纪中期就开始实施了带有限制性的政策。加拿大移民政策上的保守性不仅影响到入境移民的数量,而且在迁入加拿大的移民中,有许多人迁移到美国(见第四章)。此外,中、南美洲国家在吸引移民方面的制约因素较多。它们作为西班牙和葡萄牙的殖民地,其政治、社会和经济体制等与母国大同小异。它们独立的时间比美国晚将近半个世纪,移民改善经济状况的机会十分有限,政府也没有制定出令移民向往的政策。

值得注意的是,在欧洲移民大规模地越过大西洋的同时,还有一股回流移民(return immigrants),其人数最多时达到移民总数的 1/4 左右,他们在迁入国家居住一段时间后返回原籍。回流移民在美洲各地区的殖民地时代就开始出现,但成规模的回流移民发生在 19 世纪中期之后。它在所有欧洲移民中普遍存在,但在各国移民中的比例却不相

---

① Broeck, Julien van den, *The Economics of Labour Migration*, p. 41.

② Gibney, Mark, *Open Borders? Closed Societies? The Ethical and Political Issues*, London: Greenwood Press, 1988, p. 44.

同。从区域上看，在迁移到美国的西欧和北欧的移民中，回流比例达到1/6，而在意大利、西班牙、希腊、克罗地亚和斯洛伐克等国的移民中则高达50%到70%。[①] 还有学者认为，在19世纪的移民大潮中，有20%的挪威人、丹麦人、瑞典人和芬兰人最终返回母国。20世纪初，回流移民占葡萄牙、克罗地亚、塞尔维亚、匈牙利和波兰等国移民的44%左右，意大利人在40%到50%。东欧和南欧移民回流率较高的原因之一是他们自身与迁入国家的社会文化差异甚大：多数移民不讲英语，信奉天主教或东正教，缺乏必要的就业技术，经济上比较困难。许多人深感在美国的前途渺茫。另外，19世纪后期美国各地掀起了前所未有的排斥亚洲和东欧、南欧移民的社会狂飙，最终促使美国颁布了旨在禁止亚洲移民、限制东欧和南欧移民的移民政策。值得注意的是，在回流移民中，有些人在母国定居后不久又进行了第二次迁移。在20世纪初，返回意大利的移民中有10%以上再次迁居美国。[②] 这一方面说明了交通条件的改善对人口迁移的影响，另一方面也表明，移民在迁入国家居住若干年后，价值观念与生活习惯已经发生变化，很难再适应母国的生活方式，于是便出现了第二次甚至第三次迁移的现象。

二、欧洲内部的人口迁移

当数以百万计的欧洲移民漂洋过海的时候，欧洲内部的跨国移民也非常活跃。越来越多的移民以自发的和平方式迁入他国，这是欧洲历史上不曾有过的事情。从整体上看，人口的主要流向是从经济贫困和人口过剩的地区向经济发达地区迁移。在地理上就表现为从南向

---

① Broeck, Julien van den, *The Economics of Labour Migration*, p. 37.

② Baines, Dudley, *Emigration from Europe*, p. 39.

北、从东向西的迁移。迁入移民最多的国家是英国、法国、德国及北欧部分国家，来到这些地区的移民，大部分就地定居，另外有些人居住一段时间后又迁移到美洲。

【英国的外来移民】 英国作为一个接受外来移民的国家，尽管其时间最早可溯至 2000 多年前，但对其历史发展影响深远的移民群体当属公元 5、6 世纪的盎格鲁人和撒克逊人，他们在征服了英伦三岛后，成为今天英国人口的主体。在英国查理二世复辟之后，英国内战期间有劳动能力的青壮年死伤惨重，17 世纪 60 年代的瘟疫造成农业歉收，对外贸易也有所下降，因此，不少人主张放宽移民入境、实施归化政策，以外国劳工来弥补英国劳动力不足。英国议会为此曾经多次发生激烈争论。一直到 1709 年，相关立法才得以颁布，三年后该法案又被其他排斥性立法所替代。新的立法禁止外籍人在英国经商、继承财产、担任政府公职、参加政府各类选举，外籍人不得雇佣英国劳工上班。尽管这些法规对外籍商人移民英国产生了一种抑制性的作用，但未能有效地减少进入英国的外籍人数量。[①] 到 19 世纪初，居住在英国的移民来源之多，以至于有人将英国称为“欧洲国家中最为庞杂的民族复合体”。[②]在伦敦居住的人口中，既有 11 世纪入境的诺曼人和 13 世纪来自德国的犹太人，也有 15 世纪入境的吉卜赛游牧部落和 17 世纪进入英国的 5 万名法国胡格诺教徒，还有大约 1.5 万名来自非洲的黑人奴隶。当然，从 16 世纪末到 20 世纪中期，迁出的英国移民远远多于迁入的外来移民。例如，在 1815—1945 年迁入英国的移民不到 200 万，而在 1815—1930 年有 1140 万英国人迁居海外。尽管如此，较高的自然生

---

① Statt, Daniel, "The City of London and the Controversy over Immigration, 1660-1722", *The Historical Journal*, Vol. 33, No. 1, 1990, pp. 45-46, http://www.jstor.org/stable/2639390(2008 年 5 月 28 日下载).

② Poulter, Sebastian, *English Law and Ethnic Minority Customs*, London: Butterworths and Co. (Publishing) Ltd., 1986, p. 1.

育率使得英国人口在同期由2000万增至5000万。[①]

在19世纪来到英国的移民中,爱尔兰移民之所以占据绝对多数,除地理位置较近的因素外,更主要的是当时英国和爱尔兰之间的殖民统治关系。在17世纪中叶英国征服了爱尔兰之后,两地之间的人口开始迁移。然而,在爱尔兰人移民英国的历史上,其"加速期"发生在英国工业革命时期。在英国工农业产品竞争的压力下,爱尔兰在经济上成为了英国的商品销售市场和农产品供应地。爱尔兰的经济结构比较单一,以马铃薯为主,加上爱尔兰也开始了类似于英国的圈地运动,人口的贫困化非常严重,许多生计无着的农民纷纷迁离爱尔兰。到1841年,英国的爱尔兰移民已超过42万,不少城市出现了规模较大的爱尔兰人居住区。在1845年发生前所未有的马铃薯饥荒之后,爱尔兰人大规模的移民高潮开始出现。到1851年,居住在英国的爱尔兰人增加到72.73万人,1861年达到80.6万。此后数量开始减少。1901年,爱尔兰出生的人口在英国只有63.2万人。从爱尔兰人移民英国的路线看,他们主要来自于爱尔兰的三个地区:(1)北线由阿尔斯特等地迁移到苏格兰;(2)中线由康诺特和伦斯特出发,经都柏林到英格兰北部;(3)南线从伦斯特和芒斯特省各县到伦敦。在结构上,来到英国的爱尔兰人除青壮年人口较多外,家庭移民的特点也比较突出。而且,同前往北美的爱尔兰移民相比,前往英国的爱尔兰移民经济条件相对较差,多数集中在伦敦、利物浦、格拉斯哥、加的夫、布拉德福德和兰开夏郡等地区,其中有80%集中在1万人口以上的城市。[②] 当然,在英国的100多万外来移民中,还有5万多是来自俄国和波兰的犹太人,另有5万多来自

---

① Panayi, Panikos, *The Impact of Immigration: A Documentary History of the Effects and Experiences of Immigrants in Britain Since 1945*, Manchester: Manchester University Press, 1999, pp. 2-4.

② Holmes, Colin, ed., *Migration in European History*, Vol. 1, Cheltenham, U. K.: Edward Elgar Publishing Limited, 1996, pp. 53-55.

德国。[①]

需要说明的是，自17世纪到20世纪中期，英国政府一直没有停止向海外迁移各类罪犯和乞丐等不利于社会安定的人口，它认为这是缓解社会问题的“安全阀”。19世纪之后，英国政府为加强对海外殖民地的管理、加快其经济的发展，加大了鼓励本国人口迁居海外的力度。于是，从中央到地方、从官方到民间性的组织，由政府发起、诸多社会团体参与的海外迁移也进入一个高潮期。这种强调向海外迁移的思维使英国在较长的时间内根本没有重视对入境外来移民的统计和管理。另一方面，由于英国外来移民首先来自爱尔兰，但爱尔兰作为英国的殖民地，享有自由迁移和流动的权益，这种状况一直到1922年爱尔兰独立之后才结束。此后，爱尔兰移民便从英国的国内移民转变成为“国际移民”了。从这个意义上讲，真正意义上的外来移民是19世纪末入境的犹太移民。

【法国的外来移民】　有学者认为，法国是近代欧洲最早接受外来移民的国家，理由是19世纪上半期就有许多外来移民进入法国。[②] 从现有资料看，这种观点值得商榷。因为如前所述，在法国之前英国就已经接受了许多外国移民。

客观地说，在法国大革命后，法国工业化已悄然启动，但其发展并不像美国那样轰轰烈烈。在阶级结构日益庞杂特别是具有一支庞大的中产阶级队伍的社会中，多数法国人对那些缺乏流动性的体力劳动的职业不屑一顾。同时，法国人为保持生活质量而减少生育，结果人口生

---

① Panayi, Panikos, *The Impact of Immigration*, p. 7. 关于迁入英国的俄国和波兰犹太移民，一种说法是1884—1914年入境人数达20万，这个数字与上述引文相差一倍。见Holmes, Colin, ed., *Migration in European History*, Vol. 1, p. 18。

② Hammar, Tomas, ed., *European Immigration Policy: A Comparative Study*, Cambridge: Cambridge University Press, 1985, p. 129; Seifert, Wolfgang, “Admission Policy, Patterns of Migration and Integration: The German and French Case Compared”, in Robinson, Vaughan ed., *Migration and Public Policy*, Cheltenham, U. K.: Edward Elgar Publishing Limited, 1999, p. 439.

育率逐渐下降，导致“法国到19世纪末成为一个人口零增长的国家”，这种现象在当时其他工业发达国家还未出现。另一方面，在19世纪中叶法国工业化开始加速后，其农村人口向城市流动的规模有限，城市劳动力的短缺成为影响工业化发展的瓶颈。于是，一些企业不得不依赖于来自瑞士、比利时和意大利的农民。对此，一位法国学者写道：“法国人的优点也是其缺点，它是欧洲大陆诸多落后民族中的贵族国家。父母亲（特别是体力劳工和农民）对子女充满一种过多的柔情，结果发生了什么？当他们成人后，那些在学校受过教育的子女们不愿意从事其父辈们从事的卑贱的、枯燥乏味且简单的工作，既然这些职业必须有人做，那些对生活没有远大理想的外国人就得来承担。”[①]为此，从19世纪30年代开始，法国政府就鼓励外来移民，政策力度之大，给人们的感觉是似乎是要“与澳大利亚和新世界的（按：美国和加拿大等）国家争夺永久性定居者”。[②]从现有资料看，境内移民在1850年有38万人，1886年达到100多万，1911年有116万，其中人数较多的是意大利人和比利时人，而来自波兰、捷克斯洛伐克和南斯拉夫等国家的移民相对较少。在第一次世界大战结束后，法国有劳动能力的人口死伤较多，劳动力缺口较大，于是加大了吸引移民的力度。在进入法国的移民中，有许多来自阿尔及利亚的移民，还有数千名来自越南和中国的移民。法国境内的外来移民总量也逐年增加，由1919年的141.7万增至1921年的153.2万。此后，入境移民大幅度增加，由1926年的240万上升到1930年的317.5万。但因此后经济危机爆发，法国政府采取了严格限制和驱逐出境的政策，境内移民人数减少到1936年的279.8万。[③]

---

① Holmes, Colin, ed., *Migration in European History*, Vol. 1, p. 432.

② Holmes, Colin, ed., *Migration in European History*, Vol. 1, p. 429.

③ Hammar, Tomas, ed., *European Immigration Policy*, p. 129. 有人认为1931年法国的外来移民只有270万，见 Seifert, Wolfgang, "Admission Policy, Patterns of Migration and Integration: The German and French Case Compared", in Robinson, Vaughan, ed., *Migration and Public Policy*, p. 439; Holmes, Colin, ed., *Migration in European History*, Vol. 1, p. 428。

与其他欧洲国家相比，法国的特点是：第一，外来移民在法国人口中的比例较高。例如，1886 年法国境内有 100 多万外国移民，占法国人口的 3%；1891—1901 年间入境的移民占同期法国人口增长的 57%，在 1901—1911 年间占 33%。[①] 到 1930 年，法国是“世界上外来移民比例最高的国家”。每 10 万居民中有 515 人是移民，而在美国仅为 492 人。[②] 外来移民在一些行业特别是非熟练职业部门的集中程度较高。在 1911 年，外来移民占法国酒店、餐馆和酒吧部门就业劳工的 20%、建筑业的 13.5%、采矿业的 9%、生铁和木材行业的 5%。在 1930 年法国马赛地区，意大利人占非熟练劳工的比例平均在 50% 到 75%。有学者认为，“相对于其他任何西欧国家……法国的工业化是在非熟练移民劳工的建设下完成的”。[③] 第二，由于法国的外来移民较多，民族来源的多元化特征更加突出，排斥移民的暴力冲突比较频繁。19 世纪末，大批外国劳工的到来引起了法国右翼势力和劳工组织的反对，对外来移民特别是意大利移民的排斥导致了多次暴力冲突，仅发生在法国南部的骚乱就有三次。然而，由于企业对劳动力的需求旺盛，招募海外劳工的工作并未停止。1908 年“法国东北部农场主联合会”与加里西亚议会达成协议，决定到 1914 年引进 2 万多名波兰籍劳工。与此同时，法国北部的采矿公司从鲁尔地区招募了 2000 名波兰劳工，另有一些钢铁公司引进了 4000 多名意大利劳工。外来移民的增多，也使得一些城市人口具有明显的外来特征。例如，1870 年马赛人口 30 万，其中外国人口 2.6 万（占人口总量的 11.5%），到 1911 年该市人口达到 55 万，而外来移民达到了 11 万（22%）。如此高的比例在当时的欧

---

① Castles, Stenphen, and Godula Kosack, *Immigrant Workers and Class Structure in Western Europe*, p. 19.

② Horowitz, Donald L., “Immigration and Group Relations in France and America”, in Horowitz, Donald L., and Gérard Noiriel, eds., *Immigration in Two Democracies: French and American Experience*, New York: New York University Press, 1992, p. 6.

③ Holmes, Colin, ed., *Migration in European History*, Vol. 1, p. 433.

洲是绝无仅有的。[①] 第三,移民来源更加庞杂。19 世纪英国的外来移民主要来自于爱尔兰,同期进入德国的移民主要是波兰人和意大利人,而在法国的外来移民中,民族多元化特点非常突出。在 1886 年法国的 110 万外来移民中,比利时人占 43%,意大利人占 23%,德国人占 9%,西班牙和瑞士的移民各占 7%。[②] 这种趋势后来因为阿尔及利亚人、越南人和华人的到来而进一步增强。第四,相对宽松的社会与文化氛围孕育了比英国和德国更加宽松的公民资格授予政策,法国因此享有“欧洲熔炉”之美誉。至 1930 年有近 300 万移民加入法国国籍,这在当时所有接受外来移民的国家中是不多见的。[③]

【德国的外籍劳工】 关于近代之前和近代早期德国人口的迁移,本章前文曾略有提及。日耳曼民族的历史就是一部不断征服和迁移的历史。在新大陆开辟之后,处于封建割据状态下的德意志各邦无力在新世界建立殖民地,但不少德意志人却分别迁入英国、法国、西班牙和葡萄牙等国家在美洲的殖民地。1776 年北美独立时,那里的德国移民有 20 万。在北美革命时期,德意志人组成的雇佣军受英国国王之命前去镇压。战争结束后雇佣军被解散,不少人便在那里择地而居。19 世纪中期德国工业化大规模展开之前,德国人掀起了数百万人移民海外的大潮,移民主要流向美国、加拿大、澳大利亚和南美洲。1881—1885 年间德国人移民海外达到了高峰,出境人数达到 85.7 万。总之,从 17 世纪到 19 世纪末近 300 年间,跨越大西洋的德国移民达到 500 多万,其中多数到了美国。值得注意的是,在德国统一后,随着德国工业化进程的加速,德意志人移居海外的热潮逐渐减弱,前往美国的移民由

---

① Holmes, Colin, ed., *Migration in European History*, Vol. 1, p. 433; Castles, Stenphen, and Godula Kosack, *Immigrant Workers and Class Structure in Western Europe*, p. 19.

② Adler, Stephen, *International Migration and Dependence*, pp. 55-56.

③ Holmes, Colin, ed., *Migration in European History*, Vol. 1, p. 428.

1880 年的 20 万减少到 1890 年的 10 万，到 1900 年仅为 3 万人。第一次世界大战结束后，德国基本上停止了大规模的移民。只有在 20 世纪 30 年代纳粹迫害时期，犹太人大批移民海外。①

1880 年以前，德国人口大规模移居海外，主要是因为在土地作为人口赖以生存的农耕时代，人口与土地资源呈反向发展，不断被分割的土地已经达到再也不能分割的程度。长期盛行的长子继承制基本上堵死了其他子女继承财产的途径，那些再也没有希望继承或购买土地的青年人便移民海外。另一方面，在工业化的推动下，农业也在朝着大型农业机械化的方向发展。在激烈的竞争中，成千上万的小农场主因纷纷破产而沦为无产者。对于那些在海外有亲友提供路费的家庭来说，迁居海外自然成为理想的选择，缺乏这种条件的家庭则纷纷迁居附近的城市谋生。随着德国工业化的发展，制造业和服务业提供了大量就业岗位。这也为农村大量剩余劳动力提供了一条发家致富的途径。不仅如此，工业化发展之快，对劳动的需要甚至超越出当时德国劳动力的供给。从 1871 年起，鲁尔地区的企业便从德国统治的波兰区吸引劳工，后来又有部分波兰人从沙皇俄国和奥匈帝国统治的波兰区辗转而来。波兰籍劳工作为来到德国最早、人数最多的群体，对转型时期德国的工农业发展做出了突出贡献。例如，在 1906 年，普鲁士农业几乎是完全依靠外国的劳动力维持的。德国东北部的一些官员认为，如果没有外国劳工，“就意味着敲响了农业的丧钟”。上西里西亚地区的煤炭工业也是如此。“没有外国劳工，采矿工业就无法开业。”大批欧洲移民进入普鲁士以后，不断向西流动，最终进入工业城市。随着波兰劳工的增多，当地政府开始实施限制性政策，担心移民人口的增长会使当地出现“波兰化”现象。因为波兰劳工大多不讲德语，与当地人的沟通比较困难，所以，德国的企业开始招募其他国家的劳工。1910 年，在德国工

---

① Holmes, Colin, ed., *Migration in European History*, Vol. 1, pp. 138, 146-147; Hammar, Tomas, ed., *European Immigration Policy*, p. 166.

业和农业部门就业的外国劳工达到 100 万，其中来自俄国和奥地利统治下的波兰人占 40%，另有 40 多万移民来自德国控制的波兰地区，此外还有许多来自意大利和其他南欧国家的劳工。[①] 至此，德国成了一个“事实上接受外来移民的国家，而不再是一个移民净迁出国家”。[②] 从上文中可以看出，外来移民大批迁入德国的时期也恰好是德国公民迁居海外骤减的时期，而此时正好是德国完成向工业社会转型的时期。在这个时期，德国出现了三种移民。第一种是日益萎缩的流向海外的移民。第二种是国内人口从东部农村地区向西部工业城市的迁移，其规模在各类移民中居于首位。[③] 第三种是上文提及的来自周边国家的劳工。这表明到 19 世纪末，具有现代化意义的德国人口流动的机制已经成形。

当然，除上述三国外，还有一些其他欧洲国家也出现外来移民增多的现象。例如，从 19 世纪 80 年代开始，不少劳工分别从法国、德国、意大利和奥地利等国先后进入瑞士。到 1910 年居住在瑞士的外籍人已达到 55.2 万，占该国总人口的 14.7%。其中，意大利劳工以体力劳工居多，主要从事公路和铁路建设。在建筑行业，移民劳工比例之高，超过了瑞士工人的数量。移民的增多当然也产生了一些问题。在移民劳工资源丰富的时候，企业主用意大利劳工取代土生劳工，因为意大利移民不大计较工资和工作条件。可是当意大利人利用工会组织保护他们的权益时，企业主又去雇佣波兰移民。在一些城市，因意大利移民人数

---

① Holmes, Colin, ed., *Migration in European History*, Vol. 1, p. 25. 有学者认为，到 1910 年德国的外籍劳工总数为 125 万人，见 Castles, Stenphen, and Godula Kosack, *Immigrant Workers and Class Structure in Western Europe*, p. 19; Rotte, Ralph, “Immigration Control in United Germany: Toward a Broader Scope of National Policies”, *International Migration Review*, Vol. 34, No. 2, 2000, p. 360, http://www.jstor.org/stable/2675906(2008 年 5 月 21 日下载)。

② Kurthen, Hermann, “Germany at the Crossroads: National Identity and the Challenges of Immigration”, *International Migration Review*, Vol. 29, No. 4, 1995, p. 916, http://www.jstor.org/stable/2547732(2008 年 5 月 21 日下载).

③ Holmes, Colin, ed., *Migration in European History*, Vol. 1, pp. 152-153.

较多，其聚居区发展成为城镇，有些人还居住在“过于拥挤的贫民区”，结果遭到当地人的暴力排斥，在一些情况下，“骚乱之严重，需要动用军队平息，以恢复秩序”。[①]

从上述各国外来移民的来源和构成看，最突出的特点是：首先，各国作为移民接受国家，彼此间都居住着对方的移民。有资料显示，在1851—1881年间，有不少法国人迁入德国并对其“工业化产生了重要影响”。[②] 同样，在迁入英国的移民中也有5万多名德国移民。这种“你中有我、我中有你”的移民现象实际上是市场经济流动性的反映。其次，各国移民多数来自邻国。例如，英国的移民主要来自爱尔兰，法国的移民主要是意大利人、比利时人和德国人，而德国的移民主要来自波兰。这种共性的地缘因素表明，相邻的地理条件、低廉的交通费用以及相近的文化与生活方式等，都在不同程度上影响着移民的流向。最后，意大利移民和波兰移民的回流率较高。就德国的波兰移民而言，他们每年在德国工作6至8个月左右就返回波兰。但是就迁居美国的波兰移民而言，由于往返大西洋两岸费用高，许多人原本只想打工挣钱然后回国的人却不得不改变计划，从长计议，因而他们在美国居住的时间一般相对较长，最终返回母国的比例较低。这类移民占迁移到美国的波兰移民的30%至35%。在最终迁入美国的移民中有些人曾经多次入境。在1906年，有6%的波兰人承认自己以前曾在美国居住一年以上。在1914年之前的40年间，有复迁行为的移民达到了40%。[③] 这种“候鸟”性质反映了移民对家乡的依恋。他们的收入对家乡的经济环境产生了不同影响。这里，先对波兰和意大利移民的情况作简单梳理。

就波兰劳工而言，他们省吃俭用，然后将自己的积蓄邮寄回国，或回国时个人携带。以来自俄国和奥地利统治下的波兰领土上的劳工为

---

① Castles, Stenphen, and Godula Kosack, *Immigrant Workers and Class Structure in Western Europe*, p. 21.

② Broeck, Julien van den, *The Economics of Labour Migration*, p. 46.

③ Holmes, Colin, ed., *Migration in European History*, Vol. 1, p. 257.

例，他们在1902年邮寄回国的资金达到2000万美元，其中750万美元来自美国，1200万美元来自德国，两项之和相当于俄、奥两国控制的波兰区商品出口(3.73亿美元)的5%。这些资金流向各自家庭之后，其金额并不多，而且大部分用于购置地产，其余用于婚丧娶嫁或日常生活。当年的收入花完后，还需要来年再去打工。有一个村庄的青年人年复一年地在国外打工，收入中有56.5%用来购置新房屋，26.5%用来偿还家庭债务或用于子女结婚，剩余的17%用于日常生活。这种根植于传统生活方式之中的消费观念，基本上没有摆脱"充满封建残余的……社会经济环境"。① 他们作为没有文化的体力劳工，根本没有把外界所看到的社会、经济与文化中的积极成分或者新的思想与生活方式带回家乡，而是继续在落后的观念的支配下着力于生产资料的积累，或简单地成为城市工业产品的消费者，因而并未对家乡的社会结构和经济发展产生根本性的影响。相比之下，意大利北部移民的情况大为不同。在邮寄回国的汇款中，大部分被存到银行；剩余资金中，有些被用于前往海外的路费，有些被用于日常生活开支。这种方式的后果是，被存入银行的资金主要用于当地的工业生产发展，"为北部的工业化提供了资金"。另一方面，通过为移民提供路费，刺激了当地移民外迁的浪潮。在1870—1900年迁移到国外的移民中，有50%以上流向西半球国家。继美国之后，巴西和阿根廷是欧洲以外吸收意大利移民最多的国家。但是，在1905—1976年的外迁移民中，有850万人在迁入其他国家工作一段时间后又返回意大利。其中，从美国返回的移民近96.5万，从其他西半球国家返回的有100多万。② 这些移民之所以返回意大利，是因为他们多为非熟练劳工或农业劳动力，没有技术优势，在迁入国家难以就业，也有的人是因为难以抑制叶落归根的思乡之情而回国的。

---

① Holmes, Colin, ed., *Migration in European History*, Vol. 1, pp. 26, 268-269.

② Holmes, Colin, ed., *Migration in European History*, Vol. 1, p. 199.

三、限制性政策的实施

在英、法、德三国，随着外籍人口的日益增多，当地居民的反感情绪油然而生，排斥性的暴力事件与日俱增。另一方面，自工业化社会以来，各国经济频繁波动，劳工就业缺乏安全性保障，要求政府维护就业市场秩序的呼声不绝于耳。为应对社会舆论、维护土生劳工的利益，各国政府顺水推舟，实施限制性政策，这标志着自由移民时代的结束。从各国政策的特点看，第一是强调维护国家的安全；第二是加强政府对就业市场劳动力供给的干预，具体做法是，经济繁荣时就放宽入境政策，经济萧条时则严格限制；第三，当入境移民中某个群体的移民数量过多时，政府必然会出台相应的限制性措施，目的是防止打乱主体民族在政治、经济、社会和文化等方面业已形成的秩序。

【英国】 在19世纪中期，当成千上万的爱尔兰移民出现在伦敦、格拉斯哥、利物浦、加的夫和曼彻斯特等城市后，因经济贫困，多数居住在工厂附近人口拥挤的贫民区，形成了令人触目惊心的“小爱尔兰隔都区”。在狭窄的街道上，丢弃的垃圾随处可见；未封闭的下水道和茅厕粪池散发出令人恶心的臭味；营养不良的居民面黄肌瘦，衣衫褴褛；有颓废者酗酒成风，道德败坏者聚众肇事，打架斗殴，影响了当地的社会治安。因此，伦敦、曼彻斯特、利物浦等城市的爱尔兰人社区，被认为是当时“社会邪恶展示得淋漓尽致的地方……是维多利亚时代工业贫民区所能提供的最差的，其中一些内城的爱尔兰移民的居住区成为工业贫民区的笑柄”。[①] 在许多地方，当地人对爱尔兰人极度反感，“爱尔兰人不得入住”的牌子随处可见。诚然，对爱尔兰人的评价，有些是误解引起的，有些是因为民族矛盾，还有些是宗教偏见所致。

---

① Holmes, Colin, ed., *Migration in European History*, Vol. 1, p. 56.

认为爱尔兰人加重当地政府救济负担的评价未免失之夸大。的确,在爱尔兰马铃薯饥荒时期来到英国的移民中,多数人贫困潦倒,接受救济者亦不在少数。但在其他时期,爱尔兰移民接受救济的程度并不像英国人想象的那样严重。然而,在不明真相的英国民众看来,他们相信自己看到的只是冰山一角。在就业市场上,爱尔兰移民经常被看做竞争对手,尤其是在英国劳工罢工的时候,有些企业主为转移视线,雇佣爱尔兰移民充当破坏罢工者,激起了英国劳工的愤怒。在民族认同心理上,爱尔兰移民对英国有一种矛盾心理。一方面,英国为他们提供了改善生活条件的机会和空间,激发了他们对未来生活的憧憬和热情;另一方面,他们对英国在爱尔兰的殖民统治强烈不满。他们漂泊异乡就是英国殖民者推行政治压迫和经济剥削的结果。因此,爱尔兰人对融入英国主流社会不感兴趣,英国只是他们最终迁移到美国的中转站,那里才是他们梦想的人间天堂。在文化上,爱尔兰移民多数信奉天主教,而宗教作为民族文化的载体,是爱尔兰移民的精神支柱和心理归宿。然而,英国历史上宗教纷争的记忆,使英国人对爱尔兰移民存有戒心。甚至还有些英国人认为,爱尔兰移民是受罗马教皇派遣来到英国进行颠覆活动的。种种猜忌终于导致了19世纪50、60年代多次发生针对爱尔兰移民的骚乱。当然,宗教因素并非唯一的根源,因为英国也有许多天主教徒,但与爱尔兰天主教徒不同,英国天主教始终没有放弃对英国及其王室的忠诚。此外,爱尔兰天主教徒多数来自农村,他们不仅带来了农村的生活方式和观念,更使英国天主教会无法容忍的是,爱尔兰人主张政教合一。这种思想不仅有悖于英国的政治体制、新教原则和世俗观念,而且其核心是要求英国允许爱尔兰的完全独立。对此,英国天主教表示坚决反对,认为很难与爱尔兰天主教信徒和谐相处。最后,爱尔兰移民中多数属于劳工阶级,文化水平低,政治上无选举权,他们认为自己的政治利益没有在英国政府的政策中得到体现。“领土归属问题实际上在爱尔兰移民的政治行为中受到极度的压制,几乎被完全排斥在19世纪英国政治生活主题之外。”结果,政治问题又表现为具有强烈情绪的民族问题，而民族和政治认同等方面的差异自然就成为英国人和爱尔兰移民最大的分歧。这种分歧在19世纪末英国允许爱尔兰实施自治之后才有所好转，而爱尔兰移民与英国天主教中自由派的联合，为爱尔兰移民参与政治创造了先决条件。第一次世界大战后，爱尔兰人的一些政治要求得到了英国工党的支持，爱尔兰移民工会组织也在为维护爱尔兰移民劳工的权利而不断斗争。到20世纪20年代爱尔兰移民才真正地融入英国的主流社会。①

正当对爱尔兰移民的同化走上正轨的时候，大批东欧犹太移民蜂拥而至，其人数到1914年达到12万，他们入境后主要集中在伦敦东区。与爱尔兰移民相比，犹太人多数不会讲英语，他们一心经商，从不过问当地政治生活，结果招来英国人的指责，认为犹太人加剧了英国当地的贫困和社会犯罪等问题。国内排外情绪的升温引起不少英国政府人士的关注。从1894年起，英国议会每年都会收到限制移民的提案。在这种背景下，1902年英国政府成立了一个专门委员会，分析外来移民入境后对英国城市所产生的消极影响，研究其他国家（如美国和加拿大）及英国殖民地的限制性政策和效果。1903年该委员会完成了4卷本报告，认为每年进入英国的外来移民并不多，也没有足够的证据说明外来移民抢走了英国人的职业。报告建议政府成立一个移民部，随时处理与移民相关的社会问题，禁止外国的妓女、罪犯、乞丐、传染病者、无政府主义者，或“有可能成为公共资金负担”的外国人进入英国。在该委员会的建议下，英国议会经过两年的酝酿，在1905年颁布了《外籍人法》，禁止下列外籍人入境：(1)不能为自己及其子女提供体面住房和生活保障的人；(2)对公共福利或安全构成负担或威胁的人，如罪犯、无政府主义者、乞丐、妓女和精神病患者等；(3)因种种原因曾被英国政府

---

① Holmes, Colin, ed., *Migration in European History*, Vol. 1, pp. 73-74; Castles, Stenphen, and Godula Kosack, *Immigrant Workers and Class Structure in Western Europe*, p. 17.

驱逐出境的人。关于难民，法案第一款第3条规定，那些因为宗教或政治等而受到迫害或即将受到迫害（包括被监禁、判刑、流放或者被处以死刑）的人，都可以入境。为保证入境移民的经济和文化素质，凡运载移民超过20人的船只，其船主应向海关申报，违者每运载一人，罚款100英镑。不难看出，1905年法案具有明显的限制性，但它同时包含着相对全面的难民入境条款，这在当时西方国家并不多见。在该法案实施后，从1906年到1910年先后有5156人被拒绝入境，其中申诉者为2731人，胜诉者980人[①]，这说明该法案的限制性条款发挥了应有的作用。第一次世界大战爆发后，英国在1914年颁布了《外籍人限制法》，既要禁止外来移民入境、限制国内移民离境，也要禁止境内的移民自由流动。无论是敌对国移民还是中立国移民，都必须服从这项规定。那些涉嫌威胁或破坏英国国家安全的移民将被拘禁。从1914年开始，英国政府对境内的德国人实行了集中营政策，凡年龄在15—55岁的德国人都被关押。由于来自意大利、奥地利、土耳其和德国及其殖民地的移民估计有20万到25万，而战时英国所能提供的关押设施不足，所以最后被关押的移民不过3万人。1919年，为防止俄国布尔什维克主义传入英国，英国政府决定延长1914年法案的有效期。这样，该项法律成为第二次世界大战之前英国控制移民和维护国家安全的法律依据。在该法案实施期间，任何来自敌对国的移民（难民除外）均不得入境，已入境的外国人不得购买土地或在与国防相关的工业部门就业；任何煽动不满情绪的外籍人都将被驱逐出境；在政府公职、飞机驾驶员、司法陪审团或在英国商船队中，禁止外籍人任职。[②]

【法国】　法国的情况与英国既有相似又有不同。相似的是，在19世纪末20世纪初法国也掀起了一股排斥犹太移民的浪潮；不同之

---

① Shah, Prakash Amritlal, *Refugees, Race and the Legal Concept of Asylum in Britain*, London: Gravebdish Publishing Limited, 2000, pp. 33-36.

② Shah, Prakash Amritlal, *Refugees, Race and the Legal Concept of Asylum in Britain*, pp. 43-44.

处是,法国在这个时期因劳动力不足而继续吸引移民。而在入境移民中,不少移民是有色种族。

早在法国大革命之前,法国就有4万多来自伊比利亚半岛及中欧国家的犹太人。他们散居在法国西南、东南和东北部的边缘地带,没有形成规模较大的犹太人社区,在自我封闭的生活方式中始终保持低调,并不为外界所关注。到19世纪末期,由于东欧各国掀起了规模庞大的排犹浪潮,许多犹太人相继离家出逃,其中多数移居美国和英国。在1881—1914年间,进入美国的东欧犹太人达200万,有12万人迁居英国,而定居法国的犹太人不过4.4万。① 然而,由于过境的犹太移民较多,给法国人留下的错觉是,政府自由放任的政策已经使法国边境陷入失控状态。此外,移居法国的犹太人多数是单身男性,占1872—1907年间入境犹太移民的70%,而迁居美国的犹太人男性仅占其总数的56%,多数已成家立业。这种情况表明,多数来到法国的犹太人并未打算永久定居,而是暂时栖身,以待条件成熟后再返回原籍,或迁居别国。虽然这些犹太人来自不同的国度,其政治观念和生活习惯迥然不同,但共同的生活经历和宗教信仰却使他们聚居在一起,形成了一个有别于法国社会的民族社区。在巴黎,初来乍到的犹太移民,因为经济条件差,居住的拥挤程度令人触目惊心。在一些街区,"两个居室居住12到15人的情况随处可见……他们吃饭时席地而坐,住所漆黑一片,没有窗户"。② 类似于这样的问题见诸报纸杂志后,法国人的鄙视心理油然而生。在他们看来,犹太人不学法语,生活上与世隔绝,对法国政治漠不关心。这种感觉也让法国的犹太人进退两难。本能的民族同情感使

---

① Hyman, Paula, *The Jews in Modern France*, Berkeley: University of California Press, 1998, pp. 1, 116. 有学者认为,在1880—1925年间,有350万犹太移民离开了中欧和东欧,其中265万前往美国,21万迁居英国,15万到阿根廷,11.2万去加拿大,10万到法国。在第一次世界大战之前,法国的犹太人估计在3万到4万之间。Benbassa, Esther, *The Jews of France: A History from Antiquity to the Present*, Princeton: Princeton University Press, 1999, p. 136.

② Hyman, Paula, *The Jews in Modern France*, p. 119.

他们有心向新来的东欧犹太人提供帮助，但他们又担心会影响到自己在法国的社会形象和正常生活。因此，当大批东欧犹太人到来时，法国的犹太人组织不仅以资源紧缺为由而拒绝提供帮助，而且有些领导人还要求政府采取“限制外籍人自由进入法国的措施”。[①]

应该说，19 世纪末期法国的排犹运动是在法国经济和社会结构发生巨变的背景下产生的。频仍的经济危机与日益严重的社会失业问题常常成为法国人的噩梦。同时，政府危机迭起，罢工运动此起彼伏，社会局势动荡不安，所有这些都不时地干扰着法国人的生活。然而，在法国劳工和宗教组织的领导人看来，法国社会问题加剧的根源在于日益增多的犹太移民，他们是法国政治、经济、社会和文化的最大威胁。这种偏见似乎又因为 1894 年和 1896 年发生的两起法国犹太裔军官泄密事件而得到了印证。这两起事件的涉嫌者分别是炮兵军官卡皮坦(Capitan)与阿尔弗里德·德莱弗斯(Alfred Dreyfus)。尽管整个事件中疑点甚多，也没有确凿的证据证明两人有罪，但也缺乏能够证明两人无罪的证据。在这种扑朔迷离的背景下，尽管法国的各种政治和宗教派别在政治思想、民主观念、个人主义和教派关系等诸多重大问题上存在着分歧，但各方似乎都在反对犹太主义运动中找到了调整关系的切合点。于是，一场反对犹太人的民族运动席卷了大半个法国，到第一次世界大战前夕反犹主义运动才有所淡化。另一方面，东欧犹太人移民为早日实现与当地社会和文化的融合，成立了各类组织，并在 1906 年和 1914 年创办了自己的杂志，1907 年又建立了颇具民族特色的剧院、移民互助会、同乡会、慈善机构、学校和教会组织等。1913 年巴黎犹太人成立了由 21 个犹太人组织参加的“巴黎犹太人协会联盟”。它作为犹太人在政治、经济、文化和社会利益等各方面的代表，在争取平等就业、政治参与和宗教自由等方面，特别是在帮助犹太人移民融入主流社

---

① Hyman, Paula, *The Jews in Modern France*, pp. 116, 122, 127.

会的过程中发挥了不可替代的积极作用。[①]

第一次世界大战结束后，前来法国的犹太移民数量与日俱增。到1930年，在法国定居的犹太移民总数上升到15万，其中9万居住在巴黎。与此同时，除1.5万名来自黎凡特和北非的犹太移民迁居巴黎之外，法国的土生犹太人以及在战前入境的部分犹太移民也纷纷迁移到巴黎西区。这些土生犹太人没有与新来的犹太移民聚居在一起，主要是为了避免刺激社会上的排外主义，同时又能表明他们已经融合到法国主流社会之中。在这种条件下，巴黎的犹太人居住区急剧膨胀，移民职业流动的空间倍增，机会相应增多。一些数据显示，一战前入境的犹太移民的职业流动性与法国人相近，但战后入境的犹太移民的职业层次明显偏低。在巴黎从事银行业的犹太人中17%是土生的，而在新入境者中为15%。在新来的移民中，有半数是街头小贩。在来自黎凡特的犹太移民中，50%从事商品零售。法国土生犹太人的就业部门更加宽泛，社会融合程度明显偏高，例如，有20%经营服装、珠宝和钟表，60%从事制造业，2%从事印刷行业，其余从事家政服务等。从20世纪30年代到1945年，法国犹太人经历了一个痛苦的时期。一方面，当法国陷入席卷全球的经济危机之后，举国上下人心惶惶，社会失业率居高不下，可是犹太移民依然保持着自己的生活方式和宗教习惯，犹太人成立的各种组织大肆宣传犹太文化，强调其民族精神和文化认同，其思想核心带有明显的犹太复国主义色彩，这在一定程度上引起了一些法国人的反感；另一方面，随着纳粹德国对犹太人迫害的升级，逃亡到法国的犹太人日益增多，于是，犹太人再次成为法国人怨恨的众矢之的，认为他们是“永远不能同化的外国人、危险的恶魔、应该对所有邪恶和动乱负责的恶神”。尽管如此，迁往法国的犹太移民有增无减，到1939年，法国犹太人达到了30多万，占法国总人口4300万的0.8%。1939年欧战爆发后，法国犹太人踊跃报名，有6万人参加了法国军队。但在

---

① Benbassa, Esther, *The Jews of France*, pp. 136, 143.

1940年法国沦陷后，法国犹太人面临着灭顶之灾，不仅法国的排犹浪潮再次兴起，纳粹德国也在法国实施了灭绝人性的集中营政策。在1942—1944年，有7.5万名犹太人被关押，其中2.4万人是土生公民，2.6万人生于波兰，7000多人生于德国，4500人来自俄国，3300人来自罗马尼亚，2500人来自奥地利。①

值得一提的是20世纪上半期法国引进外来移民的政策。在20世纪初期法国引进"泰勒工作制"之后，劳动生产力发挥到极致，生产率成倍提高。在第一次世界大战期间，大批法国青壮年应征入伍，国内劳动力严重不足。为保障战时生产，法国招募了约22.2万外国劳工，他们来自摩洛哥、突尼斯、阿尔及利亚、中国、越南和柬埔寨等国家，主要从事军火生产。按照规定，这些劳工将在合同期满后被遣返回国，但实际上大部分最终在法国定居。② 因为在战争中，法国有140万军人战死，150万军人因伤残而丧失劳动能力，加之多年来人口生育率的下降，造成了劳动力的严重短缺。在这种条件下，法国政府在战后又恢复了与企业协作招募外籍劳工的政策。招募对象主要是意大利、波兰、捷克斯洛伐克和其他东欧国家的劳工。所以，法国的外籍劳工人数再次上升，其中来自意大利的移民达到80.8万（占总数的30%以上），波兰移民50.7万（19%），西班牙人35.1万（13%），比利时人25.4万（9%）。意大利人主要在法国东部和南部地区从事采矿和制造业工作；在人口稀少的西南部地区，多数是意大利和西班牙移民，他们以从事农业为生。在30年代的经济危机时期，大批外籍劳工因失业而被遣返回国。结果，法国的外来移民由1931年的270万降至1945年的150万，大部分都加入了法国国籍。③

---

① Benbassa, Esther, *The Jews of France*, pp. 148-149; 154-155, 167, 173.

② Boris, Eileen, and Angélique Janssens, *Complicating Categories: Gender, Class, Race and Ethnicity*, New York: Cambridge University Press, 1999, p. 131.

③ Castles, Stenphen, and Godula Kosack, *Immigrant Workers and Class Structure in Western Europe*, pp. 23-24.

在 20 世纪上半期的外来移民中，另一个比较引人注目的群体是阿尔及利亚移民。1905 年，在法国定居的阿尔及利亚移民只有数百人，主要集中在马赛地区。此后，其人数迅速增加，到 1912 年达到 5000 人，1914 年跃至 3 万人。该群体移民迅猛增长，原因是阿尔及利亚经济以农业为主，工业对外依赖性较强，社会贫困率较高。阿尔及利亚爆发的几次民族起义终因法国的血腥镇压而失败，大批难民无家可归，许多村庄被毁坏。在第一次世界大战爆发后，法国兵员短缺，就业市场上的劳工供不应求，于是，在法国的要求下，阿尔及利亚全力支持，一方面有 17.5 万名青年服役于法军，另一方面有 15 万劳工在法国军火企业工作。第一次世界大战结束后，由于当时法国经济陷入衰退，阿尔及利亚籍劳工纷纷失业，大部分被遣返回国，到 1919 年只有数千人居住在法国。在 20 年代，因法国经济繁荣发展，法国政府又从阿尔及利亚雇佣了一些劳工。而阿尔及利亚政府却担心劳工短缺，采取了限制性措施，不仅要求离境的阿尔及利亚移民申请护照和身份证，而且规定移民必须购买返程船票。在法国企业主的多次反对下，这些措施于 1928 年被废除。在 30 年代经济危机期间又有许多人被遣回阿尔及利亚，侨居法国的阿尔及利亚移民由 1932 年的 6.5 万减少到 1936 年的 3.2 万。1936 年，在阿尔及利亚穆斯林的坚决要求下，阿尔及利亚放宽了移民出境的限制。然而，此时的法国政府因为经济危机的压力，对入境移民采取了限制政策。尽管阿尔及利亚移民人数不多，但是作为一个民族群体定居于法国，开启了有色人种大规模移民的先河。①

从法国历史上看，法国政府第一次对外来移民实行限制性的政策是在 1932 年。当时，由于法国的社会失业率较高。政府既不想过河拆桥，在经济危机时期排斥外来移民，又必须限制外来移民的就业和流动性，因此在 1932 年颁布立法，规定移民只能在其居住的地区就业，禁止

① Adler, Stephen, *International Migration and Dependence*, pp. 55-57.

其跨地区性流动。[①]

【德国】 与英国和法国的情形相似，1900 年之后，德国的外来移民人数持续增长，到 1910 年已达 125.98 万，其中劳工占多数，另外还有些是劳工家属。1907 年，德国的外籍劳工达 80 多万，占该国劳动力的 4%，他们多数在工厂工作，有 1/3 从事农业，1/10 从事贸易和运输。在外籍劳工中，来源结构没有发生变化，波兰籍劳工仍占多数，仅在鲁尔地区的矿工中就有 40 万波兰人。[②] 区域上的集中很容易导致波兰籍劳工对就业市场的垄断，也会在当地出现“波兰化”的现象。为避免这种现象的发生，德国政府参照 1890 年的做法[③]，于 1907 年再次规定，禁止单个企业过多地雇用波兰籍劳工。在入境前，波兰籍劳工必须申请德国政府颁发的就业许可证。那些在德国就业的外籍劳工，必须每年回国居住 4 个月(一般是从 11 月 15 日到次年的 4 月 1 日)，然后才能再次入境就业。波兰籍劳工不得携带家属在德国长期定居，已入境并就业的劳工，不得在德国境内随意迁移。这样，德国的波兰劳工就具有明显的季节性特征，其人数在夏天达到高峰，冬天则进入低谷。为防止波兰籍劳工加入德国国籍，德国政府规定，只有有德意志血统的人才能申请入籍，以此保持德意志民族血统的纯洁性。从此，是否具有德意志血统，就成为能否加入德国国籍的标志。1908 年，德国政府颁布法令，禁止在德国发行波兰语报刊和杂志，防止外来文化影响德意志民族的价值观念。同时，对那些在德国工作时间较长的波兰籍劳工实施

---

① DeLey, Margo, “French Immigration Policy since May 1981”, *International Migration Review*, Vol. 17, No. 2, 1983, p. 198, http://www.jstor.org/stable/2545975(2008 年 5 月 21 日下载).

② Broeck, Julien van den, *The Economics of Labour Migration*, p. 46; Castles, Stenphen, and Godula Kosack, *Immigrant Workers and Class Structure in Western Europe*, p. 19.

③ 1872 年，普鲁士实施了一项有日耳曼化色彩的同化波兰籍劳工的政策，但收效甚微。于是，鲁尔地方政府采取了驱逐波兰人的政策。这种政策遭到了西里西亚地区农场主和矿主的强烈反对。1890 年，普鲁士决定停止引进波兰劳工三年；为防止波兰人长期居留，政府禁止他们在普鲁士境内迁移。他们作为季节工人，在合同期满后必须返回波兰。见 Holmes, Colin, ed., *Migration in European History*, Vol. 1, p. 254。

遣返政策，防止他们成为永久性居民。在这种背景下，尽管德国的波兰劳工数量不断增长，但是他们依然是外籍劳工，而不是长期定居的外来移民。

上述政策堵死了外籍劳工获得德国公民资格的途径，他们不仅无法正常地参与德国的政治与文化生活，在就业市场上也处于不利的地位。他们没有德国公民资格，无法受到德国法律的保护。这就给当地企业主残酷剥削外籍劳工创造了条件，这些劳工的身心健康遭受到极大的伤害。在工矿企业，雇主提供的住宿十分拥挤，卫生状况恶劣，因而被认为是“疾病和社会问题的温床”；外籍劳工的岗位具有极大的危险性，工伤事故率较高，工作时间长、强度大，但工资比德国人少。① 外来劳工是通过社会上的中介人士和组织介绍的，境内外国劳工中某一国家劳工人数过多，德国政府会认为不利于社会的稳定，于是决定采取“轮换制”的方式，即定期遣返合同期满的外籍劳工，然后再从其他国家寻找新的劳动力来源。在第一次世界大战期间，大批德国青年应征入伍，德国劳动力急剧短缺。为保障其经济特别是军工生产的繁荣发展，德国政府采取了两项措施：第一，禁止德国境内的任何外籍劳工离境，以免加剧国内劳动力的短缺问题。为充分利用境内的所有劳动力资源，允许外籍劳工在就业市场上自由流动。第二，政府成立了“德国劳动力中心”，从德军占领区大量引进外籍劳工。这样，除 70 万波兰人被招募到德国外，另有数十万匈牙利人和比利时人被强行招募到德国工作。在第一次世界大战结束后，德国经济缓慢恢复，到 20 年代后期，德国政府再次批准引进外籍劳工，境内劳工数量再次暴涨并接近 120 万人。② 在这种情况下，德国政府实施了劳工入境签证制度。只有外国劳工所申请的是德国人不愿意从事的职业，申请者才能入境。外籍劳

---

① Castles, Stenphen, and Godula Kosack, *Immigrant Workers and Class Structure in Western Europe*, pp. 19-20; Hammar, Tomas, ed., *European Immigration Policy*, pp. 168-169.

② Holmes, Colin, ed., *Migration in European History*, Vol. 1, p. 18.

工就业后可以享受与土生劳工同相同的待遇；企业在招聘时应优先考虑土生劳工。显然，这项制度成为德国政府维持其国内就业市场劳动力供给的稳定器，经济繁荣时就放宽外国劳工入境人数，经济萧条时期则限制入境人数。这种挥之即来喝之即去的做法，在纳粹政权时期非常典型。1929 年经济危机爆发后，德国再次遣返外籍劳工。到 1930 年，滞留在德国的外籍劳工只剩下 14.2 万人。[①] 德国走上军国主义道路之后，又开始扩大入境外籍劳工的人数，到 1939 年德国的外籍劳工达到 52.5 万。在德国发动欧洲战争之后，德国有 1100 万青年入伍，国内劳动力市场再次出现供不应求的现象，企业很难招募到外籍劳工。为此，德国政府一方面禁止境内的外籍劳工回国，对所有在德国工作的外国劳工实行集中营管理；另一方面，又从其仆从国招募了大批劳工，其人数到 1943 年达到 500 万，此后仍有增无减，到 1945 年达到 600 万，他们来自意大利、斯洛伐克、罗马尼亚、克罗地亚和西班牙等国。另外，还有 200 万战俘，其中有苏联人、英国人、法国人和美国人。[②]

为了加强对外籍劳工的控制和管理，纳粹政府禁止外籍劳工与德国公民特别是德国女性通婚。任何与外国人发生性关系的德国公民将被送往集中营，而外国人则被驱逐出境。所有外籍劳工必须佩戴证明自己民族身份的徽章。在军事化管理模式之下，外籍劳工遭受着非人的折磨，“任何对工作有抵触情绪的移民都会受到严重的处罚，许多外籍劳工因此被送入集中营”。那些没有被关入集中营的劳工，“他们的住房条件非常差，配给的食品不足，许多人被饿死”。外籍劳工的收入比德国人低，但缴纳的所得税却比德国劳工高，扣除房租和基本生活开

---

① Holmes, Colin, ed., *Migration in European History*, Vol. 1, p. 18.

② Castles, Stenphen, and Godula Kosack, *Immigrant Workers and Class Structure in Western Europe*, pp. 23-24; Power, Jonathan, *Migrant Workers in Western Europe and the United States*, New York: Pergamon Press, 1979, pp. 10-11; Broeck, Julien van den, *The Economics of Labour Migration*, p. 46; Hammar, Tomas, ed., *European Immigration Policy*, pp. 168-169.

支外,“实际上没有从强制性劳动中得到任何收入”。[①]

综合20世纪上半期的史实,英国、法国和德国整体上都形成了相对完备的引进外籍劳工的政策体系。在国内劳动力短缺时,各国都会利用工业落后国家的劳工为本国的经济发展服务;在国内经济和社会发展需要制定限制性政策时,相应的政策或措施就会出台,甚至一些国家颁布了与国家安全相关的法令,政策中的功利主义色彩十分突出。这些政策与措施的实施,标志着19世纪自由迁移时代的结束。在各国政策调控下,欧洲劳动力的迁移呈现出由南向北、由东向西的流动。在迁移的劳工中,还有大量的来自东欧国家的犹太人难民。在第二次世界大战时期,劳动力供不应求的现象在各交战国都很突出,劳工的跨国流动性可谓规模空前。据统计,第一次世界大战中有770万人更换了居住的国家,第二次世界大战期间这个数字达到2500万人。最突出的是德国,其境内有1130万外籍劳工。[②] 安置这些劳工和战争难民,成为战后西欧国家的首要任务之一。

四、移民与民族的结构性变化

当第二次世界大战结束时,无论是准备欢庆胜利的英法等战胜国,还是准备接受惩罚的德国与意大利等战败国,各交战方均可谓“遍体鳞伤”,每座城市都能看到残垣断壁、瓦砾成堆,道路、桥梁、农田无不满目疮痍,狼藉斑斑。各国经济上最紧迫的任务是重建濒于崩溃的国民经济体系。对西欧国家来说,筹集重建经济所需资本并不困难,因为美国为帮助西欧国家经济重建,推出了名闻遐迩的“马歇尔计划”,提供了大

① Castles, Stenphen, and Godula Kosack, *Immigrant Workers and Class Structure in Western Europe*, pp. 24-25.

② King, Russell, ed., *Mass Migration in Europe: The Legacy and the Future*, p. 22.

量资金和必要的技术。在1946—1955年间，英国、法国和联邦德国经济迅速恢复并创造了大量的就业机会。在劳动力充分就业的情况下，当地劳工纷纷流向那些工资水平高、工作条件优越的部门，而许多非熟练岗位却无人应聘，因为各国人口结构中出现"两头"大"中间"小的问题。所谓"中间"小是指具有劳动能力的青壮年人口在总人口中的比例较小。其根源是连续多年的战争夺去了数百万青壮年的生命，西欧各国都出现了人口结构与经济发展相互脱节的问题。所谓"两头"大是指老年人口和16岁以下的青少年人口的比例较大。一方面，人口寿命延长使人口年龄结构的老龄化特点非常突出；另一方面，战后西欧各国都出现了20余年的婴儿繁荣时期。此外，许多青年为接受教育而推迟就业时间，结果出现了人口结构断层，有劳动能力的人口严重不足。在这种条件下，英国、法国和联邦德国等经济发展较快的国家，分别通过各种方式招募外国劳工。随着时间的推移，侨居各国的外籍劳工在合同期满后并未返回原籍，而是选择了长期定居，转化为永久性的移民。从战后整个西欧从引进外籍劳工到制定移民入境和归化政策的发展过程看，大致经过了三个阶段：

第一阶段是从20世纪40年代末期到70年代初期。这个时期主要以招募劳工为主、引进外来移民为辅。各国的政策模式与特征基本奠定了战后半个世纪西欧国家外来移民政策的基础。例如，英、法、荷等老牌殖民主义国家接受了大批来自其前殖民地的移民。英国的移民主要来源于印度、巴基斯坦、缅甸、孟加拉国和加勒比海地区；联邦德国与土耳其、希腊、西班牙、葡萄牙、南斯拉夫和意大利等地中海沿岸各国签订了引进劳工的协议；法国的移民政策兼具英德两国的特点。1945—1967年间，法国的移民政策可以说在理论上有控制、在实践上奉行自由放任的政策。与英国一样，法国对前殖民地的移民实施了优惠政策，移民主要来自阿尔及利亚、摩洛哥和突尼斯等地中海地区。但与联邦德国相同，法国与意大利、希腊、西班牙、摩洛哥、马里、马耳他、突尼斯、塞内加尔、葡萄牙、南斯拉夫和土耳其等国签订了引进劳工的双边协议。然而自1968年以后,法国不断加强对外来移民的限制,对各国实施配额制。1976年以后,法国对非法入境的移民采取了身份识别和遣返回国的政策,对自愿回国的移民给予一定的经济支持,但就像在德国一样,前者并没有取得很好的成效,后者没有得到外来移民的积极响应。在北欧国家,无论是移民还是劳工,其来源的多样化也非常明显。荷兰的移民主要来自印度尼西亚、苏里南、摩洛哥、土耳其和拉丁美洲国家。从各国移民的流向看,西班牙和葡萄牙移民主要流向法国;意大利移民首先流向荷兰,其次是英国和法国;来自芬兰和其他北欧国家的移民主要流向瑞典。这种地缘性和宗主国与殖民地之间的文化联系,构成当代欧洲外籍劳工和移民流向的主要特征。这种由南向北的流动也构成了当代全球人口流动的主要模式之一。

第二阶段是来到西欧和北欧国家寻求家庭团聚的移民。战后,西欧各国招募劳工和移民的目的是增加经济发展所需要的劳动力来源。这种具有功利性色彩的政策在70年代初期受到强有力的挑战。1973年,石油输出国组织实施石油禁运之后,所有西方发达国家的经济陷入战后以来最严重的危机,企业纷纷倒闭,失业劳工人数急剧上升,加上60年代以来西欧国家出现的经济结构向服务业方向的转变,结构性失业倍加突出,反对外籍劳工的骚乱因此在各地城市频繁发生。为此,各国政府被迫停止招募外籍劳工,加强对入境口岸的控制,防止移民非法入境。与此同时,各国还启动了遣返外籍劳工的计划。这些措施的实施表明西北欧国家具有一定开放性的劳工招募政策与移民政策开始发生转化,英国(1971年)、瑞士(1970年)、瑞典(1972年)、联邦德国(1973年)和法国(1974年)都制定了限制性的政策。但是,各国限制性政策的效果没有达到预期。有些国家的移民劳工离境数量较大,有些国家较少。从外籍劳工在各国就业的比例变化可以看出,多数国家出现明显下降。例如,与1973年相比,1984年在奥地利就业的外籍劳工减少了38.7%,联邦德国减少了39%,比利时、荷兰、瑞典等国家平均下降13%到15%,唯英法两国仍呈增长之势,法国的外籍劳工增长了

34%，英国增长了 23.9%。[①] 之所以如此，是因为两国的移民主要来自于其前殖民地，而不是引进的客籍劳工。当然，各国移民回流方式和数量等各不相同。如果母国劳工结构较好、经济发展较快，吸收回流劳工的融合状况就相对较好。这类现象在西班牙和意大利比较突出，而经济发展相对缓慢的摩洛哥、突尼斯和葡萄牙等国家则相形见绌。因此，类似法国、联邦德国和荷兰政府实施的鼓励移民回国的政策"效果就比预想的效果更加糟糕"。[②] 一个意想不到的问题是，由于有些外籍劳工并没有回国，而是转化为长期定居的移民，他们的配偶和子女为寻求家庭团聚纷至沓来。到 80 年代中期，随着家庭团聚移民的增多，西欧和北欧国家的外籍人数不仅没有减少，反而超出了以前的规模。

恰好是因为 70 年代后入境的移民发生了结构性变化，各国都不约而同地开始调整移民入境与入籍政策。需要指出的是，英国、法国及瑞典等国家在接受外籍劳工入境时，就允许其永久定居。联邦德国却不改初衷，只允许有德意志血统的移民入籍，所有的其他外籍劳工必须在合同期满后返回原籍。但从 70 年代开始，德国面临的实际情况是，不管是否愿意承认，外来移民长期定居的事实已不容置疑。到 20 世纪末，仍然滞留在德国的移民就是以前的客籍劳工。同样，荷兰到 1983 年才开始勉强允许外来移民入籍。这种情况表明，这些国家不愿意承认自己接受外国移民的事实，也是因为它们长期以来没有像美国和加拿大那样接受大批移民的经历，更没有做好同化外来移民的心理准备。它们面对大批外来移民的到来感到了一种前所未有的压力。

第三阶段是 80 年代中期以后的难民潮。由于战后全球冷战日益

---

① Therborn, Goran, "Migration and Western Europe: The Old World Turning New", *Science*, Vol. 237, No. 4819, 1987, p. 1186, http://www.jstor.org/stable/1699515(2008 年 5 月 28 日下载)。

② Appleyard, Reginald, "International Migration Policies: 1950-2000", *International Migration*, Vol. 39, No. 6, 2001, p. 11; Power, Jonathan, *Migrant Workers in Western Europe and the United States*, p. 5.

加剧，以美苏为首的两大阵营在经济、军事、外交等方面的交恶、全球各地区的冷战和热战交替出现，造成了许多难民。除东欧国家外，世界上其他地区每次出现武装冲突后，都会出现大批无家可归的难民。西欧国家和美国作为所谓的民主国家，纷纷把安置难民作为瓦解社会主义阵营的一种有效手段，先后安置了数百万来自东欧和其他社会主义国家的“政治难民”(详见第七章)。在80年代之前，西欧国家安置的难民中，主要是来自东欧的白人，他们文化素质较高，在政治、经济与文化方面相对容易融合于西欧国家的主流社会。但从80年代开始，来到西欧国家的难民多半来自亚洲、非洲和拉美国家，欧洲难民的比例日渐下降。例如，在1983年来到西方寻求政治避难的难民达到66.9万，到1992年达到69.4万；在1983—1989年入境的难民中，多数来自土耳其、伊朗和斯里兰卡等发展中国家，只有30%是来自东欧国家；到80年代后期，随着东欧剧变，来自罗马尼亚、波兰、阿尔巴尼亚和独联体国家的难民激增，达到总数的20%。90年代后，罗马尼亚和南斯拉夫内战产生大批难民。此外，欧洲难民在整体上处于下降状态，这种状态一直持续到1997年。[①] 80年代后的难民在文化上与西欧国家差异甚大，经济比较贫困，文化水平与技术素质较低。西方国家的决策者认为，80年代以来寻求入境的所谓难民，实际上是谋求摆脱经济贫困的移民。因此，西欧国家的入境政策越来越严格，每年能够入境的难民人数并不多。

与欧洲的难民相比，全球范围内的难民形势不容忽视。各地区的战争冲突不时掀起阵阵难民潮。80年代以来，亚洲地区的难民形势依然十分严峻，其中有三个地区的难民比较突出。(一)由于阿富汗战事不断，成千上万的难民流离失所。在1980—1985年间，居住在联合国难民营的阿富汗难民达到510万，1992年上升到860万。其中居住在

① Zlotnik, Hania, “Trends of International Migration since 1965”, *International Migration*, Vol. 37, No. 1, 1999, p. 28.

巴基斯坦和伊朗的难民最多,到 1985 年这两个难民营的难民达到 430 万。1993 年,总共有 630 万难民居住周边邻国。同年,多数阿富汗难民返回家园,但仍有 230 万居住在国外。(二)1991 年海湾战争结束后,有 130 万伊拉克人居住在伊朗,另有 50 万居住在与土耳其交界的联合国难民营。(三)在南亚地区,难民主要来自柬埔寨、越南和老挝。这些国家的难民大部分流向欧美国家,其中在 1975—1992 年间,有 81.2 万难民前往美国,有 13.6 万定居于加拿大,澳大利亚有 13.4 万,法国有 9.6 万。80 年代后期,乘坐小船前往美国的越南难民再次掀起高潮,而在柬埔寨和泰国边境地区的 37 万难民在 90 年代初期返回家园。[①] 除亚洲以外,全球其他地区的难民人数也居高不下。据估计,在 1985—1990 年间,全球难民由 1050 万增加到 1490 万,占全球跨国移民的 12.4%。到 1993 年,全球跨国难民又达到新的顶峰,总人数达到 1820 万,1996 年下降到 1320 万。难民人数下降,主要是各国在联合国的帮助下不断遣返难民的结果。1990 年,非洲的跨国移民达 1560 万,占全球总数的 13%,其中有 30%是难民。在 20 世纪 90 年代,一些发生武装冲突的国家签署并实施停火协议,部分难民得以遣返。到 1994 年底,非洲的难民仅剩 310 万。然而,新冲突出现后又产生新的难民潮。例如,发生在利比亚、索马里和卢旺达的武装冲突,导致难民潮的再次出现,1995 年非洲的难民上升到 680 万,到 1996 年再次下降,到 570 万。[②]

西方的人道主义者与人权卫士对这些受苦受难的人们视而不见,也没有哪一个国家能慷慨解囊,安置这些厌倦战火与漂泊生活的人们。相反,欧美国家在调整移民入境的政策的同时,加强了对科技类移民的引进力度。这类移民一方面是通过本国企业招募的,另一方面来源于在西方国家留学的外国留学生。自 1991 年以来,英国每年吸收的外国

---

① Zlotnik, Hania, "Trends of International Migration since 1965", *International Migration*, Vol. 37, No. 1, 1999, pp. 34-35.

② United Nations, Population Division, *International Migration and Development*, p. 13.

工程师和科学家达到 13266 人，而联邦德国的大学在 1953—1998 年间接受了 1.6 万名研究者，仅慕尼黑大学接受的外国研究者就达到 1353 人，是联邦德国大学中接受外国科学家人数最多的，此外，波恩大学接受了 1030 人。[①] 甚至相对落后的爱尔兰仅在 2001 年就发放了技术签证 3.64 万个，其中有 6500 个属于延期签证。[②] 就留学生而言，他们作为一个新的移民类别，既受过高等教育，又具有外国文化背景，因而备受各国青睐。在 2001 年接受留学生最多的国家依次是美国（47.52 万）、英国（22.57 万）、德国（19.91 万）、法国（14.71 万）和澳大利亚（12.1 万），而日本、西班牙、比利时、奥地利和意大利等国家接受的留学生都在 2 万到 7 万之间。对于接受国来说，如此众多的外国留学生是一笔不可多得的巨大财富。更需要关注的是，由于科学技术日新月异，西欧国家和美国还会出现争夺高技术人才的现象。高技术人力资源已经成为 20 世纪 90 年代以来欧美发达国家追随的目标。[③]

纵观上述三个时期的移民潮，可以看出，战后西欧国家的移民有着如下鲜明的特点：（一）在开始招募外籍劳工的过程中，各国都没有认真研究对外籍劳工的需要情况，而是采取了由地方或企业自行招募的政策。从类型看，德国和瑞士从一开始就没有打算让外籍劳工长期定居，而是实行一种“客籍劳工”制度；而英国和瑞典则比较开明，既有的劳工制度也有允许外籍人长期定居的政策；法国和荷兰介于上述两类之间。（二）第二次世界大战前的移民流向仍然在继续。在欧洲内部，移民流向仍然是从南向北，移民主要来自南斯拉夫和部分东欧国家。在南欧国家中，从意大利迁出的移民在 50 年代达到了相当的规模，紧随其后的是西班牙的移民，在 60 年代进入了高潮，接着是南斯拉夫、土耳其和

---

① OECD, *Innovative People: Mobility of Skilled Personnel in National Innovation Systems*, Paris: Organisation for Economic Co-operation and Development, 2001, pp. 223-224.

② OECD, *Trends in International Migration: Annual Report*, Paris: Organisation for Economic Co-operation and Development, 2004, p. 29.

③ OECD, *Innovative People*, p. 220.

希腊的移民。(三)“链条移民”的特点十分突出，即当一个国家的移民在西欧某一个国家定居后，其同乡、亲属等相继而来。移民来源国逐渐扩展至欧洲以外的其他国家，越来越多的第三世界国家的移民迁居欧洲。70 年代以后，来自欧洲国家的移民相对有所减少，而来自亚洲、非洲和拉丁美洲的移民却越来越多。结果在英国、法国、联邦德国、比利时、荷兰、瑞典、瑞士等国家都能看到大批的有色种族的移民和混血人种。不同种族的移民聚居于各国的土生人之间，结果，西欧许多国家都出现了“多元化民族、多元化种族和多元化文化”的格局。① (四)在战后欧洲移民的变化中，引人注目的是意大利、希腊、葡萄牙、西班牙。一直到 20 世纪80 年代之前，它们都是移民净迁出国家。但从 70 年代后期开始，伴随着四国经济的发展，就业机会也日益增多，生活环境和质量也同步改善，于是出现了外来移民迁入的现象。对此，这些国家感到束手无策。“到 1986 年之前，意大利并没有关于调控外来移民的政策，仅存的调整外籍人进入意大利领土上的条例，是在 20 世纪 30 年代法西斯统治时期制定的。”②同样，西班牙、葡萄牙和希腊三国也没有制定出明确的移民政策。它们所能找到的政策参考是如何安置从海外回国的侨民的规定。由于政策上出现真空，大批的外籍人，无论是合法入境者、避难申请者还是非法入境者，纷纷进入上述四国。

总之，无论是以何种身份入境的，外籍人进入西欧和北欧国家之后，构成了一支庞大的移民洪流，其人数达到 1500 多万，占当代全球移民的 1/4。其中流向比较集中的是英国、法国和联邦德国。1990 年居住在联邦德国的外籍人达 524.2 万，英国为 187.5 万，法国为 360.9 万，瑞士为 110 万，荷兰近 70 万，比利时为 90 万。值得注意的是，在西

---

① Therborn, Goran, “Migration and Western Europe”, *Science*, Vol. 237, No. 4819, 1987, p. 1187.

② Freeman, Gary P., “Modes of Immigration Politics in Liberal Democratic States”, *International Migration Review*, Vol. 29, No. 4, 1995, p. 894, http://www.jstor.org/stable/2547729(2008 年 5 月 29 日下载).

欧和北欧国家中，还有大批的移民来自欧共体其他成员国家。例如，1990 年在联邦德国居住的其他欧共体成员国公民达到 132.5 万，法国为 130.9 万，英国为 88.9 万，瑞士为 76 万，荷兰为 16.8 万，比利时为 55 万(见表 1.1)。

表 1.1 1980 年、1990 年欧洲主要国家外来移民人数及来源统计(单位：千)①

接受国	比利时		法国		德国		荷兰		英国		瑞士	
来源国	A	B	A	B	A	B	A	B	A	B	A	B
意大利	277	241	340	254	618	548	21	17	83	75	421	379
爱尔兰	1	2	—	—	—	—	—	—	493	638	—	—
西班牙	58	52	327	216	180	135	23	17	25	24	97	116
葡萄牙	11	17	767	646	112	85	9	8	10	21	11	86
希腊	21	21	—	—	298	315	4	5	—	—	9	8
土耳其	66	85	122	202	1462	1675	139	204	—	—	38	64
南斯拉夫	6	6	63	52	632	653	14	14	—	—	44	141
阿尔及利亚	11	11	805	620	5	7	—	—	—	—	—	—
摩洛哥	110	142	441	585	36	66	83	157	—	—	—	—
突尼斯	7	6	191	208	23	26	2	3	—	—	—	—
波兰	—	—	65	46	88	241	—	—	—	—	—	5
新英联邦	—	—	—	—	—	—	—	—	442	394	—	—
其他国家	318	322	593	780	999	1491	226	267	550	723	373	301
总数	886	905	3714	3609	4453	5242	521	692	1601	1875	893	1100
欧共体国家	594	550	1595	1309	1494	1325	171	168	701	889	701	760

注：表中的 A 代表 1980 年统计；B 代表 1990 年统计。

欧洲国家在经过长达一百多年的经济发展之后，从 19 世纪那种以移民迁出为主、以欧洲各国之间人口迁移为辅的格局，逐渐向吸引欧洲、亚洲、非洲和拉丁美洲地区外来移民的方向转变。与此同时，接受外籍劳工和移民的国家，其政府政策也经历了从早期的自由放任向逐渐严格控制的方向转变。到 20 世纪末，欧洲与北美洲、澳大利亚和新西兰等国家和地区并驾齐驱，成为接受外来移民的主要地区之一。

① Collinson, Sarah, *Beyond Borders: Western European Migration Policy towards the 21st Century*, London: Royal Institute of International Affairs, 1993, p. 116.

第二章　欧洲发达国家移民政策的历史转变

第二次世界大战结束后，英国、法国和联邦德国都因为经济的复兴而招募外籍劳工，这标志着战后欧洲接受大规模外来移民的开始。在战后初期 20 多年间，迁入欧洲和美国的移民分别达到 1500 万和 600 多万，迁入欧洲的移民相当于 19 世纪末 20 世纪初期迁入美国外来移民的一半。① 对于如此惊人的变化，有学者认为："20 世纪 50 到 70 年代，西欧工业化国家成为近现代以来最为耀眼的焦点，有着有史以来最大规模的国际移民劳工。"②正因为如此，外来移民问题所带来的影响，成为西欧国家共同关注的焦点。正如有学者所言："在当代西欧政治和社会中，很少有哪些问题能像外来移民这样产生更大的影响。"外来移民的到来对这些发达国家的人口结构产生了不可忽视的影响。1996 年，外来移民占德国人口的 8.5%，占比利时的 9.1%、法国的 6.3%、卢森堡的31.8%、荷兰的 5.1%、英国的 3.5%、奥地利的 8.8%、瑞典的 5.8%、意大利和西班牙的 1.1%、希腊的 1.4%、葡萄牙的 1.6%。③

---

① Appleyard, Reginald, "International Migration Policies: 1950-2000", *International Migration*, Vol. 39, No. 6, 2001, p. 11; Power, Jonathan, *Migrant Workers in Western Europe and the United States*, pp. 1-3.

② King, Russell, and Krysia Rybaczuk, "Southern Europe and the International Division of Labour: From Emigration to Immigration", in King, Russell, ed., *The New Geography of European Migrations*, p. 175.

③ McLaren, Lauren M., "Anti-Immigrant Prejudice in Europe: Contact, Threat Perception, and Preferences for the Exclusion of Migrants", *Social Forces*, Vol. 81, No. 3, 2003, pp. 910, 920.

如何同化来自世界各地的外来移民，将是这些欧洲国家面临的一个共同问题。

一、英国的理想与窘境

第二次世界大战爆发后，国土狭小、人力资源有限的英国根本无力单独保护自己的本土和海外庞大的殖民地帝国。于是，它动员了英联邦国家和尚未独立的殖民地的数百万适龄青年加入英军[①]，其中除加拿大人、澳大利亚人和新西兰人以外，还包括大量的西印度群岛人、亚洲人和非洲人，他们在欧亚战场分别与日本和德国法西斯作战。另一方面，英国还从上述地区雇用了大批劳动力，从事采矿和建筑工作，还有些服役于英国海军商船队。战争结束时，他们中间有不少人选择在英国居留。此外，那些在战争时期躲避战火的难民，也因种种原因滞留英国。当然，在严格的意义上，真正导致英国颁布移民法的原因，是滞留在英国的波兰移民。在第二次世界大战期间，流亡英国的波兰人达12万之多。可是在战后，波兰加入了以苏联为首的社会主义阵营，英国政府出于意识形态上的需要，将安置波兰流亡者看做是一项具有政治意义的政策。因此，英国议会不顾国内工会组织的极力反对，实施了《波兰人再安置法》。这项法案标志着战后英国移民政策的开端。当然，这并非是此时英国已做好迎接海外移民的准备。当有色种族的移民从英联邦新成员国家蜂拥而至的时候，英国政府高层和社会各界仍处于一种矛盾心态。1946年，执政的保守党政府在一份政策文件中指出："在大英帝国和英联邦成员国内必须允许自由流动。所有新机会都必须对所有公民开放，不仅对海外国家如此，宗主国也应如

① 1947年以前，英联邦主要包括澳大利亚、加拿大和新西兰。在此之后独立的英属殖民地被称为"新英联邦国家"，其中包括印度、巴基斯坦、孟加拉国以及加勒比海的一些岛国。

此。"另一方面，不少政府高层人士对有色种族移民的增多表示担忧，认为他们到来后，必然会加剧住房、就业和社会秩序等方面的混乱。还有人担心，大批西印度群岛移民的到来，必然会加剧英国的种族矛盾，因为这些移民是"不能同化的少数民族"。为避免这类问题的发生，政府最有效的对策就是禁止他们入境。至于英国工会，其态度模棱两可。虽然工会领导人"在原则上不反对从英国殖民地引进有色种族的劳工"，他们也同意各地根据形势需要制定引进计划并在操作上提供帮助，但是，"工会会员并未做好允许有色种族劳工在他们那里就业的准备"。① 上述各种态度反映了一个突出的问题：英国政府究竟制定什么样的移民政策，仍然没有一个清楚的计划，也没有人认真研究英国经济发展对外来移民需求的程度，更没有对外来移民到来后会对英国社会产生何种影响进行评价。

正当英国政府犹豫不决的时候，加拿大、印度与巴基斯坦纷纷制定了自己的国籍法，并对公民资格做出了界定。面对这种情况，英国政府做出回应，颁布了《1948 年国籍法》。其中规定，英国公民包括两类：一是独立的英联邦成员国公民，二是联合王国及其殖民地的公民，他们都可以在英国及其殖民地自由流动。显然，这项法案与上文中的种族歧视观念是相互矛盾的。但是，它的颁布并不意味着英国历史上根深蒂固的种族优越论的消失，因为自从近代以来英国精心打造并苦心经营的占全球 1/4 地区的殖民帝国，已经在英国臣民中培育出了折射英国辉煌历史的"英国至上论"，这种观念通过报纸杂志等方式，形成孺妇皆知的一种英国人高高在上的种族等级观念。然而，随着第二次世界大战后大英帝国的崩溃，其种族优越论的基础已土崩瓦解。在功利主义的支配下，英国政府希望以前的殖民地在独立后能继承"日不落帝国"的衣钵，继续帮助英国发挥往日的神威。可是，对于已经是"遍体鳞伤"

① Hammar, Tomas, ed., *European Immigration Policy*, Vol. 1, pp. 90-91, 98-99, 102.

的英国来说，在经济和军事上已经无力通过物质援助笼络人心，唯有通过精神安慰来赢得英联邦成员国的认同和支持。在这种情况下，英国政府利用界定公民资格之机会，表明自己在移民政策方面对前殖民地的态度。在实践上，将吸纳和安置英国前殖民地的难民和招募移民劳工的政策融为一体，一方面可以缓解英国在战后劳动力不足的问题，同时，又能博得英联邦成员国的好感，增强对英国的认同和凝聚力。这种重振昔日大英帝国神威的理想主义思想与秉承英国人至上的历史传统，在战后英国移民政策中巧妙地结合在一起。从这个意义上讲，所谓战后英国移民政策始终徘徊于“种族情结和联邦理想”之间的观点是有道理的。①

在 1948 年法案实施后，英国的移民政策处于相对意义上的自由放任的阶段。② 战后英国经济繁荣发展并创造了大量就业机会，英国劳工主要流向那些薪水丰厚的体面职业，而服装业、钢铁制造业、运输业和建筑业等部门中，那些工资低、工时长的工作岗位却无人问津。在伦敦、曼彻斯特、默西赛德和约克郡等许多地区，劳动力供不应求的现象比较突出。英国各地企业纷纷在欧洲和英联邦成员国张贴广告、招募劳工。到 1951 年共有 100 多万移民入境，其中有 46 万英属西印度群岛移民，另有近 60 万来自欧洲各国，其中来自爱尔兰的移民近 13 万。在来自欧洲的移民中有些是真正的移民，有些是“轮回迁移”(revolving migration)的流动者。例如，在 1946 年，居住在英国的爱尔兰移民有 46.9 万，到 1950 年达到 74.7 万。这五年间实际净迁入移民不过 7 万

① 王涌：“战后英国移民政策的透视”，《世界历史》2002 年第 3 期，第 47—55 页。

② 负责移民事务的内政部将每年入境移民的统计工作交给承载移民的航空公司和船运公司，对西印度群岛移民的统计，一开始由隶属于牙买加殖民地政府的服务处提供(到 1965 年为止)，后由英国加勒比海福利局提供，然后由英国专门负责西印度群岛、圭亚那和洪都拉斯的委员会移民服务处提供。对每年入境移民的详情，参见 Jones, Catherine, *Immigration and Social Policy in Britain*, London: Tavistock Publications Limited, 1977, pp. 123-124。

多人,其余是循环迁移的季节劳工。[①] 值得注意的是,战后初期来到英国的西印度群岛移民与日俱增。1951—1961 年间,来自西印度群岛的移民由 1.53 万跃至 17.18 万,印度移民由 3.08 万增加到 8.14 万,巴基斯坦移民由 5000 人增加到 2.49 万,东亚移民由 1.2 万增加到 2.96 万。[②]

随着成千上万有色种族移民的到来,英国政府和社会上的种族主义日渐抬头,而其他客观因素的发生,对英国政府的态度产生了无可争议的影响:(1)1956 年苏伊士运河事件发生后,多数英联邦成员没有表示对英国的支持,令英国政府大失所望。(2)在来自印度、巴基斯坦和孟加拉国的移民中,英国裔白种人移民日渐减少,而有色种族移民与日俱增。例如,在 1951 年入境的印度移民中,白种人占 72%,1961 年下降到 50%,1966 年为 30%。在相同的年份,来自巴基斯坦和孟加拉的移民中,白种人的比例由 55%逐渐下降到 19%和 7%。[③] (3)1958 年英国诺丁汉和诺丁希尔先后发生的种族骚乱事件,进一步削弱了英国人的联邦理想主义信念,社会各界要求限制有色种族移民的呼声日渐强烈。在这种背景下,英国政府在 50 年代后期分别与英联邦新成员国政府协商,要求其限制出境人数,结果事与愿违,事倍功半。因此,英国议会颁布了《1962 年英联邦移民法》。法案规定,出生在英国或持有英国护照的公民可以自由入境。英联邦国家的公民入境时必须持有英国内政部颁发的就业凭证。证明书分为三类:A 类是针对已有明确职业的联邦新成员国移民;B 类是掌握英国短缺或急需技术的移民;C 类是一般移民,他们入境时按照先来后到的原则申请签证,重点照顾那些曾经

---

① Gish, Oscar, "Color and Skill: British Immigration, 1955-1968", *International Migration Review*, Vol. 3, No. 1, 1968, pp. 20-21, http://www.jstor.org/stable/3002179 (2008 年 5 月 21 日下载).

② Ogden, Philip E., *Migration and Geographical Change*, p. 94.

③ 从印度、巴基斯坦和孟加拉国迁出的英国裔,实际上是英国在对印度实行殖民统治时期迁入印度的英国人及其后裔,他们多数是英国殖民统治的代理人。在印度宣布独立后,特别是印巴分治后,英国裔纷纷迁回英国。Booth, Heather, *The Migration Process in Britain and West Germany*, Brookfield, Vermont: Ashgate Publishing Company, 1992, p. 31.

在英军服役的移民。在表面上，该法案中没有提到种族，但真正受到限制的大多是前殖民地的移民。他们多数学历较低，申请入境时显然处于劣势。此外，该法案突破了英国长期奉行的英联邦成员国公民一律平等的传统，它通过技术类限制将移民分出三六九等，说明英国政府对英联邦的理想与现实的期望值日益下降，理性的思考迫使英国把英联邦成员国都看做是各自独立的平等伙伴，而不是百分之百地臣服于英国的仆从。

1962 年移民法实施后，来自英联邦成员国的移民并没有减少，其人数从 1961 年的 52.29 万人增至 1971 年的 115.11 万人，各民族移民数量都比 10 年前明显增加。例如，在 1971 年统计中，西印度群岛移民为 23.7 万人，比 10 年前多 6.54 万人，印度移民 32.19 万人，巴基斯坦移民 13.99 万人，分别比 10 年前多 17.05 万和 10.99 万人。[①] 有色种族移民的到来加速了英国少数民族人口的增长。在 1961 年，英国少数民族人口有 60 多万，其中 50 多万是外来移民，41.5 万是黑人。到 1971 年，英国的有色种族移民增至 115.1 万，加上在英国出生的移民后代，其总数达到 136 万。[②] 此外，就西印度群岛移民而言，其构成有两个特点：(一)非熟练女工增多，她们主要是为家庭团聚而来；(二)男性技术类移民增多，说明英国移民政策开始发威，那些无技术的移民被排斥在外。这两项变化表明西印度群岛移民迁居英国的高潮已经结束。至于印度移民，其中非熟练男性移民较多，这是英国招募非熟练劳工的措施所致，也与印度独立后刚刚进入工业化时期农村剩余劳动力流动的现实是吻合的。

有色种族移民的增多，并不能说明英国政府敷衍塞责，实际上其执法过程还是认真的。从每年发放的移民限额看，政府对非技术类移民的控制进一步加强。1964 年 C 类入境许可证被暂停，1965 年之后被

---

① Jones, Catherine, *Immigration and Social Policy in Britain*, pp. 123-124.

② Booth, Heather, *The Migration Process in Britain and West Germany*, p. 32.

彻底取消。[1] 就A类和B类签证而言,每年发放的限额由1963年的3.3万减少到1965年的8500份,但政府对前来寻求家庭团聚的移民却网开一面,持英国护照的公民均可入境。然而,1968年肯尼亚政府实施了拒绝承认双重国籍的政策后,许多亚洲裔持有英国护照,不愿入肯尼亚国籍,遂被驱逐出境。于是,前来英国避难的亚裔锐增,由1965年的6150人增至1967年的13600人,仅在1968年前两个月就有1.2万人要求入境。面对这种窘境,英国排外呼声四起,政府随即采取限制性措施,颁布了1968年移民法,它首次采纳了"祖籍概念",即与英国人没有血统关系的移民,即使持有英国护照也不得入境。从此,英国的移民政策中出现了"有祖籍的公民"和"无祖籍的公民"之分,前者可优先入境,每年发放许可证1500份。到70年代,尽管每年发放的限额达5000名,但以血统为标志的限制性原则没变。[2] 显然,这项规定更多地限制了亚裔。

需要说明的是,1968年移民法的恶性影响不纯粹是对有色种族的限制,更重要的是它为后来英国政府制定种族主义性质移民政策提供了法理上的依据。按照该法案的始作俑者伊诺克·鲍威尔的观点,大英帝国的衰落导致了巨大的民族认同危机。英国人的民族结构因大批有色种族移民的到来而发生了史无前例的变化。他宣称:"移民过程是一个入侵的过程,虽然没有暴力,但是人们在自己的国土上受到了排挤。"[3]应该说,鲍威尔的思想实质上反映了70年代英国经济滞胀和社

---

① 1965年白皮书中指出,改善英国种族关系的最好方式是限制黑人移民。有学者对此提出尖锐的批评,认为该白皮书"为英国控制外来移民共识的形成奠定了基础,它对黑人来说,逐渐地限制了首位移民,剥夺了他们作为英国公民的权利和殖民地公民迁居英国的权利……为他们来到英国旅行设置了障碍,阻止了寻求避难者入境,导致被驱逐出境者人数的大幅增加"。在引文中,首位移民是指移民家长或者具有就业能力的移民。次位移民包括移民的配偶、未成年子女、父母和其他依附性亲属。参见 Fizpatrick, Peter, *Nationalism, Racism and the Rule of Law*, Brookfield, Vermont: Dartmouth Publishing Company, 1995, pp. 76-77。

② Booth, Heather, *The Migration Process in Britain and West Germany*, p. 18; Hammar, Tomas, ed., *European Immigration Policy*, Vol. 1, p. 104.

③ 王涌:"战后英国移民政策的透视",《世界历史》2002年第3期,第54页。

会失业率暴涨引起的不稳定社会心态，英国随即加强了移民政策的限制性，颁布了1971年移民法。该法案中最突出的内容是充实了限制性条款，对"祖籍"概念做了新的诠释。法案规定，凡符合下列条件者，其祖籍在英国：(1)在英国或其海外殖民地出生的人，或通过移民归化获得公民资格的人；(2)来自海外的英国裔或殖民地居民，或者是通过归化获公民资格后在英国住满五年以上的人；(3)英联邦国家的公民，其祖父或祖母在英国居住。上述人员的亲属可申请入境。此外，移民在英国就业须申请许可，最长可连续工作四年。期间，移民必须向当地警察登记住所，如住所变化，须在搬迁当月向警察机构报告。连续四年之后，免除就业申请，无须向警察机构登记住址，同时也就自动获得了在英国的永久居留权。如果住满五年，无接受救济记录或违法行为，就可以申请英国的公民资格。①

1971年法案实施后，英国政府为限制移民，做出了至今仍令人汗颜的事情：一是1971年乌干达发生军事政变后，其政府下令所有印度裔在三个月内离境，原因是他们操纵了该国的经济生活。在当时大约7万名印度裔中，持英国护照者得以顺利定居英国，约有50%的人因属于乌干达国民而未能入境，他们几经辗转，最后有800多人迁居瑞典，其余均前往印度。② 二是英国政府对黑人严加控制，不仅多数申请者被拒之门外，而且"被政府驱逐出境的黑人日益增多"。英国政府自我辩护的理由是：黑人加剧了英国的失业率，加重了政府救济负担。后来英国首相撒切尔夫人为政府辩护说，限制黑人是防止英国人"被外国文化淹没。"③毋庸讳言，70年代英国民众对外来移民的负面评价近乎登峰造极。西印度群岛移民被认为"是无忧无虑、地位低微、缺乏道德、目无法纪的殖民地臣民。在许多方面，他们被认为是有据可查的爱尔兰

---

① Evans, Peter, "Immigration: British-Style", *Transition*, No. 40, 1971, pp. 44-45, http://www.jstor.org/stable/2934128(2008年5月21日下载).

② Ogden, Philip E., *Migration and Geographical Change*, p. 66.

③ Fizpatrick, Peter, *Nationalism, Racism and the Rule of Law*, pp. 78-79.

人的变种”；另一方面，对锡克教徒、穆斯林教徒和印度人的评价，也包含着歧视的偏见，认为他们是“社会地位卑微但又充满雄心的人群，他们喜好不可思议的狡诈交易”。[①]

不难想象，当国民心态偏激到如此程度时，就不难理解政府为何三番五次加强移民政策中的种族歧视与排斥性条款。更令人愕然的是，英国政府在1981年颁布了与《1948年国籍法》截然相反的移民法。有关英国公民资格的概念界定中取消了“独立的英联邦国家公民”条款，将联合王国的公民细分为三类，第一类是在英国本土出生的“英国公民”，第二类是英国托管地的居民，第三类是已独立的英联邦国家的公民。三类移民中，只有英国公民可以自由出入国境。显然，新法律将英国公民资格限制到极为狭窄的程度，而移民入境政策又与公民资格挂钩，任何没有英国护照的人，不管以何种身份入境，都必须按照相关规定申请。同时，入境签证的类别和等级也十分明显。移民持“入境定居”签证，就等于获得了永久居留权，而持有“限时居住”签证者则属于临时定居者，其签证有效期结束时，如果符合法定条件，可申请永久居留权。显然移民获得永久居留权的难度明显增大。

按照法律规定，“入境定居”的移民主要是：(1)已在英国定居的者的外籍未成年子女、父母和配偶等家庭依附性成员。(2)比较特别的是，有些申请者是男性，其妻子已在英国定居。起初，英国政府对这类移民严格限制，但在1971年之后放松。到1976年每年此类入境移民达2000人。为防止假冒婚姻，英国政府要求移民在入境12个月后再次报告自己的婚姻状况。如果确认属实则可永久定居。(3)1968年法案中界定的“无祖籍的英国护照持有者”也可以申请。政府将签证发给一家之长，其随行亲属可同时入境。由于对这类签证的需求量大，每年1500份限额无法满足需要，积压的申请甚多，1970年已达7000多份。1972年卢旺达开始驱逐亚洲裔之后，英国政府相应增加了这类签证的

---

① Jones, Catherine, *Immigration and Social Policy in Britain*, pp. 133-134.

限额，除正常限额增加到3500份以外，英国又特许3.5万名持有英国护照的移民入境，那些暂时不能入境的移民转移到印度，等待申请被批准。[①] 比较而言，"限时居住"签证是从1973年1月开始实施的。最初的受益者是那些在英国居住5年以上并仍在英国居住的人。他们多数是在60年代英国限制移民之前入境的。此后，按照这种规定入境并定居的移民人数较少。在1973—1978年间，获永久居留权的移民为1.1万。[②] 在他们中间，第一类是入境后连续就业4年以上且无失业经历的移民，第二类是准备与土生英国人结婚的女性移民，她们须在入境后3个月内完婚，否则不能永久定居。第二类移民多数来自印度、巴基斯坦和孟加拉国等英联邦新成员国家，其人数相对比较稳定。

应该说，英国严格控制移民入境的政策还是比较有效的，入境移民中人数最多的是白人，此外，包括有色人种在内的所有移民均呈双向流动。例如，在1964年迁居英国的联邦新成员国公民为7.35万，迁出1.81万，净迁入5.5万；1969年迁入5.8万，迁出2.12万，净迁入3.83万。在1979—1980年，迁入移民、迁出移民和净迁入移民人数分别为4.96万、1.6万和3.36万。迁入人口逐渐下降，说明政府的限制性政策效果明显。至于外籍人，主要是来自欧洲大陆其他国家的移民，其中包括来自南欧的意大利、西班牙和葡萄牙的移民。

80年代以来，英国在保护国内就业市场的前提下，增强了实用主义色彩，加强了对入境移民的技术要求。1987年，英国政府发放的各类就业许可证为20384份，1990年上升到34267份，平均每年增长29%左右。尽管1990年的增速有所减缓，仅为21%，但是，在一些英国学者看来仍然偏高。他们认为："在1990年之前许可证的增加说明

---

① "无祖籍的英国护照持有者"（No-patrial U. K. passport holders），是指持有英国护照但父母或祖籍不在英国。Booth, Heather, *The Migration Process in Britain and West Germany*, pp. 20-21.

② Booth, Heather, *The Migration Process in Britain and West Germany*, pp. 22-23.

表 2.1 1964—1984 年英国净迁入移民人数统计(单位:千)[①]

年份	联邦老成员国公民	联邦新成员国公民	外籍人	持英国护照者	其他英国公民	所有英国公民	总计
1964/5	1.0	55.0	22.0	—	—136.0	—136.0	—57.8
1965/6	—2.0	42.0	24.0	—	—141.0	—141.0	—76.5
1966/7	5.0	45.0	30.0	—	—175.0	—175.0	—94.3
1967/8	—10.0	55.0	23.0	15.0	—128.0	—113.0	—44.7
1968/9	—2.0	48.0	21.0	8.0	—144.0	—136.0	—68.3
1969/70	—3.0	37.0	24.0	6.0	—146.0	—14.0	—81.7
1970/1	—5.0	33.0	21.0	9.0	—98.0	—89.0	—39.0
1971/2	6.0	16.0	15.0	16.0	—97.0	—81.0	—44.2
1972/3	2.6	13.2	21.8	33.6	—75.8	—42.2	—4.6
1973/4	5.8	13.7	20.6	10.2	—122.3	—112.1	—72.0
1974/5	—0.4	19.6	17.5	12.7	—116.3	—103.6	—66.9
1975/6	3.1	28.8	11.6	12.4	—79.1	—66.7	—23.7
1976/7	0.0	24.4	2.1	8.8	—63.0	—54.2	—27.7
1977/8	1.4	24.6	3.1	5.6	—7.0	65.3	—36.2
1978/9	4.2	38.8	8.9	4.3	—49.4	—45.1	6.3
1979/80	2.7	33.6	23.3	3.4	—66.7	—63.3	—3.7
1980/1	—5.2	22.7	3.9	2.8	—102.8	—100.0	—78.7
1981/2	—2.0	20.1	7.0	3.0	—108.0	—105.0	—80.0
1982/3	—2.0	18.0	17.0	3.0	—57.0	—54.0	—21.0
1983/4	4.0	25.0	22.0	—	—	—15.0	32.0

注:"净迁入"人数等于"迁入人数"减去"迁出人数"。

国家经济增长强劲,然而,1990 年失业人口增长了 22.7 万。尽管就业市场状况恶化,就业许可仍在增加。这表明供求关系基本错位,彼此的特征互不匹配,而且国内劳工市场行情与企业主使用外籍劳工之间的对

① Booth, Heather, *The Migration Process in Britain and West Germany*, p. 89.

接出现偏差。"发放的就业许可主要在保险、银行、金融和技术性领域，专业技术性人员和经理等管理技术人员占长期就业许可证的81%。[1]

随着20世纪的结束，英国移民政策的透明度和公平性有所增强，英国政府准备根除种族主义的决心没有改变。1997年劳工党执政后认为，大规模的外来移民可以为经济发展提供丰富的劳动力资源，拓宽商品市场，国民生产总值人均产值也会提高。在这种背景下，1998年的白皮书指出："政府相信，公平、快捷而坚定的移民控制将有助于推进种族平等。这届政府的核心主题之一是破解种族主义问题，营造一个我们的公民——不论背景或肤色，都能享受平等权利、义务和机会的社会。"[2] 这等于英国承认了自己是一个接受外来移民的国家。这种态度转化为政策之后，每年进入英国的移民人数从1996年的10万人增长到1999年的15万人左右，2002年达到20万人左右。[3] 与此同时，少数民族的平等权利也成为英国政治生活中的重要议题，不管是工党还是保守党，都希望藉此赢得少数民族的支持。在这种情况下，英国议会分别在1996年和1999年颁布《避难与外来移民法》和《外来移民与避难法》，加强对合法移民的控制，特别是加强对申请入境的难民的甄别和管理。

二、走向保守的法国移民政策

无论从哪个角度讲，法国作为欧洲的大国之一，曾经有过令人为之骄傲的辉煌。然而，在第二次世界大战中，法国维希政权不战而降，心

① Findlay, Allan, "An Economic Audit of Contemporary Immigration", in Robinson, Vaughan, ed., *Migration and Public Policy*, Cheltenham, U. K., Edward Elgar Publishing Limited, 1999, p. 21.

② Jordan, Bill, and Frank Düvell, *Irregular Migration*, p. 84.

③ Coleman, David, and Robert Rowthorn, "The Economic Effects of Immigration into the United Kingdom", *Population and Development Review*, Vol. 30, No. 4, 2004, p. 582, http://www.jstor.org/stable/3657331(2008年5月31日下载).

甘情愿地充当希特勒的傀儡，结果法国没有遭受像英国那样的狂轰滥炸，其经济实力基本上保存完好。到第二次世界大战结束时，作为盟国的登陆地点和对德国作战的主战场，法国有74个省最终未能逃出战火的浩劫，有5万家厂房和30多万处房屋被毁，但是与战前水平相比，法国工业生产能力的80%幸存下来。因此，在美国实施马歇尔计划之后，法国有条不紊地实施了国民经济复兴计划。经过短短的三年，其工业生产指数就已经超过战前的1938年。[①]

当然，经济建设需要大批的青壮年劳动力，可是在战争中有上百万法国青壮年因死伤而丧失劳动力，于是，法国自然就恢复了接受外来移民的政策，但是与战前相比，其运作模式发生了些微变化。在战前，负责安置移民的机构是由企业家组成的法国移民协会，而政府只在20、30年代遣返外国移民的时候才发挥着主导作用。1945年，法国政府成立了移民局，统筹外国劳工的招募、岗位分配和移民融合等项事务，之后又于1947年颁布国籍法，所有殖民地的人民，不论种族与宗教信仰，都是法国公民，享有自由迁居法国的权利。不言而喻，上述措施的实施标志着战后法国移民政策的新起点，政府政策的依据是法国经济发展及其对劳动力的需求状况。客观地讲，移民局开展工作之后，积极协调全国各地企业引进外籍劳工。为便于管理，该局要求移民在入境前申请就业许可证。那些准备聘用移民的企业主也必须提交用人申请，说明岗位的类别、工资待遇和住房条件等。但是，在实践上，一些企业主越俎代庖，自行其是，结果招募移民的过程中，政府实际上成为无所作为的旁观者。另一方面，按照法律规定，就业分为A、B、C三类。A、B类限于某些行业的就业，C类移民改换职业或就业地点时须经政府同意。这就是说，移民申请就业与住房的许可是相互关联的，居住时间长短和就业机会类别也有差异。然而，由于就业和居住许可证的发放分别由就业部和内政部负责，两个部门之间缺乏协调，管理上的混乱导致

---

① 陈文海：《法国史》，人民出版社2004年版，第518页。

了两个部门在工作效率上的迟缓性和低效性，给移民造成了许多不便，也引起了企业主的不满。于是，越来越多的企业主将外籍劳工以旅游和探亲等身份引进法国，政府管理因此形同虚设。从移民来源和各群体入境的时间顺序看，首先引进的是在文化上与法国人相似的葡萄牙人、西班牙人和意大利人。在60年代，随着南欧国家经济的发展及其他欧洲国家招募移民的增加，来到法国的南欧天主教移民有所减少。因此，法国将目光转向其前殖民地国家——阿尔及利亚。对于法国的要求，阿尔及利亚积极配合，每年根据法国公司的需要，安排移民前往法国。法国相对宽松的入境条件，为各国的移民大开方便之门。在合法移民大规模入境的同时，许多非法移民鱼贯而入，各类移民到1955年已经达到155.3万。[①] 这些移民的来源主要有如下四个部分：(1)法国前殖民地的移民，包括北非、西非及加勒比海地区；(2)1945—1974年招募的南欧国家劳工；(3)来自欧盟国家的流动人口；(4)寻求政治避难的难民。从民族来源看，主要来自葡萄牙、阿尔及利亚、摩洛哥、意大利和西班牙。

葡萄牙人之所以成为战后法国最大的移民群体之一，与两国政府合作密切相关。1971年和1977年两国政府先后两次签署协议，每年允许最多约6.5万名葡萄牙劳工入境，他们入境后可以连续工作十年以上，工作许可期满后还可续签。由于这些移民多数携带家口而来，其后果之一便是产生了链条移民。关于这种现象，笔者在此列举一例。

> 1967年，曼纽尔与堂弟打听到普瓦图(Poitou)有工作，俩人便一起非法入境，被一家承担公共工程的公司雇用……两年半后，曼纽尔的妻子和七位子女前来团聚。长女奥古丝塔与二表弟华金订婚，他也在一周后来到法国。他们在普瓦图结婚后，女婿便与岳父在同一公司就职。两年后，华金的单身妹妹也来到法国，但她无法找到称心的职业，于是便返回葡

① Hammar, Tomas, ed., *European Immigration Policy*, Vol. 1, p. 129.

萄牙。曼纽尔在妻子的要求下，在同一公司为妻弟佛朗西斯科找到职业，之后他便孑身而来。再后来，佛朗西斯科的妻子携其子女前来，然后在邻舍居住。最近，四女玛丽娅(Maria)与父亲回老家休假时与一位同乡结婚。父女两人返回法国后，女婿也在两个月之后合法迁入法国。①

值得注意的是，在链条移民中，不少人是无证件入境的，他们入境后又成为新的"种子移民"，结果法国的葡萄牙移民日益增多，其人数到1976年已达85.89万，仅次于人数最多的阿尔及利亚人(88.43万)，超过了意大利人(55.82万)和西班牙人(53.13万)。他们多数集中在里昂、克莱蒙费朗和距离葡萄牙比较近的下比利牛斯地区。② 比较而言，阿尔及利亚移民人数最多是因为法国的企业主的需要，同时也因为两国之间的特殊关系。追本溯源，战后阿尔及利亚移民潮其实是历史上移民的继续，移民法国是为满足法国经济发展对劳工的需要。按照法国政府规定，阿尔及利亚作为法国的殖民地，其居民有法国公民资格，可以自由地进入法国定居。阿尔及利亚独立之后，迁居法国的移民日益增多，而且，有些移民以旅游者身份入境就业，引起了许多法国人的不满。从1962年起，法国政府开始限制阿尔及利亚移民，但效果欠佳。1969年，法国再次与阿尔及利亚签署协议，将每年来到法国的移民控制在3.5万以下，而且在入境之前必须申请就业许可。③ 但由于法国政府顾此失彼，没有限制来自摩洛哥、突尼斯、越南、老挝和柬埔寨的移民，结果出现了"摁下葫芦浮起了瓢"的问题。此外，还有些企业主擅自从扎伊尔、毛里塔尼亚、刚果和塞内加尔等国家招募黑人移民。所以，

---

① Buechller, Hans Christian, and Juddith Maria Buechller, *Migrants in Europe: The Roles of Family, Labor and Politics*, New York: Greenwood Press, 1987, pp. 64-65.

② Buechller, Hans Christian, and Juddith Maria Buechller, *Migrants in Europe*, pp. 64-65.

③ Seifert, Wolfgang, "Admission Policy, Patterns of Migration and Integration: The German and French Case Compared", in Robinson, Vaughan, ed., *Migration and Public Policy*, p. 439.

在入境移民中，除80多万阿尔及利亚移民外，还有40万移民来自摩洛哥、15万来自突尼斯、12万来自非洲其他国家，另有10万来自越南、老挝和柬埔寨等东南亚国家，合计约占法国外来移民总数的40%，其余60%来自欧洲国家。[①] 在这些移民中，许多是在非法入境后通过法国的赦免获得合法居住的身份。据统计，在1964—1970年间入境的移民中，65%是"事后确认合法身份的移民"。最为引人注目的是，信奉伊斯兰教的移民人数迅速增长，因此法国穆斯林教徒大幅增加，由1948年的746万迅速上涨到1954年874.5万。[②] 需要说明的是，在来自阿尔及利亚、突尼斯和摩洛哥的移民中，有许多是犹太移民。在上述三国获得独立的时候，犹太人作为白人，也遭到了当地人的排斥。摩洛哥人对犹太人的攻击激发了前所未有的犹太人难民潮，犹太人移居法国的浪潮一直持续到60年代。在1961—1963年间迁出突尼斯的犹太人中有两万多人移民法国；在1966—1967年间来到法国的犹太人中，有55%的突尼斯移民和48%的摩洛哥移民获得了法国公民资格。在1950—1970年间，来到法国的犹太人移民人数之多仅次于以色列。法国犹太人由1944年的36万增加到1970年的53.5万，其中50%集中在巴黎、25%居住在米迪，其余居住在里昂、马赛、尼斯、图卢兹等地。[③]

面对入境移民人数的增长，特别是有色种族移民人数的日益增多，法国的民族与文化多样性特点愈加突出。法国政府官员和社会各界的反应日渐强烈，要求限制有色种族移民的呼声日渐高涨。1974年，新自由派代表人物吉斯卡尔·德斯坦当选总统后对法国移民政策进行了调整，其主旨是严格控制入境移民人数，改善境内移民的经济和生活条件，促进各民族的融合。在德斯坦看来，如果不严控入境移民人数和来

---

① Buechller, Hans Christian, and Juddith Maria Buechller, *Migrants in Europe*, p. 78.

② Adler, Stephen, *International Migration and Dependence*, p. 62.

③ Hyman, Paula, *The Jews in Modern France*, pp. 193-195.

源，就很难解决关乎境内移民日常生活的就业、教育和住房等问题，不利于外来移民与法国主流民族的融合与同化。在这种思维方式下，法国政府针对不同国家的移民，制定了不同的政策：(1)允许欧共体成员国公民自由出入法国，其就业和居住不受限制，首次入境的移民可就业五到十年。(2)阿尔及利亚曾作为法国的殖民地，其居民享有与法国公民相同的待遇，但在它独立后，其移民人数应该受到限制。按照规定，到 1980 年以前，阿尔及利亚移民入境后可就业一年，期满后回国。此后，法阿两国达成协议，允许限额移民就业三年，就业许可证有效期结束后可申请延期。(3)所有入境的外来移民不分国籍、宗教和肤色，可在就业和居住等方面享受与欧共体成员国公民相同的待遇。(4)外来移民在法国生育的子女不再自动获得法国公民资格。但是由于法国移民归化政策相对宽松，政府也没有进行相应改革，因而该项政策的限制性意义不大。

仔细审视法国的公民资格授予政策，就不难发现，其思想核心滥觞于大革命时期的《人权宣言》中的原则，即不管国籍和民族来源如何，只要忠诚法国都可成为法国公民。这种原则中的矛盾性是，它将公民资格纯粹看做一种政治问题，目的是保障公民平等的政治权利，然而它又要求移民认同法国文化与语言，没有给民族多元化发展留下足够的空间。其中潜藏的理念是，既然外来移民获得了法国公民资格和权利，就应当以文化和政治认同作为回报。在同化外来移民的过程中，主要手段是通过学校教育、教会的教化、军队的强制性训练以及就业场所的职业要求和合作精神等，使外来移民及其子女融入法国社会。也就是说，法国的公民资格授予政策包含着两个方面的含义：第一，凡是忠实于法国政府的外籍人，自然是法国公民；第二，父母中只要有一人是法国公民，在法国生育的子女也是法国公民，如果双亲都是外来移民，其子女可自由选择国籍。外来移民如果愿意加入法国国籍，可以申请。但是，在 80 年代法国政府关于公民资格的规定发生了新的变化。

从1981年开始,法国社会和政府围绕外来移民的国籍问题展开了激烈争论。其中尤为引人注目的是以勒庞(Le Pen)为首的极右组织"国民阵线"的观点和态度。该组织自1972年创立以来,始终主张制定限制性的移民政策。到80年代上半期,该组织领导人多次参与法国总统竞选,尽管屡试屡败,但其在以后的各种政治选举中,影响不断扩大。在1989年的选举中,该组织获得了德勒(Dreux)和马赛地区选票的42.5%和33.4%。更重要的是,该组织反对外来移民的呼声对法国移民与公民资格政策产生了十分重要的影响。它要求限制入境外来移民,延长外籍人在归化前的居住年限。与此截然不同的是,密特朗总统领导的社会党政府坚持奉行开放的移民政策。然而在1986年希拉克领导的右翼势力掌握了法国政权后,多次要求改变自由宽松的移民政策,并停止实施外籍人子女自动获得公民资格的条款。年龄在16—23岁的外籍人必须按照政府规定申请法国公民资格。如果申请者有任何违法行为或记录将被驱逐出境。但是,这种提议还没有来得及通过议会,希拉克就下台了。对此,"国民阵线"并未放弃修改移民入境和归化政策的要求,在1993年终于如愿以偿。是年,法国政府规定,外来移民的子女,如果年龄在16—21岁之间,必须独立申请归化,否则不能获得法国公民资格;如果政府发现申请者有犯罪等不良记录,将被取消申请归化的资格;一旦移民获得了公民资格,他们就能够享受与法国公民同等的权利。①

另一方面,随着法国有色种族移民的增多,法国社会上的种族歧视不断加剧。在80年代末期,巴黎附近郊区一所中学发生了"伊斯兰头巾"事件。三名信奉伊斯兰教的中学生坚持在教室上课时戴民族头巾,而当时法国颁布的法律禁止在公立中学宣传宗教。校长以此为由,认

① Holmes, Leslie, and Philomena Murray, *Citizenship and Identity in Europe*, p. 63; Bréchon, Pierre, and Subrata K. Mitra, "The National Front in France: The Emergence of an Extreme Right Protest Movement", *Comparative Politics*, Vol. 25, No. 1, 1992, pp. 65-67, http://www.jstor.org/stable/422097(2008年5月28日下载).

为上述三名学生的行为具有挑衅性，禁止学生在教室戴头巾，三名学生拒绝后被勒令退学。不久后三名学生同意接受校长的要求。但是，在上学几天后三名学生再次戴上头巾，结果在上课时被隔离在图书馆。这件事件被媒体曝光后，社会各界议论纷纷。从总统到政府内阁部长等，执政的社会党出现分裂，一方面，其领导人提倡与学生家长和宗教领袖对话，建议在学校不戴头巾；另一方面，包括法国总统密特朗的夫人等女权主义者主张学生选择自由，尊重民族习俗。在当时的右翼势力中，比较温和的基督教民主联盟(Christian Democracy)和社会民主党建议采取温和政策，避免矛盾激化。但是，法国国民阵线的立场与其他所有政党不同，认为三名学生坚持在公立学校戴头巾，是对"对法国宗教和文化构成威胁的殖民化表现形式之一"。在该组织领导人看来，这类问题是外来移民引起的，就应该从移民本身入手，将法国所有的外来移民，特别是宗教和文化与法国差距较大的外来移民驱逐回国。① 此时，一些地方组织桴鼓相应，喊出了"法国属于法国人"的口号。不久后，一些城市发生了排斥移民的种族骚乱。对此，法国一家报刊在批评社会上的排外主义时指出："在每次严重的经济危机时期，都能听到指责外国人是罪犯的声音。他们成了威胁的阴影……但是他们何罪之有？就因为居住在法国？因为工作或因为他们在我们的社区流动？过去，犹太人到来时，法国不能宽容。今天，带着同样恶劣的信念和盲目性，我们无端指责外来移民特别是来自阿拉伯的移民有不法行为。"② 这些现象背后值得思考的潜藏问题是：外来移民定居法国的前提是否是必须融入法国主流文化？法国是否愿意接受其民族文化走向多元化的现实？是否应该尊重民族文化而修改法国的法律？如何对待法律面前不同民族妇女的平等问题？在公众场合尊重伊斯兰民族习俗的同时

---

① Bréchon, Pierre, and Subrata K. Mitra, "The National Front in France", pp. 65-67.

② Scullion, Rosemarie, "Vicious Circles: Immigration and National Identity in Twentieth-Century France", *SubStance*, Vol. 24, No. 1, 1995, p. 31, http://www.jstor.org/stable/3685089(2008 年 5 月 27 日下载).

如何对待其他民族的习俗?

应该说,到80年代末,法国政府试图限制外来移民的种种努力并没有收到较好的效果,入境移民人数仍在增长。据1990年的统计,侨居法国的合法移民达到360万,占法国人口的6.7%。其中,葡萄牙人65万、阿尔及利亚人61.4万、摩洛哥人57.3万、意大利人25.3万、西班牙人21.6万、突尼斯人20.6万、土耳其人19.8万。[①] 除这些移民以外,还有一些难以识别的外籍人群体。进入90年代以后,外来移民的持续增长,使法国人口能够保持稳定的增长。1985年法国人口为5528.4万,1990年达到5673.5万,2000年达到5897万,2004年达到6038万。人口增长来源于两个方面,其中有50%来源于法国人口的自然增长,另有50%来自外来移民以及移民入境后生育的子女数量的增加。[②] 就外来移民而言,90年代每年入境人数仍然呈现出增长的趋势。例如,1994年入境移民仅为11.96万,2000年达到16.04万,到2004年达到21.59万。仅在1994—2003年间就累计有152.438万移民进入法国,其中来自欧盟成员国的移民达到43.317万人,在所有移民中,不具备劳动能力的未成年人累计为14.421万人,也就是说,138.017万人具有劳动能力。这些具备劳动力的移民进入就业市场,有利于提高劳动力人口在法国人口中的比例。[③] 就居住在法国的外国人口而言,可以分为两类,一类是外来移民,这类人口大约有410万,他们享有合法居住权和就业权;另一类是"外籍人",这些人口中既有移民,也有不能申请居留权的外国人。有些家庭中只有一人是合法移民,其妻子和子女多半没有合法居住权。有些土耳其人是以探亲、经商、求

① Holmes, Leslie, and Philomena Murray, *Citizenship and Identity in Europe*, p. 63.

② Prioux, France, and Jonathan Mandelbaum, "Recent Demographic Developments in France", *Population*, Vol. 60, No. 4, 2005, pp. 372-375, http://www.jstor.org/stable/4148180(2008年5月28日下载).

③ Prioux, France, and Jonathan Mandelbaum, "Recent Demographic Developments in France", *Population*, Vol. 60, No. 4, 2005, pp. 401-402.

学或短期打工的身份入境的，不能直接申请永久居留权。有些是持有双重国籍的人口，他们大约有 600 万，也有人说是 400 多万或 360 万不等。[①] 在那些被认为是移民的外籍人中，有些是法国人在海外的后裔，有些来自前法属殖民地，他们在血统上不属于法国人，但是在语言、宗教与文化上却具有法国人的某些特征。

三、德国的客籍劳工与移民

在第二次世界大战期间，纳粹德国野心勃勃，穷兵黩武，其所有人力和经济资源全部被投入到军国主义体系中。到战争后期，德国所有城市和国防工业无一例外地成为盟国从四面八方狂轰滥炸的目标。战争结束时，德国已是一个满目疮痍、民不聊生的国家。作为一个被战火洗劫的战败国，它被盟国一分为二，美英等盟国军队占领下的领土，后来组建为联邦德国(西德)，而苏联占领下的德国部分则建立了德意志民主共和国(东德)。在联邦德国，国民经济体系陷于瘫痪，各地的工厂、交通和基础设施均化为废墟，百业待兴、民生不济，许多人口纷纷迁移到国外。据统计，在 1950—1990 年间先后有 450 万联邦德国人口迁移到欧洲以外，其中在 1950—1960 年间有 200 万，1960—1990 年间有 250 多万。[②] 就当时而言，当务之急是，一方面尽快恢复国民经济体系的正常运转，保证民众生活的有序进行；另一方面尽快安置境内蜂拥而至的人口。从战后初期到 50 年代末期，需要安置的人口类别和数量可

---

① Tournier, Pierre, "Nationality, Crime, and Criminal Justice in France", in Tonry, Michael, ed., *Ethnicity, Crime and Immigration: Comparative and Cross-National Perspectives*, Chicago: The University of Chicago Press, 1997, p. 525.

② Kurthen, Hermann, "Germany at the Crossroads: National Identity and the Challenges of Immigration", *International Migration Review*, Vol. 29, No. 4, 1995, p. 921.

划分如下：(1)在盟军占领区内的近1000万无家可归者，其中既有来自奥地利、罗马尼亚和波兰等国的劳工，也有在战场上被抓获的战俘。在美、英、法等国的协调下，这一类人口大约有790万被遣返回国，有200多万最后在西德定居。(2)在1945—1960年间，有350多万人口为寻求家庭团聚或因为政见不同而纷纷从东德来到西德。(3)二战中被盟军俘虏的400多万纳粹战俘在战后也纷纷被遣返到联邦德国。(5)按照波茨坦会议规定，居住在波兰、捷克、罗马尼亚和苏联境内的德国裔被驱赶回联邦德国，其人数达到1200多万人。这样，从1945年到1960年前后，联邦德国实际需要安置的人口达2000万左右。[①] 这一时期，联邦德国充分利用美国提供的贷款和援助，解决了经济发展所需要的资金问题。同时，它在1948年进行了货币改革，疏通经济发展中的金融渠道，为经济高速发展注入了活力。经济的迅速发展也为滞留的战争难民解决了就业问题。在战后10年间联邦德国是西欧唯一没有引进外籍劳工的国家。

从20世纪50年代中期开始，联邦德国经济强势增长，劳动力供不应求的矛盾日益成为阻碍经济发展的瓶颈。有鉴于此，联邦德国在1955年首先与经济落后且劳动力相对过剩的意大利政府签署了引进劳工的协议。然而前往意大利招募劳工的德国公司发现，由于意大利与法国接壤，多数意大利劳工流向法国，因而来到西德的劳工人数不多。到1960年，在联邦德国工作的意大利劳工只有14.4万人。[②] 与此同时，1960年柏林墙修建后，联邦德国招募外国劳工的形势发生了变化，东德公民迁移到联邦德国的通道被封死。尽管每年仍有一些人

---

① Kurthen, Hermann, "Germany at the Crossroads: National Identity and the Challenges of Immigration", *International Migration Review*, Vol. 29, No. 4, 1995, p. 921.

② Seifert, Wolfgang, "Admission Policy, Patterns of Migration and Integration: The German and French Case Compared", in Robinson, Vaughan, ed., *Migration and Public Policy*, p. 437. 有学者认为，在1960年，西德的外籍劳工已达38.93万人。见 Buechller, Hans Christian, and Juddith Maria Buechller, *Migrants in Europe*, p. 121。

想方设法来到西德,但是其人数远远不能满足西德经济发展的需要。[①]在这种背景下,西德又与希腊(1960 年)、西班牙(1960 年)、土耳其(1961 年)、摩洛哥(1963 年)、葡萄牙(1964 年)、突尼斯(1965 年)和南斯拉夫(1968 年)等国签订了引进劳工的条约。政府引进劳工的政策得到了社会各界的支持,甚至在一些地方,工会组织也参与了招募外国劳工的过程。因为工会组织领导人认识到:"对当地劳工来说,雇佣外国劳工是一种缓冲或屏障,它可以保障土生劳工的就业稳定性。此外,雇用外国工人还可以防止那些劳动力密集型生产转向国外,在职业阶梯的底层雇用外国劳工,为土生劳工开辟了职业晋升的机会。"[②]西德引进外籍劳工的政策取得了明显成效。按照政府规定,凡进入德国就业的外籍劳工,必须严格按照合同规定(一般为三年)操作,合同期满的劳工必须返回原籍。如果企业对雇用劳工的工作表现感到满意,还可续签合同,但前提是被雇用劳工必须首先回国,然后重新申请入境和就业许可。无论是首次入境还是再次入境,所有外籍劳工都必须申请入境签证和就业许可。换句话说,联邦德国雇用外籍劳工的方式是一种以合同制为核心的"客籍劳工轮换制度"。在这种制度下,外籍劳工在联邦德国就业的时间相对较短,流动性较高。例如,在 1966—1967 年经济萧条时期,在联邦德国的外籍劳工减少了 50 余万,占当时外籍劳工的 46%。在 1968 年经济恢复增长后,外国劳工又开始增多,由 1968 年的 100 万增至 1973 年的 260 万。[③] 然而,从 60 年代末期开始,联邦

---

① 据一些学者的调查,在 1961—1988 年先后有 56 万人穿过柏林墙来到西德,其中 32%没有任何证件。Kurthen, Hermann, "Germany at the Crossroads: National Identity and the Challenges of Immigration", *International Migration Review*, Vol. 29, No. 4, 1995, p. 921.

② Seifert, Wolfgang, "Admission Policy, Patterns of Migration and Integration: The German and French Case Compared", in Robinson, Vaughan, ed., *Migration and Public Policy*, pp. 437-438.

③ Seifert, Wolfgang, "Admission Policy, Patterns of Migration and Integration: The German and French Case Compared", in Robinson, Vaughan, ed., *Migration and Public Policy*, p. 438. 有人认为,到 1972 年,西德的外籍劳工已达 320 万人。见 Power, Jonathan, *Migrant Workers in Western Europe and the United States*, pp. 10-11。

德国的外籍劳工悄悄发生了变化，不仅许多劳工在合同期满后没有按期回国，而且还有许多劳工携家属而来。这种做法突破了 1955 年以来严格执行的"客籍劳工轮换制度"。究其原因，一方面是因为联邦德国的就业机会较多，劳工就业后的收入比母国高，同时，联邦德国的许多企业主也愿意雇用那些合同期满但绩效突出的劳工。因为从劳工创造经济价值的角度讲，企业主并不喜欢合同劳工轮回制，因为每次新的劳工到来后，企业都需要对他们进行岗位培训。这不仅影响到企业的正常生产，还会增加企业的培训支出。另一方面，联邦德国政府为满足企业主的要求，在 1971 年规定，凡在联邦德国就业满 5 年以上的外籍劳工，如果能得到雇主的续聘，可以再申请在联邦德国工作 5 年的许可。这种既有经济效率考虑又兼顾人道主义原则的实用主义政策，按照有的学者的说法，标志着招募外籍劳工"轮回制政策的结束"。[①] 笔者认为，轮回制政策的结束，并不意味着联邦德国政府彻底放弃了遣返劳工的政策。实际上，这两个方面的政策仍在继续。与此前不同的是，许多合同期满的劳工并未回国，招募的劳工更多是来源于欧共体国家。那些没有回国的劳工纷纷将自己的家属迁移到联邦德国，而那些被遣返回国的劳工的"回头率"比较高，他们入境时也带来了自己的配偶和子女，准备在联邦德国长期定居。这种变化表明，联邦德国作为战后接受外籍劳工较多的国家之一，其引进客籍劳工的政策已发生了本质性变化，原本坚持只接受外籍劳工而非移民的政策已经开始发生蜕变，联邦德国已经成为一个名副其实的接受外来移民的国家。这种历史性转变的重要意义可从以下几个方面详细论证。

首先，在 1973 年经济危机爆发后，居高不下的社会失业率迫使西德政府开始强制性地遣返外籍劳工，以减少其中的失业劳工对政府救

---

① Seifert, Wolfgang, "Admission Policy, Patterns of Migration and Integration: The German and French Case Compared", in Robinson, Vaughan, ed., *Migration and Public Policy*, p. 438.

济构成较大的压力。在70年代上半期，外籍劳工的失业率远远高于土生劳工的失业率，其中土耳其籍劳工的失业率高达40%，意大利籍劳工为50%，南斯拉夫人的失业率高达56%。[①] 联邦德国政府在经济危机时期运用强制性手段遣返外籍劳工，表明政府的限制性政策依然十分突出。同时，也是因为经济危机，联邦德国政府不得不中止与外国政府签订引进客籍劳工的协议。应该说，客籍劳工轮回制度是成功的。在1963—1973年间，先后有1990万客籍劳工进入联邦德国工作，其中大部分在合同结束之后返回国内，最后大约有500万人在联邦德国定居。[②] 这些劳工转化为移民之后不久，他们的亲属就纷纷前来寻求家庭团聚，有许多移民在联邦德国生儿育女。因此，在1973年之后，来到联邦德国的外籍劳工非但没有减少，反而继续增加，由1975年的409万增加到1982年的466.7万。其中，以土耳其劳工最多，在1970年为46.9万，1982年达到158万，占联邦德国所有外籍劳工中的比例也由11.47%上升到33.85%。同期，南斯拉夫劳工由51.5万上升到63.2万，增加了11.7万，意大利劳工由57.4万增加到60.2万，增幅不大，西班牙籍劳工人数相对稳定，保持在30到35万之间，而希腊劳工则由25万下降到18万。[③]

其次，来自南斯拉夫的劳工之所以呈增长趋势，与该国经济体制密切相关。南斯拉夫作为一个社会主义国家，所实行的是建立在公有制基础之上的计划经济模式，这制约了该国国民经济的发展，其经济的总体发展状况、国民收入和生活水平等都明显落后于西欧发达国家。这种客观现实促使南斯拉夫人大批迁移到海外。从第二次世界大战后初

---

① Hammar, Tomas, ed., *European Immigration Policy*, Vol. 1, p. 168-173.

② Kurthen, Hermann, "Germany at the Crossroads: National Identity and the Challenges of Immigration", *International Migration Review*, Vol. 29, No. 4, 1995, p. 924.

③ 从统计数字看，联邦德国的外籍劳工基本上是在1960年以后大规模到来的。从1955年到1982年，来自希腊、意大利、南斯拉夫、西班牙和土耳其等国的500多万劳工进入联邦德国，联邦德国外籍人由1955年的48.5万增加到1967年的180.7万，Hammar, Tomas, ed., *European Immigration Policy*, Vol. 1, p. 171。

期到70年代初，有近70万南斯拉夫人口流向西欧发达国家，另有20多万流向加拿大、澳大利亚和美国等。迁居海外的移民人数占当时南斯拉夫人口470多万的1/5左右。[①] 同样，虽然土耳其的政治体制接近于西方国家，但其经济发展明显落后。因此，在联邦德国工作的土耳其劳工自愿回国的比例较低。从一开始，就有许多土耳其籍劳工不仅没有按期回国，而且纷纷将自己的家属接到联邦德国。这种现象一直持续到70年代上半期。这种情况是联邦德国政府没有预料到的。联邦德国政府不得不调整其对境内外籍人的管理政策，加强对本国劳工就业权益的保护。政府规定，移民配偶及其子女在入境后两年内不得就业，这些限制性的规定，无法改变大批外籍劳工滞留并就业的事实。

有一种观点认为，在1973年之后联邦德国引进劳工的重点转向欧共体成员国。这种观点容易引起的误解是联邦德国不再从其他国家引进劳工。但从现有史料看，事实并非如此。据统计，在1975—1990年间，欧共体成员国公民在联邦德国所有外籍人数量中的比重处于逐渐下降状态，由1975年的39.5%减少到1980年的33.75%，之后又下降到1991年的26.93%。[②] 与此相反，同一时期，联邦德国的外籍人总数却由1975年的409万增加到1980年的445.3万，到1991年则接近534.3万。基于上述事实，1973年之后联邦德国重点引进欧共体成员

---

① Buechller, Hans Christian, and Juddith Maria Buechller, *Migrants in Europe*, pp. 105-106.

② 欧共体成员国劳工占西德外籍劳工总数的比例是：1975年为40.6%，1980年为35.86%，1985年为33.44%，1990年为27.75%，1991年为26.9%。欧共体成员国劳工在西德外籍劳工中的比重高于欧共体成员国公民在西德所有外籍人中的比重。也就是说，来到西德的欧共体成员国公民中，劳工比例较高，家属比例较低，而在来自欧共体以外的其他国家的外籍人中，劳工比例较低，家属比例较高，详见附录1。此外，1990年，德国有450多万外国人，占德国人口的7.2%和劳动力的9.1%。从国籍来源看，土耳其人占33%，南斯拉夫人占14%，其次是意大利人和西班牙人。来自欧盟国家的移民占30%，欧盟以外国家的移民占23%。外国劳工的比重比较稳定，但在失业人口中的比例有所上升，原因是前来德国寻求家庭团聚的外籍人和在德国出生的第二代外籍人有所增加。见 Amersfoort, Habs van, *International Migration*, p. 90。

国劳工的观点令人难以信服。而且,一个十分显著的现象是,以客籍劳工身份进入联邦德国的人数也处于逐渐下降状态,而以家庭团聚身份入境的外籍人却日益增多。为说明这一变化,我们可以列举并分析两类数据。第一,就联邦德国国内的客籍劳工而言,其人数在波动中逐渐下降,由 1975 年的 209 万减少到 1980 年的 204.1 万,之后又由 1985 年的 155.5 万增加到 1990 年的 174 万。尽管在 1991 年增加到 184.2 万,但仍然少于 1975 年的人数。客籍劳工所占比重也许能更加清楚地说明问题。1975 年,在联邦德国就业的客籍劳工占外籍人总数的 51.12%,1980 年为 45.83%,1985 年为 35.51%,1990 年为 33.19%,1991 年又反弹至34.47%。[①] 再从另一组数据看,在 1993 年真正在联邦德国居住 20 年以上的外籍人仅占 688 万外籍人口中的 27%,居住 10 年以上的有 340 万,他们都有居住和就业权。也就是说,在当时联邦德国的外籍人口中,有 50%是在 80 年代以后入境的。在各群体中,最大的群体是土耳其人,总人数 197 万,来自克罗地亚、斯洛文尼亚和波黑等前南斯拉夫地区的移民达到 130 万,其中来自波黑的移民达到 25 万、克罗地亚人 17.6 万、塞族 83.5 万、意大利人 57.2 万、希腊人 35.6 万、西班牙人 13 万、葡萄牙人 12 万、摩洛哥人 8.2 万、突尼斯人 2.7 万,另外还有 240 万来自美洲、亚洲和其他欧洲国家。[②] 第二,在侨居联邦德国的外籍人口中,欧共体成员国以外的外籍人数比重较大,而其中劳工所占的比例也处于下降状态,前来寻求家庭团聚的永久性移民却日益增多。在 1975 年,欧共体成员国以外的外籍人占侨居联邦德国外籍人总数的 60.48%,1980 年为 66.24%,1990 年为 72.8%,1991 年为 73.06%。这

---

① Broeck, Julien van den, *The Economics of Labour Migration*, p. 162; Amersfoort, Habs Van, *International Migration*, p. 90.

② 从统计数字看,联邦德国的外籍劳工基本上是在 1960 年以后大规模到来的。从 1955 年到 1982 年,来自希腊、意大利、南斯拉夫、西班牙和土耳其等国的 500 多万劳工进入联邦德国,联邦德国外籍人由 1955 年的 48.5 万增加到 1967 年的 180.7 万。见 Kurthen, Hermann, "Germany at the Crossroads: National Identity and the Challenges of Immigration", *International Migration Review*, Vol. 29, No. 4, 1995, p. 924。

组数据从另一个侧面说明，欧共体成员国的公民并不占据多数。而在非欧共体成员国公民中，劳工的比例处于下降状态，由1975年的50.2%减少到1985年的34.28%，到1990仅为32.65%（根据附录1计算）。这组数字表明，在1975年之后来到联邦德国更多的是移民，而不是劳工。从80年代末期开始，有两类移民需要注意。第一类是政见不同者或因自然灾害而离开母国的各类难民，其人数日益增多，到90年代初已经达到43.8万。第二类是从中欧、东欧和苏联（俄罗斯）返回联邦德国的德意志族裔，有39.7万。在1993年以后，这类移民人数逐渐减少，大致保持在22万到23万之间。在上述两类移民增加的同时，联邦德国的外国合同工和季节工数量仍然持续减少，由1992年的40.9万减少到1993年的32.6万。上述数据表明，在20世纪末期，进入联邦德国的外籍劳工数量有所减少，而准备长期定居的移民却与日俱增。[①]

就来自苏联（俄罗斯）、东德和其他东欧地区的德意志裔移民而言，他们的身份具有一种特殊性。按照出生国国籍界定，他们是外国人；按照血统划分，他们是德意志人。德国政府在统计外来移民时，没有将他们计入外来移民之列，而是计入德国公民之中，因为按照德国历史上关于公民资格的界定，不管是否出生或居住在德国，只要有德国裔血统，就可以被认定是德国公民，并且享有德国公民应有的权利。这是自19世纪末期以来德国一贯奉行的国策。从第二次世界大战结束后到两德统一之前，所有来到联邦德国的德意志族裔都享受了这种优惠待遇。甚至在冷战结束以前，联邦德国政府对于来自中欧和东欧国家的具有德国血统的移民和难民，都提供了比较方便的入境和入籍政策。一直到德国统一之后，德国政府才规定，凡是来到德国的中欧和东欧的德国裔，都必须事先申请，获得许可后才能入境。同时，对于欧盟以外国家的劳工实施了严格的限制，所有外籍劳工入境前都必须申请就业

① Amersfoort, Habs van, *International Migration*, p. 87.

许可,否则不得入境。这些变化表明,外籍人要迁移到德国,无论是否具有德国裔血统,德国政府都不再实施宽松的入境政策。①

与英国和法国相比,来到德国的外来移民中,并没有出现大批的来自亚洲或北非地区的有色种族移民,德国外来移民中的种族多样性特点并不像英法两国那样突出。但这并不等于说德国的民族与文化的构成比较单一,或者说民族的同质性没有发生变化。相反,因为土耳其和南斯拉夫等国家移民的到来,德国文化中的多样性也比第二次世界大战以前更加突出。70 年代末期一位学者在表述联邦德国的情形的时候这样写道:

> 对于一位过路的观察者来说,在西德的城市景象中,外籍人及其家庭随处可见。在公共建筑、公共交通、公告牌及各类商店等场所,常常能看到不同语言的标语,旁边悬挂着相应国家的国旗。用各种语言制作的广播和电视节目,为外籍人提供服务……政府和社会机构呼吁人们理解外籍人在德国社会生活中的困难,并招聘能在文化和语言上提供帮助的人。一个庞大的展示不同社会习惯的多元文化群体的到来,对西德这样具有相对同质性的社会产生了深远影响。外来移民的融合与遣返是大众媒体经常讨论的议题。学术界相关的社会性分析层出不穷。在政治上,每个政党或其派生组织也经常表态,使得外籍人融合与遣返的问题显得更富有政治色彩。因为西德经济需要外籍劳工,即使是在经济萧条时期也是如此,完全的遣返已经不可能。在可预见的未来,融合与隔离的问

① 也是因为这种现象,德国政府才不得不增加灵活性较强的临时劳工就业许可。因此,德国的外籍临时劳工由 1991 年的 12.9 万增加到 1995 年的 19.3 万。同时,按照德国的规定,凡是在与德国的公司有直接和间接合同业务的公司工作的外籍人,也可以进入德国工作。见 Seifert, Wolfgang, "Admission Policy, Patterns of Migration and Integration: The German and French Case Compared", in Robinson, Vaughan, ed., *Migration and Public Policy*, p. 443。

题还会困扰西德政府和人民。[①]

面对外籍人口的增多和国内人口结构的变化，德国社会上也产生了强烈的反响，并且形成了三个旗帜鲜明的派别。第一个派别是强调日耳曼民族主义的极端右派，第二个是主张对外籍劳工实施平等和自由政策的左派，第三个是主张对外籍劳工相对宽容的中间温和派。三个派别的态度都对德国政府决策产生了不同程度的影响。在总体上，联邦德国对外籍劳工的态度日趋开放和宽容，在教育、住房和福利政策等方面实施了许多政策，目的是帮助移民融入德国社会。然而，在右翼思想的影响下，德国政府在政策上的缺陷主要表现为两个方面，第一，没有制定出相对完善的反对种族歧视的法律。第二，如前所述，虽然德国已经成为事实上的"一个接受外来移民的多元文化和民族的国家"[②]，然而在政策上，德国政府一没有积极地归化外来劳工或授予他们享有与德国公民相同的权利，因为战后德国政府一直奉行的是"血统法则"，没有德意志民族血统的人不得加入德国国籍。根据这一原则，德国政府一直不承认自己是一个接受外来移民的国家。到 80 年代末期，德国政府再次宣称："联邦德国不是一个接受外来移民的国家，德国是一个允许那些将来会自愿返回自己祖国的外国人居住的地方。"[③]这种顽固不化的立场，实际上是德国历史上形成的根深蒂固的种族主义的一种表现。德国政府不授予外来移民以德国的公民资格，外来移民就无法平等地参与当地的社会生活。比如人数较多的土耳其移民，即使已经在德国居住了 30 多年，他们和在德国生育的子女都不打算返回土耳其，可是这两代移民都因为没有德国的公民资格，只能长期处于德国社会的边缘。

---

① O'Loughlin, John, "Distribution and Migration of Foreigners in German Cities", *Geographical Review*, Vol. 70, No. 3, 1980, pp. 253-254, http://www.jstor.org/stable/214255(2008 年 5 月 28 日下载).

② Kurthen, Hermann, "Germany at the Crossroads: National Identity and the Challenges of Immigration", *International Migration Review*, Vol. 29, No. 4, 1995, p. 918.

③ Broeck, Julien van den, *The Economics of Labour Migration*, p. 53.

然而,对于上述问题,德国政府也不是没有思考。相反,在综合社会各界的要求后,也从解决外来移民同化问题的长远政策考虑,德国各政党经过激烈的辩论后,于 1990 年颁布了一项移民法,同意接受移民申请的归化,终结了以前非德意志血统移民不能入籍的规定。该法案规定:第一,年龄在 23 岁以上并且在德国已经居住了 15 年以上的外籍人,只要能证明自己没有依赖于公共救济,都可以申请归化为德国公民;第二,移民的子女,凡年龄不超过 16—23 岁并在德国居住了 6 年以上者,只要有意向,可以申请归化。① 上述规定的意义在于:它一方面终结了德国历史上长期奉行的非德意志裔不能归化为德国公民的历史,这意味着德国对公民资格概念的界定发生了历史性变化;另一方面,在承认德国是一个接受外来移民的国家的同时,也就承认了德国民族多元化的现状。说明这一点的最好例证是,政府关于移民归化的条款中,没有要求移民掌握德语、德国政治制度和公民知识等内容。也就是说,在法律上没有强制性的要求移民认同德国的民族与文化。而对于外来移民来说,一般有四种类型:(1)居住在东欧国家并具有其公民资格的德意志族裔,他们可以根据联邦德国的宪法规定,在迁回联邦德国之后获得联邦德国的公民资格。(2)在德国一直定居的、来自地中海沿岸国家的 600 多万客籍劳工及其家属,其中已有 380 多万获得永久居留权,他们在德国住满 5 年以上就可以申请归化。(3)在德国居住并就业的欧共体成员国的公民,他们中有 150 万可以申请公民资格。(4)来自以前的客籍劳工国家的 110 万移民。到 90 年代,这些国家纷纷申请加入欧盟。在它们获得正式的成员国资格之前还有一个过渡期,因而这部分国家侨居德国的移民申请归化还需时日。第三,前来申请庇护的难民,按照德国宪法规定,凡在本国受到政治或宗教迫害的,都可以根据联邦德国宪法和日内瓦公约的规定申请入境;已经入境者,只要符合条件,亦可申请联邦德国的公民资格。实际上,这项规定更多

① Kurthen, Hermann, "Germany at the Crossroads: National Identity and the Challenges of Immigration", *International Migration Review*, Vol. 29, No. 4, 1995, p. 933.

的是一项摆设。因为随着 80 年代末期苏东剧变,来自非共产党国家的难民日益增多。有些是来自发生内战的南斯拉夫或者民族纷争的埃塞俄比亚等地区。在申请入境的难民中,被拒绝率在 70%以上。德国政府拒绝的理由是,申请者不是法定意义上的难民,而是谋求改善经济条件的移民。然而,那些被拒绝入境定居的申请者,实际上并没有离境,而是消失在茫茫人海中,他们要么定居在德国,要么在欧盟成员国家流动。为了加强对避难申请的甄别和管理,1993 年德国议会颁布了新的法案,它规定:第一,德国的避难条款不适用于欧共体成员国,也不适用于经由第三国而进入德国的避难申请者;第二,德国议会将确定哪些国家的庇护申请者可以入境的名单,凡是不属指定国家的申请者不得入境;第三,按照日内瓦公约的规定安置难民。① 不难看出,有关难民的定义已经发生质变,难民入境的标准越来越严格。

四、南欧国家的历史性转变

在 20 世纪 70 年代以前,地处南欧的意大利、西班牙、葡萄牙和希腊一直都是移民外迁人数较多的国家,其中意大利的外迁移民最多。据统计,在 1876—1976 年间,意大利向国外移民达 2600 多万。其中第一个高峰期是在 1890—1930 年间,其间向国外移民 1511. 07 万,仅 1901—1915 年间就有 809. 2 万。第一次世界大战后到 1930 年,迁出移民仅为 341. 84 万。第二个高峰期是第二次世界大战之后,在 1945—1975 年间离开意大利的移民达 700 多万。② 从流向看,在

---

① Fijalkowski, Jurgen, "Aggressive Nationalism, Immigration Pressure and Asylum Policy Disputes in Contemporary Germany", *International Migration Review*, Vol. 27, No. 4, 1993, pp. 851-854, http://www.jstor.org/stable/2546915(2008 年 5 月 21 日下载).

② Cornellius, Wayne A., Philip L. Martin, and James F. Hollifield, *Controlling Immigration: A Global Perspective*, Stanford, C. A.: Stanford University Press, 1994, p. 303.

1876—1976年的百余年间，迁入美国的意大利移民达到568万，其中在1876—1915年间移民人数达414.53万，此后有所减少，在1916—1940年间只有104.66万，1946—1976年间不过48.84万。在1876年以后的百年间，绝大多数移民流向西欧和北欧发达国家。在第一个高峰期，每年流向西欧和北欧国家的移民始终比迁入美国的移民高一倍左右。例如，在1876—1900年间，迁移到海外的意大利移民有387.4万，前往美国的移民有128.2万。在1901—1913年间，意大利北部迁往欧洲国家的移民达250万，而到美洲的移民仅为80万。相比之下，在意大利南部地区，迁移到欧洲国家的移民较少，只有35.3万，而绝大部分迁移到美国，人数多达338.5万。[①]

从各方面统计看，在第二次世界大战后迁出意大利、西班牙、葡萄牙的移民人数多寡不同。例如，1946—1970年间，迁离意大利的移民达690万；1951—1972年间，迁离希腊的移民达到120万；1951—1975年间，流向海外的葡萄牙移民达到180万；1960—1971年间，迁离西班牙的移民达到220万。从各国移民出境的高峰时间看，各国的情况差异甚大。意大利的离境移民最多，开始最早和结束的时间也最早。而西班牙移民的大规模迁出，却是在1959年之后。此外，在第二次世界大战后初期，四国移民中多数流向美国。在50年代末期西欧各国开始大规模地引进外籍劳工之后，四国迁居西欧和北欧国家的移民日益增多，其人数占四国迁出移民总数的2/3以上。意大利移民的高峰期是在1960—1962年，平均每年迁出移民38万；葡萄牙高峰期是在1966—1970年，平均每年迁出移民12.6万；西班牙的高峰期是在1964—1965年，平均每年迁出移民20万。到1974年，居住在法国和联邦德国的意大利、西班牙、葡萄牙和希腊四国移民达到270万。可是，到1980年这一数量仅为230万，这表明有许多移民倒流回国。实际上，从1972年开始，意大利接受的回国移民和来自其他国家的外来

---

① Holmes, Colin, ed., *Migration in European History*, Vol. pp. 189, 191-193.

移民人数首次超过迁离意大利的移民人数。换句话说，在1972年意大利首次成为一个国际移民净迁入国家。1975年西欧国家停止招募客籍劳工之后，西班牙和希腊也出现了国际移民净迁入的情况。相比之下，葡萄牙的历史性转变发生在1981年。[①] 与此同时，来自非洲、亚洲和拉丁美洲的移民也开始大规模进入四国，对于毫无准备的意大利、西班牙、葡萄牙和希腊来说，无疑提出了许多严峻挑战。例如，是否允许外籍人永久性居留？应该制定何种移民入境政策？如何帮助移民实现融合？如何避免他们在住房和就业市场上与本国公民发生冲突？四国政府都未制定出相应的政策。

当然，历史性转变并非意味着此后这四个国家就再没有国民迁移到海外。相反，在意大利农村地区和西班牙落后地区，出境的移民仍在持续。在葡萄牙，迁出移民逐年减少的状况一直持续到1988年，而希腊前往德国的移民却在1988年之后略有增加。这是因为希腊作为欧洲共同体成员国身份的过渡期此时结束，其国民可以在其他成员国间自由流动。

也就是说，意大利和希腊等国已成为一个双重的移民国家：在许多移民迁移到国外的同时，也有许多外来移民入境。在1978年，来到意大利的外国劳工达到7.4万人，其中55%是欧洲人，21%来自南地中海和阿拉伯地区，4%来自非洲，4%来自亚洲，14%来自美洲。从此之后，来自欧洲以外的移民日益增多。到80年代末，居住在这四国的外来移民累计达到200多万，其中50%左右居住在意大利。[②] 上述四国

---

① King, Russell, and Krysia Rybaczuk, "Southern Europe and the International Division of Labour: From Emigration to Immigration", in King, Russell, ed., *The New Geography of European Migrations*, p. 176.

② 1977年，意大利的外国移民已达25万人，其中欧洲移民占23%，地中海地区和阿拉伯国家移民占24%，非洲移民占40%，亚洲和美洲移民分别占4%和8%，见King, Russell, and Krysia Rybaczuk, "Southern Europe and the International Division of Labour: From Emigration to Immigration", in King, Russell, ed., *The New Geography of European Migrations*, p. 178。

从移民净迁出国家变为净迁入国，之后，它们作为欧洲接受外来移民主要国家的组成部分，标志着以市场经济为主体的欧洲国家，已经基本上全部成为接受外来移民的地区。

【意大利】 在20世纪70年代之前，由于只有向海外移民，而几乎没有外国人口迁入，意大利在1980年之前基本上没有专门性的移民立法。有关外来移民的法律条款，主要包含在如下两项立法中。(一)1931年国家安全法中有一条规定，在意大利居住的外籍人必须申请合法居留权，不得从事与意大利国家安全相悖的活动。(二)1949年颁布的第125号法令，它要求在意大利的外籍人申请居留权之后再申请就业许可。此后，到1980年，政府对外来移民的管理主要是通过行政命令来进行的，其要旨是满足一些企业雇用外籍劳工的需要。所有企业在招募外籍劳工之前，必须首先向意大利劳工公开招聘，若无人应聘，才能招募外国工人。应聘的外国工人入境时，其签证上必须标明"入境就业"字样，入境之后再向警察部门申请居留权。虽然意大利政府并没有限制每年入境的外籍人数，但实际入境的外籍劳工寥寥无几。

随着20世纪70年代后期入境外籍劳工的增加，制定相关政策已迫在眉睫。因此，1982年意大利劳工部规定，禁止引进欧共体成员国以外的劳工，赦免境内的非法外籍劳工，并授予其合法居留权。凡雇用被赦免劳工的企业主，应实事求是地上报被雇用者已就业和居住的年限及其缴纳社会保险金的相关资料。但该项措施实施后，效果不尽人意，申请赦免的人数非常有限，最终获得赦免者只有1.6万人。此外，由于意大利并非欧共体国民迁移的首选国家，政府又禁止引进欧共体成员国以外劳工，意大利移民中出现了一种奇怪的现象，即入境的合法移民屈指可数，而非法移民却与日俱增。由于非法移民是通过秘密方式或渠道入境的，政府无法统计其确切人数。但毋庸置疑的是，他们的到来产生了意大利政府不愿意看到的、与意大利劳工之间"最恶劣的竞争"问题。在这种背景下，意大利政府不得不考虑工会组织和利益集团的要求，并于1986年12月30日颁布该国历史上第一部比较全面的移民法——《外籍工人与非法移民控制法》。概而观之,该法案包含四项主要内容:(1)所有在意大利合法居住的外籍劳工,应享有与意大利劳工平等的权利,禁止在家庭团聚、购买住房和市政服务(如教育和医疗等)方面对有合法居住权的外籍人的歧视。(2)所有准备聘用外籍劳工的企业,必须向政府报告准备招聘的工作岗位。如果待聘岗位的确属于意大利国民不愿意从事的职业,申请的企业才能引进外籍劳工。更重要的是,该条款将外籍劳工的就业权和居住权分离开来。如果外籍劳工处于失业状态,可被列入政府掌握的待业名单之中。失业外籍劳工在意大利居住两年后,可在平等的基础上与意大利人一起申请就业。这项规定实际上与第一款是相互矛盾的,因为第一款规定只有当失业名单上没有意大利人之后,外籍劳工才能就业。(3)凡走私非法移民的个人或雇用非法移民的企业,每走私或雇用一名非法移民,被罚款 1500 美元到 7500 美元并被监禁五年。罚款总额和监禁年限依据被抓获非法移民的数量累计。(4)在法案生效三个月之后,境内非法移民必须申请合法居留权,申请手续既可以由企业主代理,也可以自己申报。如果移民在申请赦免时已就业,其雇用者须交纳相应的社会保障金。如果申请赦免的手续是外籍劳工本人办理的,而且又是在"地下经济"(按:"黑工厂")中就业,该移民必须公开谴责其业主。在理论上,这项规定是要保护合法移民的就业权,但真正在"黑工厂"就业的非法移民,既不愿意缴纳社会保障金,也不愿意谴责雇主,因而该条款并没有产生预期的效果。①

随着 1986 年法案有效期的结束,意大利政府为加强对外来移民入境的控制,于 1990 年颁布《关于非欧盟成员国外籍人的政治避难、入境和居住的紧急条款及意大利境内非欧盟成员国国民和无国籍人员的条例》。它的主要目的是完善政府法规,阻止非法移民入境;严格规划每

---

① Cornellius, Wayne A., Philip L. Martin, and James F. Hollifield, *Controlling Immigration*, pp. 314, 318.

年入境的外籍人数量,“促进境内拥有合法居留身份的非欧盟国家的外籍人的融合”。[①] 法案第一款规定,废除以前禁止欧洲各国国民申请避难的条款。根据意大利宪法,任何认为自己受到迫害或者可能受到迫害的外国人,都可以根据意大利宪法申请避难资格。第二款规定,政府将根据国民经济发展状况,调整每年进入意大利的外籍劳工数量。第三款规定,每年向各国移民发放的签证数量,由外交部规定。第九款规定,在 1989 年 12 月 31 日以前入境的非法移民,包括合法入境但逾期不归的非法定居者,如探亲访友者、商人和旅游者等,可在法案生效后 6 个月内申请合法居留的资格。递交申请时,需要提交有关合法证件并有两名证人作证。获准合法居留之后,应向劳工部申请就业许可。失业的外籍劳工必须被列入劳工部掌握的待业人员名单中,其就业方法和条件与意大利国民相同。与以前不同的是,新的条款要求外籍人自己申请,而非其业主代理。对于雇用非法移民的业主,政府不仅不再罚款,而且也不要求其交纳相应的社会保障金。根据新的法案,获得的合法居留资格许可的有效期为两年。如果外籍劳工届时能证明自己没有非法就业(或从事非法经济活动),且其年收入高于意大利劳工的退休金,那么就可以更新居住许可证。新法案实施后,约有 23.4 万非法移民申请到合法居留身份,有 17.1 万人在 1992 年申请更新,其中 10.5 万人获得批准,约有 6000 多人遭到拒绝。[②] 与 1986 年法案相同的是,1990 年法案中最大的矛盾性在于:它要求申请赦免的非法移民能够保证其年收入高于意大利劳工的退休金,这在实践上缺乏合理性基础,因为非法移民大多来自第三世界国家,他们的劳动技能较低,收入微薄,许多人在“黑工厂”就业,在就业市场上的边缘性、隐蔽性和容易受到社会伤害的脆弱性等,都使他们很难受政府的控制,这就意味着

① Cornellius, Wayne A., Philip L. Martin, and James F. Hollifield, *Controlling Immigration*, p. 318.

② Cornellius, Wayne A., Philip L. Martin, and James F. Hollifield, *Controlling Immigration*, pp. 318-319.

政府的政策在实践上注定要失败。

【西班牙】 西班牙成为外来移民净迁入国家的时间基本上与意大利相同。从现有资料看，在1970年，西班牙的外来移民约有16万，到1989年增加到40.64万。其中移民人数最多的依次是英国人（7.35万）、德国人（4.42万）、法国人（3.29万）、美国人（2.77万）、阿根廷人（1.62万）和摩洛哥人（1.48万）。此外，来自委内瑞拉的移民接近1万，菲律宾移民不过7000人。统计数字显示，在来到西班牙的外籍人中，有2/3以上来自欧共体国家。但是，来自非洲和亚洲的移民增长较快，除菲律宾人外，还有1万多其他亚洲国家的移民。1980年，亚洲移民占西班牙移民总数的6.6%，1988年上升到8%。如果按照这种速度持续增长，来自亚洲的移民潮远远没有结束。①

西班牙的主要移民群体之所以来自欧洲国家，主要是因为长期以来西班牙是欧洲发达国家居民的度假胜地。西班牙气候温和湿润，海滩风景秀丽宜人，交通设施便利，餐饮业发达，消费支出较低，每年前来观光的欧洲游客络绎不绝。许多"回头客"为便于休假，不惜巨资修建别墅。有些人干脆迁移到西班牙定居并在旅游等服务业部门就业。还有许多人则在退休后来到西班牙安度晚年。在他们中间，以英国人、法国人、德国人和美国人居多。此外，对于邻居葡萄牙人来说，西班牙较快的经济发展提供了较多的就业机会。两国公民在语言和文化方面容易交流，地理上彼此相邻，又都是欧共体成员国，因此，许多谋求发财致富的葡萄牙人亦陆续迁来定居。与此类似的是摩洛哥移民，他们发现西班牙有许多季节性职业后，凭借地理上的优势，从80年代中期开始形成两股较大的移民潮。第一次是在1986年以前，第二次是在90年代初期。在第二次移民潮中，摩洛哥女性移民激增。她们来到西班牙，

---

① King, Russell, and Krysia Rybaczuk, "Southern Europe and the International Division of Labour: From Emigration to Immigration", in King, Russell, ed., *The New Geography of European Migrations*, pp. 195-196.

主要从事家政服务，目的是要摆脱女性在经济上依附于男性的传统束缚，从根本上改变自己的社会地位与形象。就亚洲移民而言，菲律宾移民值得一提。菲律宾曾是西班牙的殖民地，不少菲律宾人通晓西班牙语。在马克斯总统执政时期，菲律宾社会动荡，政府腐败严重，社会贫困加剧，大量人口移民海外。在不少菲律宾人在迁居美国的同时，另有部分人移民到西班牙。在80年代，西班牙政府对外籍人的入境控制并不严格，菲律宾人蜂拥而至。还有些菲律宾人把西班牙作为中转站，他们持旅游签证入境，随后再寻机迁移到其他西欧国家。

尽管各国移民入境的原因纷繁庞杂，但流向相对比较集中。那些打算把西班牙作为中转站的移民，多数集中在巴塞罗那。而最终选择在西班牙定居的移民主要集中在马德里。在其他城市，尽管移民人数相对较少，但其社区规模也颇为壮观。例如，在加泰罗尼亚和巴伦西亚，分别居住着6.35万和4.62万合法移民，西班牙主要旅游胜地——安达卢西亚有6.74万移民，而在加那利群岛也居住着将近4万移民。当然，从各民族群体看，有些移民群体比较集中。例如，菲律宾移民中，52%集中在马德里，18%集中在巴塞罗那；拉丁美洲移民中，集中在马德里和巴塞罗那的比例分别达到30%和22%。这表明大城市的服务业中有着大量的就业机会。移民多数从事酒店服务、餐饮、商品零售和家政服务业，另有部分移民集中在建筑和工程建设部门。1988年，在服务业就业的移民占所有外来移民的80%，其中亚洲裔的比例达到90%，拉美移民达56%以上。[①] 值得注意的是，来到西班牙的外来移民中，多数持旅游或商业签证，他们入境后的就业实际上违反了西班牙相关的法规。这个问题也引起了西班牙政府官员的关注。早在1985年，西班牙政府就开始实施其历史上首次赦免境内非法移民的计划。按照

---

① King, Russell, and Krysia Rybaczuk, "Southern Europe and the International Division of Labour: From Emigration to Immigration", in King, Russell, ed., *The New Geography of European Migrations*, pp. 197-198.

政府的设想，所有的非法就业者，无论何时何地入境，只要能证明自己在 1985 年 6 月 24 日之前一直在西班牙居住并且有稳定的工作岗位，就可获得赦免。该计划实施后，绝大多数申请者被赦免，总人数达到 5.8 万人。在各群体中，受益最大的是来自摩洛哥的非法从业者。他们为获得合法居住和就业资格，绞尽脑汁，千方百计要求其就业的企业主提供就业证明。可是，企业主担心他们获得合法身份后提出提升工资和改善工作条件的要求，因此，愿意提供证明者寥寥无几，结果许多摩洛哥人便申请临时居住资格。他们被赦免后，企业主却把雇用的目标转移到那些新入境的非法入境者，结果又导致许多非法移民的增加。为此，西班牙政府在 1991 年再次实施赦免非法移民的计划。在这次被赦免的 13.3 万非法移民中，60%以上从事服务业，其中男性达到 60%。在各民族群体中，摩洛哥人最多，占总数的 40%，阿根廷人占 7%，而玻利维亚人、多米尼加人、波兰人、阿尔及利亚人和菲律宾人等，占总数的 2%到 5%。他们多数集中在马德里、巴塞罗那、加泰罗尼亚和安达卢西亚。此外，在 80 年代入境的移民中，还有一些是申请避难的难民，其人数每年平均在 2000 到 2500 人，最多的年份达到 8000 多人。①

【葡萄牙】 葡萄牙作为长期以来迁出移民人数较多的国家之一，其历史上首次出现净迁入移民的转折也是在 20 世纪 70 年代。当时，因安哥拉和莫桑比克发生内乱，大批前葡萄牙殖民者的后代纷纷返回葡萄牙。他们作为在非洲出生的第二代和第三代葡萄牙裔，并非严格意义上的自愿性经济发展型移民。到 1980 年，居住在葡萄牙的外来移民只有 5.6 万。此后，入境的外籍移民人数仍比较有限，到 1990 年才增至 10 万。在 80 年代后期，入境移民中绝大多数是在血统上与葡萄

---

① King, Russell, and Krysia Rybaczuk, "Southern Europe and the International Division of Labour: From Emigration to Immigration", in King, Russell, ed., *The New Geography of European Migrations*, p. 200.

牙人毫无关系的有色种族群体。其中,最大的群体是佛得角群岛的移民,他们可以自由入境并申请葡萄牙公民资格,其人数占外来移民总数的28%。在地域上,他们多数分布在沿海的里斯本和塞图巴尔等地,多从事非熟练职业。当然,在葡萄牙的移民中,仍然是来自欧洲和美国的移民占据主导性地位,分别占移民总数的28.6%和24.5%。在欧洲移民中,人数最多的是英国人(7.7%)和西班牙人(7.2%),其次是德国人(4.4%)和法国人(3%)。①

【希腊】 与上述三国相似的,在20世纪70年代,希腊也开始出现移民迁入人数多于迁出人数的转折性变化。在这种变化中,尽管每年仍然有一部分希腊移民迁居海外,但是,希腊经济特别是工业、建筑、旅游和海洋运输业的发展,刺激了对劳工的需求,而国内劳工供不应求的状况吸引了苏丹、埃塞俄比亚、埃及和尼日尔等非洲国家的大批移民。然而,由于这一时期希腊缺乏官方统计,因而无法了解每年移民的迁出和迁入人数。一直到1977年,希腊政府才开始进行移民统计。到1988年,希腊境内估计有合法移民2.83万,非法移民7.64万。另有1.24万难民,这些难民中有9300人后来又前往加拿大、美国或者澳大利亚。此外,还有一些是来自阿尔巴尼亚和土耳其的希腊族裔,其人数为18.06万。他们作为上述国家的公民,可以记入外来移民之中。因此,到80年代末期,希腊的外来移民实际上已达到20多万。②

相比较而言,希腊的外来移民难以统计,主要原因是:(1)希腊加入欧共体之后,其境内有不少来自欧共体成员国家的公民,而在欧共体内部各国公民可以自由流动;(2)存在着大量的非法移民;(3)希腊经济中

① King, Russell, and Krysia Rybaczuk, "Southern Europe and the International Division of Labour: From Emigration to Immigration", in King, Russell, ed., *The New Geography of European Migrations*, p. 201.

② King, Russell, and Krysia Rybaczuk, "Southern Europe and the International Division of Labour: From Emigration to Immigration", in King, Russell, ed., *The New Geography of European Migrations*, p. 193.

的支柱产业——旅游和造船工业——成为外国人非法入境和就业的主要渠道;(4)从西欧和北欧国家回迁的希腊人具有双重国籍,因而很难认定到底属于移民还是国民;(5)希腊的合法移民不多,但非法移民问题却非常突出。由于非法移民从入境到居住和就业,整个过程都是秘密完成的,政府很难确定其具体人数。社会各界关于非法移民人数的说法也不尽一致。1990 年,希腊公共事务部估计境内的非法移民有 10.5 万,内政部估计有 3 万,媒体报刊估计在 30 万到 40 万之间。按照公共事务部提供的数字,非法移民中有 3 万波兰人、2 万埃及人、1.2 万菲律宾人和 6000 多名巴基斯坦人。此外,还有约 15 万具有双重国籍的希腊人。[①]

上述四国在 70 年代几乎同时由移民净迁出国家转化为净迁入国家,其中的共同促成因素是:第一,自 1973 年英、法、西德等西欧国家开始严格限制外籍劳工之后,许多第三世界国家的移民,便把目光转向海岸线较长的南欧四国。同时,在四国先后加入欧共体之后,其边界实际上就成为欧共体国家与发展中国家接壤的"外部边界"。可是,此时欧共体并未制定出针对欧共体以外的第三国移民入境的政策,而意大利、西班牙、葡萄牙和希腊四国也没有完善的边境管理机制。这就为那些希望迁入西欧国家的亚洲和非洲移民提供了绝好的机会。只要能进入南欧四国,就可以进入人口自由流动的欧共体其他成员国家。南欧四国一个共同的特点是海岸线长,很容易选择登陆地点。来自北非的移民,可在意大利的西西里登陆,而来自东欧地区的移民可通过走私,在特雷斯特入境。同时,南欧四国的旅游业相对发达,许多移民可申请旅游或者学生签证入境。第二,在地理和文化上,这四个国家与毗邻的北

---

① King, Russell, and Krysia Rybaczuk, "Southern Europe and the International Division of Labour: From Emigration to Immigration", in King, Russell, ed., *The New Geography of European Migrations*, p. 193.

非国家具有一定相似性,突出表现在摩洛哥移民进入西班牙和突尼斯移民进入西西里的实例中。有着辉煌的殖民地历史的西班牙和葡萄牙,也与许多拉丁美洲国家在语言和文化上具有十分密切的关系,所以,拉丁美洲以及非洲的移民源源不断到来。在某个意义上,宗教关系也发挥了作用。例如,菲律宾移民进入意大利和西班牙的现实,反映了天主教教会的作用。第三,在经济上,战后初期南欧国家的居民年收入只相当于北欧国家的1/4到1/5左右。这种差异构成了南欧移民流向西欧的主要原因之一。虽然这种差距在70年代仍然存在,在希腊、葡萄牙两国尤为突出,然而,随着欧共体成员国的扩大和南欧国家经济的迅速发展,意大利和西班牙的居民收入与西欧发达国家日益接近。与周边的埃及、突尼斯和摩洛哥等北非国家或阿尔巴尼亚、罗马尼亚和南斯拉夫等东欧国家相比,南欧四国更像是"发达国家"。不能否认,在战后20多年间,北非国家的人均国内生产总值也有惊人的增长,但其外迁劳工人数增长更快。

当学者们分析上述四国移民迁入的原因时,争论的焦点是:在"需求—拉力"因素和"供给—推力"因素中,哪种因素的作用更大?一些学者认为移民的流动主要是"需求—拉力"因素的结果。的确,在50、60年代,从南欧和北非国家进入法国、联邦德国以及英国的移民,大多是在这些国家政府的参与下招募的,目的是为满足其国内对劳工的需求。进入70年代以后,南欧国家经济的发展,产生了许多本国劳工不愿意从事的职业,加上其日渐完善的福利制度、自由民主的社会环境等,都产生了积极的拉力作用,吸引着大批北非和东欧移民的到来。但是,也有一些学者认为,80和90年代的外来移民主要是推力因素作用的结果,来自落后国家的劳工入境后将会与土生劳工在就业市场上展开竞争。笔者认为这种观点过于简单化,欧洲后工业社会的一个特点,是区域经济的不平衡性和行业技术的专业性也在日益加强,就业市场也趋于"碎片化",直接竞争根本不存在。但是,笔者在认同推力因素的同时,认为也存在着拉力因素的作用。从人口增长和经济发展两个方面综合考察，南欧四国恰好与周边的发展中国家成反向发展。具体说，在人口和经济增长、国内生产总值、社会失业率和居民收入等方面，都存在较大的差距。在劳动力和经济增长方面，欧共体成员国之间差距不大，南欧四国与西欧和北欧各国之间的双边贸易，一直处于增长状态。例如，在 1960—1967 年间，希腊对外贸易金额占该国国民经济生产总值的 12.7%，而与欧共体成员国家的贸易金额占该国对外贸易的 50.6%，到 1985—1990 年间，两类比重分别达到 20.8% 和 60.5%。在相同时期，西班牙的这两类比重相对较低，趋势相同。相比之下，意大利在南欧四国中最为突出，在 1960—1967 年间，两类比重分别为 11.7% 和 42.9%，到 1985—1990 年间，则分别上升到 16.9% 和 55%。[①] 反过来讲，地中海沿岸和北非国家的人口增长速度较高，每 10 年平均在 30% 以上，只有土耳其在 20% 左右。反观意大利，其人口呈负增长态势，希腊也不过 2.5%，葡萄牙和西班牙相对较高，但也不及北非国家的 1/4。简单地说，在南欧国家，每一名妇女生育的孩子不过一到两个，可是在北非国家平均为五到六个。[②] 南欧四国人口生育率下降，每年还有大批劳工进入西欧和北欧国家，与高速增长势头呈现反向发展态势。新的就业岗位不断产生，进入就业市场的劳工却没有增加，因而出现许多等待劳工应聘的岗位。就业岗位的增多，主要是因为在 70 年代南欧四国完成或者正在经历经济结构的重构，在制造业迅速发展的同时，服务业也以惊人的速度发展。在这四个国家中，意大利的服务业发展较快，而希腊、西班牙和葡萄牙的工业就业不但没有减少，反而有所增加，服务业发展相对较慢。此外，南欧劳务市场的一般特征是服务性行业中

---

① Werner, Heinz, "Regional Economic Integration and Migration: The European Case", *The Annals of the American Academy of Political and Social Sciences*, Vol. 534, 1994, p. 150.

② King, Russell, and Krysia Rybaczuk, "Southern Europe and the International Division of Labour: From Emigration to Immigration", in King, Russell, ed., *The New Geography of European Migrations*, p. 181.

的许多就业机会，多数是季节性和临时性的岗位，这些都是生产重构引起的劳工多样性的一个组成部分。在经济结构的转变中，福特式的生产流水线寿终正寝，被一些学者称为“灵活性的专业化”的生产所取代，其标志就是适合于妇女、半日工和移民的劳动成本低廉的边际性就业岗位的出现。由于这些就业机会多数是处于半隐蔽状态的岗位（“血汗工厂”和地下黑工厂等）与流动性强的岗位（农业季节性劳工），其工作场所分散，缺乏稳定性，工资待遇低，一般情况下土生劳工不屑一顾。[①]

从移民流向看，多数居住在城市；从年龄结构看大部分为青壮年劳动力，老年人和青少年人数较少。从性别看，不同民族群体中的性别差异较大。例如，87.5%的佛得角移民和69.7%的菲律宾移民为女性，而摩洛哥移民中的90.6%、突尼斯移民中的89%和塞内加尔移民中的96.9%为男性。这种差异既与移民入境的方式相关，也与职业的结构性相关。来自佛得角和菲律宾的移民主要是通过天主教会组织安排的，多从事家政服务，且与雇主居住在一起；来自北非和塞内加尔的移民，多数是伊斯兰教徒，按照其传统，妇女被禁止移民，因而其移民多为男性，主要从事捕鱼业和街道贸易等职业。[②] 还有些是来自斯洛文尼亚和克罗地亚的移民，他们主要来自与意大利接壤的地区，其女性多从事家政服务，男性从事农业、工业和建筑业等。他们每天通勤上班，于两国之间往返。此外就是临时性移民，他们最根本的愿望是积攒资金，早日回家。由于家乡生活贫困，缺乏就业机会，许多移民利用

---

① King, Russell, and Krysia Rybaczuk, “Southern Europe and the International Division of Labour: From Emigration to Immigration”, in King, Russell, ed., *The New Geography of European Migrations*, p. 183.

② 罗马占30%，米兰占9%，热那亚、佛罗伦萨和巴勒莫分别为1%到2%，另外威尼斯、那不勒斯和帕尔马等20多个城镇还居住着1000到7000不等的移民。见 King, Russell, and Krysia Rybaczuk, “Southern Europe and the International Division of Labour: From Emigration to Immigration”, in King, Russell, ed., *The New Geography of European Migrations*, pp. 190-191。

亲朋好友的关系来到意大利，通过在街头出售日用杂货谋生。作为具有伊斯兰教背景的移民，他们期望能返回家园，不愿意在意大利接受同化。

由于来到南欧国家的外来移民多数是在政府制定明确的移民政策之前入境的，许多人缺乏合法身份，也没有加入工会组织，因而没有稳定的工资和社会福利保障，工作中容易受到企业主的盘剥。在罗马和巴塞罗那这样的大城市中，地下经济包含着大批层次分明的熟练和半熟练职业。移民到来后不仅使得地下经济继续发展，也吸引了合法经济实体中的部分资金、技术和劳动力。南欧国家出现的矛盾性现象是，在吸引外来移民的同时，还有持续不断地向外迁移的移民和较高的社会失业率，特别是青年劳工的失业率较高。移民所从事的多为当地劳工不愿意去参与的职业。这主要是由于接受教育的机会的增多，一些受过高等教育的青年学生，由于其所学专业（哲学、教育和法律等）并非就业市场所急需的，但他们宁肯失业，也不愿意从事制造业、农业和服务行业中那些收入微不足道且有失颜面的职业，因而出现一些学生的失业现象。同时，日益改善的社会保障又缓解了失业所带来的压力。这些遗留下来的岗位多成为移民最直接的选择。

从上述各国外来移民的民族来源与构成看，都或多或少地有来自亚洲或非洲国家的移民。但是意大利的外来移民来源最为庞杂。显而易见的是，在被统计的 39 个国家的移民中，来自欧盟国家的移民仅占全部移民的 16.87％，即使将所有欧洲国家的移民统计在内，所占比例也不过 28.72％，而来自非洲的移民接近 29％，美洲的移民占 14％，亚洲移民占 13％左右（见表 2.2）。也就是说，意大利作为一个接受外来移民的国家的历史虽然短暂，但移民来源的多元化毫不逊色于接受外来移民较早的英国和法国，亚洲和非洲移民的到来加速了意大利的民族多元化趋势。

表 2.2 1991 年意大利的外来移民来源与分布统计(单位:人)[①]

<table>
<tr><td rowspan="3">外来移民的民族构成</td><td colspan="3">欧盟国家移民:143485</td><td rowspan="3">外来移民入境后的流向</td><td colspan="3">意大利北部:359560</td></tr>
<tr><td colspan="3">非欧盟国家移民:706738</td><td colspan="3">意大利中部:323222</td></tr>
<tr><td colspan="3">以上累计:850223</td><td colspan="3">意大利南部:167456</td></tr>
<tr><td>来源</td><td>人数</td><td>来源</td><td>人数</td><td>来源</td><td>人数</td><td>来源</td><td>人数</td></tr>
<tr><td>摩洛哥</td><td>88103</td><td>埃及</td><td>22520</td><td>伊朗</td><td>13214</td><td>哥伦比亚</td><td>6186</td></tr>
<tr><td>美国</td><td>59610</td><td>中国</td><td>20662</td><td>加纳</td><td>12362</td><td>秘鲁</td><td>6096</td></tr>
<tr><td>突尼斯</td><td>46575</td><td>波兰</td><td>18488</td><td>印度</td><td>12103</td><td>毛里求斯</td><td>5884</td></tr>
<tr><td>菲律宾</td><td>40992</td><td>瑞士</td><td>18443</td><td>罗马尼亚</td><td>11832</td><td>日本</td><td>5828</td></tr>
<tr><td>德国</td><td>34152</td><td>希腊</td><td>16747</td><td>索马里</td><td>11599</td><td>利比亚</td><td>5731</td></tr>
<tr><td>南斯拉夫</td><td>31485</td><td>巴西</td><td>16230</td><td>苏联</td><td>8513</td><td>委内瑞拉</td><td>5413</td></tr>
<tr><td>英国</td><td>27392</td><td>阿根廷</td><td>14506</td><td>奥地利</td><td>8206</td><td>佛得角</td><td>5409</td></tr>
<tr><td>塞内加尔</td><td>27392</td><td>西班牙</td><td>14458</td><td>巴基斯坦</td><td>7260</td><td>孟加拉</td><td>5309</td></tr>
<tr><td>法国</td><td>24915</td><td>斯里兰卡</td><td>13485</td><td>荷兰</td><td>6913</td><td>多米尼加</td><td>5237</td></tr>
<tr><td>阿尔巴尼亚</td><td>22616</td><td>埃塞俄比亚</td><td>13358</td><td>尼日利亚</td><td>6588</td><td>—</td><td>—</td></tr>
</table>

综上所述,无论是在西欧还是南欧四国,战后接受外来移民的历史性变化,标志着欧洲以市场经济为主体国家的历史性转变。在这些国家中,尽管有许多移民来自其他欧洲国家,但在民族结构上,最引人注目的是来自亚洲、非洲和拉丁美洲的移民。从最新资料看,南欧四国的移民,特别是来自非洲、亚洲和拉丁美洲的移民在 20 世纪 90 年代仍然处于增长状态。除大批合法移民外,非法移民格外引人注目。1998 年,意大利再次赦免境内的非法移民,申请者达到 35 万,加上合法移民,移民总数已达到 160 万。西班牙也在 2000 年赦免境内的非法移民,申请者达到 24.5 万,加上合法移民总数也达到 100 万。意大利和西班牙境内的非法移民最多,原因之一是两国处于欧洲的南

① 上表中未列入 5000 移民以下的国家名称。Cornellius, Wayne A., Philip L. Martin, and James F. Hollifield, *Controlling Immigration*, p. 306.

端，有些非法移民打算借道进入西欧国家。① 值得注意的是，甚至在意大利这样一个不算太发达的国家中，还有将近 6 万名美国人。这种现象是一个值得思考的问题，它表明在当代欧洲国家的人口迁移中，移民的促成因素更加复杂，需要在史料和理论上予以更加仔细和准确的理性分析。②

---

① Stalker, Peter, "Migration Trends and Migration Policy in Europe", *International Migration*, Vol. 40, No. 5, 2002, p. 157.

② Böhning, W. R., "Helping Migrants to Stay at Home", *Annals of the American Academy of Political and Social Sciences*, Vol. 534, 1994, p. 173.

第三章 欧盟的形成及其移民政策

在20世纪后半期，西欧各国领导人吸取了两次世界大战中的教训，梦想建立永久性和平的"欧罗巴合众国"。为此，从初期的欧洲煤钢共同体到后来的欧洲共同体，再到单一欧洲市场和欧盟的建立，西欧各国的几代人终于实现了从单一的经济联合到建立政治大家庭的梦想。各国在涉及成员国公民自由流动的问题上，相对容易达成共识，然而在涉及成员国以外的外来移民入境、自由迁移以及归化和公民资格问题的时候，各国却因分歧甚大，迟迟不能形成统一的政策，即使在限制非法移民和控制难民庇护申请等方面形成了共识，可是又因种种歧义而在实践上步履维艰。毋庸置疑，一体化进程加速了成员国人口、商品和资本的流动性，但各国面临的更大的挑战是来自成员国以外的移民。各成员国公民毕竟在语言、文化、宗教和生活方式等方面具有较多的相似性，因而其融合并非是无法逾越的障碍，但是，如何同化来自亚洲、非洲和拉丁美洲的有色种族的移民，却是摆在欧盟成员国面前一项长期而艰巨的任务。

一、欧洲一体化与人口流动机制的形成

第二次世界大战刚刚结束，美苏冷战随即开始并不断升级。这种现实促使欧洲大国的领导人不得不反思过去。自中世纪以来，一直到20世纪中期，欧洲各国间的冲突，特别是20世纪发生的人类有史以来规模最大、破坏性最为惨烈的两次世界大战，都使得人们不得不思考，

要寻求一种能够促进各国和谐发展的途径，避免战争将各国人民拖入苦难深渊。在这方面，西欧国家的领导人在战后首先想到了共同体的发展模式。

早在1946年英国首相丘吉尔就明确提出，拯救战后欧洲的有效方法是“重新建造欧洲的大家庭，或者能建造到什么地步就建造什么地步，而且向这个大家庭提供一种框架，在这个框架下我们可以生活在和平、安全和自由当中，我们必须建立一种欧洲合众国”。他认为，应当吸取国联失败的教训，而国联的失败是因为创建者没有认真执行自己提出的原则，没有应对挑战并在必要的条件下去果断行动。为避免类似现象的发生，丘吉尔倡导与德国和法国建立“一种伙伴关系”，它的载体就是“欧罗巴合众国”。① 按照这个思想，丘吉尔、戴高乐、让·莫内、罗贝尔·舒曼、德·加斯贝里和阿登纳等政治领导人经过反复协商，采纳了法国外长舒曼关于建立“欧洲煤炭钢铁共同体”的建议。各国领导人都认识到，1950年5月9日法国发表的具有理想主义色彩的《舒曼宣言》具有战略性的意义。《宣言》中指出：“如果不付出与威胁世界和平的危险成比例的建设性努力，那么世界和平就不可能得到保证……要使欧洲国家团结在一起，就必须消除法国和德意志联邦共和国之间的长期对立。不管采取何种行动，首先应该关注的必须是这两个国家……法国和德国之间的任何战争，不仅是不可想象的，而且实际上也是不可能的。”② 在各方努力下，1951年，法国、意大利、西德、比利时、荷兰和卢森堡六国在法国巴黎召开会议，签署了《建立欧洲煤钢共同体条约》（也即《巴黎条约》）。关于这个机构的定性与宗旨，条约序言中表

---

① 这里所说的欧洲委员会（Council of Europe）成立于1949年，目的在于促进欧洲的统一与合作。该机构是一个独立的国际组织，其成员要承担一种纯属国家间合作的义务。与该名称相似但是容易引起混乱的是“欧洲理事会”（Europe Council），关于其详细介绍和文中引文，见〔德〕贝娅特·科勒—科赫、托马斯·康策尔曼和密歇勒·科诺特：《欧洲一体化与欧盟治理》，顾俊礼等译，刘立群校，中国社会科学出版社2004年版，第18—19页。

② 〔美〕约瑟夫·威勒：《欧洲宪政》，程卫东等译，周弘、程卫东、李靖堃校，中国社会科学出版社2004年版，第240页。

述得非常清楚:"政府与国家首脑……深信一个有组织的、生机勃勃的欧洲对于文明所能做出的贡献,是维持和平关系所不可或缺的;意识到欧洲只有通过首先创造真正团结的实际成就,以及通过建立经济发展的共同基础才能建设起来;亟盼通过扩大它们的基本生产,帮助它们提高生活水平,推动和平事业;决心以根本利益的融合替代世世代代的对立;决心通过建立一个经济共同体,在被长久的流血冲突相互隔离的人民之间建立一个更广泛、更深刻的共同体;决心为那些从今以后共同享有的命运提供指导的那些机构奠定基础……"[①] 从这段文字看,西欧各国领导人对煤钢共同体的期望,不仅仅在于通过在煤炭和钢铁领域的合作推进经济发展,而且还希望它对欧洲的和平事业起到积极的推动作用。

当然,各国之所以首先确定在煤炭和钢铁领域合作,一个最主要的原因是煤炭作为当时的主要能源,对各国经济重建具有重要的作用。在工业建设中,煤炭和钢铁好似一对形影不离的孪生兄弟,成立煤钢共同体有利于推进成员国的经济建设。但是,煤钢共同体的主要职能和社会功效仅仅局限于经济合作,它不仅没有实现丘吉尔预期的"欧洲合众国"的目标,而且也无法担当维持和平的重要责任。因此,西欧国家领导人希望对这个机构进行改革,赋予其政治功能。1957 年上述六国在意大利罗马又签署了两个条约,一个是《建立欧洲经济共同体条约》,另一个是《建立欧洲原子能委员会条约》。尽管这两个条约并没有取代欧洲煤钢共同体,但对后来欧洲一体化进程影响较大。关于未来的任务,《建立欧洲经济共同体条约》第二条规定:"共同体的任务是,通过建立共同市场及经济和货币联盟,通过实施……共同决策或共同行动,促进整个共同体内部经济活动的协调和平衡发展,注重环境保护持续的、非通货膨胀性的增长,经济成效的高度趋同,高水平的就业和社会保护,生活水平和生活质量的不断提高,以及各成员国间经济和社会的聚

---

① 〔美〕约瑟夫·威勒:《欧洲宪政》,第 312 页注释。

合与团结。”[①]

这三个条约的共同之处是，它们都规定成员国的公民可以自由迁移并享受各成员国公民相同的待遇和权利。例如，《欧洲煤钢共同体条约》第 69 条规定：“成员国应禁止国民与移民之间在报酬与工作条件上的任何歧视；它们（成员国）尤应致力于在它们之间解决任何有待解决的事务，以保证社会保险安排不阻碍劳动力的自由流动。”《欧洲原子能委员会条约》中，也对劳动力的自由流动做出规定，强调“通过专业人员在共同体内的自由就业，为最佳的技术设施保证广泛的商业出路与利用”，禁止各成员国对来自其他成员国的公民实行“以国籍为依据的歧视”。《建立欧洲经济共同体条约》的内容在三个条约中最为全面，其中第 48—51 条对成员国公民的自由流动做出规定，确定了共同体社会政策的领域，其中包括就业政策、劳动法与工作条件、职业培训、社会保障、劳动保护、集体谈判、男女同工同酬、劳工自由流动等。然而，在一些学者看来，相对于原子能委员会和煤钢共同体而言，经济共同体中规定的措施的实施情况不尽如人意。因为前两个条约属于相对狭窄的行业性合作，而“欧洲经济共同体将一体化的领域扩大到成员国所有经济部门，不可能立即实现前两个共同体在社会政策方面的法律力度”。[②]尽管有关劳动待遇和自由流动的规定还有待于进一步完善，执法方式也需要在实践中补充，但是它们作为三个条约中的核心部分，对欧洲人口流动的影响却是深远的。

欧共体成立后，它强调以市场为导向、以拆除贸易壁垒和推进人口自由流动为手段、以推进欧洲融合为最终目标，因而在当时“备受关注”。[③] 1965 年，六个创始国签署的《合并条约》，将上述三个机构联结

---

① 〔美〕约瑟夫·威勒：《欧洲宪政》，第 313 页。

② 田德文：《欧盟社会政策与欧洲一体化》，社会科学文献出版社 2005 年版，第 9—11 页。

③ Geddes, Andrew, “International Migration and the State Sovereignty in an Integrating Europe”, *International Migration*, Vol. 39, No. 6, 2001, p. 23.

为一个组织，组成一个委员会和由各国部长组成的部长会议。此后，尽管许多人将这个组织称为欧洲经济共同体，但其本质已经发生变化，由过去单纯的经济联盟转化为一个具有经济和政治意义的联盟。它保留了上述三个条约中的政策运行机制和执法方式，通过超国家主义的方式为各国搭建起平等合作的平台，最大限度地满足集体利益而非个别国家的利益。在欧洲重建的过程中采取集体责任制，限制某一个成员国以牺牲他国利益为代价而毫无节制地寻求本国经济的繁荣发展的行为，其原则就是开放市场，公平竞争，谋求经济的共同发展。因此，共同体的建立"并不意味着消除民族国家，而是要创设这样一种体制，它寻求一种新的约束以限制民族利益。在这里，它所包含的田园诗因素就是这样一种状态，它消除了狭隘的国家'民族利益'的过渡行为"。[①] 从决策过程看，它通过"理事会全体一致决议"的形式安排，并且在某些方面，允许成员国向新成立的欧洲法院起诉不遵守委员会指令的成员国。[②] 尽管当时各国出于自身利益的考虑导致在实践上步履维艰，但条约中关于通过共同体来消除成员国内部国籍和边界的差异与限制，加快人口、资本商品和服务的流动，的确符合市场经济发展的基本需求。它对各成员国直接或者间接的约束力，为日后欧盟国家的人口流动提供了保障，也为欧洲的一体化进程奠定了基础。

有学者在分析欧洲共同体国家的人口流动机制时认为："在70年代初期，欧共体国民的自由流动实际上不是一个问题。罗马条约中关于六个成员国公民平等入境、开办企业和就业的基本条例已经提前实现……成员国公民关于平等就业、工资和其他工作条件的具体权利，并且由此在1968年衍生出家庭团聚的权利。这些权利因为欧洲法院的判决而得到加强。"欧洲法院的作用在欧洲一体化进程一直没有受到重视。实际上，欧洲法院在家庭团聚、社会福利、定居等方面的裁决相对

---

① 〔美〕约瑟夫·威勒：《欧洲宪政》，第252页。

② 田德文：《欧盟社会政策与欧洲一体化》，第9—11页。

宽泛，禁止任何成员国在这些方面实施限制。[①] 但是，对于成员国以外的公民的自由迁移和就业，欧洲法院却做出了严格的限制性规定。

严格地说，追溯欧洲一体化的进程，仅仅聚焦于欧共体国家，显然不足以解释欧盟在人员流动方面的统一进程。在此过程中，对欧盟统一进程影响较大的是两件事情：第一，1986 年 2 月在卢森堡签署的《单一欧洲法案》(Single European Act，简称 SEA)，第二是 1985 年申根集团宣布成立。

从《单一欧洲法案》的主要内容看，其重要性具体体现在三个方面：(一)关于成员国相互开放边界的问题。有学者认为："这项法令标志着 1957 年《罗马条约》以来欧共体宪法性框架的第一次主要改革"，因而标志着欧洲共同市场一体化的进一步深化。按照当时欧共体主席雅克·迪洛斯(Jacques Delors)的设想，成员国之间应彼此消除边界壁垒，加强并扩大成员国在边界管理方面的合作，实现劳工自由流动。为此，在制定该项法令的过程中，为确保成员国之间边境的相互开放，实现成员国在人员、物资方面的自由流动，部长会议要求欧洲委员会分析内部边境开放的可行性。1985 年 6 月在米兰召开的部长会议上，讨论了消除成员国边界的技术性、立法性和政策性的规定。为消除各成员国之间的疑虑和法律上的障碍，会议提出大约 300 多条建议，其中大部分被纳入《单一欧洲法案》中。它规定，废除对成员国人员和商品的限制；按照相同的技术条件和标准，允许各成员国在统一体内提供相同的服务，包括银行和保险服务；统一各国的消费税特别是产品附加值税标

---

① 按照《欧共体条约》第 220 条的解释，欧洲法院的职责是"通过解释和应用条约而确保法律得到遵守"。法院由 15 名法官组成，有 8 名大律师协助工作。法院职责范围包括裁决宪法问题、行政诉讼、民事纠纷等；法庭规定，家庭包括成员国公民的未成年子女和处于依附性地位的父母。这些权利也被应用到成员国公民在居住、就业和享受社会服务等方面。见〔德〕贝娅特·科勒—科赫、托马斯·康策尔曼和密歇勒·科诺特：《欧洲一体化与欧盟治理》，第 113 页；Papademetriou, Demetrios G., *Coming Together or Pulling Apart? The European Unions Struggle with Immigration and Asylum*, Washington D.C.: Carnegie Endowment for International Peace, 1996, pp. 16-17。

准;扩大劳工自由迁移的范围,疏通统一体内的自由流动,互相承认各种学历和技术资格;在欧洲范围内承认汇票的有效性。这些规定为欧洲统一市场的形成奠定了基础。(二)确定了建立欧洲统一市场的时间表。《单一欧洲法案》第8a条款中规定:"欧共体将在1992年12月31日之前采取措施,目的是逐步地统一内部市场。"关于"内部市场"的界定,法令中规定,欧共体成员国之间应该是"内部没有边境的地区,其中,商品、人员、服务和资本的自由流动必须得到保证"。[①](三)协调并制定统一的移民政策。按照欧共体主席的设想,单一市场的建立,为日后将外来移民政策纳入统一的欧洲宪法之中消除障碍。由于在讨论单一欧洲法令的过程中各国分歧较大,未能形成共识,法案中只提到制定移民政策的重要性和必要性,但未形成明确的原则性条款(详见本章第三节)。

1985年申根集团的成立,标志着西欧国家迈向人口自由流动的实质性阶段的开始。在欧共体国家酝酿《单一欧洲法案》的时候,为加快成员国边境的相互开放,除意大利以外的5个欧共体国家,在卢森堡的申根签署了《逐步废除共同边界控制的协议》。因该协议在卢森堡的申根签署,故得名《申根协定》。它将后来通过的《单一欧洲法案》中废止内部边境的时间表由1992年12月31日提前到1990年1月1日。接着在1990年6月19日各国又签署了一项补充性协定,将最终时限延长到1993年。与《单一欧洲法案》相同的是,《申根协定》的要旨是打通成员国边界,加强对成员国以外的第三国的边界控制。在很多人看来,这个协定成为欧盟一体化进程中的"实验室",因为此后成员国之间的开放边境的合作,都是按照《申根协定》的模式进行的。

《申根协定》是在欧共体成员国之间未能建立广泛的边境控制的情况下产生的,主要是因为英国不愿意对其他成员国开放边境。1984年春季,在成员国之间爆发了汽车司机因为边境道路拥挤而举行的抗议。

---

① Papademetriou, Demetrios G., *Coming Together or Pulling Apart?*, p. 23.

德国和法国在当年7月达成协议，允许两国人口和货物自由流动，之后两国邀请欧共体其他成员国家参加。由于比利时、卢森堡和荷兰三国从1960年就开始实施了开放边境的政策，因而也愿意参加《申根协定》的谈判。当然，由于签署国家各自认为《申根协定》只具有意向性质，所以签署国（除荷兰议会随后批准该协定外）都没有将协定交付本国议会批准。因此，在协议规定的最终期限到来后，并没有实现各国边境的开放。随后，原来5个签署《申根协定》的国家，再加上意大利，在1990年6月19日签订了一项补充性协议，并随即交付本国议会批准。补充性协议规定：在成员国之间彼此开放边境，允许物资、人员、服务和商品自由流动；对成员国以外任何公民，采取统一的边境控制政策；成员国之间在移民入境、信息管理机制以及司法犯罪等方面进行双边和多边合作，创建统一的"申根信息系统"等。这些措施落实的时间是1993年1月。

值得注意的是，在《申根协定》签署期间，欧共体委员会作为观察员出席。随后希腊、西班牙和葡萄牙也签署了该协定。到1995年，奥地利也加入该条约，而英国、爱尔兰和丹麦仍然犹豫不决。尽管意大利和希腊也签署了该协议，但在具体规定的启动与实施方面，迟迟未能付之行动。其原因可归纳为两方面：第一，两国的信息系统条件令其他成员国难以满意，因而直到两国信息系统与《申根协定》成员国相连接后，才正式履行《申根协定》中规定的义务；第二，在南欧的一些国家，包括意大利和法国南部边境地区，毒品走私比较活跃，西班牙和荷兰又允许一定范围内的毒品交易，加上这些地区的社会犯罪十分猖獗，促使上述各国议会批准进程十分缓慢。当然，议会批准进程缓慢的另一个原因是如何应对日益增多的难民和非法移民问题。

毋庸讳言，《单一欧洲法案》和《申根协定》的实施加快了欧洲一体化进程，成为欧盟成立的催化剂。进入90年代后，为扩大合作范围、建立更广泛的欧洲统一市场，以欧共体国家为核心的西欧国家，于1991年在荷兰马斯特里赫特举行会议，讨论建立欧盟的问题。会议结束时签署了《欧洲联盟条约》(又称《马斯特里赫特条约》,以下简称《马约》),决定在政治、经济、金融和外交与安全等方面,建立一个几乎覆盖西欧国家的欧洲联盟。条约决定在欧盟设立三大支柱:第一根支柱是60年代成立的欧洲煤钢共同体、欧洲共同体和欧洲原子能委员会,统称为"欧洲共同体";第二根支柱涉及"共同外交与安全政策";第三根支柱是"司法领域与国内事务合作"。鉴于人口流动和移民问题与第三根支柱密切相关,故笔者着墨较多。

在与第三根支柱相关的欧盟条约K-1条款中,共有九条涉及成员国的移民问题,其中包括:(1)从1993年开始,"将把成员国关心的避难政策问题放在头等位置";(2)共同体成员国外围边境的规则;(3)针对第三国的移民政策;(4)打击毒品走私;(5)打击国际欺诈行为;(6)民事问题上的司法合作;(7)犯罪问题的司法合作;(8)海关合作;(9)合作打击恐怖主义、毒品走私以及其他形式的国际犯罪问题。显然,关于移民和人员自由流动的政策包含在司法犯罪的政策中。对于倡导共同体范围内人口自由迁移的人士来说,K-3条款授权成员国政府在外来移民问题上享受共同提案权,并确立广泛的协商与合作机制。该条款确定欧盟会议可授权欧洲法院解决共同体内部的纷争。尽管当时《马约》被各国议会批准,但落实的步伐却非常缓慢。而且,该条约未能通过丹麦议会的批准,在法国也只是以微弱的多数获得通过,表明各成员国民众的态度与预期的目标相差甚远。同时,多数签署国之所以犹豫不决,也与当时的形势相关。一方面,大批难民从巴尔干地区和俄罗斯蜂拥而至,欧盟成员国的民众因经济形势的恶化,而对外来移民产生了一种抵触情绪。例如,作为长期支持一体化的德国也逐渐认识到,再也不能纯粹期望通过欧盟的集体行动,来缓解自己国内面临的难民问题。由于国内围绕难民避难的争论日趋激烈,到1993年,德国不得不修订其宪法。在其他国家,右翼势力甚嚣尘上,政府制定开放性政策更加艰难。在这种情况下,一些国家拒绝批准《马约》,其国民不愿意将处理与移民相关的权利交给欧盟。例如,英国政府曾明确表示,英国是否加入欧盟，需等待丹麦公民表决结果。这种态度对于当时作为欧洲会议主席国的英国来说，是不应该的。也是因为这些问题的出现，一些西方学者认为，在《马约》签订之后，欧洲一体化是“轰轰烈烈地开始”，“凄凄凉凉地结束”，“期待中的胜利变成了失望”。[①] 人们之所以对马约失望，不单纯是因为在 90 年代初期的经济衰退，更重要的是欧洲“陷入了一种理想的危机”。具体地说，就是欧洲的一体化定位已发生微妙变化，其内驱力是民族国家利益，目的是防止自己的国家利益受到侵害。这种功利主义的态度，与欧盟创建初期流行的理想主义大相径庭，因此，欧盟在实践上的困难是在所难免的。

在不同的文献中，第三根支柱曾有过不同的称呼。《马约》中称其为“司法和内政事务领域的合作”，其中除警务和司法外，还包括避难政策及移民政策问题。在《阿姆斯特丹条约》签订之后出现了新的标题，主张在打击刑事犯罪方面进行合作，后来在欧盟的官方用语中，又出现了“自由、安全、司法的领域”。名称频繁变更的同时，内容也有变动，涉及的内容主要包括：各国间警务合作、共同的难民和移民政策、取消成员国之间的边界。实际上，在第三根支柱形成之前，欧盟成员国家就已经形成某些合作体系，除国际刑警组织之外，还有 1975 年为打击跨界恐怖活动而成立的特雷维（Trevi）小组[②]，目的是在成员国之间交换相关资料。在 80 年代，又在特雷维小组之下设立了为解决移民问题的特设小组，这为 90 年代欧盟制定统一的移民政策奠定了基础。到 90 年代初期，各成员国之间已经在警务方面形成了相当密切的联系。1992 年《欧盟条约》又对第三根支柱的内容做了补充。在条约的 K-1 条款（第 4—9 条，现为欧盟条约第 29—31 条）中，打击恐怖活动、毒品走私

---

① 〔美〕约瑟夫·威勒：《欧洲宪政》，第 238 页。

② 特雷维小组是在 1976 年根据英国的提议成立的，其成员为欧共体成员国负责司法和内政部的高级官员。特雷维是罗马会议的会址。该小组的职责是加强警察合作，打击恐怖主义、犯罪和毒品走私，维护单一欧洲市场的安全。1980 年，其工作范围延伸到非法移民和难民问题领域。

及跨国欺诈等活动，都被称为“符合共同利益的做法”。[①] 需要说明的是，如何在难民和移民政策方面加强成员国之间的合作，成为欧盟多次讨论但又难以解决的问题之一。

在具体行动上，欧盟国家有三项行动，可能会对单一欧洲市场的劳工流动产生明显的影响。(1)对成员国劳工的技术资格是否承认的问题。长期以来，欧共体成员国之间制约劳工自由流动的最大障碍，是不承认其他成员国劳工的技术资格。针对这一问题，欧盟部长会议采取了各种措施。例如，在 1988 年发布的一项指令中，要求迁移者至少拥有学士学位，其中有三年接受职业教育或培训的经历。在英国，这项规定涉及会计、法律和教师职业。1992 年 6 月发布的指令，则要求成员国承认那些学历低于本科但具有一定技术的劳工技术等级资格。到 1992 年，欧盟已经确立了 19 个工业行业中 209 个职业的资格认定标准，其中包括二级以上的各种蓝领和白领职业技能资历。(2)各成员国在承认劳工技术资格的同时，“在社会保障领域，为自由流动的劳工采取必要的措施，为移民劳工及其子女做出安排”。这种规定的目的是在劳工自由迁移的条件下，保障劳工不丧失相关的社会保障。(3)一个成员国的劳工，不管以前是否曾在另一成员国就业，都可以根据转包合同规定，从母国自由进入另一成员国就业。[②] 应该说，这三项规定在客观上将《欧盟条约》中的具体规定转化为可操作的措施。

此外，按照《马约》的规定，成员国之间应对其他成员国公民开放边界，保证商品、服务、资本和人员的自由流动。然而该条约生效后，成员国人员自由流动的问题仍然没有解决。例如，在成员国居住的合法外籍人的权利应当如何界定，公民资格、归化标准、签证要求及成员国作为一个整体的“外部边境”如何控制等问题，一直悬而未决。如果在签

---

① 〔美〕约瑟夫·威勒：《欧洲宪政》，第 126 页。

② Rolfe, Heather, and Angela Byre, *Labour Mobility in the European Union*, London: Policy Studies Institute, 1995, pp. 8-15.

证制度上无法达成一致,或者在成员国外围边境上无法确定统一的管理政策,就很难实现成员国内部人员与物资的自由流动。同样,在公民资格和融合政策(如外籍人的权利、享受社会福利、教育政策等)方面不实行一致的政策,就很难形成一个统一的、有凝聚力的社会、经济与政治实体。

二、针对第三国的移民政策

在欧洲一体化的进程中,与成员国人口自由流动问题始终交织在一起的是第三国移民问题。[①] 从现有资料看,从 70 年代中期开始,欧共体成员国就已出现大批第三国移民。从附录 2 中可以看出,除奥地利外,几乎所有成员国都面临着经由其他成员国入境的外籍人的问题。尽管人数多寡在各国有所不同(如在瑞士、法国、英国的比例更高),但其实质是相同的。例如,经由其他成员国来到法国的外来移民,占 1975 年法国外来移民的 54.3%,1980 年略有下降,但仍然高达 47.7%;在荷兰,同类移民的比例在 1975 年为 44%,1980 年为 32%。在其他成员国家,虽然也出现下降的现象,但多数国家的比例仍然偏高。如经由成员国进入英国的第三国移民占英国入境移民总数在 1990—1994 年间平均在 40%以上,其中在 1991 年达到 42.4%。在比利时,同类移民所占的比例,在 1985 年为 63.6%,1994 年仍然达 60%;在德国,这一比例在 1980—1994 年间始终未低于 26%,在荷兰则不低于 28%;在 1985—1994 年间的瑞典,则保持在 68.71%(见附录 2)。这些数字表明,第一,经由其他成员国入境的第三移民自 70 年代就已经出现,到 80、90 年代尽管处于减少的状态,但作为一个问题却始终存在。第二,一些移民利用欧盟成员国关于移民入境政策的漏洞,常常先选择一个

---

① 在泛义上,第三国移民是指成员国以外其他国家的移民,不针对某一具体国家。

容易入境的国家，居住一段时间后再寻机迁入目标国家。随着欧共体和后来欧盟一体化进程的不断发展，各成员国在讨论人口自由流动机制的时候，必须把外来移民的政策考虑进去。也正是因为第三国移民来源范围广，流向不均，构成复杂，其中既有合法移民，还有留学生、非法移民，以及假借政治或宗教避难之名而要求入境的经济贫困者等。如果在这些问题上没有统一的政策，一个成员国出现的问题也必然殃及其他成员国。

在70年代中期，欧共体成员国开始着手处理接受第三国移民的问题。1974年欧共体曾向成员国建议，应探寻处理外来移民、外籍劳工及其家庭成员等问题的模式。欧共体关注第三国移民的原因是：第一，1973年石油危机期间，几乎所有西欧国家都决定中止外籍劳工招募计划；第二，由于丹麦、英国和爱尔兰相继加入欧共体，后来希腊（1981年）、西班牙和葡萄牙（1986年）也相继加入，这意味着成员国的地理范围扩大，相关的问题是如何界定欧共体成员国的外围边界、如何对待成员国以外移民的自由流动和就业等问题。在找到对策之前，欧共体成员国有意识地加强了对成员国边界的控制。

从现有资料看，欧共体成员国第一次尝试制定统一的移民政策的时间是1985年，其标志是一系列文件的相继出台。① 例如，在《欧共体移民政策指南》中，除强调成员国在人员、商品、服务和资本方面的自由流动外，还要求各成员国"对所有移民实施生活和工作条件的平等待遇"。各成员国应对已入境的移民实施有利的归化政策，保证归化公民在自由流动和就业等方面享受与土生公民同等的政策待遇，促进他们在社会、经济和文化方面的融合与同化。此外，它指出了制定禁止非法移民和控制难民入境政策的必要性。② 1985年7月8日，欧洲委员会

---

① 其他文件包括《欧洲委员会关于共同体移民政策指南》（1985年）、《欧洲委员会反对种族主义和恐外感的联合宣言》（1986年）、《共同体劳工基本社会权利宪章》（1989年）、《欧盟委员会关于成员国合法永久性的第三国移民的社会融合的报告》（1989年）。

② Papademetriou, Demetrios G., *Coming Together or Pulling Apart?*, p. 20.

根据《罗马条约》第 118 条中的规定，要求各成员国在颁布有关第三国公民入境、居住和就业等方面的政策之前，向其他成员国通告决策的草案内容。制定这种政策的国家，还必须提供准备与第三国达成协议的草案文本。然而，这项决定遭到德国、法国、荷兰和英国等成员国的反对，它们认为欧洲委员会的要求超越出《罗马条约》第 118 条规定的范畴，因而在法理上是行不通的。1987 年 7 月 9 日，欧洲法院否决了欧洲委员会的决定，但对该委员会要求成员国在移民与同化政策方面步调一致的集体化和制度化措施却未置可否。① 尽管如此，上述措施的实施标志着欧共体在针对第三国移民的政策方面迈出了第一步。

到 80 年代末期，随着《申根协定》和《欧洲单一法案》的签署，欧洲一体化步入正轨。80 年代末至 90 年代初苏东剧变后，随之而来的移民潮令西欧国家应接不暇。出于自我保护，它们重新审视自己的移民政策，认为制定控制第三国移民入境的政策成为当务之急。参与调查和研究制定移民政策的各类组织，也由 80 年代中期的 5 个增加到 1991 年的 15 个。② 这些组织关注的焦点各有不同，彼此间的交流与共识，构成了欧共体和后来欧盟的基本政策。其中涉及的主要问题简述如下：

【限制不需要的移民】 西欧各国经过半个世纪接受外来移民的历程，在世纪之末认真审视了本国人口增长和经济发展的需要之后，认为成员国都存在着一种对外来移民的需要，即吸引对成员国经济发展能做出贡献的有用之才，限制那些缺乏技术、就业能力差并有可能成为政府负担的移民。这种认识的基础是：第一，西欧国家的人口出生率一直

① Papademetriou, Demetrios G., *Coming Together or Pulling Apart?*, p. 22.

② 包括欧盟委员会、欧洲理事会、申根集团、欧洲委员会、移民国际组织、联合国难民署、经济合作与发展组织、非政府组织咨询委员会；90 年代初成立的欧洲安全与合作会议、1991 年成立的维也纳集团、柏林集团、欧洲与安全合作组织，都在不同程度上涉及外来移民问题。“不幸的是，这些组织彼此间的交流与合作方面非常有限。”详见 Papademetriou, Demetrios G., *Coming Together or Pulling Apart?*, p. 30。

处于下降状态,无法满足其经济发展的需要,需要引进外来人口来补充国内的人口资源。第二,在经济全球化的趋势下,各国国内人口流动势不可当,国际移民日益增多。当一国的某些行业出现劳动力供不应求时,跨国劳工便接踵而来。第三,在欧洲发达国家内部,低收入职业作为经济发展中的一个组成部分仍然存在。这些行业中,有许多国内劳工不屑一顾的低薪岗位,它们的存在就像一块"磁铁",吸引着外国的劳动力。同时,西欧国家从现实需要考虑,也不能彻底关闭国门。如果政府无视于现实需要而要强行关闭国门,移民合法入境的渠道被堵死,那么非法入境的现象就不可避免。1991 年欧盟的一份报告中呼吁,各国应联手"打击那些非法入境并就业的人和那些合法入境但违法就业的人"。①

当然,在制定统一的移民政策之前,首先要促进成员国劳工的流动,调动已有的劳动力资源,在就业、社会保障与福利等方面保护本国和成员国公民的权益。在此前提下,1999 年欧洲理事会在举行的会议上呼吁通过控制入境移民人数,缓解劳动力的不足,因为"外来移民可以对劳工市场、经济增长和可持续性发展做出贡献"。移民政策必须保证其公正性,实施"以有限的合法移民为核心的灵活而全面的计划,其宗旨是削弱而非增加经济性移民入境的障碍。政策的目标应该是,对于那些打算返回原籍的临时劳工,提供一种安全的合法身份,对于那些打算长期居留并符合规定条件的移民,则提供能够永久居留的路径"。另一方面,各国一致认为,通过经济援助,帮助那些外迁人口较多的发展中国家发展经济,削弱移民迁出的推力因素的作用。2000 年,欧盟成员国在里斯本会议上,明确了此后十年的战略性政策目标,即保持欧盟成员国经济的增长,创造更多更好的就业岗位,增强成员国社会的稳定性和凝聚力,开发国内劳动力资源,吸引外来劳工,保障劳动力供给。各国在制定移民政策方面进一步增强合作,促进商品、资本、服务以及

① Collinson, Sarah, *Beyond Borders*, pp. 49-50.

欧盟成员国劳工的自由流动性。①

【加强外部边境的控制】 在欧盟一体化进程中，各国在移民入境政策上仍然各自为政。然而当《单一欧洲法案》确立了"四大自由"②的基本原则后，各成员国在实践上的分歧却层出不穷，彼此的合作步履维艰。分歧的焦点是：应允许哪些移民入境？如何面对第三国移民在成员国的自由流动问题？外部边界如何界定？在难民和非法移民方面应怎样合作？诸如这些问题引发的纷争使针对第三国移民入境的政策成为欧盟一体化进程中的难题之一。

不能否认，在苏东剧变后，新的移民潮和难民潮相继出现，导致西欧国家边境压力与日俱增，各国真正认识到制定统一的移民入境政策的必要性。早在1986年，《申根协定》成员国负责外来移民事务的部长在伦敦召开会议，创建了"特殊移民小组"③，它作为成员国合作的载体，在随后的两年间一直关注着如下问题：(1)改善成员国外围边境管理，分析欧盟内部在控制和打击恐怖主义、毒品走私、犯罪和移民非法入境问题上合作的可能性。(2)评估成员国统一签证政策的可行性，以及其对加强控制外围边境问题可能产生的影响。(3)在不考虑恐怖主义、毒品走私和非法移民入境的情况下，促进成员国公民的自由流动。(4)积极与联合国高级专员合作，防止在实施难民政策的过程中滥用权力。(5)解决各国在诸如入境口岸检查和信息交换等方面的合作问题。与此同时，该小组也试图在移民签证方面设计一套新的原则，并建议成员国在处理来自第三国的合法移民、非法移民和难民入境问题上进行广泛合作，尽早实现对外部边界的控制。但是，在实践上，成员国之间

---

① Jordan, Bill, and Frank Düvell, *Irregular Migration*, pp. 48-49.

② 它们是：雇员迁移自由、独资或合作开业自由、资本投资与支付自由、向成员国消费者提供服务的自由。

③ 其全称为"高级官员特殊移民小组"(Ad Hoc Immigration Group of Senior Officials，英文缩写AHIG，为行文方便，以下简称"特殊移民小组")，其中包含着六个小组，分别负责难民庇护、外围边界控制、伪劣证件检查、入境口岸检查、驱逐出境和信息交换。1993年11月欧盟条约生效后，特殊移民小组的使命随之结束。

的有效协作几乎不存在，统一的政策依然遥遥无期。因为各成员国在确定吸纳移民的对象、入境人数、国籍来源、对学历和技术要求等方面千差万别。在这种情况下，欧共体委员会只好采取了相对狭隘的计划，即分阶段推广统一的签证制度，对于申请政治或宗教庇护的外籍人，采取先入境后审查的政策。在80年代末90年代初期，欧共体成员国内部成立了一系列机构①，分别处理与外来移民相关的问题。令人遗憾的是，这些组织在职能上不仅相互重叠，而且在程序上也存在相互冲突的现象，结果导致彼此间互不信任，在涉及合作性问题时消极对待，因为各国并不想交出自己的移民决策权，也不想为其他成员国而牺牲自己的利益。

在欧共体成员国彼此开放边界的情况下，一个成员国的政策(例如在打击毒品走私和非法偷渡方面)失败，将会殃及其他成员国。换一个角度看，如果一成员国在福利与就业方面出现问题，其境内的外来移民就会迁移到福利条件较好的国家，从而给迁入国家带来较大的压力。同样，在80年代末，由于国际恐怖主义组织恣意妄为，非法移民禁而不止、毒品走私者依然故我，因此，如果成员国之间依然我行我素，那么彼此间的安全和社会发展必将受到严重的威胁。为此，在1988年，欧洲委员会决定成立一个"人员自由流动协调者小组"，其成员来自各成员国负责协调人口自由流动的官员。② 两年后，该组织提交了《人员自由

① 除前文提到的特雷维小组外，成立的机构包括：(1)1989年成立的海关互助小组，专门负责交换计算机控制系统中的信息，以加强对外部的边境控制。(2)1991年会议期间成立的维也纳集团，专门关注中欧和东欧移民的问题。出席这次会议的代表有来自西欧、中欧和东欧国家的35名官员。其间，西欧国家要求东欧国家限制大规模的移民迁出，以免给西欧国家的就业市场带来无法承受的压力。作为回报，西欧国家同意提供技术、职业培训和经济援助。(3)成立"身份证与人员自由流动的专家特别委员会"，负责移民入境检查。(4)1991年10月在德国会议期间成立的柏林集团，其中也包括维也纳集团的成员国，该会议的主要议程是讨论防止移民非法入境的问题。

② "人员自由流动协调者小组"的职责是监督特别移民小组、特雷维小组、海关相互援助小组、欧洲政治合作小组和横向数据处理小组的工作，同时通过交换信息，打击各类犯罪，防止非法移民入境。

流动报告》,其中的建议之一是取消成员国内部边界,建立双重的外部边境检查机制,其时间表是:(1)1990 年实现外部边界的检查;(2)1991 年实现海关机构间的合作;(3)1990 年底完成对入境人员类型与标准界定的信息互换;(4)1990 年底完成有关打击非法移民的法律草案,解决成员国与第三国双边关系衍生出来的问题。此外,关于内部边界的核心问题的建议包括:到 1989 年,落实第三国移民通过内部边境检查的具体措施;到 1990 年底,完成关于第三国公民再次入境的管理措施;到 1990 年在成员国之间实现海关和执法机构之间的有机合作制度。在外部边境控制方面,在 1990 年前,起草并实施关于难民在庇护、入境及其在成员国流动的规定,到 1992 年制定出关于庇护标准的政策。

从整体上说,由于上述措施结构复杂,涉及的国家多,一些成员国在推进第三国移民的自由流动和公平待遇方面,"进展微乎其微"。[①]为此,在 1990 年 6 月 15 日,除英国以外的 11 个成员国代表,出席了在都柏林召开的有关检查避难申请的会议,并签署了《都柏林会议》纪要。此次会议的核心议题是:(1)确定发放入境许可的国家以及发放签证居留的最长时限。(2)如果难民申请的是过境签证,那么应查询其最终目的地。(3)如果申请者属于非法入境在先、申请避难在后,那么就应由非法入境者的定居国承担责任。(4)是否授予避难者身份,关键在于避难申请受理国的态度。例如,根据会议纪要第 11 条规定,如果难民的申请属于过境签证,自受理申请之日起一个月之内,应做出是否批准申请的决定并给予答复。会议结束后,有 10 个成员国签署了该项纪要。但在实践上,各成员国却互相观望,因为各成员国在处理具体问题时,对于难民应当受到何种人道主义待遇,持有不同意见。尤其是面对苏联解体后来自东欧移民的压力,各成员国忧心忡忡,担心东欧移民的到

---

① Papademetriou, Demetrios G., *Coming Together or Pulling Apart?*, p. 38.

来会把单一欧洲市场变成“单一的犯罪市场”。[①] 为此，在特雷维小组的努力下，各成员国同意在彼此边境控制方面交换所有相关的非法入境者和犯罪分子的信息。

1990年6月17日，人员自由流动协调者小组提交了第二份报告即《关于跨越外围边境的会议》，其中除了对第三国公民在各成员国之间自由迁移的条件作了说明之外，更多的是说明如何控制欧盟成员国的外部边境问题[②]，尤其是那些在地理上处于欧洲边缘的成员国，或陆地和海岸线较长的成员国，将在控制外围边界方面承担更多的责任。早在1988年慕尼黑会议上，各国负责外来移民事务的部长要求特别移民小组草拟一项提问调查，了解成员国如何在控制边境方面采取统一的措施。根据调查结果，该小组被授权草拟了实施边境控制的草案，并在1993年1月1日起实施统一的针对第三国的移民政策。在经过5年的谈判，各国部长仍很难在外部边境的所有问题上达成共识。尽管各方期望在1991年签字，但具体条款上的分歧一直未能解决。例如，英国和西班牙在直布罗陀海峡问题上存有争议。西班牙认为，第三国公民从直布罗陀进入成员国的管理权应属西班牙，英国认为直布罗陀海峡属于成员国内部边界，因而不应该有任何检查。英国争论的另一个问题是，欧共体内部的争议是否应交给欧洲法院处理。1991年，德国和荷兰等国家先后建议实施统一的移民入境政策，后来欧洲委员会也提出一些建议，然而每次建议总会因为一些国家的反对而夭折。值得庆幸的是，有关防止非法入境和合法移民自由流动的建议，后来被成员国部长会议所吸收。就入境政策而言，各国负责移民事务的部长呼吁，应实施家庭团聚条款政策，并将其作为移民入境后就业的一项条件。对于试图入境的非法移民应坚决禁止，被发现者将被驱逐出境。

---

① Papademetriou, Demetrios G., *Coming Together or Pulling Apart?*, p.40.

② 按照报告中的界定，“外部边境”(external border)的界定是：(1)成员国的海洋边界和那些没有与其他成员国接壤的陆地边界；(2)国际飞机场和海港。

然后，与非法移民来源国政府合作，或与移民过渡国政府合作，防止被驱逐出境者再次入境。关于难民问题，应首先确定可能发生政治、宗教或民族迫害国家的名单，确定难民第一次入境和过境的管理问题。那些已入境的第三国公民的迁移、居留、就业和福利待遇等问题，成员国不应各自为政，而是应适当考虑其他成员国的利益。不难看出，各国已经认识到彼此面临的共同问题，传统的各自为政的模式显然不能满足成员国集体的需要。

然而，各国的共识毕竟不能替代具体性措施。1993 年 12 月 19 日，欧共体发出建议，召开关于加强外围边境管理的会议，但因各方分歧甚大，再次宣告失败。1995 年外部边境的控制问题再次提上议事日程，各成员国之间仍然没有达成一致。有些成员国代表主张适度控制、逐渐放开；有些代表主张改革欧共体管理体制，积极推进外来移民的融合；还有些成员国建议将各国作为一个政治实体的所有职能纳入一个更大的宪政体制框架之下，因为已有体制下的政府间协作形同虚设，很难在移民问题上取得实质性进展，最有效的方式是建立一个跨越各国政府的更高权威机构。围绕这一问题的争议，构成了实行统一的移民政策的最大障碍。英国和丹麦等国认为，它们自己的政策已足以应付移民问题的需要，无需将属于自己主权范围的权力交给欧共体；英国和法国担心，实行由欧共体制定的统一政策，会制约其与第三国缔结双边协议的权力；而德国、荷兰、卢森堡和意大利等国，则主张建立泛欧共体的决策机制。这些争议成为马斯特里赫特会议之前的最主要议题。希腊、丹麦、英国和爱尔兰等国家也表态，新体制的建立应循序渐进，不应过于激进，因而不要对《罗马条约》大幅度修订。

1992 年各成员国签署《马约》时，都希望解决以前纯粹依靠政府双边协议所不能解决的移民和难民问题，然而，各国在这些问题上却难以形成共识。欧洲委员会作为代表欧共体的权威组织，可以制定跨越各国的决策，但在这个决策机制中，欧洲法院与欧洲议会均被排斥在外。在《单一欧洲法案》生效后，申根集团不断扩大，并且规定内部自由流动机制,通过建立内部的信息与情报系统确保自身的安全,因而被认为是欧盟的“实验室”。1997 年《阿姆斯特丹条约》规定,外来移民事务和国内司法事务由欧盟国家共同决定,规定欧盟将成为一个“自由、安全和正义的区域”,欧盟因此将走向“共同体化”。因为决策制定是跨国性质的,欧洲委员会将在统一的基础上具有决策权。欧盟委员会的作用是在成员国内部共同提议,欧洲法院根据成员国最高法院的委派进行仲裁。阿姆斯特丹会议将成员国的移民与难民问题提上共同决策的议程,这种模式在 1999 年 10 月坦帕雷(Tampere)会议上得到确认,并确立了交换移民信息的机制。[①]

【难民潮问题】 第二次世界大战之后,涌入西欧国家的难民潮从未停息。在 70 年代,进入西欧的难民不是很多,但随后却大幅度增加。据统计,1983 年进入西欧的难民有 7 万人,1989 年增加到 20 万人,1992 年达 55.8 万人。难民数量的急剧增长,除苏东剧变因素之外,另一个原因是 80 年代全球范围内难民激增,由 1985 年的 1000 万增加到 1991 年的 1700 万。[②] 进入西欧的难民虽然并不多,但却带来了前所未有的挑战。一方面,它使西方国家限制移民的政策面临着考验;另一方面,入境难民中有不少有色人种,他们的到来与西欧国家保持民族纯洁性的目标是相互矛盾的。而且,大部分难民经济条件较差,需要当地政府救济。在经济不景气的时候,同样需要救济的本国公民和其他移民也相应增加,这对于财政拮据的政府来说,无疑是雪上加霜。

当然,在 80、90 年代,各成员国加强了对申请避难者的甄别与管理,各国通过协议的形式确认了彼此的义务。1990 年都柏林会议上,欧盟成员国内部确立了“一站式避难程序”,在受理难民避难申请方面

---

① Geddes, Andrew, "International Migration and the State Sovereignty in an Integrating Europe", *International Migration*, Vol. 39, No. 6, 2001, pp. 24-25.

② Collinson, Sarah, *Beyond Borders*, pp. 69-70.

严格限制，确保其他成员国的安全。但是此次会议上签订的条约，前后经历了7年的时间才得到各成员国的批准。各国行动迟缓的原因是在难民避难方面出现分歧。德国、芬兰、比利时和瑞典等国家接受的避难者较多，因而比较积极，而其他安置难民较少的国家则显得十分勉强。为加快合作的进程，人员自由流动协调者小组呼吁各国尽快落实1951年日内瓦会议公约以及1967年纽约会议补充修正案中的原则，加强对移民迁出较多国家的经济援助，在根本上遏制大规模的移民潮。由于各成员国在人口结构、经济发展水平和与第三国的传统关系等方面各有不同，仅仅依靠协调并非长久之计。长远的发展需要各国制定统一的政策。自1991年开始，各成员国的警察、海关和移民机构的主要负责人每年举行协调会议，以“协调委员会”名义，组成了一个讨论和交换各种信息的中心，其中规定分享有关非法移民入境和边境控制等方面的信息。与此同时，成员国又与移民输出国家和过境国家进行谈判，其目的是在帮助其经济发展的同时，控制其人口的外流。对于从苏联分离出来的乌克兰和摩尔多瓦等国家，欧盟为其提供控制非法移民入境的技术援助。

关于外籍人申请避难的资格，西欧各国仍然采用的是50、60年代以来的概念，即因种族、宗教、国籍、民族或政治组织，或因发表不同政见，受到迫害而不能或不愿意返回出生国的人，都可申请避难。申请者必须出示相关证据，证明自己可能在回国后受到迫害。英国政府规定，如果难民申请英国避难的努力失败，凡属于如下条件者可以申诉：(1)申请遭到英国内政部拒绝。(2)要求入境，但没有证件且无法做出合理解释。(3)没有证据表明自己已经或可能受到迫害。(4)入境时提出避难但所涉及的问题已过时或已不存在。(5)因被认为危害英国国家安全或公共利益而被驱逐出境。(6)提供伪劣证件或伪造证据者。(7)入境时无合理理由。英国政府规定，对这些人的申诉应尽快处理，避免他们以名不副实的理由定居。为有效限制移民非法居住和就业，英国在1996年颁布的法案中规定，英国的任何企业，如果雇用无证件者或非法移民，将受到严厉惩罚。此外，法案还禁止非法入境者在医疗、住房和教育等方面享受政府福利。[①]

三、欧盟公民的资格与权利

在欧盟一体化的进程中，移民政策的核心内容表现在两个方面，第一是前文中提到的限制第三国移民入境的政策；第二是采取措施，积极促进已经入境的移民与当地民族的融合。在这个意义上，西欧国家的移民政策实际上就是一种双轨机制。这种机制还涉及的第三个问题是，无论是欧盟成员国公民还是外来移民，他们按照欧盟的相关规定而在成员国流动时，一些十分重要但又不起眼的问题就凸现出来：(1)如何保障一个成员国的公民在另一个成员国不受任何歧视和排斥。(2)侨居他国的公民如何行使自己的公民权，并参与所在地的政治、社会与经济生活。(3)来自第三国移民，无论是否已归化为欧盟成员国公民，他们在成员国流动的过程中享有哪些权利？(4)在欧盟一体化的进程中是否需要明确“欧盟公民”的概念？这些问题的顺利解决，将影响着欧盟为推进人员、资本、信息和商品服务的流动性的具体实践。各成员国应按照何种标准来促进境内外籍人与主流社会的融合？

从战后西欧国家的外来移民，特别是第三国移民入境后的职业流向看，他们大多从事了当地土生公民不愿意从事的低级职业。值得关注的是，永久性移民特别是其子女，应该在就业市场上合理地向更高级的职业流动。然而，“常见的普遍现象是移民子女最终找到与其父母一样的职业”。这种现象存在的潜在危险是，“外来移民在就业市场上的劣势地位会代代相传”。如果第二代移民感觉他们被“圈在”就业市场

---

① 关于 1996 年法案原文见 Leigh, Leonard H., and Chaloka Beyani, *Asylum and Immigration Act of 1996*, London: Blackstone Press Limited, 1996, pp. 31-100。

底层，就会有一种被主流社会疏远的感觉。成员国对弱势群体提供平等的机会，并不等于他们就能获得这种机会，还应该为他们提供针对性的培训计划，使其就业状况能有所改善。从各成员国的具体情况看，各国对第三国移民的政策各有不同。在德、法等国，移民在政治上仍被隔离在主流社会之外，而在北欧和荷兰等国家，移民可以参加选举和被选举。[①] 在对待第三国移民的公民资格问题上，各国的政策差异需要解决。

对于移民来说，他们在就业市场上的流动性，需要侨居国政府制定相关的政策，提供一种保障性机制，允许他们像当地土生公民一样自由流动并享受相同的自由权利。为解决这样的问题，早在20世纪60年代，欧洲委员会就主张在就业、教育、技术培训和住房等方面，对外来劳工提供与本国公民相同的待遇。同样，在60年代一系列司法判决中，欧洲法院禁止对其他成员国公民和第三国移民在居住、就业和福利等方面存在种族歧视和排斥。在拉布茨诉拉德·冯·阿贝德等案例的判决中，欧洲法院指出，绝对不允许“在行使自由迁移权的时候出现歧视”，必须保证“向劳工移民提供同样的国家法律的申诉权”。欧洲法院一直坚持的原则是：“保障劳工最大限度地自由流动，是共同体的基本原则之一，如果在行使自由流动权利的时候，劳工丧失了社会保障的特惠权，那么上述原则就没有实现。”欧洲法院认为，欧共体和欧盟条约中，“关于流动性……的条款的宗旨，是保障一个成员国公民更加容易地参与共同体范围内的每一种有收益的活动，反对那些不利于公民在其他成员国从事有收益活动的立法”。[②] 与欧洲法院的这些判决并行不悖的是，欧共体的一些文件和法令，也在保证成员国的公民权方面，

---

① Mercuro, N., H. Entinger, and J. Carter, *Immigration in Western Democracies: The United States and Western Europe*, Vol. 1, London: JAI Press Inc., 1989, p. 183.

② Meehan, Elizabeth, *Citizenship and the European Community*, London: SAGE Publications, 1993, p. 87.

产生了锦上添花的作用。例如,《罗马条约》第117—128款中涉及许多公民权,第119款关于平等工资的严格规定,是欧洲一体化之前比较重要的规定之一;1975年发布的欧共体指令第75/117号,规定了男女同工同酬的原则;同年颁布的第75/129号指令,要求企业主在裁员之前与工会组织或劳工代表商议;1976年指令中对男女在不同行业的休假、晋职和工作条件等做出了规定,允许在企业被转让或被兼并后,雇员仍然能在同一岗位上以同样的工作条件继续工作。此后类似的条例不断完善,改善了劳工的权利。但是这些都是涉及欧共体成员国家的公民,而外来移民是否能够享受这些权利,就关乎到公民资格的问题。在欧洲国家一体化的形式下实行统一的政策,又涉及这些国家的外来移民政策能否统一。然而,在引进劳工和外来移民的问题上,西欧国家采取了不同的政策,在公民资格上的差异较大,劳工权利的差异又直接影响到土生公民和外来移民的认同问题。

1992年《马斯特里赫特条约》对欧盟概念和公民资格做出界定,认为欧盟成员国公民都是"欧盟公民"。反过来讲,凡是没有成员国公民资格的人,同样不能成为欧盟公民。这里确立了双重公民资格,其中,成员国公民资格是欧盟公民资格的基础,欧盟公民资格是成员国公民资格的延伸。在此基础上,各国公民都在欧盟成员国内拥有自由迁徙、参加选举与被选举、受外交保护以及向欧洲议会请愿的权利等。如果外来移民没有成员国公民资格,其权利范围就会受到限制。为此,《欧盟条约》中写道:"一位欧盟公民不是其居住国或谋求迁入的成员国公民,就不能享受成员国公民所能享受的共同体法律的同等保护。"① 这项模棱两可的规定实际上就是指外来移民,他们在获得居住国的公民资格之前,因为具有合法居住权,所以就可以成为欧盟公民,但是,他们因为没有入籍,因而不是其侨居国的公民。由于各成员国接受的外来移民的文化背景不同,各国在移民归化政策上也采取了不同的标准。

① Holmes, Leslie, and Philomena Murray, *Citizenship and Identity in Europe*, p. 40.

没有合法的公民资格，外来移民就很难自由流动，很难享受到所在国家的法律保护，更谈不上享有侨居国公民同等的待遇。由此产生的问题是，在欧盟一体化的过程中，越来越多的国家加入欧盟之后，欧盟成员国之间究竟应该采取一种什么样的政策，来保证各成员国公民的各种社会权利，包括在所在国家的就业、居住、经营商业、拥有财产、参加政治经济生活的权利。实际上，欧盟成员国也曾经多次探索，寻求一种有效的合理途径。1997 年签署的《阿姆斯特丹条约》中写道：（一）欧盟公民资格是欧盟成员国授予的，因此，"欧盟公民身份应补充而不是替代成员国公民身份"。[①]（二）欧盟成员国和那些与欧盟签订协议的国家，特别是欧洲经济区（Europe Economic Areas）成员国家的公民，都可以在欧盟成员国自由流动。（三）禁止以种族、宗教、性别和残疾为由歧视移民，并且决定于 1997 年成立"欧盟关于种族主义和恐外感的检测中心"。（四）最有争议的问题是关于难民的庇护权。欧盟国家的普遍政策是：(1)严格限制寻求避难者进入成员国；(2)禁止难民进入就业市场就业，或享受欧盟成员国福利，但是发给福利券。[②]

欧盟各国在公民资格上的分歧与差异，使得它们不得不反思问题的症结。这个问题若不解决，实际就意味着象征欧盟第三支柱的"自由、安全和司法的区域"中关于公民自由权的规定形同虚设，其后果可能使一切为欧盟一体化的努力付诸东流。对此，欧盟各国的首脑已经有清醒的认识。因此，坦佩雷会议大会主席在总结性发言中指出："在欧盟范围内，打击刑事犯罪的举措，应当与保护每个人及其经济活动的自由和法定权利一起均衡发展。"2002 年 12 月，各国元首、欧盟委员会以及欧洲议会共同颁布了《基本权利宪章》，在《基本权利宪章》前言中，也明确提到基本权利的保护与建立"自由、安全与司法合作的区域"之

① 〔美〕约瑟夫·威勒：《欧洲宪政》，第 326 页。

② Geddes, Andrew, "International Migration and the State Sovereignty in an Integrating Europe", *International Migration*, Vol. 39, No. 6, 2001, pp. 29.

间的关系。其中这样规定:“欧洲联盟建立在人的尊严、自由、平等和互助这些不可分割的普遍价值观之上。……把人作为其行动的核心,为此创立了欧盟公民身份和一个自由、安全和司法的区域。”《基本权利宪章》中公民自由权的主要内容包括:(1)人的尊严(生存权、人身不受伤害的权利,禁止酷刑、死刑以及奴役);(2)基本自由权,包括保护私人住宅和私人空间,保护宗教自由、言论自由、集会自由、艺术创作以及科学研究自由、避难权和财产权等。但是,禁止对克隆人及其商业利用进行研究与开发;(3)禁止以种族、性别、年龄、残疾、文化、语言或宗教为理由,对任何其他成员国公民和合法移民的歧视;(4)社会保障权包括健康保障权、平等就业权、保护自己不受无辜被解聘的权利、企业中的参与权与消费者保护权等;(5)参与政治生活的权利包括在成员国参加政治选举和被选举的权利、查阅档案权、司法申诉权、自由迁徙权、要求“良好治理”权等;(6)司法保护权包括合法性、适度性、司法开放、无罪推定以及辩护权。当然,这种界定标志着一种发展方向,欧洲的联合既是一种国家间的联合,也是公民间的联合,最终目标就是用能够保证所有欧盟公民享有相同的权利和义务的联盟公民身份,逐渐取代各国的公民身份。①

为了保障上述权利的落实,欧盟宪法第 8 款 a 条规定:(1)欧盟的每位公民都有权利在成员国内自由流动和定居;(2)欧盟“旨在推行本章所规定的各种权利的落实,除非本条约另有规定,欧盟理事会将按照欧盟委员会的建议,在经过欧洲议会的批准之后,采取一致的行动”。②但是,自由流动并非无限制的自由迁徙,而是在没有危害公共利益的前提下的自由迁徙,传染病携带者、罪犯或者走私毒品等对公共利益或安全可能构成威胁的人,仍然受到限制。为了统一各国在条约的理解和政策执行上的统一性,欧盟先后发布了《拥有独立生活手段的居民居留

① 〔美〕约瑟夫·威勒:《欧洲宪政》,第 138、140 页。

② Holmes, Leslie, and Philomena Murray, *Citizenship and Identity in Europe*, p. 40.

权》(第 90/364 号)、《享受养老金者的居留权》(第 90/365 号)和《从事职业培训的学生居留权》(第 90/366 号)等,要求各国在 1992 年 6 月 30 日开始实施。需要说明的是,《欧盟条约》的第 8 款 b 条中规定:(1)“凡侨居在其他成员国的每一位欧盟公民,都将在与侨居国公民相同的条件下,享有所在侨居国的市政选举权和被选举权。”这项规定将在 1994 年 12 月 31 日之后开始生效。(2)每一位侨居在其他成员国的欧盟公民,都将有权在与侨居国公民相同的条件下,在侨居国享有欧洲议会议员的选举权和被选举权,这项规定将在 1993 年 12 月 31 日开始实施。[①] 为此,欧盟先后颁布第 93/109 号和第 94/80 号指令,前者是关于市政的选举与被选举,后者是关于欧洲议会的选举与被选举。两者的共同特点是,强调平等和排除任何形式的歧视。但是在实践上,当欧盟成员国在投票表决本国是否同意欧盟的重大法律文件时,都存在着分歧。一成员国的公民迁徙到其他成员国并定居时,他们参加政治投票时却经常遭到当地居民的反对,当地政府对此也是睁一只眼闭一只眼。有些学者在评价《马约》和《阿约》时指出,《马约》中公民身份的界定,“没有什么价值,而且空洞无物,因此,一点也不重要”。另一方面,《阿约》的修改“是安抚空想家与疯子的另一种不必要的、空洞的表示”。对于一些人来说,欧洲公民身份是一种深远影响与危险并存的重要标志。“毕竟,欧洲一体化的历史,充满了那些最初看似无关紧要的、苍白无力的、但后来却获得了生命力的理念与政策。”[②]这些批评的依据是,各成员国在实践上并没有认真落实欧盟颁布的各项法规,各类条约和文献中规定的第三国移民可以自由流动的权利形同虚设,文件中规定的允许第三国公民也即合法移民参与政治选举和被选举的诺言也没有兑现。欧盟宪法中带有浪漫主义色彩的“共同体化”理想,不过是

---

① Holmes, Leslie, and Philomena Murray, *Citizenship and Identity in Europe*, p. 45.

② 〔美〕约瑟夫·威勒:《欧洲宪政》,第 326—327 页。

昙花一现。在实践上,"唯一的决定权仍然留在成员国手中"。[1] 应该说,上述评价比较中肯。据一些学者的研究,1993 年在欧洲有 2500 万人"被排斥在正式的公民资格权利之外,或没有充分参与经济和社会生活"。在他们中间,50%是来自欧盟以外的移民,1/4 不是欧洲人,有 500 多万来自英法等国的前殖民地。[2] 针对这种现状,在 90 年代中期,欧盟委员会对成员国实行统一的政策,规定要加强对来自第三国的移民的限制,但不是彻底关闭大门,要明确允许入境的对象。这既要考虑到"经济和劳工市场的形势,近期内在整体上保持这些入境政策的限制性……长远解决与劳工相关的移民问题的方法……不管这种分析的结果如何,对于临时劳工计划(假设有时间限制的劳工合同)、季节性和边疆地带的劳工,有足够的理由必须控制限制性政策的使用"。对于那些已入境的外来移民,最重要的目标是促进其融合,允许因家庭团聚的移民入境,保护移民的子孙后代;凡已经进入欧盟国家的合法移民,应允许其在欧盟国家自由迁移;对于那些要求入境的第三国家移民,则通过签证制度,确定其居留时限,凡从事合法经济活动者可自由流动。[3]

四、成员国公民的流动性分析

无论是欧共体还是后来的欧盟,其一体化的核心标志首先是成员国之间消除了对商品、资本、信息和劳动力自由流动的限制。其他问题如公民权问题、司法和社会问题等,都在一定程度上与成员国公民的流动性相关。说到底,一体性是成员国追求的目标,流动性是实现这个目标过程中的关键环节。因此,为促进人员、资本、商品和信息的流动性

① 〔美〕约瑟夫·威勒:《欧洲宪政》,第 328 页。

② Holmes, Leslie, and Philomena Murray, *Citizenship and Identity in Europe*, p. 56.

③ Broeck, Julien van den, *The Economics of Labour Migration*, pp. 184-186.

而采取的种种努力都具有十分重要的作用。一方面，无论是在欧共体内部还是在单一欧洲市场条约生效后成员国之间，人员和商品自由流动的障碍被消除。另一方面，尽管在制定针对第三国移民的政策的过程中障碍重重，各成员国之间最终达成统一。这两个方面的成功协作，对当代西欧国家社会和经济发展具有十分重要的影响。这种新的环境有利于成员国的跨国公司充分利用劳工流动性，推动其企业的发展。在单一市场形成之前，各国的跨国公司主要依赖当地的劳动力，这就是所谓的"全球性思维、地方化行为"模式。在当地招募劳工，必然具有语言和文化等方面的优势，有利于企业对劳工的管理，但却无法满足专业化生产日益增强的劳动技术的要求。[①] 单一市场条约生效后，原本在就业市场上障碍重重的欧洲国家转换为一个统一的经济区域，从而为企业主特别是跨国公司提供了一个更大的劳工市场。同时，东欧国家的剧变也打开了企业广招劳工的大门。当然，在 1992—1993 年间，这种优势及其潜力尚未发挥出来。因为当时许多成员国发生了经济衰退，各企业对劳工的需求有所减少。到 90 年代中期以后，效果开始凸显。一方面，对于各国劳工来说，一体化进程的完成，意味着劳工就业途径和范围的拓宽。劳工通过就业市场的信息交换，较快地找到理想的职业并实现经济条件的改善。另一方面，对于进入西欧国家的外来移民来说，一体化也带来了更多新的机会。据统计，在 70 年代中期，欧共体成员国公民的跨国流动十分频繁。例如，侨居英国的外籍人口中，有 63.2 万人口来自欧共体国家，其中有 1.05 万荷兰人、7.2 万意大利人、45.2 万爱尔兰人、1.65 万法国人、7.1 万西德人，另有 1 万多人来自卢森堡、丹麦和比利时。同样，在法国的 30 万欧共体成员国居民中，有 23 万来自意大利，有 2.5 万来自比利时和德国，1.1 万来自英国。换一个角度看，在出境的意大利移民中，有 69.4 万人流向比利时、丹麦、德国、法国、爱尔兰、荷兰、英国和卢森堡。同样，迁入其他成员国的

---

① Rolfe, Heather, and Angela Byre, *Labour Mobility in the European Union*, p. 17.

移民中，爱尔兰人达到45万，法国人有11.4万，德国人有13.7万，荷兰人有8.3万，比利时人有6.8万，上述移民人数累计达到162.5万。在这些国家中，还有许多移民是来自欧共同体以外的其他国家。例如，在英国，来自西班牙、希腊、葡萄牙、土耳其、南斯拉夫和摩洛哥等非欧共体国家的移民达到103.3万，同类移民在德国达到151.4万，在法国达到160万，比利时有12.8万。[①] 这种现象表明，第一，在欧盟国家内，各成员国的人口中出现了"你中有我，我中有你"的格局。第二，各成员国家都有来自欧共体以外的其他欧洲国家的移民。第三，各成员国内还有大批第三世界国家的移民，其中最多的是来自北非国家。从整体流向看，基本上是从落后地区向发达地区的流动，这种流向特征在市场经济条件下屡见不鲜。

需要说明的是，随着欧共体成员国家数量的增多，人员自由流动的范围进一步扩大，各成员国家所实施的移民政策，在文化构成上也具有不同的特点。其中的核心国家，如法国、英国以及德国等，各自形成了不同的公民资格观念，并且准备建立以本民族为主体的同质性社会。因此，在欧共体国家内部，吸引的移民存在差异，因而形成了各自不同的特点。例如，核心国家吸引的移民主要来自地中海地区，法国的外来移民主要来自北非地区，联邦德国的移民主要来自南斯拉夫和土耳其，英国的移民主要来自以有色种族为主的新英联邦国家。加入欧共体相对较晚的北欧国家，例如芬兰和瑞典等，其人口的同质性较强，对移民的限制性相对较弱；南欧的西班牙、葡萄牙、意大利以及希腊等国家，从移民净迁出国家转变为净迁入国家之后，其移民来源更加庞杂，多元化特点更加突出。

从移民的技术构成看，在80年代，欧盟国家的移民与过去相比，已经发生较大的转变。随着各成员国就业市场以及许多跨国企业内部组织结构的变化，对劳工需求比较旺盛的是那些高技术行业。跨国性的

---

① Power, Jonathan, *Migrant Workers in Western Europe and the United States*, p. 6.

和多国性的大型企业的发展,逐渐形成了自己内部的就业市场。因此,在欧盟国家内部的迁移人口中,除一般的体力劳工之外,比以前更加活跃的是那些从事高技术职业的劳工,他们多从事管理或担任专业技术职务。另外,根据英国政策研究院对从事金融、计算机与办公设备、化学、工程设备与电机、交通与流通设备等产品的 16 家英国跨国公司在单一欧洲市场内部劳动力的流动性和发展进行的调查,在欧洲单一市场机制确立之后,欧盟自由流动人员的范围,才开始由高级经理和从事研发的专家向更大范围的劳工的自由流动转变,这种现实的基础就是《欧洲经济共同体条约》第 48 和 49 条。① 也就是说,在欧盟国家内部,长期以来比较活跃的是那些具有一定技术特长的短期合同工,而不是那些从事简单体力劳动的劳工,因为非熟练工作岗位主要依靠的是外来移民而非欧盟国家的公民。这表明,在西方发达国家内部"循环制体系成为共有的特征"。②

仔细审视欧盟国家的移民结构状况,就不难发现,无论是在英国还是在西德,尽管外来移民人数在不断增加,但从移民来源看,欧盟国家国民自由流动人数的比例始终比较稳定,而来自第三国移民的比例却处于上升状态。例如,迁入西德的第三国移民占 1975 年外来移民的 60.48%,1980 年达到 66.24%,1985 年达到 69.01%,1991 达到 73.06%。相反,成员国劳工比例占 1975 年所有外籍劳工的 32%,1980 年为 34%,1985 年为 31.4%,1991 年为 26.93%。这种现象说明,欧共体和后来的欧盟成员国公民的流动性有所减弱,而来自第三国的移民人数却有增无减。这与西欧国家适当放宽家庭团聚类移民入境人数的趋势是一致的(见附录 2)。至于 70 年代中期以后,欧共体及欧盟成员国人口流动规模减弱的问题,还需要冷静分析。一方面,从其他

---

① Rolfe, Heather, and Angela Byre, *Labour Mobility in the European Union*, p. 3.

② White, Paul, "The Social Geography of Immigrants in European Cities: The Geography of Arrival", in King, Russell, ed., *The New Geography of European Migrations*, p. 50.

资料看，有些国家"流动的规模有所缩小"。不啻如此，"欧盟从各方面测试后的所有数据表明，流动的规模是有限的"。据统计，在 1991 年，成员国公民在另一成员国就业并且生活的人数比例，不超过任何一个成员国家人口的 3%（卢森堡和比利时除外）。这个数字可能没有包括那些加入定居国国籍的移民，也不包括那些以前曾经是移民、但因年老体迈而退出就业市场的人口。[①] 再从英国的数据看，成员国公民流动性较小还与统计方式和标准有关系。例如，在 1991 年劳工调查统计显示，进入英国的其他成员国公民达到 5.1 万人，而国际旅客统计中显示达到 7.5 万人，英国社会福利统计则达到 8.1 万人。值得注意的是，在 1981—1992 年间，从其他成员国迁入英国的移民从负增长转变为正增长。1981 年净迁出 2.31 万人，1992 年净迁入 1.85 万人。在这些为数不多的成员国公民中，多数是管理阶层和技术类专业人员。在 1989—1992 年间，在英国工作的经理和专业技术类劳工达到 91.2 万人，其中有 41.6 万来自其他欧洲共同体成员国，有 6.37 万人是获得永久居留权的外国留学生。[②]

在欧盟一体化进程中，为何没有出现大规模的从新成员国向老成员国流动的移民潮？从欧共体和欧盟一体化的历史进程看，一个突出的问题是，当有一些国家加入成员国大家庭的时候，不少人总担心出现大的移民潮。例如，早在 60 年代讨论成员国劳工自由流动的时候，不少人担心意大利劳工会蜂拥而至。当时的意大利是欧洲各国中移民外迁人数最多的国家，但人们预想的意大利移民潮并没有出现。在 1973 年英国、丹麦和爱尔兰加入欧共体之后，也没有出现大规模的劳工移民潮现象。1987 年希腊加入后也是如此。同样，有人担心单一欧洲市场的形成，可能加速成员国之间的劳工的自由流动，尤其是从边缘性国家

---

① Rolfe, Heather, and Angela Byre, *Labour Mobility in the European Union*, p. 7.

② Coleman, D. A., "International Migration: Demographic and Socioeconomic Consequences in the United Kingdom and Europe", *International Migration Review*, Vol. 29, No. 1, 1995, p. 187, http://www.jstor.org/stable/2547001(2008 年 5 月 28 下载).

向经济发达的核心国家的流动。然而，在 80 年代这种移民潮却有所减弱，而且形势发生逆转。类似西班牙、葡萄牙、意大利和希腊这些长期出现移民迁出的国家，由于经济繁荣发展、民主透明度的增强和福利制度的完善，吸引了大批移民倒流回国。

为什么新成员国家没有出现大规模的移民潮呢？在一体化的前提下，最根本的因素在于各成员国在经济发展、就业机会和社会福利等方面的差异。一方面，无论是老成员国还是新成员国，其共同之处是政治制度朝着民主化的方向发展，彼此间的差异日益缩小，共性特征日益增强；另一方面，经济差距日益缩小，生活水平比较接近。从欧洲经济共同体的贸易发展情况看，在 1960—1973 年间，六个成员国之间的贸易额在各国对外贸易总额中的比重，从 30％增长到 50％。经过 80 年代短暂的停滞后，到 1992 年又增至 60％。这两个时期都是各国家经济增长较快的时期，期间，成员国彼此废除了关税壁垒，设立了统一的对外关税联盟。其中第二个经济增长期恰好与欧盟一体化进程相吻合。1987 年，单一欧洲市场条约生效后，为西欧统一市场的形成设置了时间表。[①] 在实践和理论上，经济发展与贸易增长互为因果，贸易的发展促进了欧洲共同体经济的融合，为欧洲统一市场的形成奠定了扎实的基础。各国间经济和国民收入差距的缩小，使那些落后国家的国民看到生活水平改善的希望，通过迁移来寻求更好发展机会的欲望相应减弱，最终导致外迁移民数量锐减。

当然，笔者强调经济一体化进程，并非不承认共同体成员国之间的差距。相反，其彼此间的差距依然很明显。从表 3.1 中可以看出，在当时欧盟 12 个国家中，失业率比较高的意大利、西班牙、葡萄牙、希腊等国，恰好也是在 90 年代以前移民迁出最多的国家。另外根据 1987—1991 年的调查，每年从一个成员国迁移到另一成员国的劳动力规模比较小，总

---

① Broeck, Julien van den, *The Economics of Labour Migration*, p. 167.

表 3.1 1971—1993 年欧盟 12 国的失业率统计[1]

国家	1971—1980	1981—1990	1991—1993	国家	1971—1980	1981—1990	1991—1993
比利时	4.6	10.7	8.4	卢森堡	6.1	9.7	10.5
丹麦	3.7	7.6	9.6	荷兰	0.6	2.5	2.0
西德	2.2	6.0	4.8	葡萄牙	4.4	10.1	7.7
希腊	2.2	7.1	8.7	英国	5.1	7.0	4.3
西班牙	5.4	18.4	18.8	法国	3.8	9.7	9.8
爱尔兰	4.1	9.2	10.1	欧盟平均	4.2	9.6	9.7
意大利	7.7	15.7	17.5	美国	6.4	7.1	7.0

人数不过 30 万人,而且在成员国内部的流向不均。在 80 年代,流向德国的劳工人数超过任何其他成员国,流入人数较多的第二个国家是英国。在 1987—1991 年间,迁入英国的劳工平均在 4.5 万左右,迁出劳动力达 2.5 万。在所有成员国中,西德的流动性最高。从劳工的流向看,英国和德国之间流动的劳工规模较大。[2] 到 90 年代后期,欧盟成员国劳工流向又发生了变化。据 2001 年欧盟委员会的一份报告,成员国内部的劳工跨越流动,主要集中在法国、德国、比利时、意大利、瑞士和卢森堡等国家,他们占欧盟成员国内部跨国流动劳工的 71%,其中仅法国就占 50%。在与瑞士交界的地区,工业和服务业就业人数在不断增长,具有大学学历的比例也在明显提高。最近一项研究表明,瑞士的 26 个边界郡中,有 16 个郡在语言和文化方面与邻国具有密切的联系。[3] 在这种不均衡的条件下,随着经济的发展和人口出生率的下降,加之仍有大量人口迁移到其他欧盟国家,意大利、西班牙、葡萄牙、希腊等国家也出现劳动力供不应求的现象。从 70 年代中期开始,希腊、意大利和西班牙等国家也开始出现大量的外来移民。尤其值得注意的是,在 1989 年之后,来自东欧国家的移民日益增多,主要是由

---

① Broeck, Julien van den, *The Economics of Labour Migration*, p. 174.

② Rolfe, Heather, and Angela Byre, *Labour Mobility in the European Union*, p. 8.

③ OECD, *Trends in International Migration*, p. 99.

于这些国家的经济发展缓慢，失业率比较高。在 1992—1995 年间，保加利亚的失业率由 15.2％上升到 17％，捷克由 2.6％上升到 7％，波兰由 13.6％上升到 15％，罗马尼亚由 8.4％上升到 15％，斯洛伐克由10.4％上升到 16％。[①] 如此高的失业率，必然会导致大量人口迁移到西欧国家。

对于西欧国家而言，无论是与成员国的合作，还是针对第三国移民、难民与非法移民的限制，德国的做法值得借鉴。在 90 年代，德国为加强对外来移民的控制，采取了如下措施：第一，增加对边境地区人力和物力的投入，经费投入从 1993 年的 210 亿马克增加到 1997 年的 310 多亿马克。资金到位后，边境地区的警察人数明显增加，侦破技术和手段的现代化程度明显提高，有效的管理加大了对非法移民的打击力度。例如，在 1996 年和 1997 年，德国警察发现的境内非法移民分别达到 1.89 万和 3.52 万人，从事非法移民走私的代理人分别为 952 人和 2023 人。第二，将移民类型及其来源划分五大类，即难民、欧盟成员国公民、第三国移民、德意志族裔和非法移民。就欧盟成员国公民而言，按照欧盟相关法律和文件精神，他们可以在其他成员国内自由流动、就业和居住。对此德国也采取了积极合作的态度，保证成员国公民在工作条件和工资待遇等方面一视同仁，加强了与欧盟成员国，特别是申根集团成员国的合作，在边境管理上加强对第三国移民入境的控制。在入境申请、入境口岸和机场安全等方面，加强管理，减少漏洞，共同建设了跨国信息系统和指纹信息交换系统，加快了入境者的身份识别。第三，第三国的移民主要来自东欧地区、亚洲和非洲地区，这些国家的经济水平比较落后，每年迁居西欧国家的移民较多。因此，德国与移民来源国家相互签订双边协议，加强经济援助，与东欧国家签订控制第三国移民过境的协议，从而构成双层保险的政策控制。针对颇感棘手的来自亚洲和非洲的难民问题，德国政府主张采取积极的自由贸易的政

---

① Broeck, Julien van den, *The Economics of Labour Migration*, p. 181.

策,与难民来源国政府加强对话和合作,帮助其改善基础设施,加大经济和技术援助,防止更多的难民和移民出境。第四,90年代的德意志族裔主要来自东欧特别是俄国。德国在增加对安置德意志族裔的地方政府援助的同时,加强与俄国合作的力度,在入境管理上仔细斟酌,加强入境后语言和就业技能培训,制定在短期内限制德意志族裔人自由流动的临时性措施。从统计资料看,在与上述各国的合作中,德国政府的援助和贷款资金,在1995年达到173亿马克,相当于当年德国国民生产总值的0.5%。在这些资金中,2/3用于双边合作项目(其中30%流向撒哈拉以南的非洲地区,1/3流向南亚、东南亚和东亚地区,1/10流向拉丁美洲和地中海沿岸各国),另外有1/3用于与欧盟成员国的合作项目上。此外,德国在1993年为联合国开发基金提供了122亿美元,1996年达到138亿美元。对地中海地区和国家的经济援助,在1995—1999年间达到470亿欧元。从1990年起,东欧国家每年接受的德国经济援助也平均在10亿美元以上。上述政策产生了较好的效果。从入境的难民来看,1990年入境的申请者达到19.3万,1992年上升到44万,在1993年之后逐年减少,由当年的32.3万减少到1995年的12.8万,1997年不过11万。①

当然,德国的做法并不代表整个西欧国家,德国的措施也未必能产生一劳永逸的效果。在20世纪末的外来移民中,绝大多数是来自欧盟以外的国家,其中的主要来源之一是剧变后的苏联和东欧国家,其中包括俄罗斯、波兰、捷克、阿尔巴尼亚、罗马尼亚等国。这些国家在实现向市场经济体制转变的过程中,经济结构的变化必然引发劳动力结构和职业流向的变化,而经济变革的相对迟缓性与变革所产生的"破坏性"之间的时间差,必然导致大量的劳动力为谋求发展机会而流动。当这些国家的经济发展无法满足其国内劳动力就业需要时,必然出现大量

① Rotte, Ralph, "Immigration Control in United Germany", *International Migration Review*, Vol. 34, No. 2, 2000, pp. 366, 371-372, 377-378.

的劳动力向西欧和北欧国家的转移。另一个来源是亚洲和非洲国家。这两个地区因为工业化步伐加快，经济结构也处于转型期，在此过程中，日益提高的生产力水平在打破原有生产方式和经济秩序的同时，经济的发展无法消化因人口增长过快而形成的过剩劳动力，因此，劳动力流动的规律必然再次在这些国家出现，其中除国内出现农村与城市之间以及城市之间大规模人口流动外，必然有大量劳动力流向海外。可以预见，在今后较长的时间内，亚洲、非洲和美洲仍然是外来移民的主要来源区域。此外，全球性的经济竞争和一些地区的不稳定性，也加剧了大批移民的流动。应该说，第二次世界大战后人口的流动真正成为一种全球性的流动。由于现代化交通通信的发展，全球经济一体化的增强，地区性的经济和人口增长的差异，使每个地区都出现了人口的流动。最主要的是，在国际经济界决策者们的头脑中，意识形态有所淡薄，不同体制国家间的壁垒有所打破，资本的流动性也刺激了人口的流动性。正如有学者指出："这种人口迁移的主要推动因素是经济和政治动因——诸如全球性的贸易模式、资本流向，在其起因和发展中，这些因素越来越具有全球性色彩。全球性的促成因素和国际移民的影响越来越相互交织在一起。"①

五、各国面临的制约因素与挑战

【市场需求与限制的矛盾】　20 世纪 80、90 年代是欧盟国家内部对待流动性充满矛盾性的时期，也是对第三国移民加紧控制的时期。就内部流动性机制而言，各成员国都希望加快合作进程，促进经济的一体发展与繁荣。但是，各成员国政要无不担心大规模的移民潮将会给经济繁荣、就业机会较多的地区带来更大的压力，而对于那些经济落

① Jordan, Bill, and Frank Düvell, *Irregular Migration*, p. 37.

后、人口流失较多的地区产生雪上加霜的效果。另一方面,人们对欧盟国家的“社会模式”日益关注,失业人口不愿意寻找低薪职业。在这种矛盾性的心态下,欧盟国家确立了对外来移民入境的限制。在2000年,欧洲委员会发布了《关于外来移民与避难的具体战略的通讯》。其中的内容是开放对第三世界国家移民入境的途径,根据成员国政治、经济、司法和文化状况,控制入境人数。同时,加强对入境非法移民的控制,因为非法移民多与国际犯罪、贩卖毒品和走私等问题密切相关。如果对这些问题视而不见,或听之任之,会威胁到单一市场的有效运作秩序。从已有资料看,对于任何一个成员国家来说,都存在着对外来移民的需要。但是,各成员国家都要求限制入境移民的数量,都不希望那些不受欢迎的移民入境。它们在制定欧盟统一的移民政策时,又不愿意把更多的自主权交给欧盟的集体决策机制。例如,当各成员国在探讨“零移民”(彻底禁止外来移民入境)政策的时候,西班牙负责外来移民事务的官员指出:“欧盟其他成员国在谈论‘零移民’政策的需要,但这对经济的某些行业仍需要大量外来移民的西班牙、法国、德国和意大利等国家来说,都是不现实的……我们要求他们认识到,西班牙需要外来劳工。有些工作,西班牙人不愿意做,我们需要引进外来劳工来满足这些需要。”这种观点也得到了一些西班牙学者的支持,他们对欧盟一些成员国批评西班牙继续引进移民的政策感到愤愤不平,认为“所有其他欧盟国家都有其劳动力来源的保障,但却要求我们不再引进外来劳工。在国际竞争日益尖锐的时代,要求西班牙接受这种做法是不合理的。如果某些行业没有充足的劳动力供应,对西班牙整体的经济发展会产生致命性的影响”。[①] 这就是说,在欧盟内部没达成一致的前提下,任何限制外来移民的努力只能是事倍功半。

【民主与集中的矛盾】 随着70年代西欧国家对外国劳工特别是

---

① Cornellius, Wayne A., Philip L. Martin, and James F. Hollifield, *Controlling Immigration*, p. 363.

第三国劳工的限制，外来移民要求入境的压力日益增大。对于欧共体和欧盟成员国来说，仅凭单一国家严格限制的政策已无法应对实际需要。相反，它需要在一个更广泛的国际组织内进行多边合作，这个组织的权力和职能必须超过以前西欧国家的所有合作组织。在当时，符合这些条件的机构主要是欧洲委员会或欧洲安全与合作会议，因为这两个组织中不仅有西欧各国的代表，还有中欧和东欧，甚至包括前苏联各加盟共和国及后来新独立的波罗的海国家的代表。此外，这种国际性合作，还需要中欧特别是波兰、捷克和罗马尼亚等国家参与，因为这些国家不仅是亚洲和非洲移民进入西欧国家的通道，而且自身还有大量的人口涌入西欧国家。但是，当移民决策权与国家主权交织在一起并要求各成员国作出牺牲的时候，一些国家却趑趄不前，不愿意将自己的主权交给欧盟。它们的疑惑是，以什么样的条件接受哪些国家的移民和难民，在移民归化与同化的问题上是否会面临着其他国家的标准被强行加在自己国家的政策中。由于各成员国之间在这些问题上经常出现分歧，特别是成员国彼此"在如何管理移民问题上未能达成共识，成为欧洲建立一个深层次的'共同体'最为严重的诸多障碍之一"。[①]

从欧盟国家的合作历程来看，它经历了一种从非正式的政府间合作到以欧洲共同体市场成员国之间的整体合作的转变，相关问题上的决策权也出现由各国自己决策转移到欧共体和后来的欧盟集体决策的变化过程。关于这种转换的原因，学界存在着两种不同的观点。一种观点认为，经济上的融合和市场的一体化，加强了商品、资本与人口的自由流动，从根本上对《威斯特伐利亚条约》中确立的以主权国家为核心的决策机制提出了挑战。尽管一些国家发现集体决策的机制与国家主权相悖，并且极力抵制，但最终也不得不放弃对边境控制的某些形式，接受欧洲法院有利于维护成员国公民和第三国移民人权的判决。各成员国在经济融合的压力下不自觉地走向集中，使欧盟成为"民族国

---

① Papademetriou, Demetrios G., *Coming Together or Pulling Apart?*, p. 2.

家与超越国家或跨国性的决策者的试验场”。因此，这种模式也被称为“丧失控制”模式。第二种观点认为，由于经济的一体化，各国发现自己很难单独控制自己的国界以限制那些不需要的移民和非法移民，因而只有在各国合作的基础上，才能解决过去那种纯粹依靠一国“单打独斗”所不能解决的问题。这种观点又被称为“逃往欧洲”论。这样，成员国可以在主权基本不受影响的前提下，解决自己单独不能解决的问题。实际上，《申根协定》之后的欧盟一体化，在某种意义上是“一种古典式的治外法权的例证，它已经帮助确立缓冲国，将各国的包袱与控制的窘境，转移到西欧自由国家的管辖范围之外”。[①] 尽管这种比喻听来有些过分，但是这种通过吸收新成员国扩大外围边界的模式在实践上确实有一定效果，因而在一些决策上，遭到那些欧盟边缘性国家的反对。

【多元化与同质性的矛盾】 有的学者在谈到欧洲民族身份时指出，欧洲具有一种“种族—民族性质单一的民族国家”的特点。[②] 这种评价有失史实。客观地讲，随着战后有色种族移民的增多，欧洲发达国家接受的外来移民的种族和文化背景的确发生了一些微妙的变化，民族(准确地说应该是种族)的多样性特点更加突出。具有民族文化特点的民族社区已经在许多欧洲国家建立，这些国家推行的同化少数外来移民的运动方兴未艾。有色种族的文化可能在与主流社会的融合中逐渐消失，但其人口的种族特点却难以改变，并且经常促使他们更加清醒地意识到自己的身份。这种认同心理，会在很大程度上增强有色民族的心理认同意识和文化存在。在这种条件下，随着外来移民的不断加入，各民族的文化还会更加灿烂辉煌，其发展趋势和结果就是移民迁入国家的种族多元化。1987 年 5 月，欧洲部长会议在葡萄牙的波尔图召开后发表声明指出，如果各成员国想从移民社区的文化和社会生活中

---

① Geddes, Andrew, "International Migration and the State Sovereignty in an Integrating Europe", *International Migration*, Vol. 39, No. 6, 2001, pp. 28-29.

② 〔美〕约瑟夫·威勒:《欧洲宪政》,第 249 页。

汲取精华，那么就必须在所有社区长期实施一项兼容并蓄的同化政策，在允许移民保留自己文化的同时，帮助他们在思想与国家认同方面积极地融入主流社会。相应地，欧盟文化委员会采取了一些步骤，向移民宣传跨越文化的知识。宣传材料中这样写道："这是一个多元文化的社会，一种具有活力的文化相互作用的模式。它将少数民族文化看做是一种机会而不是一种威胁。随着跨文化方法在教育体系中不断渗透（学校教育、师资培训、教科书和其他教育材料），会在下一代不同的文化、民族和种族群体中，为相互尊重奠定更加坚实的基础。"①这种政策性定位可谓高屋建瓴，一语中的。但是在实践上，各成员国能否完全兑现欧盟在推进充分融合进程的诺言，在地理、经济、社会和地方政治上等方面，帮助有色种族的外来移民无条件地享有与成员国土生公民完全相同的权利？严格地讲，要实现这一目标，依然是任重道远。因为如前所述，在20世纪90年代上半期，经济合作与发展组织国家中居住着2500万外国人，他们仍然没有充分地被吸纳到主流社会之中。

【平等的理想与现实的矛盾】 在接受外来移民的欧洲发达国家中，各国政要常常以自己的政治和社会体系中的民主与平等自诩，并藉此指责其他意识形态不同的国家。尚且不论这些发达国家在本国公民中是否真正实现了自由、民主和平等，一个无可争议的事实是，在当代欧洲发达国家，所有外来移民都在不同程度上因受到种种形式的歧视与排斥而生活在入不敷出的贫困中。在西欧各国，当一些移民群体到来后，常常与本民族的人聚居在一起，形成了分散在主流社会中的少数民族聚居区。对于这种现象，不少国家的土生居民错误地认为外来移民对当地就业市场和政府救济产生了较大的不利影响，并在社会就业、福利、犯罪、毒品走私等方面加剧了当地的社会问题。由此产生的排外情绪不时地演化为对外来移民的暴力排斥。在排斥外来移民的各种因

① Mercuro, N., H. Entinger, and J. Carter, *Immigration in Western Democracies*, p. 186.

素中，除经济因素外，最为引人注目的是种族主义。

种族主义作为一种社会思潮，抑或是政府政策，在欧洲国家由来已久。但是，当代种族主义又增添了新的内容。按照一些学者的解释，新时期的种族主义主要表现为"新民族主义"。从正面讲，这种新民族主义主张实现欧洲的强大、独立、繁荣与和平，但是，其潜在的危险性是：它鼓吹民族至上和扩张主义，排斥弱小民族。这些主张又推动新时期的法西斯主义势力的抬头，结果导致欧盟一些国家纷纷出现反对移民的骚乱。因此，在"欧洲出现的'新民族主义'，是法西斯主义在新的历史条件下的翻版，这一'新民族主义'被称为种族主义更为恰当"。[①] 与过去不同的是，新时期的民族主义具有更广泛的社会基础。据 1997 年欧盟公布的一项对 15 个国家 1.6 万人的调查，将近 1/3 的被调查者认为自己是十足的种族主义者，另有 1/3 认为自己有时是种族主义者，余者认为自己不是种族主义者。在那些自称为十足的种族主义者中间，48％的被调查者认为，如果没有移民，他们的国家会更好；43％的人认为，来自欧盟以外的合法移民应当在经济萧条时期被遣返回国。更为激烈的是，在德国、意大利、荷兰、丹麦和斯堪的纳维亚国家，到处充斥着一种强烈的排外主义气息，几乎每个欧盟成员国家，都发生过大大小小的排斥移民的种族事件。例如 20 世纪 90 年代，发生在德国的袭击移民的事件多达 2000 多起；类似事件在法国也与日俱增，由 1991 年的 1235 起上升到 1992 年的 2285 起，增长了 85.02％。在 1992 年的法国市政选举中，长期主张排斥移民的法国右翼势力"国民阵线"赢得选票的 14％，其党魁勒庞在欧洲议会选举中获得成功，还扬言要竞选下届

① 引文见谢晋宇："欧盟面临的新挑战：反移民的逆流"，《南开学报》2000 年第 2 期，第 61 页。还有学者认为在一些地区，由于少数民族的增加，以民族特点为核心的地方主义日益抬头，形成了作者所说的"微观—地方主义"(micro-regions)。这种地方性民族主义的发展曾是苏联、南斯拉夫和捷克斯洛伐克解体的主要原因之一。在西欧国家和地区，"越来越多的微观地区都有一种……得到欧盟承认的独特的认同和文化"，其典型的表现是民族主义、地方主义、种族主义和领土收复主义(北爱尔兰共和主义阵线)等。见 Holmes, Leslie, and Philomena Murray, *Citizenship and Identity in Europe*, p. 5。

法国总统；在荷兰，具有种族主义性质的暴力事件从1990年的37起上升到1994年的1200起，而且有些学者认为这只是“真实数目的冰山一角”；在斯堪的纳维亚国家，反对穆斯林移民“入侵”的暴力事件可谓多种多样，包括纵火、强奸、抢劫、殴打、毁坏房屋和财产等，比较严重的是通过政治宣传灌输纳粹种族主义思想，强调白人优越论等，对移民进行全民动员式的攻击。[①] 很明显，这些问题不解决，外来移民就很难融入当地主流社会，也无法摆脱经济上的贫困。这对于欧美各国来说，未必是一件值得庆幸的事情，因为社会财富的两极化或早或晚地会引起爆炸性的骚动。

总括前文，在当代世界上没有哪一个地区像欧洲那样，在一个相对狭小的空间范围内，集中了数量较多且彼此相互依赖的市场经济发达的国家，各国的政治体制具有鲜明的同质性，彼此间的文化和文明发达程度也比较接近。但是，从欧共体时期到欧盟时期移民政策的形成，却经历了一个复杂而漫长的历史过程。美苏冷战带来的各种挑战，使各国领导人认识到通过政治和经济联盟谋求共同发展的重要性。他们在打通市场壁垒，促进资本、商品、信息和服务流动的同时，也认识到以劳工为核心的人口流动对各国经济资源与劳动力区域分布之间协调配置的意义。这种高屋建瓴的卓越见识，顺应了市场经济在全球化进程中的内在规律和客观要求，因而他们在屡试屡踬的情况下，仍锲而不舍地寻求共赢的有效途径。同时，在欧盟一体化进程中，淋漓尽致地展示了全球化与地方化之间的矛盾运动过程，其中折射出的寻求共赢的精神与相互协调的积极态度，反映了区域一体化进程中某些值得称道的经验，以及推动区域整体利益与国别利益之间的典型范例。当欧盟一体化进程中所形成的各项重大文件付诸实践时，各国所表现出的三心二意心态，又说明了国家主权是当代民族国家不可逾越的障碍。对于许

---

① 谢晋宇：“欧盟面临的新挑战：反移民逆流”，《南开学报》2000年第2期，第62—63页。

多来自第三国的移民来说，他们从母国不远万里来到西方发达国家，就是为了在改善自身经济条件的同时，能够在这些自诩自由、民主的国家里，找到梦寐以求的安身立命之所，然而他们始料不及的是，在获得了自由后却无法满足追求物质上和精神上平等的愿望。他们所面临的问题，既是人口流动中难以回避的现象，也是欧盟国家今后推进民族融合的艰巨任务。更为棘手的是，发展中国家与欧洲发达国家之间的经济发展水平和生活条件的差距，以及地区性冲突所造成的成千上万的难民，导致大批的移民和难民蜂拥而至。如何应对这种移民潮，也是摆在欧盟国家面前的另一项挑战。

第四章　美加两国的移民政策及其效用

美国和加拿大是毗邻的两个大国，彼此在地理、历史、政治体制、民族、文化和宗教等多方面，既有相似之处，也有各自的特点。两国的移民政策也是如此。从殖民地时代开始到 19 世纪末，美国积极的、开放性的移民政策在内部竞争机制中发挥得淋漓尽致，因而它吸引的外来移民人数多，民族来源更加庞杂。移民入境后的流动性，使他们很快地融入美国主流社会。加拿大比美国建国晚，而且在移民政策上谨小慎微，缺乏竞争机制，吸引的外来移民人数少、来源比较单一，加上其社会经济发展缓慢，地理上又处于劣势，导致大批移民后来转向美国。在这种趋势下，美国人口迅速增长，社会经济日新月异，而加拿大却步履蹒跚，两国间的差异日益明显并持续到当代。当然，在限制外来移民方面，两国大同小异。在 20 世纪，两国都根据自身的工业化进程限制了东欧、南欧和亚洲的移民，这种种族歧视的政策到 20 世纪 60 年代才被彻底废除。此后，随着两国移民入境政策公正性的增强，来自第三世界国家的移民才开始大幅度上升，民族多元化的趋势进一步加强。需要说明的是，由于笔者多年一直研究美国的外来移民，本章将适当加大对加拿大的论述。

一、自由放任时期的移民政策

1607 年，英国在弗吉尼亚建立第一个殖民地之后，为加快殖民地的开发，在移民入境和入籍政策上逐渐放宽了限制。只要表示愿意效忠英国国王、服膺英国的殖民统治，移民就可以入境。在这种背景下，无论是最先建立的弗吉尼亚殖民地，还是在 18 世纪 30 年代建立的佐治亚和南、北卡罗来纳殖民地，各自因经济利益的驱动及对相邻殖民地的戒心，纷纷以种种方式吸引英国和欧洲移民。各殖民地不仅推出了颇具诱惑力的土地分配制度，而且还有些殖民地(如佐治亚)通过“赈济”方式，向移民提供前往北美的路费和开发土地的农具等。从各殖民地的资助力度看，殖民地建立时间越晚，其资助力度越大。然而，由于受到当时交通条件落后的限制，殖民地移民增长十分缓慢。于是，各殖民地通过契约制度的方式，引进白人和黑人移民。移民的增多和殖民地较高的自然繁殖率，使英属北美殖民地人口由 1689 年的 20 万增加到 1721 年的 50 万。此后，随着殖民地生存条件的改善，其人口平均每 20 年翻一番，到 1790 年美国第一次统计人口时，已经达到 390 多万。[①] 在如此短的时间内，人口以如此速度增长，不能不说是一个奇迹。

在美国的立国时期，尽管华盛顿和杰斐逊等开国元勋在如何吸引外来移民的问题上缺乏共识，美国政府也在犹豫不决中采取了自由放任、门户洞开的政策，但是，具有政治远见和领土扩张意识的美国人在 19 世纪上半期所做出的一系列决策，却彻底地改变了美国历史发展的方向。一方面，从 1803 年路易斯安那购买之后到 1846—1848 年美墨战争和 1850 年的加兹登购买，美国的领土边界直接推向太平洋沿岸，至此，具有现代意义的美国版图基本形成。另一方面，美国各州特别是西部准州为开发自己的土地和经济资源，竞相推出各种吸引外来移民的政策和计划。大批欧洲移民到来后，与美国东部地区的居民一起，纷纷向西部迁移，形成了长达一个世纪的波澜壮阔的“西进运动”。这场既有政府保驾又有群众参与的运动，为日后美国的迅速崛起奠定了雄厚的基础。当 1890 年美国政府宣布西部“自由”土地消失的时候，美国的移民政策也发生了历史性的转变。以 1882 年《排华法案》为标志，美

① 梁茂信:《美国移民政策研究》,第 15—23 页。

国的移民政策也从自由放任阶段进入选择和限制的时期。

在1882年之前,美国的移民政策主要分为两个层次。第一层次是联邦政策。根据1787年宪法规定,美国政府于1807年结束了长达近200年的黑奴贸易。之后,美国国会颁布的移民法只有两项,第一项是1819年法令,它要求运载移民的船主必须向入境口岸申报入境移民的姓名、身份、性别和国籍来源等。因此,从1820年开始,美国政府才有了权威性的移民统计。第二项是40年之后即美国内战方酣的1864年颁布的《合同劳工法》,它允许企业主与那些无力支付路费的外国移民签订合同,并提供他们移居美国的路费,劳工入境后必须按照合同规定的时间提供服务,以便偿还其雇主垫付的路费。法令还规定,在纽约市设立"美国移民办公室",加强对入境移民的管理。这个机构就是美国移民局的前身。第二个层次是各州鼓励移民的政策。这些政策主要分为三类。第一类是成立专门机构,撰写英语、德语和法语等语种的宣传材料,然后在美国东部入境口岸设立招募移民办事处,或派人到欧洲国家宣传。例如,在19世纪80年代,早已开发了几十年的威斯康星州,还在德、法两国散发了近3万份宣传册和地图,同时又通过42种报纸在欧洲各国大做广告,介绍本州的地理、经济、人口和就业状况等。许多人看到美国的生活条件后纷纷前来定居。第二类是动员在本州定居的外来移民,以书信的方式,把自己在美国的真实经历和生活状况告诉欧洲的亲友,以情感鼓励欧洲移民。第三类是大力扶持本州的工商业公司,鼓励它们吸引欧洲移民。这方面的例子很多,因篇幅有限,在此仅举一例。在1854年,伊利诺伊州铁路公司开始实施其招募移民的计划,向德国和斯堪的纳维亚国家派遣了大批代理人员。他们通过参加交易会、教会礼拜和举行会议的方式做广告,对于那些有一技之长的移民,铁路公司不仅资助旅费,而且还免费提供入境后的火车票;如果移民愿意购买该公司土地,可享受分期付款的优惠。在所有款项付清之前,铁路公司还可以帮助土地购买者交纳赋税。在美国内战结束后,其他铁路公司竞相效尤,有些铁路公司甚至还成为其所在州的移民代理机构。例如，柏林顿公司是艾奥瓦州移民委员会的代理，北太平洋铁路公司是俄勒冈移民委员会的代理。柏林顿公司在艾奥瓦和内布拉斯加州负责向移民销售了300万英亩的土地，并帮助来自英国、德国和其他北欧国家的移民建立了社区。北太平洋铁路公司的活动范围更大，它在明尼苏达、南达科他、北达科他、蒙大拿等州和准州建立了规模更大的移民社区。1882—1883年间，该公司用英语和德语等六种语言，发行了吸引移民的《大西北》月刊和63.5万份宣传册子。[①] 上述各项措施实施后，来到美国的外来移民与日俱增，高潮迭起。根据统计，在1820—1880年间，来到美国的移民达到1018.9万人，这个数字是1800年美国人口的两倍。在入境移民中，各国移民人数多寡不同。其中来自英国、爱尔兰和德意志的移民最多。此外，除北欧国家和加拿大的移民大幅度增加外，还有20多万来自中国的华人。[②]

与美国相比，加拿大在吸引外来移民方面有诸多不利因素。首先，加拿大在地理上位于北纬50度以北，大部分地区距离北极较近，气候凛冽，不适于人类居住。即使是在与美国接壤的地区，也是冬季漫长，与大片领土地处北纬25度至45度之间的美国不可同日而语。在美国，除与加拿大相邻的10个边界州气候比较寒冷外，有2/3的州位于北纬40度以南，四季分明，常年温差小，风景秀丽，土壤肥沃，有利于人口居住和开展经济活动。

其次，加拿大的建国时间比美国晚80多年，它真正制定吸引移民的政策是在1867年建国之后。此前，加拿大始终缺乏具有内部竞争性的政策机制。作为法国在17世纪初创建的殖民地，其使命不是为法国开辟商品市场和原料产地，而是要在新世界遏制英国的扩张。因此，法国对殖民地实施了限制性的移民政策。结果加拿大不仅人口增长缓

---

① 具体措施和效果见梁茂信:《美国移民政策研究》，第55—59、60—68页。

② 在19世纪迁入美国的加拿大移民中，有些是在加拿大出生的当地人，有些是在加拿大居住若干年的欧洲移民。详细论述，参见本章后文、正文中的引文，参见梁茂信:《美国移民政策研究》，第70页。

慢，而且民族结构比较单一，绝大多数居民是法国人。当英国在七年战争中战胜法国并攫取加拿大时，居住在魁北克、新斯科舍和新不伦瑞克的法国裔只有1万人。[①] 在英国占领加拿大之后，它也没有实施类似于美国那样令人眼花缭乱的移民政策。在没有任何激励性措施的前提下，加拿大移民完全是受自发性的利益驱动。1776年美国独立革命爆发时，加拿大人口不过11万，其中6.5万是法国裔。值得注意的是，在美国革命时期先后有4万人从美国迁移到加拿大的新斯科舍、新不伦瑞克和安大略省，另有近3000人分别流向魁北克和爱德华德王子岛。他们中间包括英军中的残兵败将、亲英的王党分子和受英国蒙骗的黑人奴隶。他们中间，有部分人在1784年以后返回美国。[②] 这是加拿大独立之前的第一次移民潮。

在1867年加拿大独立之前，它作为英国的殖民地，在移民政策上享有独立的决策权。然而，它所制定的移民政策具有很强的选择性和限制性。从积极面看，它主要包括两方面：(一)加强与英国的协调。在19世纪初期，由于航海条件恶劣、航行周期长，船上染病不断[③]，入境的港口城市不得不对入境移民实行隔离政策，例如在哈利法克斯、圣约翰、魁北克和蒙特利尔等地，都建立了移民隔离区。移民最后能否入境，关键取决于其身体健康状况。同时，在加拿大政府的多次要求下，英国颁布了《1803年客运工具法》(the Passenger Vessels Act of 1803)，要求船主改善移民运输途中的卫生条件。但在此后半个世纪中，因政府执法不力，船运公司我行我素，航海途中恶劣的食宿和卫生条件成为移民发病率和死亡率较高的最大诱因。仅仅在哈利法克斯，

① Kelley, Ninette, and Michael Trebilcock, *The Making of the Mosaic: A History of Canadian Immigration Policy*, Toronto: University of Toronto Press, 2000, p. 22.

② Malarek, Victor, *Heaven's Gate: Canada's Immigration Fiaso*, Toronto: Macmillan of Canada, 1987, p. 1; Kelley, Ninette, and Michael Trebilcock, *The Making of the Mosaic*, p. 37.

③ 姜芃:《加拿大文明》，中国社会科学出版社2001年版，第102页。

入境的1万移民中就有800多人死亡;在1847年从英国迁居加拿大的9万移民中,有1.5万人途中死亡。[①]（二)由于入境移民携带的传染病经常传染给加拿大当地居民,引起各地抗议不断。为此,新斯科舍、新不伦瑞克和安大略等地先后自行颁布条例,对入境移民实施课税政策。1830年,加拿大总督将这种课税政策推而广之。一方面,政府在入境口岸和移民集中地区开设医院,对入境移民进行体检。这种措施是必要的,但在实施的过程中,当地官员和医生的态度却引起许多移民的反感。另一方面,从1832年开始,加拿大南部各地要求入境的每一名成年移民缴纳5先令的人头税。所得资金中,一部分用来资助加拿大土生居民向北部地区迁移,开发那里1700万英亩的土地;另一部分资金拨付给为移民提供体检服务的医院。1747年,当10万多名爱尔兰人入境时,加拿大对境内所有移民收取夏季高、冬季低的浮动人头税,而且各地执行标准悬殊,在新斯科舍和新不伦瑞克,最高时达到20先令,这对那些贫困潦倒的移民来说无疑是雪上加霜。于是,许多移民转向美国。[②]

在19世纪中期,当马铃薯饥荒促使大批的爱尔兰移民蜂拥美国时,也产生了加拿大独立之前最大的移民潮。在1844—1849年,先后有109.99万爱尔兰移民离开英国和爱尔兰,其中有73.42万来到美国,28.02万来到加拿大,到澳大利亚和其他地区的人数分别为6.64万和1.9万。从时间上看,1846年之后移民增长惊人,人数从当年的12.98万跃至1847年的25.82万,1848年和1849年合计为54.7万人。由于爱尔兰移民穷困潦倒,劳动技能有限,被认为是“属于非熟练劳工中的最低阶层的人,多数身患疾病,能从事农业劳动的人寥寥无几”。更严重的是,在蒙特利尔,因为无钱治病,在1847年有1100人

① Malarek, Victor, *Heaven's Gate*, pp. 2-3.

② Kelley, Ninette, and Michael Trebilcock, *The Making of the Mosaic*, p. 50.

死亡。[①]

当然，加拿大实施上述措施的另一个原因是，英国人实施了一项损人利己的政策。当英国国内出现动荡或贫困人口膨胀的时候，它就把海外殖民地看做是缓解英国社会问题的安全阀。加拿大当时作为英属殖民地而深受其害，抱怨宗主国把加拿大当作是“各类罪犯或被即将被判刑的罪犯的倾泻场”。在19世纪30年代，英国政府向国内的贫困者和残疾者提供资助，帮助他们迁移到美国和加拿大。1831—1832年间，有2万名受英国政府资助的移民试图迁入美国遭到拒绝后，转入加拿大的哈里发克斯和圣约翰地区。客观而言，19世纪的加拿大是欢迎外来移民的，但对英国的罪犯、贫困者和残疾人等，加拿大人坚决反对其入境。在加拿大独立前，一位欧洲移民入境时，移民官问道：“你有任何犯罪记录吗？”答曰：“我没想到这条规定还在实施。”[②]这段对话中的滑稽之处是，人们以为犯罪已成为欧洲移民进入加拿大的一项必要条件。

诚然，这并非是说加拿大在独立之前没鼓励性的移民政策。相邻的美国迅速崛起，加拿大人无不感到担忧，因为在19世纪大部分时间里，野心勃勃的美国人始终没有放弃吞并加拿大的想法。1867年美国购买阿拉斯加的目的之一，就是在地理上和经济上形成对加拿大的“包围”，以保证加拿大这颗“熟透的苹果”，最终能落在美国人的篮筐里。面对虎视眈眈的美国人，加拿大政府认识到了促进人口的增长、加快经济发展的战略性意义。1848年加拿大总督指出，唯有把“加拿大变成英格兰和爱尔兰剩余人口最为自然的避风港”，才能加快加拿大内地土地和经济的开发，这是“唯一的防止加拿大成为美国一州的可能的机

---

① Tucker, Gilbert, “The Famine Immigration to Canada, 1847”, *The American Historical Review*, Vol. 36, No. 3, 1931, pp. 534, 537, 540-541, http://www.jstor.org/stable/1837913(2008年5月27日下载).

② Foster, Lorne, *Turnstile Immigration: Multiculturalism, Social Order and Social Justice in Canada*, Toronto: Thompson Educational Publishing, Inc., 1998, p. 84; Malarek, Victor, *Heaven's* Gate, pp. 1-2.

会”。在这种思想指导下，加拿大在1854年前后，模仿美国各州招募移民的方法，制定了积极吸引移民的政策。但在实践上，加拿大政府的最大失误是，其宣传政策只限于吸引英国人，而没有涉及欧洲大陆。一直到1859年，加拿大才开始在英国设立招募移民的办事处，翌年又在德国如法炮制。而当许多移民入境的时候，加拿大的人头税政策使许多移民流向美国。①

加拿大谨小慎微的移民政策，在入境移民的规模和来源结构上得到了充分体现。1868年时，在加拿大360万人口中，32%为法国裔，24%为爱尔兰裔，英吉利裔仅有20%，苏格兰裔占20%，德国裔占6%。在其余2%的人口中，有3万荷兰裔、2.15万黑人、2.3万土著人。在这些人口中，79%是土生居民。移民占各省总人口的比例差异较大，例如，移民占安大略省人口的1/3，而在魁北克仅占1/12。② 不难看出，加拿大与美国相比，两国移民来源基本相似，但入境移民规模和各民族的比例却大相径庭。

二、自由放任时代的结束

如前所述，在美国内战结束后，各州继续奉行内战前的移民政策，尤其是在南部地区，奴隶制被推翻后又缓慢地开始了工业化，吸引移民的政策力度更大。与此同时，美国西部开发方兴未艾，各地工业化也在内战前的基础上向纵深方向发展，以托拉斯为标志的现代企业制度的

① Kelley，Ninette，and Michael Trebilcock，*The Making of the Mosaic*，pp. 44，50.

② 有关1870年加拿大人口的统计可能有误，因为其中未包括加拿大边远地区的10万土著人和西部地区的华人。参见Kelley，Ninette，and Michael Trebilcock，*The Making of the Mosaic*，p. 22。另外据其他学者研究，1867年加拿大人口增长到350万，其中法国裔人口最多，达百万以上。第二大群体是爱尔兰移民，人数达到84.6万，英吉利裔为70.6万，苏格兰裔为59.94万，德国裔20.20万，荷兰裔2.9万，黑人为2万人。此外，还有为数不多的西班牙裔、葡萄牙裔、意大利裔、瑞士裔和华裔。参见Malarek，Victor，*Heaven's Gate*，pp. 3-4。

确立极大地推动了市场经济体制下的社会化生产。科学技术的广泛应用,极大地提高了生产力,新兴服务业部门应运而生,各种工商业实体在激烈的竞争中蓬勃发展,就业机会成倍增加。在此前提下,欧洲移民蜂拥而至,形成了又一个移民高潮。据统计,在1880—1930年间,来到美国的欧洲移民达到2765.3万人。在1880年之前,来自英国、德国、爱尔兰等西欧和北欧国家的移民占据多数,而在此之后来自东欧和南欧国家的移民却日益增多。到1896年,东欧和南欧国家的移民首次超过入境移民的半数,此后一再攀升,到1907年跃至80%以上,这表明美国的移民来源发生根本性变化。① 东南欧移民基本上不信奉新教,文盲率较高,又不懂英语,来到美国后多数流向美国东北部城市。他们多数从事非熟练职业,生活上比较贫困,文化上比较封闭。对他们来说,他们在美国面临着两方面的转化,一是从农村生活方式向城市生活方式的转变,二是母国文化和价值观念的美国化。在这种双重转化的过程中,就业市场上的竞争、宗教与文化观念上的差异以及对母国的民族认同感,导致他们受到美国人的排斥。在这种情况下,美国社会各界的辩论使得政府犹豫不决,社会上的排外事件与日俱增。在各移民群体中,首当其冲的是华人。1882年《排华法案》的颁布与实施,标志着美国建国以来奉行的门户洞开、来者不拒的自由放任政策的结束。②

与美国社会轰轰烈烈的经济发展景象相比,刚刚独立的加拿大可谓困难重重,前途未卜。当时的加拿大只包括新斯科舍、新不伦瑞克、魁北克和安大略。与美国接壤的西部沿海地区、西部内陆的不列颠哥伦比亚、纽芬兰岛和爱德华王子岛仍未纳入加拿大版图之内。此时加拿大国内,各种潜在的分裂因素依然没有消除。加拿大政府认为,只有吸引外来移民,才能加快加人口的增长并推动经济的迅速增长。为此,加拿大政府制定了如下政策。

---

① 梁茂信:《美国移民政策研究》,第3页。

② 梁茂信:“19世纪末期美国对华人的移民政策”,《东北师范大学学报》1998年第1期。

第一,为吸引移民、加快国土资源的开发,加拿大在 1872 年颁布《自治领土地法》,任何年满 21 岁的人,只要交纳 10 加元的注册费,就可获得 160 英亩的宅地。之后,只要每年在宅地居住半年,三年后就可获得土地所有权。1874 年政府又规定,居住者可在其宅地附近的土地上再开发相当于注册面积 1/4 的土地,并交纳与以前相同的资金,三年后就可获得所有权。另一方面,在 1880 年,加拿大政府与铁路公司达成协议,修建横跨加拿大的铁路,每修建一英里的铁路,可获得沿线 24 英里宽的土地,另外接受政府资助 6000 万美元和贷款 3500 万美元。铁路修成后 20 年内,铁路公司可以经营长达 720 英里的铁路及开发沿线南侧的土地。上述政策与美国在 1862 年颁布的《宅地法》和在修建横贯大陆的铁路时的措施,有异曲同工之处。两种政策相得益彰,最终使加拿大在蓬勃发展中迅速崛起。

第二,在 1869 年,加拿大颁布了独立后的第一部《移民法》。它规定,所有移民入境时必须接受医疗检查,否则不得入境,精神病患者和各类残疾人均不得入境。为保证移民入境时身体健康,法案要求(1872 年和 1887 年又做了补充)船运公司必须在途中为移民提供必要的卫生设施和足够的营养。移民入境时,船长还必须提交详细报告。移民入境后,任何商业性实体在提供住宿、交通、饮食及就业等方面的信息和服务时,不得有任何欺诈性行为。各地官员必须根据移民的实际状况,提供必要的交通和生活补贴,保证移民到达目的地之后能够正常生活。但是,关于移民的经济条件和职业背景等,法案只字未提。1872 年加拿大政府禁止罪犯和“其他险恶阶层”的人入境。七年后,政府通过枢密令,禁止乞丐和贫困者入境。这时,加拿大的移民政策是开明的,为移民提供的优惠也是前所未有的。

在上述法案实施后,加拿大各地为吸引欧洲移民,纷纷向美国和欧洲派遣招募移民的工作人员,在伦敦、都柏林、贝尔法斯特以及格拉斯哥等地设立了吸引移民的办事处。办事处的宣传人员利用英国的报纸杂志,频繁刊登招募移民的广告,或寻机在学校和教堂等公共场所张贴海报或散发宣传册子。但是，在招募移民的过程中却出现明显偏差。第一，被招募对象首先是那些有能力购买土地的农民和家政劳工，而熟练劳工、商人和专业技术人士基本上被排除在外。第二，政府为加大吸引移民力度，特意聘用了一些“旅行代理”，但是，他们缺乏必要的敬业精神和工作经验，工作中常有“成事不足、败事有余”之嫌。他们被当时的观察者评价为“是一帮吵吵闹闹、自吹自擂、浮夸成性、善于诈唬、自命不凡的故事编造者。他们通过媒体在英国信口雌黄，喋喋不休，给自治领政府丢尽颜面。他们在已经决定移民的人面前游荡……但却忽略了成千上万的没有迁移的人”。因此，政府只好改弦易辙，从1890年开始资助那些已经在加拿大获得成功的移民返回故里，宣传加拿大的移民政策，结果这些人多数一事无成，“其旅行无异于度假”。第三，船运公司加入政府招募移民的行列后，经常宣传一些错误的甚至是荒谬的信息。有些册子写道，加拿大冬季漫长，人们有足够的时间学习和娱乐。此外，“冬季透明清爽的严寒空气实际上对农业最为有利，因为土壤上面的霜冻所产生的化合作用之彻底，是任何化肥或机械设备无论如何所不能比拟的”。①

在加拿大招募移民的种种努力遭受到挫折的同时，外部诸多因素也成为加拿大人无法摆脱的羁绊。（一）在19世纪末，除英国移民之外，加拿大所能吸引的欧洲移民寥寥无几。如前所述，此时的德国已完成了向工业社会的转型，其国内向海外移民的人口日益减少，对外籍劳工的需求亦日趋旺盛。同时，随着德国对外扩张步伐的加快，其军国主义野心也恶性膨胀，并在与英法等老牌帝国主义国家的对垒中因德国军队的迅猛扩张消耗了雄厚的人力资源，因此它禁止加拿大招募德国移民。在法国，由于其人口增长缓慢，它也在吸引外来移民来满足经济的需要，同时它也需要人口扩充军队，应对德国的侵略。所以，除法属殖民地以外，法国禁止其公民向海外迁移。意大利、匈牙利、瑞士、比利

① Kelley, Ninette, and Michael Trebilcock, *The Making of the Mosaic*, pp. 81-82.

时和北欧国家等，都因工业化发展需要，或因担心扰乱民心，纷纷禁止加拿大宣传招募移民的活动。这种对立情绪，与19世纪上半期美国吸引移民时所遇到的情形是一致的，但加拿大经济发展所创造的各种机会却远远不如美国多，因而移民迁移的热情也不高。（二）在吸引移民方面，加拿大也受到来自美国、巴西、阿根廷和澳大利亚的竞争与挑战。其中最有力的竞争者是美国。虽然此时美国各种招募移民活动的高潮期已经过去，但美国工业化的迅速发展创造的就业机会之多、工资水平之高、自然和社会生活条件之优越，均令加拿大望尘莫及。1873年，加拿大政府的一份报告中说，在英国"所到之处，所有谈论似乎都与美国有关，美国就是一切。目前流行的观念是美国就是美洲，加拿大和美洲其他地方都不值得一提"。有些加拿大人认为，移民不愿意到加拿大来，是因为美国人故意贬低加拿大，而把美国吹得天花乱坠。于是，一些加拿大人也开始自吹自擂，贬低美国，认为加拿大的气候比较稳定，它不欢迎那些好吃懒做且毫无雄心的人。"每年它都会将那些游民和狂妄自大者排除在外，那些不可救药的无业游民，一般都在冬季流向气候相对温暖的美国。"美国的黑人是任何有雄心的移民成功的障碍。美国的气候不利于人的生理健康，其西部地区的死水潭常常"使空气充满毒气，并导致人们引发高烧和死亡"。然而，这些宣传的影响面毕竟有限。更让加拿大人无奈的是，许多打算迁移到加拿大的移民，在前往加拿大的途中，却对美国到处生机勃勃的经济叹为观止，"特别是在芝加哥和圣路易斯，移民对马尼托巴（Manitoba）的赞誉之辞不感兴趣，而对明尼苏达和达科他的赞誉非常关注。有关马尼托巴萧条和艰辛的谣言广泛流传，那里定居者的条件与边界美国一侧的繁荣，形成了鲜明的对照"。[①]（三）由于加拿大的煤炭、钢铁、运输、捕鱼、木材加工和农业等处处受到美国的竞争和挑战，特别是美国为保护民族工业而实施的高关税政策，限制了主要依靠原材料出口的加拿大经济发展的空间。

---

① Kelly, Ninette, and Michael Trebilcock, *The Making of the Mosaic*, pp. 100-102.

在新斯科舍,不少煤矿被迫关闭,在爱德华王子岛,捕鱼业因为受到美国新英格兰的挤压而难以为继,新不伦瑞克的造船和木材加工业也在与美国的竞争中败下阵来。

在这种情况下,许多移民从加拿大迁入美国。有学者指出:"在19世纪末的每十年间,离境移民比入境移民多。即使在吸引移民的积极努力实施后25年间,加拿大人口的增长率仍然低于其人口的自然增长率。"[①]从加拿大人口增长看,这种观点确有其道理。一方面,在地大物博的加拿大,人口的流动性很强,同时也因为地缘性因素,迁居美国的移民较多。当然,美加之间的人口流动向来就不是单向的。实际上,"在这个时期……来自美国的外来移民,甚至超过了来自英国的移民人数"。[②] 如此多的移民从美国来到加拿大,一方面是因为加拿大经济的发展孕育了许多创业和就业的机会;另一方面,在1917年美国宣布参战前后,美国人的安全感备受冲击。也就是说,当相同的推拉因素在促使欧洲移民来到加拿大的时候,它们也在推动美国人(其中也有外来移民)迁居加拿大。因为市场经济的因素在相同的经济条件下的效果是相同的。例如,在1881—1890年间,进入加拿大的移民,除了90.3万欧洲人以外,还有来自美国的53万人,两项合计140多万人,而同期从加拿大迁出的移民达到110.8万人,大多数去了美国。结果到1890年人口统计时,加拿大人口仅比10年前增加了50万人,其中在美国出生的移民仅仅增加了3000人。[③] 这就是说,在迁出加拿大的人口中,还有大量的以前来自美国的移民。在人口频繁流动的背景下,加拿大人口增长十分缓慢。例如,1867年加拿大人口不过369万,此后增长也

---

① Kelley, Ninette, and Michael Trebilcock, *The Making of the Mosaic*, pp. 80, 82.

② Timlin, Mabel F., "Canada's Immigration Policy, 1896-1910", *The Canadian Journal of Economics and Political Science*, Vol. 26, No. 4, 1960, p. 520, http://www.jstor.org/stable/138931(2008年5月27日下载).

③ McDougall, Duncan M., "Immigration into Canada, 1851-1920", *The Canadian Journal of Economics and Political Science*, Vol. 27, No. 2, 1961, pp. 169-170, http://www.jstor.org/stable/139138(2008年5月27日下载).

相对较慢。在 1871—1881 年间新增人口仅为 63.5 万，1881—1891 年为 50.8 万，1891—1901 年间为 53.8 万。[①] 在进入 20 世纪之后，加拿大人口较高的流动性仍在继续，美加之间的对流蔚为壮观。在 1901—1914 年间，进入加拿大的移民总数达到 290.6 万，其中英国移民达 111.63 万，美国的移民达 99.85 万，其他国家合计 79.1 万。从纵向看，加拿大的移民潮呈现出一个渐进式的过程。从 1903 年开始，每年入境移民人数基本在 10 万以上，1908 年猛增至 26 万以上，而在 1910—1914 年间，年均入境移民 30 万以上，形成了加拿大在 20 世纪的第一个移民高峰期，其中移民最多的年份是 1912 年和 1913 年，分别为 35.4 万和 40.2 万。从美国移民迁居加拿大的过程看，其高峰期是在 1910—1915 年间，每年迁入加拿大的人数达到 10 万以上，其中，在 1912 年和 1913 年分别达到 13.3 万和 13.9 万以上，都是移民最多的年份之一。第一次世界大战爆发后，各国移民都受到了影响，甚至来自美国的移民，也在 1916 年猛跌至 3.69 万人。[②]

就在加拿大积极吸引移民的同时，它于 1885 年颁布了具有歧视性的排华法。追本溯源，在 19 世纪 50 年代，当美国旧金山地区掀起排华浪潮后，许多华人只好来到加拿大不列颠哥伦比亚地区。由于华人安分敬业，吃苦耐劳，因而颇受雇主青睐。1881 年加拿大横贯大陆的铁路开始兴建之后，承建铁路的公司从中国招募了 1.5 万名华工。按照加拿大政府的计划，铁路建成后，将禁止“华人在加拿大永久性定居”。[③] 另一方面，对被雇佣的华人来说，他们希望尽快致富，早日回家。然而，在铁路施工期间，铁路公司以种种方式剥削华人，支付的工

---

① Stead, Robert J. C., “Canada’s Immigration Policy”, *Annals of the American Academy of Political and Social Science*, Vol. 107, 1923, p. 56, http://www.jstor.org/stable/1014695(2008 年 5 月 27 日下载).

② Stead, Robert J. C., “Canada’s Immigration Policy”, *Annals of the American Academy of Political and Social Sciences*, Vol. 107, 1923, p. 56.

③ 王昺:《文化马赛克:加拿大移民史》，第 60 页；Kelley, Ninette and Michael Trebilcock, *The Making of the Mosaic*, pp. 94-95.

资只相当于白人工资的30%到50%，即使是如此低的报酬，公司还通过高价赊账的方式向移民出售各种日用品。在铁路修建完毕后，大批华人因缺乏路费而无法回国，他们有些人为谋生而迁移到东部城市，从事园艺、餐饮、洗衣和家政等工作。然而华人的到来，引起了当地白人不满，他们呼吁政府排斥华人。1884年夏天，加拿大政府组成一个专门委员会，调查华人对当地社会问题的影响。该委员会在对律师、商人和政府官员等各界代表调查后认为，华人肮脏不堪、疾病较多，妇女都是妓女，男性经济上贫困、缺乏公德。更可怕的是，华人从亚洲带来了霍乱、天花和麻风病等，对当地居民构成生命威胁。尽管该委员会对华人的指责纯属无稽之谈，但在当时，具有明显种族主义偏见的加拿大白人却不遗余力地排斥华人。1885年夏天，加拿大颁布了《华人移民法》，规定除外交官、学生、旅游者和商人外，每位移民必须缴纳50加元的人头税。为限制华人参加政治活动，加拿大政府还在1885年颁布了《选举权利法》，剥夺了所有华人的选举权。①　从此之后，加拿大不断修订排华法，并一直实施到1947年。

在限制华人移民之后，许多加拿大人又将矛头指向日本移民。尽管当时日本移民人数并不多，但其人数增长较快，仅在1906—1908年间，入境的日本移民高达11565人。在1907年，不列颠哥伦比亚出现了排斥日本移民的骚乱，几名日本移民死伤，财产被抢劫一空。事后，加拿大向日本表示歉意，并向受害者提供经济赔偿。与美国相同的是，加拿大与日本达成了限制日本移民的"君子协议"，每年入境的日本移民人数不超过400人。但是，到1923年，日本移民的入境人数远远超过这个限额。②　显然，加拿大对日本移民的态度，比在华人问题上显得

---

①　姜芃：《加拿大文明》，第244—245页；Kelley, Ninette, and Michael Trebilcock, *The Making of the Mosaic*, pp. 96-98。

②　Malarek, Victor, *Heaven's Gate*, p. 9; Timlin, Mabel F., "Canada's Immigration Policy, 1896—1910", *The Canadian Journal of Economics and Political Science*, Vol. 26, No. 4, 1996, p. 526.

更加谨慎和富有理性，其缘由在于19世纪末期之后中日两国在国际地位上的差异，“弱国无外交”的至理名言，在加拿大的移民政策中再次得到了充分的印证。

当然，在这个时期大批印度移民的到来，却成为加拿大政府头痛的问题。当时其境内的印度移民人数不多，在1908年也不过4700人。印度作为英国的殖民地，理论上在英联邦范围内享有与加拿大公民一样的权利，可是加拿大政府还是强行通过决议，要求入境的印度移民交纳200加元的人头税。这种做法违背了英国臣民可以在英联邦自由迁移的规则，但此时的英国政府并未谴责加拿大，而是在伦敦举行的相关会议上做出了出尔反尔的规定，认为在英联邦成员之间，“每个国家都享有通过限制其他成员国移民来控制本国人口结构的全部权力，这是英联邦各国政府与生俱来的职责”。[①] 这种原则为加拿大政府限制有色种族移民提供了必要的法律依据，即使移民来自英联邦国家也概莫能外。

正当加拿大限制亚洲移民的时候，入境的欧洲移民与日俱增。而且与以前不同的是，在这个时期入境的移民中，多数进入城市，因而加拿大各地城市人口的增长，达到了前所未有的速度。例如，在1896—1914年间入境的300多万移民中，只有30%迁移到西部从事农业劳动，其余进入各城市或工业区谋生。在各类城市中，大城市一马当先。在1901—1910年间，蒙特利尔人口增长了50%，多伦多增长81%，温尼伯增长200%，埃德蒙顿为600%，而温哥华增长了300%。在移民的来源方面，东欧和南欧移民日益增多，西欧和北欧移民不断减少。在1914年，英国移民仅占入境移民的38%，美国人占总数的34%，其余来自东欧和南欧国家。[②] 这种形势表明，到20世纪初，美国和加拿大在移民的来源方面遇到的问题是相同的，社会上要求限制外来移民的

① Malarek, Victor, *Heaven's Gate*, p. 10.

② Kelley, Ninette, and Michael Trebilcock, *The Making of the Mosaic*, pp. 111-113.

呼声也此起彼伏。就美国而言，除工会组织坚决反对外来移民之外，一些社会学家、文化人类学家、生物学家等分别从各自的领域，运用“最新的科学理论”，阐述东欧和南欧各国移民的劣根性。第一次世界大战时期，德国移民的亲德情绪及其对美国人的强烈仇视，引发了美国社会上歇斯底里的民族沙文主义浪潮，而苏俄十月革命胜利后，又将美国社会上的恐惧感推向前所未有的高潮。但在此期间，美国人更多的是从理论上寻找限制亚洲和东南欧移民的依据，而具体的政策只有 1917 年的《文化测验法》。即使是这项象征性意义大于实践意义的法案，也是前后争论了 20 年才得以实施。反观加拿大，其政府制定和修订与移民相关的政策更加频繁。与美国不同的是，加拿大在制定吸引移民政策的同时，又在想方设法限制东欧和南欧移民。这个问题可以从以下两个方面展开论述。

第一，加拿大政府将管理外来移民的事务由农业部转向内政部之后，削弱了地方政府在选择移民来源和入境程序方面的决策权，增强了联邦政府的决策权和执法权，加强了对亚洲和东欧、南欧移民的限制性，对于被驱逐的移民，保证司法程序上的审查力度。

第二，把移民入境与西部土地开发结合起来。这样做的目的，就像内政部长克利福德·西夫顿(Clifford Sifton)所说的那样：“我们的处境形同坚果的外壳——广袤而富饶的土地上会很快居住着大量人口，他们被招来后立即履行公民义务。他们从事农耕的成功，有助于他们在经济上获得独立，并在不久的将来，构成加拿大国民生活中最为重要的力量。”在这种思想的指导下，加拿大采取的措施包括：(一)由内政部负责协调，说服加拿大铁路公司向移民出售联邦政府赠与的土地，允许移民在购买宅地时先开发后付款。这项政策实施后产生了积极的效果。在 1874—1905 年间，申请宅地的家庭增加了 20 多万户，其中 55%是在 1900—1905 年间完成的。(二)为加大吸引移民的力度，内政部增加在欧洲国家的宣传力度，更新宣传材料内容，而且散发的材料数量与种类之多也是加拿大历史上前所未有的，派往英国的宣传人员也由 1901 年的 18 人增至 1911 年的 50 多人。宣传方式也多种多样，除张贴海报、在报纸上刊登广告和在公共场所散发宣传册子外，更重要的是利用英国农产品交易会和工业博览会，展示加拿大的经济实力与水平。同时将设立在美国中西部各州的招募移民办事处增至 24 个，充分利用美国的报纸和杂志刊登广告。（三）动员境内的欧洲移民以书信的方式，说服亲朋好友移居加拿大。此时的加拿大政府已经认识到，纯粹强调吸引英美移民的做法已不可行，应更多地吸收东欧和中欧国家的移民。为此，加拿大与一些中欧国家的民间组织签订协议，每年向这些组织提供 1.5 万美元的资金，保证动员更多的移民前往加拿大。到 1905 年，加拿大出资 25 万加元，招募移民 5 万多人。①

由于东欧和南欧移民日益增多，加拿大国内要求限制的呼声日益高涨。一些政府官员也认为，新来的移民引起了加拿大社会犯罪率的上升，贫困移民的增多加重了当地社会和政府的救济负担。一些科学家也在宣传美国学界关于基因遗传的理论和种族主义之间的关系，担心有色种族的移民会在将来与加拿大白人交融后生成混血种族。在这种情况下，加拿大移民政策的限制性进一步增强。从 1906 年开始，加拿大政府制定了一系列法令，其中包括：(1)1906 年和 1910 年法令规定，所有移民入境时必须接受体检。患有眼科病、传染病、精神病、皮肤病和身体残疾的移民不得入境。入境后两年内，患有下列疾病的移民也将被遣返回国：肺结核、麻疹、精神错乱、肺炎、结膜炎、神经病和佝偻病等。(2)移民入境后两年内如果有违法行为，或患有某种传染性疾病，或依赖政府或社会救济，将被驱逐出境。(3)对于入境的移民，政府将征收一定的人头税。(4)继续实施政府资助外来移民入境的政策。如果受助移民入境后迁居别国，资助费用将悉数收回。(5)假如移民在冬季入境，每人必须随身携带 50 加元，其他季节入境的移民应不低于 25 加元，否则不能入境。(6)凡属于英国慈善机构招募的移民，必须在

---

① Kelley, Ninette, and Michael Trebilcock, *The Making of the Mosaic*, pp. 118-120.

英国和加拿大先后接受两次检查，身体不合格者将被遣返回国，遣返费用由相关的运输公司和英国慈善机构共同承担。(7)1919 年加拿大政府以种族等级制为核心，规定首先欢迎那些在气候、工业化、社会教育和文化生活方式等方面与加拿大相似的英国和美国白人，其次是其他西欧国家和北欧国家的移民，最后是来自东欧和南欧国家的移民。此外，政府还扩大了限制范围，被禁止入境的对象中有罪犯、各类疾病患者、贫困者、残疾人、无政府主义者、间谍、犯有叛国罪者、敌对国移民及旨在推翻加拿大政府的人。这些规定与美国在 1875 年以来禁止的对象相似，含有强烈的功利主义色彩。也是因为如此，加拿大政府在 1922 年规定，每位入境移民必须携带 250 加元的资金，以便保证移民入境后能够到达目的地。

上述政策显示，除亚洲移民受到限制外，加拿大吸引欧洲移民的政策并未改变，政府所强调的是欢迎有用之才。尤为引人注目的是，第一次世界大战爆发后，加拿大各地谣言四起，认为德国将入侵加拿大，于是，加拿大政府实施了与美国相似的集中营政策，大约 9000 多名德国移民及其后裔，被分别关押在安大略和不列颠哥伦比亚的三个集中营。但是，由于加拿大扩军后，对劳动力需求旺盛的军火工业和制造业迅速发展，劳动力供不应求的矛盾开始加剧。此时，来自欧洲和美国的移民大幅度减少，因此，一些企业主向政府施加压力，要求释放集中营的移民。经过政府内部和媒体之间的激烈争论后，到 1916 年有 6000 人被释放，这些劳工被运送到指定的企业就业，其工资水平比其他加拿大人低。此外，在战争时期，加拿大政府以威胁国家安全为由，继续实施驱逐移民出境的政策。例如，在 1913—1918 年间，被驱逐的移民达到 3600 多人。①

第一次世界大战结束后，加拿大经济陷入困境。对外贸易连续下降，大批退伍军人进入就业市场后，社会失业率有所上升，到 1920 年高

---

① Kelley, Ninette, and Michael Trebilcock, *The Making of the Mosaic*, pp. 172, 175.

达 16.3%，通货膨胀使居民收入比前一年减少 25%。在西部地区，一些企业随意解雇劳工或拒绝其提高工资的要求，因此，10 万劳工举行大罢工。俄国十月社会主义革命胜利后，加拿大担心宣传布尔什维克思想的移民入境，所以加快了限制外来移民的步伐。

实际上，加拿大限制性移民政策的形成，是加拿大政府根据社会发展进行调整的结果。在这个时期，加拿大工业化日新月异，城市化速度前所未有，随之而来的各种社会问题也不断增多。劳工为争取每周六日工作制、改善工作条件和提高工资水平，不断举行罢工。市场经济条件下的竞争机制导致社会财富分配两极化，贫困人口日益增多，城市贫民区急剧膨胀，恶劣的卫生条件导致各地流行疾病泛滥成灾。在蒙特利尔，每四个儿童中有一位不到四岁就因患病死亡。与此同时，民族矛盾和阶级矛盾相互交织，族裔冲突司空见惯，尤其是土生人与东南欧移民之间多次引发大规模的暴力冲突后，加拿大政府认识到，在完善社会管理机制的同时，需要从外来移民问题入手，只有禁止那些在政治、社会、文化、种族关系和道德等方面容易加剧社会矛盾的移民入境，才能在保证就业市场供求关系平衡的前提下避免社会问题的加剧。在这个意义上，加拿大限制外来移民的初衷和目的，与美国人有着惊人的一致性。

三、限制性政策的实施

无论是在美国还是在加拿大，蒸蒸日上的工业化和城市化，在迅速地改变着社会结构和面貌的同时，也加剧了各类社会问题：日益尖锐的劳资矛盾、空前加剧的社会贫富两极化、日益膨胀的贫民区、频繁的种族和民族冲突以及自由放任时代的政治腐败等，似乎都与外来移民有着说不清的瓜葛。在这种情况下，蜂拥而至的外来移民就自然成为两国的众矢之的和社会问题的替罪羊。当然，把外来移民问题纳入社会转型时期加强政治、经济和社会各方面管理机制中，无可厚非。美加两国根据社会发展需要调整移民政策，并且决定外来移民的入境人数、技术构成、健康状况与经济条件等，都有其合理的法律依据。但是，两国在制定移民政策时所表现出的种族主义偏见，却是对这两个所谓“民主国家”的莫大讽刺。

在美国，随着社会上要求限制外来移民的呼声一浪高过一浪，美国的政治家们经过将近10年的时间，终于推出了旨在禁止亚洲移民、限制东欧和南欧移民的限额制度。它将每年入境移民的人数限定在16万以下，其中西欧和北欧国家移民占总限额的85%以上，而在各国中，英国移民的限额最多，占总数的40%。这种结果表明，美国最欢迎的是英国移民，其次是西欧和北欧国家的移民，再次是东欧和南欧国家的移民，亚洲移民基本被排除在外。美国将种族歧视融入移民限额制度中，不仅仅是以基因遗传理论为核心的种族主义伪科学的结果，更重要的是它反映了建国以来种族主义在美国根深蒂固的程度，是早期美国白人压迫黑人、19世纪驱逐和屠杀印第安人的种族主义政策的变种和继续。这种政策的实质就是维护以盎格鲁—撒克逊白人为主体的社会制度与文化，确保他们的生活方式在美国社会中的主导性地位。因此，从美国移民政策的历史看，限额制度既是根深蒂固的种族主义发展的又一个高峰，也是美国移民政策进入严格限制时期的开始。

按照规定，移民限额制度从1929年7月1日起开始施行。然而，恰好在1929年末，美国爆发前所未有的近乎于灾难性的经济危机，其持续时间之长、破坏性之大、涉及面之广，可谓前所未有。在这种背景下，被经济危机弄得焦头烂额的胡佛政府，在严格按照移民限额制度决定每年入境的移民人数的同时，进一步提高了入境条件，禁止那些没有经济保障的移民进入美国。虽然罗斯福因实施“新政”而闻名遐迩，他在移民问题上也不是一位排外主义者，然而，在他执政后，美国政府不仅在移民政策上丝毫没有任何松动，相反，在纳粹政权疯狂迫害德国犹太人的时候，罗斯福政府先是隔岸观火，继而又趁火打劫（详见第五章）。由于限额制度中没有任何关于难民入境的条款，罗斯福政府仍然使用 1917 年《文化测验法》中关于禁止那些不能自食其力且“可能成为公众负担”的移民入境的条款，限制犹太难民入境。不同的是，罗斯福政府对该条款的解释更加严格。任何要求入境的移民，不论民族来源如何，即使符合入境条件，也必须有足够的资本或有本人在美国的亲属或社会机构提供的经济担保书，保证入境后无需救济也能维持正常生活。这项规定实施后，那些经济上一贫如洗又在美国没有亲属的犹太人纷纷被拒之门外。在美国政府严格限制外来移民的同时，欧洲国家也因为经济危机，分别走上不同的发展道路，德国和意大利法西斯政权的建立，很快将国家纳入战争机器的轨道，而英法两国既要应付经济危机，又要应对纳粹德国的挑战。欧洲战争策源地的形成，又将各国大量的人力资源卷入军备竞赛之中，各国因本国的劳动力供不应求而纷纷引进外国劳动力。所有这些因素，都在不同程度上遏制了欧洲移民迁移美国的势头。30 年代美国的入境移民不过 52 万人，每年平均入境人数不到限额规定的 1/3。值得注意的是，在这 10 年间，离境移民达到 45 万，与入境移民相抵，净迁入移民不过 6 万人。①

这十年间离境移民之多，与经济危机时期美国人失业率居高不下密切相关。成千上万的美国人和外来移民，因为生计无着而纷纷迁移到国外，有些移民返回故乡，也有些美国人迁移到苏联，因为他们十分向往当时欣欣向荣的苏联经济和社会主义制度。但不容忽视的是，就美国的移民政策而言，移民限额制度中没有限制拉丁美洲的移民，其原因之一是美国希望借此保持与西半球国家的友好关系，同时也可以在美国需要的时期保障劳动力的供给。在这种背景下，来自西半球特别是墨西哥移民与日俱增，仅在 20 年代入境的墨西哥移民就近 30 万。在经济危机时期，美国各地的社会救济有增无减，财政上捉襟见肘的美国各州政府纷纷作出决定，将那些无业的墨西哥移民遣返回国。按照当时的计算，遣返一位墨西哥移民需要的路费平均为 14.7 美元，而一

① 梁茂信:《美国移民政策研究》，第 255 页。

位墨西哥移民每周在美国生活需要的救济费用平均为66.4美元。对各州政府来说，遣返墨西哥移民可以节省一笔可观的救济金。于是，美国各州特别是墨西哥移民集中的西部和南部各州，纷纷成立“遣返墨西哥移民局”，甚至在芝加哥、圣保罗和底特律等北部一些大城市，也成立了类似的机构。它们以强制性方式，将墨西哥移民运送回国，其中不乏在美国土生的墨西哥裔。一位美国公民说：“他们把我全家赶上一辆面包车，我们乘车行驶了一天，司机不停车，不让上厕所，不让下车喝水吃饭，每个人都知道要被驱逐出境，谁也不知道为什么，但人人都感到愤恨和恼怒。”对此，一些美国学者评价说，由于社会上的排外情绪十分强烈，政府官员又实施了威逼恫吓的政策，“没有一家机构愿意帮助那些想居留在美国的人们，也没有听到当代盎格鲁人任何反对的呐喊声。民族社区是如此的担惊受怕，以至于没有留下任何有组织的抗议记载”。到1937年，被遣返的墨西哥裔达到50多万人。[①] 美国人这种同舟不能共济的自私自利行为，与屹立在纽约港湾的“自由女神”形成了巨大的反差。

与美国相比，加拿大在限制移民的同时又在吸引移民。这种相互矛盾的政策，形成了辩证性的统一体。在第一次世界大战结束后，加拿大也在考虑限制移民的政策。一方面，作为参战国，大批军人复原后，对已经饱和的就业市场构成了巨大的压力；另一方面，与美国相同的是：它禁止无政府主义者、吸毒者、传染病患者、精神病患者、各类残疾人和罪犯等“不受欢迎的人”入境，禁止德国、意大利和奥匈帝国等与加拿大处于敌对状态的国家的移民入境。进入20年代以后，加拿大政府的政策开始放宽。它在1922年取消了入境移民携带250加元的要求，只要移民符合条件就可入境，同时终止了禁止敌对国移民入境的规定。此外，政府首先欢迎来自英国、美国、新西兰、澳大利亚、爱尔兰、南非、纽芬兰和英属殖民地的白人移民。所有能够就业的美国人、精于农业技术的劳

---

① 梁茂信：《美国移民政策研究》，第257—258页。

工、家政劳工以及加拿大公民的亲属(不包括亚洲移民),都可以入境。①

仔细审视20世纪30年代以前的加拿大移民政策,可以作出这样的判断:(一)加拿大社会上的种族主义歧视仍然十分突出。政府的目的就是要维持加拿大业已形成的民族同质性,防止有色种族移民入境后造成加拿大社会民族结构的复杂化。也正是出于上述考虑,加拿大取缔了之前关于敌对国移民入境的禁令,实际上就是希望吸引更多的白人移民。(二)政策中的功利主义色彩进一步增强,受到欢迎的是白人中有一技之长的移民,那些有可能成为社会负担的移民依然是政府排斥的主要对象之一。在这种思想的指导下,加拿大在1926年对移民政策调整后,形成了相互关联的政策体系。(1)英国、法国、德国和美国的移民(黑人除外),只要入境后不会成为公众负担,均可自由入境;(2)斯堪的纳维亚国家的移民,只要有护照或就业担保,或拥有加拿大需要的就业技术,可以不受限制地入境;(3)加拿大白人公民的直系亲属可自由入境;(4)来自东欧和南欧国家的移民,必须具有加拿大需要的就业技术,而且不能享受优先入境的待遇;(5)亚洲和非洲国家的有色种族移民不得入境。这些规定显示,加拿大移民政策的限制性比美国的政策略微宽松,至少它没有通过严密的限额制度来限制每年入境的移民人数;在对待东欧和南欧国家移民入境的问题上,也比美国略显宽容;但是,在对待有色种族移民的政策上,两国的态度却毫无二致。

随着政策上的调整,加拿大不断探索招募移民的新方式。1922年,加拿大与英国政府签订了"帝国安置协议"(Empire Settlement Agreement),向前来定居的具有技术专长的英国农民及其家庭、家政劳工和青少年,提供交通和安置补助。这项计划与19世纪末的资助移民计划大同小异,但收效甚微,平均每年入境的英国移民为5.4万,与10年前每年的9.9万相比几乎减少了40%以上。英国移民不愿意迁

① Stead, Robert J. C., "Canada's Immigration Policy", *Annals of the American Academy of Political and Social Sciences*, Vol. 107, 1923, p. 56.

移到加拿大，主要是因为第一次世界大战后英国经济繁荣发展、就业机会丰裕，遏止了人口外流的势头。除与英国的协议外，在 1924 年和 1925 年，加拿大政府还分别与加拿大全国铁路公司和太平洋铁路公司签订了吸引移民的协议。协议规定，两家公司主要从欧洲大陆引进愿意从事农业的移民劳工。移民入境后，如果到西部拓荒定居，政府将报销迁移费用。在该计划实施后，两家铁路公司成功地吸引了 9 万多名有德意志血统的移民，其中有 40%来自俄国、40%来自东欧，另有 10%来自德国和美国。此外，还有 12 万移民分别来自乌克兰、波兰、芬兰、匈牙利、斯洛伐克和立陶宛等十多个国家。在这种背景下，20 年代加拿大吸引的移民又开始增多，达到 120 多万。[①] 这个数字再加上 1901—1920 年间入境的 290 万移民，累计入境移民达到 401 万，形成了 20 世纪加拿大历史上第一次移民大潮。[②]

客观地讲，加拿大经济规模和水平不能与美国相提并论，在 1929 年经济危机爆发后，加拿大面临的困境也不比美国人好。由于企业纷纷倒闭，需要救济的失业劳工和农民与日俱增，于是，加拿大采取了与美国相似的限制性政策。一方面，它在 1930 年提高了移民入境的条件，那些没有投资能力的移民或没有就业保障的移民，即使在加拿大有亲属，也不得入境。结果在 30 年代的前五年，来到加拿大的移民只有 1.12 万人。另一方面，加拿大地方政府为减轻救济压力，对居住不到五年的移民采取了驱逐出境的政策。不久，此举遭到一些联邦议员的抗议和批评，但由于被驱逐者居住分散，且多在中部和西部边缘地带，因此，政府的驱逐政策依然在不为人们广泛关注的情况下继续实施。据统计，在 1930—1934 年间，被驱逐的移民达到 2.3 万人。按照单独年份平均被驱逐人数计算，这不仅远远高于 1902—1913 年（被驱逐

---

① Kelley, Ninette, and Michael Trebilcock, *The Making of the Mosaic*, pp. 189-191, 195-199.

② Halli, Shiva S., and Leo Driedger, eds, *Immigration Canada*, p. 94.

7000人),而且也高于1914—1929年(被驱逐3.6万人)。[①]

值得注意的是,在30年代后半期,随着纳粹德国对犹太人的迫害不断升级,成千上万的难民纷纷逃离家园,除部分前往法国和英国外,还有数十万难民前往北美。可是美国和加拿大却都采取了毫无人道主义的措施(见第五章)。对于那些要求入境的犹太人,加拿大政府不断提高入境条件,要求犹太移民入境时携带的资金,由30年代初的5000加元,提高到1938年的2万加元。大多数仓皇逃离家园的犹太人根本没有携带足够的资金,因而他们纷纷被加拿大政府拒之门外。1940年加拿大政府规定,凡来自敌对国的移民均不能入境,即使遭到纳粹德国迫害的犹太人也不例外。这种缺乏人道主义的政策表明,加拿大不愿意承担作为一个崛起的大国的责任。这些限制性政策,加上战时欧洲各国大量征兵,大西洋上战火四起,许多欧洲人不敢贸然移民。在1939—1945年间,进入加拿大的近10万移民中,70%是来自英国和美国的白人,他们多数拥有资本、专业技术。[②]

在第二次世界大战爆发后,美国与加拿大实施了同样的关押敌对国侨民的政策。就美国而言,当日军轰炸珍珠港之后,美国各地谣言四起,认为夏威夷的日本侨民在其中充当了"第五纵队",美国军方要求政府对夏威夷和西海岸地区的日本裔实施集中营政策。由于夏威夷的日本裔较多、与华人等亚洲裔的融合程度较高,民族身份难以识别,因此,在夏威夷当地政府的反对下,美国政府只是采取了严密监视的政策。在美国大陆,同样棘手的是德国和意大利的侨民。他们来到美国的时间较早,尤其是德国人从北美殖民地时代就开始移民,之后又多次迁移,分散在美国各地,与英国裔、爱尔兰裔和其他西欧移民的融合程度非常高。如果要对德国裔和意大利裔实施监禁政策,则非常困难。在这种情况下,美国政府再三考虑,最后决定对居住在西海岸地区的12

① Kelley, Ninette, and Michael Trebilcock, *The Making of the Mosaic*, p. 165.

② Kelley, Ninette, and Michael Trebilcock, *The Making of the Mosaic*, p. 261.

万日本侨民集中关押。从 1942 年初开始，他们被分别迁移到怀俄明、犹他、阿肯色等州的集中营。一直到 1945 年初，美国政府才开始逐渐从集中营释放那些表现较好的移民。

与美国相似的是，加拿大对其境内的德国裔采用了监督的政策，而对日本裔采取了集中营政策。就德国裔而言，它是加拿大第三大族裔，其人数达到 50 多万，其中有 2/3 来自东欧国家，15％无加拿大公民资格。此外，由于德国裔的地理分布比较分散，而且民族身份难以识别。因此在加拿大宣战后，只是对 2500 名意大利裔和德国裔实施了关押政策，多数人只是属于被严密监视的对象。相比之下，日本裔的命运更加悲惨。当时，加拿大的日本裔只有 2.25 万，其中 90％属于加拿大公民。加拿大政府出于自身安全考虑，颁布了《战时措施法》，决定在 1942 年 1 月起，将西海岸的日本侨民迁移到腹地的集中营，被关押者的公民资格和一切财产均被剥夺（价值达 1150 万加元）。加拿大政府的做法，引起了许多日本裔的不满，许多人因此纷纷返回日本，其人数达到 1.05 万人。各种资料表明，无论是侨民还是“出生在加拿大的日本裔，没有人在战争时期因有破坏或不忠诚行为而受到任何指控”。[①] 但是，一直到 1947 年，加拿大政府才释放了所有被关押者，比美国释放日本裔的时间晚了两年多。

四、战后初期的有限松动

第二次世界大战结束后，经过战争洗礼的加拿大焕然一新，经济空前繁荣，国泰民安，外交地位日益提高。就经济而言，无论是私人资本在自然资源和制造业的投资，还是政府在基础设施和教育方面的支出，

① 王昺：《文化马赛克：加拿大移民史》，第 359 页；Malarek, Victor, *Heaven's Gate*, p. 13; Kelley, Ninette, and Michael Trebilcock, *The Making of the Mosaic*, pp. 291-296, 299.

均呈大幅增长趋势，加上大萧条时期和战争期间积累起来的居民消费需求，都构成推动经济空前繁荣发展的动力，国民生产总值由 1939 年的 5.7 亿加元增加到 1962 年的 36 亿加元，国民收入增加了一倍以上。与此同时，人口明显增长，由 1941 年的 1150 万增加到 1962 年的 1850 万。① 在这种背景下，加拿大积极参与联合国的建立，加入了北大西洋公约组织，协助英国加强英联邦体系的建设，加入关贸总协定。为满足作为大国形象的需要，加拿大的移民政策也更加开明。1947 年 5 月 1 日，加拿大政府总理表示："在一个距离日益缩短、国际上不安全的世界中，我们不能无视像我们这样一个国土面积广阔而人口稀少的国家所面临的危险。"为此，加拿大将逐年调整移民政策，加快人口的增长。但是，如何选择移民，"加拿大完全拥有权利选择那些我们认为将来可以成为理想公民的人。对于任何外籍人来说，进入加拿大不是一种基本权利，而是一种特权"。在他看来，加拿大仍然不打算大规模地引进亚洲移民，因为"来自东方的大规模移民，会从根本上改变加拿大的人口结构。此外，任何相当规模的东方移民，必将加剧社会和经济问题，并且可能在国际关系上带来严重的困难"。② 这段文字中有两点值得注意：第一，加拿大政府将继续鼓励移民，促进人口的增长；第二，入境移民的规模，必须与加拿大经济发展的需要相适应，在民族来源上是鼓励欧洲移民。一直到 1955 年，加拿大公民资格与移民部的部长仍然坚持这种政策性思维。他明确表示："我们努力选择那些能够……适应加拿大生活的移民，并且能为加拿大的发展做出贡献。这就是我们为何允许来自英国、美国和法国的公民自由定居的原因所在。"③

当然，在 40 年代后期，加拿大政府也开始着手移民政策的改革问

① Kelley, Ninette, and Michael Trebilcock, *The Making of the Mosaic*, p. 311.

② Malarek, Victor, *Heaven's Gate*, pp. 15-16.

③ Parai, Louis, "Canada's Immigration Policy, 1962-74", *International Migration Review*, Vol. 9, No. 4, 1975, pp. 451-452, http://www.jstor.org/stable/3002342（2008 年 5 月 27 日下载）.

题。1946年加拿大参议院成立了“外来移民与劳工常务委员会”，探讨加拿大经济发展所具有的同化外来移民的能力。一直到1953年，该委员会不断举行听证会，了解社会各界的态度。在出席听证会的群体中，芬兰人、捷克人、乌克兰人和波兰人的代表，都不约而同地批评加拿大移民政策中的种族歧视性规定，要求对所有移民一视同仁，允许加拿大公民的外籍兄弟姐妹及其子女入境。值得注意的是，在历史上一直主张限制移民的加拿大两大工会组织——“劳工国民大会”和“加拿大劳工全国会议”——也摒弃了过去的偏见，主张废除具有种族主义性质的移民政策条款。在这种情况下，加拿大参议院在1946年至1949年连续发布年度报告，认为加拿大种族歧视性的移民政策违背了加拿大的宪法原则。政府根据国情吸收具有技术专长的移民和投资移民，不仅不会加剧加拿大就业市场的竞争，而且会因为他们推动加拿大经济的发展而创造更多的就业机会。至于那些因为战争和各种自然灾害而流离失所的难民，加拿大也应表现出宽厚的人道主义精神。与此同时，学界和新闻媒体也表现出积极的态度。于是，在社会各界的呼吁下，加拿大政府对移民政策进行修改，废除了歧视性的《华人移民法》，加拿大公民和侨民在欧洲的未婚妻、配偶和未婚子女，无论是农民还是矿工，只要具备就业技能并有利于加拿大经济发展，就可以入境。1950年加拿大成立了公民资格与移民部，之后又颁布了影响深远的1952年移民法。它吸收了1910年以来加拿大所有的移民法规中的内容，种族歧视性条款依然如故，对移民的技术性要求越来越高。它所欢迎的对象仍然是来自美国、法国以及英联邦国家的白人移民。法案第202条规定，加拿大公民中的亚洲裔配偶和21岁以下的未婚子女可以入境。此外，法案中包括了1951年实施的、1956年被延长的资助欧洲移民的计划，凡具有加拿大急需技术和商业资本的移民都可申请入境，并获得为期两年的政府贷款。这类移民被称为“自立移民”。另一方面，法案中保留了以前确定的限制亚洲和非洲移民的规定。虽然这两大洲移民可以申请入境，但是其人数必须受到限制。这就是说，在1952年法案中对有色种族移民的歧视依然存在。

此外，法案第五款规定，禁止"不受欢迎的移民"入境。这类移民主要是指在卫生与健康标准、生活习惯和经济状况等方面，不能履行加拿大公民义务的人，其中包括两类人，第一类是那些可能构成公众负担或患有传染病的移民，包括各类残疾者、白痴、癫痫病、精神病患者和乞丐等；第二类是那些在行为上可能威胁到加拿大社会秩序和国家安全的外籍人，这类人包括无政府主义者、罪犯、吸毒者、同性恋者、外国间谍和违法走私者等。显然，以 1952 年移民法为标志的加拿大移民政策较前有所松动，政府首先考虑的是吸引那些在政治、经济和社会发展中对加拿大可以做出贡献的移民，而那些无所作为、对加拿大发展构成负担或带来危险的外籍人不得入境。这就是说，政策中的基本条款变化不大，实用主义色彩更加明显。在实践上，政府按照冷战思维，严格筛选，被认为具有"潜在危险"而被拒绝入境的移民达到 2.9 万人，被驱逐出境者达 8572 人。应该说，在 1952 年移民法实施后，入境移民人数有所增多，形成了战后以来第一个入境高峰期。据统计，1946—1962 年间入境移民达 215.2 万。此外，加拿大应盟国压力，还接受了 24 万欧洲战争难民，他们分别来自波兰（占总数的 23%）、乌克兰（占 16%）、奥地利（11%）、拉脱维亚（6%）、立陶宛（6%）、荷兰（3%）和苏联（3%），另外还有 10%的犹太人。值得注意的是，移民的结构也发生了较大变化，农业劳工极少，专业技术人员比重较大。例如，在 1948 年，农业劳工占入境移民的 20%，到 1961 年仅为 5%。从移民流向看，大约 50%的移民流向安大略省，魁北克有 20%，不列颠哥伦比亚为 10%，2%定居在大西洋沿岸地区，其余流向大平原各省。在民族来源方面，在 1946—1950 年间，英国移民由占总数的 44%减少到 1956—1961 年间的 27%，意大利移民由 4.5%上升到 18%。此外，还有一些来自台湾的华人。①

---

① Kelley, Ninette, and Michael Trebilcock, *The Making of the Mosaic*, pp. 313-314.

由于入境的农业劳工寥寥可数，在50年代后期，急需雇用廉价劳工的农场主多次呼吁政府引进临时合同劳工，加拿大劳工部因慑于工会组织的反对而犹豫不决，但最终还是同意与墨西哥签订协议，实施“客籍劳工计划”。按照规定，申请临时劳工的墨西哥人，必须首先向地方政府申请，保证合同期满后返回墨西哥，然后再到当地医院检查身体。加拿大移民部官员的职责是审查移民申请，然后再根据国内农场主需要的劳工数量和技术种类分配名额。政府要求农场主在工资待遇和工作条件方面善待合同劳工，保证他们在合同期满后能如期返回墨西哥。在最后被选中的2万多名劳工中，多数是有家室的中年男子。加拿大政府直接参与了从招募到入境后管理中的各个环节，政府引进客籍劳工的原则很明确，那就是“不仅考虑到种植者的利益，而且也考虑到加拿大政府防止‘不需要’的移民居留加拿大，以及保护国内劳工市场的目标”。[①] 劳工入境后，农场主严格按照政府规定，提供比较合理的工资和工作条件，与劳工的关系融洽。与美国相比，由于当时加拿大各省没有规模较大的墨西哥裔社区，墨西哥合同工无法找到本民族的酒吧、学校和教堂等，因而他们在项目结束后纷纷回国。

与加拿大相似的是，早在1942年，美国因战时劳动力不足而开始从中美洲、加勒比海和加拿大等国家和地区引进合同劳工，其中与墨西哥政府签订的引进劳工协议一直实施到1964年才结束，22年间入境的墨西哥劳工达到460多万。而与加拿大不同的是，从劳工的招募到入境后的就业等各个管理环节上，美国政府基本上是自由放任的。尽管墨西哥政府建议将招募劳工的中心设在墨西哥内陆地区，既能保证最需要的劳工得到机会，也有利于双方管理，然而，美国政府却批准在美墨边界设立招募站，目的是帮助企业主节省交通费。结果，许多劳工纷纷向发放许可证的官员行贿；有些官员弄虚作假，向劳工发放伪造证

① Basok, Tanya, “He Came, He Saw, He...Stayed, Guest Worker Programmes and the Issue of Non-Return”, *International Migration*, Vol. 38, No. 2, 2000, pp. 215-216.

件，当这些劳工到入境口岸受阻后，再次向边防检查站官员行贿，结果实际入境移民人数之多，曾出现10名劳工竞争一个岗位的现象。甚至有些农场主直接到边境地区私自挑选雇用对象。劳工入境后，政府也没有对其工资和工作条件做出任何规定，因而农场主肆意盘剥，多数劳工收入微薄。不少劳工屡屡向当地政府部门反映，农场主"随意克扣工资，食品低劣，工作要求苛刻……住房未达标，工作保护不足"。对于因工致残的劳工，美国政府也是充耳不闻。于是，许多劳工只好违约逃跑，其比例在美国西北部地区超过了10%，有些地区高达50%。劳工离开雇主后，流入茫茫人海中，最终成为逾期不归的非法定居者。为此，美国政府采取了驱逐出境的政策，到1964年该协议结束之前，先后被驱逐的墨西哥劳工多达500万人。[①]

当然，在战后10多年间，无论是从国内外背景还是政策的核心看，美国的移民政策基本上与加拿大相同。就在加拿大开始酝酿移民政策改革的时候，美国的政策改革也悄然启动，而且有些政策的步伐比加拿大更快。例如，1943年美国政府出于战时形势和战后利益需要，废除了实施长达61年的排华法案，接着在1945—1946年间又颁布《战时新娘法》等三项法律，允许17.5万美军外籍妻子、未婚妻以及美军与外籍女性所生育的子女入境，另有数百名女性美军的外籍丈夫进入美国，其中有许多亚洲移民。同时，出于外交上的需要，美国分别给予其亚洲盟国菲律宾和印度每年各100名移民限额。这些政策推翻了20世纪20年代移民限额制度中禁止亚洲移民入境的规定。

更重要的是，从1947年开始，美国国会经过反复的激烈辩论，颁布了具有重大影响的1952年《外来移民与国籍法》。该法案由两大部分

---

① Basok, Tanya, "He Came, He Saw, He...Stayed, Guest Worker Programmes and the Issue of Non-Return", pp. 217, 225-227; Watts, Julie R., *Immigration Policy and the Challenge of Globalization: Unions and Employers in Unlikely Alliance*, Ithaca: Cornel University Press, 2002, pp. 148-149.

组成，前半部分是移民入境的条款，后半部分是公民资格授予政策，它实际上是对美国建国以来各项移民法规的综合与修订。从该法案的内容看，第一，它基本上保留了20年代移民限额制度中以民族来源分配各国限额的原则，欧洲各国的移民限额数量没有变化。不同的是设立了“亚太三角区”条款，覆盖了亚洲大陆各国和夏威夷以西的太平洋地区的国家和岛屿。每年移民总限额不超过15.6万。第二，移民限额的分配原则是：50%的限额用来吸引那些具有技术专长的移民，其余限额分配给美国公民和外侨的外籍配偶与子女等直系亲属。这种实用主义与人道主义原则的混合，构成了该法案最主要的特征之一。第三，法案中的种族歧视依然非常突出。“亚太三角区”条款本身就是种族歧视的一种表现，它虽然给予亚太三角区每个国家每年100名移民限额，但它没有将亚洲和欧洲移民平等对待。第四，法案中的政治色彩非常突出，它将共产党人及其支持者列入被禁止对象之中，其中还包括19世纪以来多次明令禁止的乞丐和妓女等“不受欢迎”的移民。显然，这项法案的主旨之一就是要保持冷战时期美国社会的稳定。第五，法案规定，废除移民归化中的种族歧视规定，入境的各国移民均可以申请美国的国籍。1952年移民法实施后，美国的外来移民明显增加。据统计，在1952—1965年间，入境的外来移民达到350多万，平均每年达到26.8万，超过了1952年移民法中规定的限额。引人注目的是，这一时期入境的移民中，有许多是来自没有受到限制的美洲国家，特别是墨西哥移民和欧洲难民。这就意味着1952年移民法中的某些限制性条款已经被推翻。在这种情况下，艾森豪威尔和肯尼迪两位总统，先后要求国会根据美国社会发展的实际需要修改过时的移民法，废除由来已久的种族歧视性条款，这种努力到60年代中期最终变成现实。①

① 梁茂信：《美国移民政策研究》，第123—127、157—167、263—280页。

五、面向未来的改革与政策走向

20 世纪 50 年代美国经济繁荣发展，备受歧视的美国黑人却依然在贫困中徘徊。他们民族意识的觉醒，最终转化为轰轰烈烈的民权运动。到 60 年代，以黑人为主体的民权运动如火如荼，猛烈地冲击着美国的政治制度，震撼着美国社会的各个角落。此时，立志建立"伟大社会"的林登·约翰逊总统，不得不敦促国会颁布保护少数民族权利的民权法，而 1964 年、1965 年和 1968 年民权法的颁布，首次根除了美国政治制度中的种族歧视和隔离政策，在法律上确立了美国宪法中强调的自由平等的原则。在这种背景下，美国政府就不得不修正移民法，废除其中的种族歧视条款。在经过社会各界的努力和国会各派的激烈争论后，美国国会于 1965 年颁布《外来移民与国籍法修正案》，规定实施全球统一的移民限额制度，每年的总限额 29 万，其中 17 万用于欧洲、非洲、亚洲和大洋洲地区，每年各国入境移民不得超过 2 万。西半球每年的移民限额为 12 万，各国移民按照先来后到的原则申请入境。同时，该法案还规定国会成立一个"西半球移民选择委员会"，探讨西半球各国移民限额的分配方案。但该委员会因内部分歧甚大，迟迟没有拿出具体的可行方案。1965 年移民法实施后，西半球国家移民猛增，其中多数来自墨西哥。为此，美国政府按照机会均等的原则，颁布了《西半球移民法》，把 1965 年移民法中以国籍为基础的移民限额分配方法应用于西半球各国。至此，1965 年移民政策改革彻底结束，以国籍为基础的移民限额制度正式形成。

就 1965 年移民法而言，其主要特征包括：(一)允许美国公民和合法移民的外籍亲属(父母、配偶、兄弟姐妹和未成年子女)入境，这类移民的限额之多，占总限额的 74%。美国国会之所以偏重于移民与其外籍亲属的"家庭团聚"条款，实际上想借用人道主义的旗号限制来自亚洲、非洲和拉丁美洲国家有色种族的移民，因为在此之前实施以民族来源条款为核心的移民限额制度的时期，入境的有色种族移民非常有限，许多国会议员估计新法案实施后有色种族的移民不会大幅度增加。(二)它将1952年移民法中规定的技术类移民50%的限额减少到20%。同时还规定，“家庭团聚”类和难民类以外的所有移民，入境时必须申请就业许可。如果美国劳工部认为移民入境并从事某些职业后会引起美国人的失业，可以拒绝其入境。此外，政府减少技术类移民限额，主要是因为60年代美国高等教育进入社会化时代，每年入学的人数加上外国留学生，足以满足美国社会发展的需要。同时，设立必要的技术类移民限额，可以引进外国的有用之材并为美国的社会发展做出贡献。(三)1965年移民法首次将难民问题纳入移民政策之中，并给予每年6%的移民限额，其中的概念和入境条件与50年代的难民法相同。这表明美国政府仍然把难民问题看做其外交政策的有效组成部分。(四)禁止美国的任何个人和机构，以种族、国籍、性别、宗教或肤色为由，歧视或排斥外来移民，这标志着美国移民政策中的种族歧视条款的结束和新时代的开始。①

在1965年移民法实施后，由于入境的非法移民日益增多，到80年代中期，美国社会各界和政府围绕如何禁止非法移民展开了长达14年的争论，一直到1986年才颁布了旨在限制非法移民的法案(见第六章)。此时，美国国会已认识到，要有效地禁止非法移民，方法之一是增加合法入境的移民人数。于是，从1987年开始，国会经过三年的调查和研究，颁布了1990年移民法。它规定，(一)设立特殊移民条款，凡在海外为美国政府或民间机构服务长达15年的外籍人以及美国公民与外籍人在国外生育的子女等14类移民，可以不受限制地入境。(二)根据各地区每年入境移民人数，将全球划分为“高入境区”和“低入境区”，每年入境移民超过5万人的国家和地区被称为高入境区。这些地区的

① 梁茂信：《美国移民政策研究》，第288—303页。

移民必须受到限制，以便保持各地区入境移民的平衡。（三）继续实施1965年移民法中的“家庭团聚”条款，其移民限额在1994年之前为46.5万，此后每年48万。（四）将每年入境的专业技术类移民限额增加到14万，以便吸引更多的外国人才。（五）每年设立1万名投资类移民限额，条件是申请者必须在美国的高失业区投资100万美元，在低失业区投资50万美元以上，必须雇用10名以上的美国劳工，否则不能入境。这项政策显然是受到了加拿大和澳大利亚两国移民政策的影响，因为这两个国家自60年代实施“积分制”以后，移民的学历和技术构成明显提高。

在1965年移民法实施后，入境移民大幅度增加，仅仅在1975—1994年间，入境移民就达到1201.15万人，其中亚洲移民占42.9%，拉丁美洲移民占39.82%，欧洲移民占13.85%，非洲移民占2.7%，大洋洲移民占0.7%。这就是说，在入境移民中，80%以上是有色种族的移民。① 更让美国人感到惊讶的是，移民所占美国人口的比重也在上升，由1970年的4.7%，跃至1990年的7.9%。移民的生育率较高，其在美国的人口增长中的比重日益显著。在60年代，移民占美国人口增长的6.1%，70年代达到17.9%，80年代达到39.1%。② 这些变化引起了一些美国人的不安，尤其是一些移民（实际上更多的是非法移民）长期依赖政府救济度日。为此，美国各地的排外情绪再次骚动。在1994年加州通过了禁止非法移民申请政府福利的187号决议后，新闻媒体也桴鼓相应，认为“美国的移民制度特别恶劣，已经不值得美国人民信任”。一位参议员指出，入境移民已经对美国的就业市场产生了极大的冲击。美国民众对政府限制外来移民的政策失去了信心。“美国人民对需要满足国家利益的移民法的说法已厌倦不堪了……现在该是放慢

① United Nations, Population Division, *International Migration and Development*, p. 20.

② Chavez, Leo R., *Covering Immigration: Popular Images and Politics of the Nation*, Berkeley: University of California Press, 2001, p. 7.

脚步、重新评价的时候了,以便保证我们能很好地同化近年来美国接受的规模巨大的外来移民。"[①]这种观点反映了不少美国人的心态,认为外来移民对美国的社会、经济以及国家的未来构成了极大的挑战;政府在制定移民政策时,应考虑美国社会发展对外来移民的实际需求。在这种思潮的笼罩下,美国于 1996 年颁布了《非法移民改革与移民责任法》,规定合法移民入境后五年内不得申请各级政府的福利,其中包括现金类和非现金类福利、医疗保险、住房和失业救济等。它的核心是强调外籍人"不能依靠公共资源来满足他们的需求,而是依靠他们自己的能力,他们的家庭、担保人以及私人组织的资源"。为清理境内的非法移民,国会决定成立新的调查局,专门负责调查那些以合法身份入境但滞留不归的外籍人,防止有可能成为公众负担的移民、传染病患者及其他不符合条件的移民入境。[②] 然而,在此后到世纪之末,入境移民仍然没有减少。在 1981—1990 年间,合法入境的移民达到 733.8 万之多,而在 1991—1998 年间达到 769.5 万,如果加上 1999 年和 2000 年入境的移民,就超过 1901—1910 年间入境移民人数的 879.5 万。[③] 从流向看,进入加州的移民最多,占入境移民的 34%,纽约为 28%,佛罗里达 9.2%,得克萨斯 8.1%,伊利诺伊和新泽西分别为 4.8%,马萨诸塞 2.6%,其他各州共 8.4%。[④]

相比之下,50 年代以后加拿大的移民政策变化较快,政策的实用主义特点也非常突出。穷原竟委,由于 1952 年法案实施后暴露的问题日益增多,加拿大社会各界纷纷要求政府放宽移民入境政策。然而,由

① Suro, Robert, *Watching America's Door: The Immigration Backlash and the New Policy Debate*, New York: The Twentieth Century Press, 1996, pp. 2, 10.

② Lemay, Michael, and Elliott R. Barkan, *U. S. Immigration and Naturalization Law Issues: A Documentary History*, Westport, Connecticut: Greenwood Press, 1999, pp. 282-286, 304-305.

③ Briggs, Vernon M., *Immigration and American Unionism*, Ithaca: Cornell University Press, 2001, p. 127.

④ Suro, Robert, *Watching America's Door*, p. 19.

于50年代后期加拿大经济在低谷中徘徊,政府到1962年才开始逐步修改移民政策。是年,加拿大政府允许100多名来自香港的华人入境。在政策的核心定位上,加拿大政府将其与国内经济发展的政策结合起来。具体说,就是入境移民必须满足加拿大经济对劳工就业技术的需要,其内容可概括如下:

首先,加拿大在1962年移民法中规定:(1)凡接受过高等教育、专业技术培训,或拥有创业资本和企业管理经验的人,均可优先入境。(2)废除种族歧视条款,各国移民在平等的基础上按照先来后到的原则入境。(3)加拿大公民或侨民在欧洲的亲属,不管其国籍来源或种族背景如何,均可申请入境。但是,亚洲裔或非洲裔的外籍亲属不在此列,这说明加拿大政府对有色种族的歧视依然很严重。

其次,由于60年代初入境移民中有大批来自意大利、希腊和葡萄牙等国的留学生,他们在1964年要求将学生身份转换为合法移民身份。为此,加拿大政府一方面责成相关委员会进行调查,另一方面要求公民资格和移民部发表一份白皮书,强调移民政策与就业市场的融合关系。加拿大在1966年成立了"人力与外来移民部",并在年末公布了面向社会的白皮书,强调鼓励外来移民的政策对加拿大人口、经济、社会和文化等方面的积极作用,指出了新时期加拿大社会和经济发展对入境移民的技术要求,政府首先欢迎的是那些在经济、科技和教育等方面能做出贡献的移民。白皮书中指出:"根据加拿大的同化能力,确定每年接受(如果需要鼓励的话)外来移民的入境数量,这符合加拿大的利益。"唯其如此,才能确保加拿大人口的增长。"人口规模的增大,意味着我们各类工业的国内市场扩大,一个大型的国内市场,会促进制造业企业形成时间较长、成本较低的生产周期,并且在经济上有利于扩大工业规模……刺激更加专业化的服务业的发展。"[①]白皮书发表后,社会各界议论纷纷,褒贬不一。加拿大议会两院分别就白皮书中的观点

① Malarek, Victor, *Heaven's Gate*, p. 33.

举行听证会。听证会报告中认为，加拿大应适当限制家庭担保移民，更多地吸引有真才实学的移民。在政策上，将移民问题与国家的人力政策结合起来，在关注国家需要的同时，体现人道主义的精神，为难民提供人道主义援助，这些观点得到工会组织和企业界代表的支持。在这种条件下，加拿大颁布了 1967 年移民法。法案中更正了长期以来奉行的移居加拿大是一种特权而非人权的思想，终结了历史上以种族歧视为原则的限额制，取而代之的是以实用主义为核心的积分制。具体说，在积分制的原则下，假定每位入境移民的条件为 100 分，其构成包括就业条件(10 分)、英语或法语水平(10 分)、在加拿大有亲属(5 分)、迁入地区(5 分)、学历和职业资历(20 分)、个人素质(15 分)、加拿大的职业需求(15 分)、职业技能(10 分)和年龄(10 分)等。按这种原则，移民被划分独立移民、被担保移民及被提名移民。其中，第二、三类移民属于依附性人口，其文化水平、就业技能和经济创业能力相对较低。不管民族背景如何，也不管各民族入境申请者的多寡，申请者只要符合积分制规定就可入境。上述规定标志着加拿大移民政策史上的一个转折点，其核心宗旨就是服务于加拿大人口、经济和社会发展的需要。

此后，加拿大政府不断根据社会发展需要，及时地对移民政策进行调整。例如，1973 年经济危机爆发后，加拿大和其他西方国家一样，经济长期陷入滞胀的泥潭，社会失业率居高不下。于是，加拿大成立了一个由两院代表组成的联合委员会。它在举行听证会和广泛学术讨论的基础上，拟定了影响深远的 1976 年移民法，其要旨是反对种族歧视，强调家庭团聚，对难民给予人道主义援助，将外来移民与加拿大的人口结构和就业市场需求有效地结合在一起，规定联邦和各省政府对每一年度可能接纳的移民人数做出预测。法案中保留了 60 年代确立的积分制度，积分累计达到 70 分以上者方可入境。此外，它确立了“家庭类移民”条款，允许加拿大公民为其近亲入境提供证明；禁止外国的短期访问者转为移民身份；防止恐怖主义者等威胁加拿大国家安全的外籍人入境。

加拿大之所以在其经济滞胀现象严重的时期依然积极吸引外来移民、允许第三世界国家的大批移民入境，其主要原因是：(一)加拿大人口生育率较低，平均每一名妇女生育 1.66 个孩子，低于维持人口稳定所需要的 2.1 个孩子的生育率。换句话说，“过去几年来，外来移民人数，不足以抵消因为人口生育率下降和离开加拿大的人口数量所造成的人口下降”。(二)人口老龄化问题对加拿大的未来会产生较大的影响。在 1981—1986 年间，加拿大人口年均增长 4.2%，是之前 25 年间最低的。(三)每年入境的移民中，最后迁移到美国的移民几乎占入境移民人数的 50%以上。在 1971—1972 年间，入境移民为 11.8 万，离境移民达到 6.6 万，净入境移民只有 5.2 万。这就是说，每年实际入境移民无法满足保证加拿大人口增长的需要。这种严峻的现实成为 70、80 年代加拿大社会各界关注的焦点之一。各类调查报告都反复强调增加入境移民对保持加拿大人口增长的重要性。一些学者在 1984 年提交给议会的报告中指出：“加拿大连续性的生育率下降和净入境移民人数的下降……引起学术界和其他人士对加拿大长远人口构成的担忧。如果生育率继续低于人口补充所需要的水平，而且入境移民总数每年继续保持在 10 万人以下的规模上，在世纪之交就会出现人口下降。”1984 年联邦政府关于未来移民规模的一份报告也认为，如果入境移民人数没有增长，“在生育率停留在或者低于目前的水平的情况下，每年净入境的外来移民最少保持在 5 万，人口增长就会结束，并从 2020 年开始出现下降”。换句话说，到那个时候，加拿大因人口的死亡率超过出生率而持续下降。[①]

在上述背景下，1976 年移民法明确地提出，加拿大移民政策的总体目标是推进移民的家庭团聚，继续保持历史上形成的人道主义难民政策，推进加拿大经济的总体发展。在决策上，联邦与各省一起联合制

① Malarek, Victor, *Heaven's Gate*, pp. 28-29; Foster, Lorne, *Turnstile Immigration*, p. 19.

定移民政策，限制了1952年移民法中授予人力与移民部部长根据自己判断决定是否发放移民许可的决策权，禁止已被驱逐出境的移民入境。在1978年法令中，加拿大议会规定了明确的年度目标，加强了对移民的技术、资本和专长的筛选。在1986年法案中，加拿大政府实施了新的政策，废除了对移民亲属照顾的条款，强调单纯从移民自身条件考核其是否符合入境的技术标准。按照政府的解释，这种政策的依据是“有明显的必要提升衡量技术劳工的方法，使得他们能够进入加拿大。这个体系必须尽快地适应迅速变化的以知识和技术为基础的经济……我们必须选择那些能够展示适应迅速变化的全球经济的个人的素养……文化程度、数学和适应能力”。① 在实践上，这种政策的前提仍然是积分制。那些能够投资并且能为加拿大创造就业机会的移民可优先入境；如果是自谋职业者，只要能证明入境后不会成为公众负担，也可以优先入境。对于加拿大公民的直系亲属，如果入境时能提供有关其亲属的证明，保证必要条件下的经济帮助，申请者就可以获得15分的积分。其他移民或申请“独立移民”的积分，也是首先以其经济能力为主要参考的。这种政策实际上将那些经济贫困、没有文化的移民排斥在外。

进入90年代之后，无论是保守派还是自由派人士，他们可能在加拿大许多国内问题上存在着分歧，但在移民政策上却保持着高度的一致性，认为外来移民将在未来加拿大人口增长和经济发展中具有不可替代的作用，因而他们都主张“继续保证外来移民作为我们实现人口增长的各项目标，拓宽我们的经济基础，推进我们对世界经济的贡献，满足家庭和社区的要求，在国际人道主义出现危机时提供我们的帮助”。② 在这种思想的指导下，加拿大政府在90年代实施的移民政策是：(1)要求移民具有高水平的职业技术、较多的资本和良好的英语或

① Foster, Lorne, *Turnstile Immigration*, p. 71.

② Foster, Lorne, *Turnstile Immigration*, p. 143.

法语水平。移民的技术水平越高，携带的资本越多，对加拿大经济发展的贡献就越大。(2)重点吸引具有企业管理经验和创新精神的移民，前提是需要移民在技术、资本和文化等方面拥有较高的条件。(3)为谋求家庭团聚的移民，入境时必须提交相关文献资料，保证入境后能有较高而稳定的家庭收入，不会给政府造成较大的经济负担。(4)从 1994 年开始，移民入境时必须缴纳较多的申请费和登陆费，有两名未成年子女的双亲家庭必须缴纳 3150 加元，申请投资类移民的个人，缴纳的费用至少在 6000 加元以上。这些政策就是要保证移民入境后能自食其力。① (5)1995 年加拿大在《面向 21 世纪：移民与公民资格战略》中提出，将难民与一般移民分别进行独立统计，每年入境移民控制在加拿大人口的 1%(25 万)左右；在结构上进一步减少家庭团聚类移民的比例，提高技术类移民的比例，目的就是“为各省提供机会，挑选能够满足各省经济发展目标的独立移民”。② 这些规定表明，自 70 年代以来，加拿大移民政策中的公正性日益增强，在技术、经济和文化水平方面的标准更高，目的是通过提高入境移民的技术和文化层次，在维持加拿大人口稳定增长的同时，推动国民经济的健康发展。在此前提下，入境移民中呈现出两大特点。

第一，民族来源发生变化。在第二次世界大战后半个世纪中，进入加拿大的移民累计达到 434.28 万，其中，在 1970 年前，入境的移民主要来自欧洲国家，占 1962 年入境移民的 78%，1970 年后比重不断下降，到 1976 年仅为 38%。在同期，来自英国移民的比重由 29%减少到 16%，意大利移民由 17%减少到 3%。相反，来自亚洲和加勒比海地区移民的比重，由 1965 年的 10%增加到 1969 年的 23%，进入 80 年代之后，其增长更加明显。例如，亚洲移民占入境移民总数的比例，从 1970

① Halli, Shiva S., and Leo Driedger, eds., *Immigration Canada*, p. 45.

② Green, Alan G., and David A. Green, "The Economic Goals of Canada's Immigration Policy: Past and Present", *Canadian Public Policy*, Vol. 25, No. 4, 1999, p. 435, http://www.jstor.org/stable/3552422(2008 年 5 月 21 日下载).

年的12%上升到1991年的25%，来自非洲、中南美洲的移民由10%上升到14%。[①] 换一个角度看，按照加拿大学者的界定，有色种族属于"明显少数民族"(visible minorities)，其人数在1981年只有113万人，占加拿大总人口的4.7%。到1991年，其人口达到271.5万人，占加拿大总人口的9.7%。由于"明显少数民族"人口的死亡率低，生育率高，加上不断涌入的外来移民，估计到2016年，其人数将会达到700万，在加拿大总人口中的比例达到20%。[②] 第二，移民的技术构成空前提高。据统计，在1965—1967年间，具有专业技术的移民，占来自英国和法国移民的29.4%，欧洲其他国家移民的10%，非洲移民的40%，亚洲移民的51.3%，其他地区移民的24.8%。到1968—1972年间，这种格局基本没有改变，专业技术移民占法国和英国移民中的37.4%，欧洲其他国家移民的16.9%，非洲移民的49%，亚洲移民的44.5%，在其他国家和地区的移民中保持在21%。[③] 应该说，上述年份入境移民的技术构成比例还是比较高的。但是，在新时期，由于加拿大移民政策中规定了移民的学历与文化水平，入境移民一般都受过良好的教育，因而与1970年以前相比，此后入境移民的学历与技术构成空前提高。有资料显示，在1971—1981年间来到加拿大的移民，多数是第三世界国家中"接受过最好的教育"的精英人口，他们在"专业技术、办公室职员、制造业、销售与服务业部门比例较高"。1980年，移民的收入比土生加拿大人平均高10%。从移民来源看，来自意大利、希腊和葡萄牙的移民中，多数是按照家庭团聚条款入境的，其学历构成相对较低，因而他们在加拿大就业层次相对较低，主要在制造业和建筑业部门工作。在

---

① Halli, Shiva S., and Leo Driedger, eds., *Immigration Canada*, pp. 122, 148; Kelley, Ninette and Michael Trebilcock, *The Making of the Mosaic*, p. 348.

② Halli, Shiva S., and Leo Driedger, eds., *Immigration Canada*, p. 105.

③ Marr, William L., "Canadian Immigration Policies since 1962", *Canadian Public Policy/Analyse de Politiques*, Vol. 1, No. 2, 1975, p. 202, http://www.jstor.org/stable/3549509(2008年5月21日下载).

入境的发展中国家移民中，因没有申请到加拿大的就业许可，多数有技术但因为专业不对口者，被迫降格就业，年收入也明显低于加拿大人。例如，在1980年，1961年以前入境的移民中，9%的平均收入低于加拿大人的平均水平。而在20世纪80年代入境的移民中，年收入低于加拿大人平均水平的比例为15%，同期加拿大人的比例为13%。①

综上所述，美国和加拿大作为北美接受外来移民较多的国家，其移民政策既有相同之处，又有各自的特点。在历史上，两国都竭力吸引白人移民，对于有色种族的移民实施了长期限制的政策。然而，两国在自然环境和经济发展方面的差异，对入境移民的规模、技术构成和来源产生了巨大的影响。在当代，两国移民政策中都强调吸引具有技术专长和文化水平较高的移民。加拿大根据未来人口增长的需要，实施了具有远见的积分制度，而美国强调家庭团聚的条款实施后，入境移民的技术构成不像加拿大那样突出。可以说，两国移民政策的发展变化，直接根源于两国自身社会和经济发展的需要，政策的实用性远远超过了两国历史上虚幻的理想主义原则。

① Richmond, Anthony H., *Immigration and Ethnic Conflict*, p. 12.

第五章　欧美难民政策的演变与实质

难民作为人口迁移的一种类型古已有之。在世界近现代史上，因战争、宗教或政治迫害而形成的各种难民不计其数。由于20世纪之前，欧美各国都没有系统的移民政策，因而就无难民法可言，难民可以自由地在各国间迁移。但是，在20世纪20年代各国制定了限制移民的政策之后，难民迁移却显得十分困难。最典型的是纳粹德国迫害犹太人的时候，各国的政治家们口惠而实不至，致使大批犹太难民无家可归或无辜丧生。在第二次世界大战后，西方国家出于冷战宣传的需要，开始安置难民并形成了完备的政策体系。然而，当冷战结束后，西方国家的难民政策仍未摆脱冷战思维，对难民入境的控制日趋严格，经常把难民与非法移民相提并论。然而，难民入境的需求与各国严格限制的政策形成了刺目的悖论，对西方的民主和人道主义原则提出了严峻的挑战。

一、近现代难民问题的类型与由来

在20世纪之前的国际移民中，许多人就是难民。如前所述，在近代早期的欧洲，难民中既有1492年逃离西班牙宗教迫害的犹太人，也有迁入英国的犹太人。在美国的政治难民中，第一次迁移浪潮是在北美独立时期支持英国的王党分子，他们与英军一起镇压北美独立革命。

当英国战败后,大约有 10 万人逃往加拿大或英国。[①] 第二次政治难民潮发生在 1848 年欧洲革命之后。当时,有数十万难民分别逃离奥地利、德国和匈牙利,多数迁入英国和美国。由于英国担心这些思想激进的革命者对英国社会秩序构成威胁,遂于 1848 年颁布法令,任何可能威胁英国社会秩序的外国人都将被驱逐出境。[②] 这是英国近代史上第一项针对外国难民的法律。但是,它只是发生在特殊时期的特例,因而没有形成固定的长期性政策。

在经济难民中,最典型的是爱尔兰人。爱尔兰作为英国的殖民地,长期受到政治上的压迫和经济上的剥削。爱尔兰人一次又一次的反抗也未能改变被奴役的命运。于是,大批反英人士迁居美国等地。在迁居英国的爱尔兰移民中,大部分是食不果腹的贫困者。由于英国的工业化到 19 世纪中期已经完成,英国工业和农业发展对爱尔兰的经济构成了极大的冲击。爱尔兰的棉纺、丝绸和羊毛产业几乎崩溃,粮食生产难以养活已有人口。对于那些无以为继的人们来说,迁居英国成为唯一的选择。爱尔兰距离英国较近,两地之间的季节性劳工流动已持续了百余年,爱尔兰人对英国当地的生活方式也比较了解。因此,到 1835 年,正如有的英国学者所言,"在每个制造业企业或商业城镇中,每个能找到有利可图的职业前景的地方,都有爱尔兰人"。[③] 除英国外,爱尔兰难民人数最多的是美国。尤其是在 1845 年爱尔兰马铃薯饥荒之后短短几年间,将近百万逃荒者来到美国,引起美国人的恐慌。因为这些衣衫褴褛的移民入境时身无分文,需要当地政府救济。波士顿、纽约和费城等地因此发生过排斥爱尔兰人的骚乱。

在爱尔兰人之后,最大的难民群体是逃离东欧国家的犹太人。

---

① Shah, Prakash Amritlal, *Refugees, Race and the Legal Concept of Asylum in Britain*, p. 21.

② Shah, Prakash Amritlal, *Refugees, Race and the Legal Concept of Asylum in Britain*, p. 22.

③ Jones, Catherine, *Immigration and Social Policy in Britain*, p. 46.

1870 年，俄国开始驱逐其境内的犹太人，罗马尼亚的犹太人也遭到了前所未有的迫害。在这些难民中，移民英国的高潮期是 1881—1883 年，平均每年入境 6000 人。此后有所下降，但到 90 年代又开始增长。据统计，在 1871 年的英格兰和威尔士，来自俄国和罗马尼亚的犹太人达 10.06 万人，1891 年增至 19.81 万人，1911 年达到 28.48 万人。他们作为政治和宗教迫害的受害者，初来乍到时曾得到英国犹太人的帮助，所以很快就能安居乐业。从这些难民的背景看，他们经济上并不富有，不少人是长期从事服装、店铺和商贸等行业的小业主，有经商经验。据当时对 9000 多名新入境的犹太人的调查，29％经营过服装，23％从事过贸易，9％有制造皮鞋和靴子的经历，7％为木匠，2％从事农业。从移民流向看，大部分居住在城市，这为他们发挥自己的一技之长提供了得天独厚的条件。然而，由于语言、文化、宗教和生活方式等方面的差异，他们很难与当地人交流，形成了具有明显隔离性质的社区。据英国学者研究："犹太人移民建立了一个独立的社会，采取了与英国不同的标准。在第一代移民居住区隔离程度相当高，即使双方本着善意，犹太人移民与其邻居生活，也毫无共同之处。"更令人诧异的是，"他们不仅普遍与英国社会相分离，而且与盎格鲁—犹太人相分离"。[①] 出现这种状况的根源，无非是文化认同与生活方式方面的差异。因为对于宗教认同观念强烈的犹太人来说，这些犹太人难民与英国犹太人的共同之处便是宗教和族裔认同。在经济上，由于英国工业发达，具有现代意义的企业工厂制度已经形成，在资本、市场和信息等方面并不占优势的外来犹太人，只能是小本经营，他们在制鞋、皮革和雪茄、香烟等产业，无法与英国的大企业竞争，因而只能通过雇用家庭成员作为劳动力，才得以维持生存。

东欧犹太人迁入英国的时间，恰好是欧洲列强在非洲和亚洲加紧争夺殖民地的时期。英国面临德国的挑战，这个曾经横行世界的日不

① Jones, Catherine, *Immigration and Social Policy in Britain*, pp. 69, 71-72.

落帝国已是日暮途穷，所以，在英国人对自己国家前途的自信心减弱的时期，犹太人难民的到来虽然未引起类似于19世纪末期美国出现的排外主义狂飙，但反对移民的呼声却从未间断。一些英国人在谴责政府自由放任政策的时候指出："如果你们想要改善这个国家的劳工阶层的条件……就必须……采取措施，防止这个国家成为欧洲的垃圾场。"一些政府官员对政府的无所作为也表示不满，认为英国"从来没有像现在这样成为外国乞丐的居所，将欧洲大陆国家肮脏的渣滓倾泻在我们国家，简直是厚颜无耻，无法容忍"。① 随着国际形势日趋复杂紧张及第一次世界大战的临近，英国为了自身的安全，颁布了1905年法案，它允许那些能够证明自己在母国已经受到迫害或即将受到政治、宗教和种族迫害的难民入境，禁止乞丐和那些在文化和宗教等方面与英国人格格不入的外籍人入境。1905年移民法实施后，英国政府加强了对外籍人入境的管理。发现移民中有衣衫褴褛者，就以"不受欢迎"为由拒绝其入境。从总体上看，除1906年来自俄国的500多名犹太人外，到1914年第一次世界大战爆发为止，实际入境的难民并不多。

在第一次世界大战后到30年代，各国难民人数较少。1929年，西方各国陷入前所未有的经济大危机，正当各国为削减社会失业率、恢复经济繁荣而苦思冥想的时候，野心勃勃的希特勒走上了德国政坛。他在德国攫取了生杀予夺大权之后，便肆无忌惮地建立了法西斯军国主义制度。为了巩固自己的统治，希特勒一方面实施了驱逐和屠杀政治异己的措施，尤其是把打击的矛头对准了共产党人，彻底清除了建立法西斯统治的阻力；另一方面，他疯狂地推行了种族主义政策，迫害那些不愿意与他合作的犹太人和其他非雅利安族裔，禁止他们担任政府公职，取消其德国公民资格，对其财产课以高税或充公没收，对反抗者一律枪杀或驱逐出境。

在欧洲，英国起初是无动于衷，期望国联能在安置犹太难民方面发

---

① Jones, Catherine, *Immigration and Social Policy in Britain*, pp. 75, 78.

挥领导作用。在经过一段时间的观望和犹豫之后,英国安置了部分难民。当时它考虑到两方面的因素:第一,在本国社会失业率居高不下的前提下,将那些经济条件困难的难民排除在外,以防止犹太贫困难民过多,引起国内的反犹主义。英国劳工部的一位高级官员在阐述英国的态度时说:“我认为没有任何理由担心,大批难民来到这个国家之后会陷入贫困。所有那些被允许入境的人,或者被允许延长在英国居留期限的人,必须使我们感到满意,他们必须拥有充足的资金,或者他们在英国的亲友愿意承担帮助他们的责任,或者有犹太人难民委员会为他们的生计提供保证。任何不能满足我们要求的人都会被拒之门外,那些入境者中的绝大多数都是专业技术人士——医生、律师、学生等。在多数情况下,他们将继续得到在德国的亲人的资助。”①第二,安置犹太难民的政策不能损害英国与德国的关系。也就是说,安置犹太难民的政策不能超越英国的外交原则。而 30 年代英国对德国法西斯奉行的外交政策,就是臭名昭著的绥靖主义。在这种背景下,一直到第二次世界大战结束前,英国安置的犹太难民屈指可数。在 1933—1939 年间,进入英国的难民有 9 万人,其中近 90%分别来自德国、奥地利和捷克斯洛伐克,他们中间只有 50%最终在英国永久定居。此外,英国政府还将约 14 万犹太人安置在巴勒斯坦,由此开启了 20 世纪犹太人迁居巴勒斯坦的历史。②

在大西洋的彼岸,美国作为世界上接受外来移民人数最多的国家,在 20 世纪之前也没有制定出明确的难民政策。历届政府只是在自由放任的政策中,奉行了开国元勋华盛顿提出的“将美国变成世界被压迫者庇护所”的主张。在 20 世纪初,当美国社会各界围绕限制外来移民问题展开激烈争论的时候,只有极少数美国人和犹太人呼吁政府继续

---

① London, Louise, *Whitehall and the Jews, 1933-1948: British Immigration Policy, Jewish Refugees and the Holocaust*, Cambridge: Cambridge University Press, 2000, p. 55.

② London, Louise, *Whitehall and the Jews*, p. 12.

奉行传统的移民自由入境的政策，绝大多数美国人要求限制外来移民。在20世纪30年代以前的各项移民法中，只有1917年的《文化测验法》中对难民问题做了简单的规定："凡是寻求避难的移民，必须向移民局官员或劳工部长证明……他们移民美国是为了逃避离去国的宗教迫害，不管这种迫害表现为公开的行为还是政府的管制性法律，都是因为宗教信仰对外籍人或其所属的种族进行的歧视。"[①]尽管上述规定失之简单狭窄，但它毕竟反映了美国政府对外国难民的同情及愿意提供人道主义帮助的态度。然而到20年代国会制定移民限额制度时，既没有制定出更加详细而全面的条款，也没有在1917年法案的基础上进行修订。1924年国会制定第一项移民限额法时，有些议员曾建议设立难民法条款，为那些因政治或宗教迫害而无家可归的难民迁居美国创造条件，但这些建议最终被国会否决了。当时有许多国会议员和政府官员认为，工业化的发展推动了欧洲各国的民主化进程，政治或宗教迫害已成为历史的陈迹，美国也没有必要设立难民条款。1933年，赫伯特·胡佛总统还乐观地认为："随着外国民主政治的发展，政治迫害已基本上不存在了，美国也没有必要提供庇护所了……"[②]

具有讽刺意义的是，就在胡佛总统发表上述言论不久，阿道夫·希特勒登上德国政坛，德国也从此走上了法西斯军国主义道路。随后，纳粹德国迫害犹太人的政策就全面启动。面对犹太人遭受的残酷迫害，向来自诩为世界上被压迫者的庇护所的美国却畏缩不前。富兰克林·罗斯福因醉心于新政，对在死亡线上挣扎的犹太难民，仍然沿用了胡佛政府严格限制的政策。不仅如此，政府甚至对《文化测验法》中"可能成为公众负担"的条款，做了更严格的解释，要求所有申请入境的难民出示其在美国的亲属或美国的民间机构提供的经济担保书，保

---

① Smith, Darrell H., and Guy Herring, *The Bureau of Immigration: Its History, Activities, and Organization*, The Johns Hopkins University Press, 1924, pp. 179-204.

② Steiner, Dale R., *Of Thee We Sing*, p. 199.

证入境后无需政府救济就能维持正常的生活。这项规定实施后，大批难民望而却步，他们在美国根本没有亲属，与美国的慈善机构有联系者更是寥寥可数。许多难民迁往美国时几乎是一贫如洗，所以最终能入境者为数不多。在 1933—1944 年间，迁入美国的难民共有 25 万，但在 1938 年底以前入境的人数不到 3 万，绝大多数是在美国参战以后入境的。[①]

美国在 30 年代严格限制难民入境的原因是多方面的。其中，经济危机和孤立主义思潮发挥了较大的作用。美国社会上长期泛滥的排犹主义，也达到了前所未有的程度。自 19 世纪末大批东南欧犹太移民迁入美国以来，美国的排犹思潮在潜移默化中愈演愈烈。20 年代德国的法西斯纳粹党成立以后，一些德裔美国人也桴鼓相应，成立了同样的组织。当希特勒在德国掌握政权后，美国的纳粹势力也急剧膨胀，排犹势力甚嚣尘上。在 1933—1944 年间，美国最为猖狂的纳粹组织有两个：一个是"德裔美国人联盟"，另一个是"银衫党"。前者的成员主要是德国移民及其后裔，后者是由加利福尼亚人威廉·D. 佩尔在 1933 年创建的，其宗旨是迫害犹太人、在美国建立法西斯政权。该党在其第 1 号公报中说："这支伟大的基督教国民军在全国都有分支机构，准备有朝一日立即成为一种活跃有力的警察组织……由自己的成员把持各种官职。"[②]为了扩大影响，这些法西斯组织不遗余力地宣传日耳曼种族优越论，公开支持德国的侵略政策。同时，一些宗教团体也推波助澜，利用"净化基督教"运动，煽动排犹主义情绪。到 30 年代中期，许多美国人把犹太人看成是美国最大的威胁。在 1938 年的一次民意测验中，有 68%的美国人反对犹太难民进入美国；在 1939 年的另一次民意测验中，有 83%的美国人表示，如果被选为国会议员，就一定要颁布禁止犹

① Steiner, Dale R., *Of Thee We Sing*, p. 213.

② 刘绪贻：《富兰克林·D. 罗斯福时代》，人民出版社 1994 年版，第 110—111 页。

太难民入境的法案。[①] 在多数人心目中，犹太人是“美国最大的威胁”[②]，这表明，在经济危机阴云不散、国外战争威胁日益加剧的时期，多数美国人都不希望政府安置犹太难民，更不愿意因为拯救犹太难民而与德国发生冲突。在这种背景下，在如何对待犹太人难民的问题上，美国国会争论不休，无所作为。1938 年，德国法西斯对犹太人的迫害升级后，大批犹太人流离失所，绝望的难民把美国视为自己悲惨命运中的“伊甸园”。1939 年当满载犹太难民的“圣路易斯”号客轮驶入纽约港湾后，难民们激动地仰望着高举自由火炬的女神像，憧憬着未来美好的生活。他们听到了海岸上悠扬的音乐，看到了熙熙攘攘的人群和川流不息的车辆，渴望尽快上岸并开始新的生活，然而他们入境的要求遭到拒绝后，“圣路易斯”号船驶向加拿大的哈里发克斯。在那里，难民们带着同样的憧憬，也抱着最后的希望，渴望入境口岸的官员能允许他们入境，结果同样遭到了拒绝。走投无路之际，不得不返回欧洲，结果在途中被德国潜艇击沉，船上难民无一生还。显然，30 年代的加拿大也因为深陷经济危机，政府对入境的移民和难民采取了与美国相似的政策。关于这一点，详见第四章中的论述。

当西方国家在难民问题上趑趄不前的时候，不堪忍受法西斯暴虐的犹太人纷纷逃离德国。1938 年德国吞并奥地利之后，一名逃往波兰的德国犹太人因其全家被纳粹分子杀害，遂赴巴黎，杀死了一名德国驻法国的外交官。事后不久，德国法西斯变本加厉，实行了亘古未有的屠杀政策，成千上万的犹太人惨死在纳粹集中营。1939 年，德国入侵波兰后，世界大战全面爆发。法西斯侵略者所到之处，对犹太人灭绝性屠杀也达到了惨绝人寰的程度。当时美国和苏联尚未参战，英法联军节节败退，甚至伦敦也朝夕难保。在这种情况下，各国都没伸手拯救犹太

---

① Harwood, Edwin, “American Public Opinion and U. S. Immigration Policy”, *Annals of American Academy of Political and Social Science*, Vol. 487, 1986, p. 202.

② Britman, Richard, and Allan Kraut, *American Refugee Policy and European Jewry*, Bloomington: Indiana University Press, 1987, p. 203.

人，结果数百万犹太人被杀害。1943 年 5 月 12 日，波兰籍犹太人斯马尔·齐吉尔布姆在英国总理府大楼前自焚身亡，他是波兰全国委员会流亡伦敦的主要成员之一。在竭力争取拯救犹太人的种种努力失败之后，他对西方盟国感到彻底失望，遂决心引火自焚，以身殉国，希望此举能唤起西方和全世界的同情和支持。

需要说明的是，在 30 年代后期到 40 年代初期，软弱无力的国际联盟也曾经向各国发出拯救犹太难民的呼吁。在 1938 年，它召集美、英、法等国的首脑，在法国巴黎召开解决犹太难民问题的紧急会议。其间，各国代表对犹太难民的苦难深表同情，会后还发表了一项谴责德国人迫害犹太人的声明。但在实践上，各国政府的实质性行动非常有限，接收的难民不过是冰山一角。在 1940 年之前，除英国接纳了 9 万难民外，其他国家安置的人数非常少。进入法国的难民有 2 万多人，进入阿根廷 5 万，巴西 2.7 万，中国 2.5 万，澳大利亚 1.5 万，玻利维亚和智利分别为 1.4 万，加拿大只有 5000 人。英国还将 7000 多名犹太人迁移到南非。在各国中，美国的动作最为缓慢，而且它在解决难民问题时，首先考虑的是美国的利益。1941 年法国沦陷后，罗斯福要求国务院在逃往北非和葡萄牙的难民中，挑选出文化素质较高并有突出才能的科学家，然后帮助他们迁居美国。后来，美国国务院向 3286 名难民发了签证，最后入境的约有 1236 名。到第二次世界大战结束时，迁入美国的科学家共有 2000 人。1942 年美国参战后，它所接纳的战争难民才开始逐渐增多。到 1945 年战争结束时，美国安置的犹太难民达到 25 万人。① 从上文中可以看出，美国政府这种趁火打劫的做法，与 30 年代英国和加拿大等国家的政策如出一辙，他们首先考虑的不是人道主义原则，而是挑选那些经济条件优越或者拥有技术专长的人。

---

① London, Louise, *Whitehall and the Jews*, pp. 42, 44-45, 104；李长久："移居美国的科学家的作用"，《人民日报》1985 年 1 月 27 日；Malarek, Victor, *Heaven's Gate*, p. 14；Shah, Prakash Amritlal, *Refugees, Race and the Legal Concept of Asylum in Britain*, p. 45。

二、战争难民的安置

第二次世界大战是人类历史上前所未有的大灾难。它不仅夺去了全世界数千万人的生命,而且还造成了数百万无家可归的难民。战争结束时,在德国、奥地利和意大利有800多万战争难民。这些难民大致分为三类:第一类是战争时期法西斯德国和意大利为解决劳动力不足而从欧洲各国掳来的苦力劳工,其中多数来自罗马尼亚、波兰和巴尔干诸国;第二类是苏联全线发起反攻之后,逃离波兰、匈牙利和波罗的海沿岸国家的纳粹势力、反共分子和躲避战火的平民百姓;第三类是备受法西斯迫害的犹太人幸存者,这类难民主要来自德国、奥地利、波兰、罗马尼亚和捷克等国,大部分是无依无靠的孤儿寡母和老弱病残。在联合国难民组织的安排下,约有700万人被遣回家园。有100万人无法安置,加上战后初期东欧和波罗的海沿岸加入社会主义阵营之后又有一些政治"难民"流入西方盟国在德国的管辖区,到1948年,等待安置的各种难民仍有160多万。[①] 使难民问题复杂化的是,在第二次世界大战结束前,盟国首脑在波茨坦会议上曾决定,在战后将捷克、波兰、匈牙利和罗马尼亚等国的1200多万德国族裔迁回德国,避免他们遭到所在国民众的报复。在战后初期,这些国家出于对德国的民族仇恨,遂将其境内的1200多万名德国族裔驱逐出境,另有150万德国族裔来自民主德国,其中既有逃避审判的纳粹分子,也有寻求家庭团聚的平民百姓。[②] 然而,饱受战火浩劫的德国根本无力安置这么多的人口。如何安置战争难民和德国族裔,成为美国及西方盟国必须正视的问题。而

---

① Kolm, Richard, *The Change of Indentity: An Analysis of Factors Conditioning the Cultural Integration of Immigration*, New York: Arno Press, 1980, pp. 217-218.

② Divine, Robert, *American Immigration Policy: 1924-1952*, New York: Dale Co. Press, 1972, pp. 111-112.

自诩为西方“自由”世界领导者的美国，在要求其盟国各自安置一定数量的难民和德国族裔外，它自己也必须承担相应的义务。

美国安置战争难民的法律依据是20年代确立的移民限额制度，可是其中没有关于难民问题的规定。在这种情况下，新上任的杜鲁门总统颁布了行政命令，决定利用当年剩余的移民限额安置2.5万名难民。其中，孤儿和美国公民的亲属可以优先入境。此后两年间，杜鲁门又以相同的方式接受了4万多名难民，有3.8万名难民是以限额移民的身份入境的，另有2000多名难民为非限额移民。在他们中间，有12%的人是美国公民和已获永久居留权的外侨亲属。[①] 由于移民限额制度中没有难民类条款，唯一可供利用的是各国当年的剩余限额，而限额制度规定每年的总限额只有15.4万，除西北欧国家外，各国移民限额所剩无几。显然，不制定新的难民法，就无法满足美国履行其安置难民义务的需要。于是，杜鲁门总统呼吁国会制定难民法，允许难民以非限额移民身份入境。对于杜鲁门的呼吁，国会和社会各界反应强烈。持支持态度的人很快组成了“流亡人员公民委员会”。该委员会筹资近百万美元，并在全国各地展开了广泛的游说活动。1947年初，杜鲁门在国情咨文中再次呼吁国会采取行动。他说：“我强烈要求国会注意这一世界性的问题，并且努力寻找途径，对这些无家可归的、受尽苦难的、信仰不同的难民，尽到我们的责任。”[②]随后，“流亡人员公民委员会”提出建议，要求在四年内安置40万欧洲难民。为争取国会支持，该组织一方面继续在全国宣传，另一方面寻找与国会沟通的渠道。1947年7月1日，伊利诺伊州众议员威廉·斯特拉顿代表“流亡人员公民委员会”，向国会提交了一份议案，要求四年内安置40万欧洲难民，其中优先照顾美国公民和外侨的外籍亲属以及无家可归的战俘人员，允许他们以非

① Bennett, Marion, *American Immigration Policy: A History*, Washington D. C.: Public Affairs Press, 1963, p. 189.

② Divine, Robert, *American Immigration Policy*, p. 114.

限额移民的身份入境。

斯特拉顿递交的议案，直接冲击着移民限额制度中有关非限额移民和每年移民总限额的规定，因而在国会引起了激烈的争论。在国会听证会上，国务院、司法部、美军代表和美籍犹太裔组织等，纷纷要求国会通过此项议案。尤其引人注目的是，以前曾坚决主张限制外来移民的美国劳联和世界产联等工会组织，也改变了以往的排外主义立场，坚决支持政府安置欧洲难民。在国会听证会上，美国劳联的代表指出：

> 我们相信，鉴于当前世界上不安定的趋势，实施议案中的这些条款(按：一些议员要求将每年的总限额减少50%)是不明智的。我们公民中的大多数人，都希望我们能为其他国家树立榜样，继续为那些因为战争而备受蹂躏、流离失所的流亡人员提供救济和庇护所。我们的国家在维护世界和平中，应尽有较大的责任。因此，美国劳联认为，我们应该保持目前的限额，以此向全世界表明，我们积极地参与世界事务。我们相信，其他措施，尤其是那些旨在减少移民限额的条款会向人们表明，我们不愿意承担领导者的责任。作为世界强国的领导者，我们必须向世界上的流亡人员继续实施传统的人道主义政策。①

美国劳联的主张与国务卿马歇尔的观点毫无二致。马歇尔在国会听证会上，直截了当地指出："难民问题是我们尚待完成的任务之一。"如果美国在这个问题上袖手旁观，就"无法确立自己的领导地位并行使这种权利"。按照这种观点，战后国际格局已发生变化，新的形势要求美国担当起"自由"世界的领导者的责任。在冷战不断加剧的情况下，美国应在难民问题上表现出人道主义的高姿态，给西方盟国树立一个

---

① Bernard, Willianms, *American Immigration Policy*: *A Reappraisal*, New York: Harper and Bros Press, 1950, p. 96.

榜样，从而使它们能更多地承担起安置难民的义务。但是，持反对意见的人认为，在美国经济由战时体制向和平时期转轨的过程中，美国有数百万退伍军人需要就业，如果安置大批难民，就会增加美国的失业率，并引起社会问题的加剧。同样，如果“斯特拉顿议案”成为法律，那就意味着“民族来源限制制度被彻底废除，对美利坚民族同质性的威胁就会有增无减”，其结果必然是美国为限制外来移民所做出的种种努力前功尽弃。[①] 虽然反对派的观点过于危言耸听，但从中不难看出他们维护移民限额制度的态度和决心。

由于国会两派在斯特拉顿法案上争论不休，议案成为立法的难度较大，所以，国会决定派遣一个代表团赴欧洲进行实地考察，然后再做决策。1947 年考察团从欧洲归来后，陈述了美国安置难民的重要性和必要性，要求国会尽快颁布相关的难民法。不久后，缅因州众议员弗兰克·费罗斯向国会提交了一份议案。它经过国会的辩论和修改后获得通过，这就是 1948 年难民法（又称 1948 年流亡人员安置法）。1950 年，国会又对 1948 年难民法修订，将其延至 1952 年，四年间美国共安置了 40 多万难民。

从表面上看，1948 年难民法作为美国历史上的第一项难民法，是国会两院相互妥协的产物，实际上却是民主党和共和党相互让步的结果。在当时，民主党在众议院占绝大多数，而共和党则控制着参议院。民主党希望制定宽松的难民法，藉此提高美国在西方盟国的地位和形象，从而有利于美国推行其外交战略。共和党虽然不反对用难民政策来为美国的外交策略服务，但它所关心的是在确保国家安全、社会就业和社会问题不受消极影响的前提下，适当地安置一定数量的难民。此外，安置难民的数量和入境方式，不应削弱移民限额制度中确立的各项原则。这样，两党在费罗斯议案上的分歧和争论，就突出地表现为国会两院在安置难民和维护限额制度上的争论。综观国会的辩论过程，争

---

① Divine, Robert, *American Immigration Policy*, pp. 116-117.

议主要表现为以下几个方面：

首先，对于费罗斯议案中提出在两年内安置20万难民的条款，两院没有分歧，但参议院坚决反对难民以非限额移民的身份进入美国，它主张在确定难民的国籍后，可以准许其利用其所属国的移民限额入境。众议院考虑到这项规定会限制那些移民限额较少的国家的难民，所以，它要求在议案中增加专门条款，允许这些国家的难民在必要的情况下，提前挪用其所属国未来年份的限额，每年挪用的限额数量，不得超过下一财政年度各国限额的50%。对于这项规定，参议院虽有异议，但觉得按照此项条款入境的难民人数不会太多，而且众议院在提案的其他条款上已经做出让步，因而就接受了这项条款。

其次，虽然众议院对费罗斯议案做了修订和补充，但对难民的定义和应用范畴没有做出明确规定。它只是要求安置1947年7月27日以前登记入册的难民，这就把战争结束后来自东欧国家的政治难民和从这些国家出走的犹太难民纳入了安置对象之中。对此，参议院坚决反对，它只同意接纳1945年12月22日以前注册的难民。此外，关于难民的定义和范畴，参议院规定，难民包括：(1)纳粹法西斯及其傀儡政权的受害者；(2)西班牙共和主义者和佛朗哥政权的受害者；(3)在第二次世界大战结束前因种族、宗教、国籍或政治观点而被迫离开出生国或被驱逐出境的人。参议院做出如此严格的规定，目的是要限制战后被逐出波兰、匈牙利和捷克等国的德国族裔，因为其中有许多人是德国前纳粹政权的支持者。参议院还担心，如果允许战后的政治难民入境，东欧国家的共产党人很可能混入难民中间，并在入境后对美国的安全构成威胁。在选择和甄别难民身份方面，参议院制定了美国历史上“最为严格、最为僵化的安全检查制度”。① 对于参议院设立层层关卡的检查制

① Kolm, Richard, *The Change of Identity*, p. 223. 根据参议院的规定，难民入境前都必须经过下列机构的审查：美国驻德陆军宪兵司令部、美国中央情报局、联邦调查局、美国司法部和移民局驻德难民营检查站、德国海德堡面试中心、美国驻欧洲使馆、盟国驻德情报联络站，最后是入境口岸官员的检查。

度，众议院并不反对，但它不愿意接受众议院规定的难民定义和注册时间，认为它明显地歧视了犹太难民。在众议院看来，犹太人是德国纳粹暴政最惨烈的受害者，除了德国和奥地利的犹太人逃离本国外，匈牙利、波兰、捷克等国的犹太人基本上滞留在本国。直到战争结束后，这些国家的犹太人及逃亡至这些国家的德、奥籍犹太人，才进入西方盟国管辖的难民营。但是，参议院规定的难民定义和注册时间，却将这些战后入册的难民排斥在外。杜鲁门总统对这项规定加以谴责，说它"以无情的方式歧视了信奉犹太教的流亡者"。[①] 然而，参议院却毫不让步。一位参议员威胁说："要么妥协接受，要么什么也得不到。"[②]在这种情况下，众议院只好接受。

再次，"费洛斯议案"规定，根据难民人数及其国籍确定各国难民限额。但是，参议院在通过议案时却增加了一项条款。它规定：(1)在入境的难民中，爱沙尼亚、拉脱维亚、立陶宛和巴尔干诸国的难民应占50%，在众议院的反对下，这个定额被削至40%；(2)入境难民中必须有50%的人从事农业生产，这项定额也被众议院削至30%；(3)成立"安置流亡人员委员会"，由该委员会与美国的民间慈善机构共同帮助难民在美国寻找经济担保人，该担保人必须负责难民入境后的住房和就业，否则难民就不得入境。从当时的情况看，两院在这一条款上的争论，远不如前两项那样激烈，因而相互让步后，国会通过了"费罗斯议案"。杜鲁门对这项法案并不太满意，但在无可奈何之下，最终于1948年6月签署了这项法案。

1948年难民法实施后不久，以杜鲁门总统为首的民主党人又展开了游说活动，要求放宽对难民的限制。"流亡人员公民委员会"和美国的各种犹太裔组织纷纷表示支持，谴责共和党人在制定1948年难民法

---

① Chiswick, Barry S., *The Gateway: U. S. Immigraion Issues and Policies*, Washington D. C.: American Enterprise Institute, 1982, p. 19.

② Divine, Robert, *American Immigration Policy*, p. 128 .

时对犹太人难民的歧视。值得注意的是，杜鲁门和其他民主党要员着重展开了说服共和党议员的工作，以便争取更广泛的支持。在争得许多共和党议员，特别是参议院司法委员会主席亚历山大·威利的许诺后，1949 年末，民主党议员、纽约州的伊曼纽尔·塞勒向国会提交了 1948 年难民法的修正议案，众议院对其稍作修改后便予以通过。但是，在参议院接替威利任司法委员会主席的帕特·麦卡伦，却坚决反对这项议案。他认为，在冷战不断加剧的时期，维护国家安全至关重要，国会必须制定更加安全细致的措施。在他的要求下，众议院对"塞勒议案"进行了修改。不久，参议院再对众议院通过的文本做了修订和补充，增加了安全性条款，减少了议案中规定的安置难民的人数，并于 1950 年获准通过，这就是 1950 年难民法修正案。

同费罗斯法案相比，塞勒法案较为宽松。它将 1948 年难民法中规定的难民注册时间，由 1945 年 12 月 22 日改为 1949 年 1 月 1 日之前，这样，被安置对象的范围大为拓宽。同时，修正案还废除了 1948 年难民法中关于巴尔干诸国难民和精于农业耕作技术的难民享有优先入境的规定，将流亡英国的波兰难民和其他东欧国家的难民，纳入了优先安置对象之列。这些条款，不仅使东欧国家的犹太人和被这些国家逐出的德国族裔可以移居美国，而且也为那些从东欧国家和苏联出走的政治难民迁入美国创造了机会和条件。这样，原来为解决战争难民问题而颁布的立法中，就增添了几分政治色彩。

一些美国学者在评价这两项难民法时乐观地认为，它们的实施表明美国已"摆脱了恐外性质的移民法"[①]。"虽然它们没有较大地改变基本政策，但它们是国会在 20 世纪首次通过的旨在放宽限制的政策。在这一点上它们标志着一个转折点"[②]，至少是一个"小心谨慎的转折

---

① Kolm, Richard, *The Change of Identity*, p. 222.

② LeMay, Michael L., *From the Open Door to the Dutch Door: The Analysis of U. S. Immigration Policy*, New York: Praeger Publishers, 1987, p. 103.

点"[①]。这些观点夸大了两项难民法的历史作用。尽管在其实施后，入境难民人数之多前所未有，但从整体上看，它们并未改变移民限额制度的基本框架和原则。

实际上，第二次世界大战的爆发，标志着美国移民政策由僵化的严格限制向灵活松动转变的开始。战争爆发后，美国不仅从墨西哥和加勒比海地区引进了合同劳工，而且还废除了《排华法案》，给予中国和印度一定数量的移民限额，允许一些亚洲移民入境。尽管亚洲移民的入境人数较少，但它在客观上已打破了美国封杀亚洲移民的禁令。这些都意味着在美国移民限额制度中打开了缺口，而 1948 年难民法及其修正案的颁布与实施，只是将限额制度中的缺口稍稍地拓宽了一点。此外，两项难民法中没有任何条款能说明美国已摆脱了对外来移民的恐外感，不仅种族歧视在限额制度中仍然发挥着较大的作用，而且难民法中的意识形态及与之相关的安全检查制度亦十分突出。在冷战不断加剧的年代，美国社会上的"赤色恐怖"仍然非常强烈，美国政府宁愿允许前德国纳粹分子入境，也不愿放宽对亚洲移民的限制。1949 年美国国会决定，授权中央情报局每年用 100 名移民限额，吸收那些对美国国家安全或情报事业至关重要的外籍人入境。根据这项规定，中央情报局将数百名纳粹分子招进美国，从事情报和火箭研究工作，另有一批纳粹分子和战争罪犯在美国国防部工作。关于 1948 年难民法实施后至 1952 年的入境难民情况，美国学者罗杰·丹尼尔斯作了客观的评价。他指出："由于冷战趋势日益明显，在这两项法案生效后四年间的实际入境人数中，只有少数人是希特勒的受害者，而有大批人，或者说是所有入境者中间，多数人曾经是第三帝国的支持者。"[②]

在同一时期，联邦德国、英国和法国等，都因劳动力不能满足经济

---

① Chiswick, Barry S., *The Gateway*, pp. 22-23.

② Daniels, Roger, *Coming to America: A History of Immigration and Ethnicity in American Life*, New Jersey: Harper Collins Pbulishers, 1990, p. 331.

发展的需要,与美国一起安置了100万战争流亡人员。他们都是白人,与迁入国家在人口结构、种族和文化背景等方面具有很多相似性,难民更容易融合和同化。[①] 可是在60年代之后,当更多的有色种族的难民要求避难的时候,尽管他们中间不乏技术型人才,然而,由于他们在宗教、文化、经济条件和生活方式等方面与欧美国家主流文化具有较大的差异,民族融合和同化的难度更大,因而多数被拒之门外。显然,无论是美国还是欧洲国家,它们安置难民的初衷,都是为满足政治和经济发展的需要,人道主义只不过是他们用来标榜自己的一句美丽的谎言。

三、难民法的实施及其反共性质

从20世纪50年代开始,美国就成为接受外国难民最多的国家,特别是安置来自社会主义国家的政治难民越来越多,这表明它逐渐地把战后初期针对战争难民的政策,转化为外交上遏制社会主义国家的战略性国策。这种意识形态上的定位标志着美国的难民政策构成了其外交战略中的重要组成部分,目的是借机扩大反共宣传,把安置难民的事情转化为日后对社会主义国家进行和平演变的工具。然而,从狭义上讲,美国要实现这种目标,首先要解决的问题是,如何允许社会主义国家难民入境。同时,作为另一种形式的移民,难免会受到战后美国移民政策的制约。各项难民法的实施,又对美国移民政策的改革产生了重要的影响。1952年,美国政府和社会各界经过激烈的辩论之后,颁布了长达407款的《外来移民与国籍法》。它在综合以前美国各种移民法

① Chimni, B. S., "New Issues in Refugee Research, From Resettlement to Involuntary Repatriation: Towards a Critical History of Durable Solutions to Refugee Problems," pp. 2-3, http://www-jha.sps.cam.ac.uk/c/co2.pdf(2006年3月12日下载).

的基础上,保留了民族来源的原则,加强了对外来移民的入籍和归化管理,但令人费解的是,其中仍然没有任何关于难民问题的条款。法律的疏漏,为 1953 年初入主白宫的艾森豪威尔提供了要求修改移民政策的借口。遭到国会拒绝后,他便绕过 1952 年移民法的限制,促使国会一次又一次地颁布了难民法,使大批难民不受限制地进入美国。在 1953—1962 年间,美国颁布的难民法多达 20 余项,其中有 3/4 是在艾森豪威尔执政时颁布的。国会在 10 年内颁布如此多的难民法,在美国历史上可谓史无前例。艾森豪威尔之所以青睐难民法,是因为他相信,尽管美国已经安置了数十万难民,但欧洲的难民问题仍未得到彻底解决。在欧洲的难民营中,不仅有许多自战后以来就无家可归的战争难民急需安置,而且还有越来越多的逃离东欧各国的"反共分子"。50、60 年代是冷战不断加剧的年代,美苏两国的对峙也由欧洲扩展至全球。为了遏制苏联,美国大肆扩充军备,竭力推行反共外交战略,以种种方式和手段,企图瓦解社会主义国家。为此,除了军事上的遏制和经济上的封锁外,政治上的蛊惑性宣传和攻势就成为一种有力的武器。在这方面,美国政府内部没有分歧。白宫的总统和国会都认识到,"有必要加紧'反共'宣传,积极汇聚各国的'反共'势力,然后伺机而动"。在难民问题上,美国始终打着"自由"的旗号,以"人道主义"的高姿态,频频颁布难民法。难民法的实施,进一步削弱了 1952 年移民法中的限额条款,为 60 年代移民法的改革创造了有利条件。

在 50 年代的难民法中,1953 年难民救济法不能回避,其安置对象是亚洲和欧洲的政治难民及被东欧国家驱逐的德国裔。关于难民的概念,法案规定:"在共产党或共产党占领的国家里,因遭受迫害或者担心受到迫害,或因军事行动,或自然灾害而被迫逃离并无法返回家园的人,那些不能安居乐业并急需援助才能保障生计和交通的人们",都属于难民。被驱逐的德国裔包括:从阿尔巴尼亚、保加利亚、捷克斯洛伐克、爱沙尼亚、匈牙利、罗马尼亚、苏联和南斯拉夫等国家被迫迁离或逃亡的德国族裔。这两项规定的政治色彩之强烈,反共情绪之浓重,基本上反映了50年代美国政治的走向。更重要的是，1953年难民法的实施，标志着艾森豪威尔利用难民法削弱移民限额制度的开始。首先，1953年难民法规定，所有难民均以非限额移民身份入境，而非限额移民人数的增加，必然会打破1952年移民法中规定的每年入境人数的限制标准。其次，1952年移民法规定，禁止美国的任何团体或个人，以任何方式资助外来移民入境。可是，在1953年难民法中，国会又明确规定，由财政部拨款500万美元，专供那些负责安置难民的政府机构和社会团体使用，为入境难民提供必要的交通和安置费用。1954年8月31日，国会决定将1953年难民法延长至1956年12月30日，那些持非移民签证(如学生、旅游及探亲访友)入境的外籍人，如果担心回国后受到迫害，可申请居留美国。到1956年底，根据1953年难民法入境的各国难民共计21万，其中，东欧国家的政治难民和被这些国家驱逐的德国裔达9万人，意大利、希腊和芬兰等西方国家的难民近10万人，亚洲国家的难民有7000余人。①

政府在实施难民法的过程中发现一些难民有犯罪背景和间谍嫌疑，为了防止此类人入境、加强对入境难民的政治管理，国会于1954年8月颁布了《共产党管制法》，同年9月又颁布了《移民犯罪法》。这两项法案规定，凡在入境后自愿加入美国共产党或旨在反对美国政府的难民，被政府发现后，将失去申请美国公民资格的权利，或被驱逐出境。如果被发现涉嫌倡议并密谋以武力推翻美国政府，或者被指控涉嫌以武力推翻美国政府，那么，政府将剥夺其合法居留和申请归化的权利，并被监禁一年以上，外加1000美元的罚金。显然，这两项法案是对1952年移民法的补充，目的在于打击和限制美国共产党组织的活动，确保入境难民在思想上和行动上与美国保持一致，防止共产党以难民身份入境，并对美国的社会制度构成威胁。

1956年匈牙利发生"十月流血事件"后，数十万不同政见者逃往奥

---

① Bernard, Willianms, *American Immigration Policy*, p. 195.

地利。艾森豪威尔政府迅速做出反应，利用1953年难民法，将5000余名匈牙利人迁入美国。同时，由于1953年难民法的有效期即将结束，艾森豪威尔便要求国会颁布新的难民法，以安置更多的难民。1957年9月11日，国会颁布了由约翰·F.肯尼迪等人草拟的《难民逃亡法》；1959年，国会又将这项法案延至1961年6月30日，这是继1953年难民法之后的又一项影响较大的法案，安置对象是那些因种族、宗教或政治迫害而无法返回家园的外籍人。法案规定：第一，允许1957年以前入境的外国留学生、访问学者、教授和律师等具有技术专长的人永久居留美国，这类外籍人的妻子及其子女，也可以作为非限额移民优先入境。此项规定生效后，入境和获得永久居留权的外籍人在3.1万左右。第二，终止实施1948年难民法中规定的限额"挪用"原则，已被挪用的32.5万限额将被用来安置难民。自1957年起，每年根据这项条款入境的难民不得超过8200人，10年后其人数将逐渐减少，剩余限额将用于其他类型的移民。第三，凡是在1957年以前入境的外籍技术专家及其妻子和子女，如果担心回国后可能因种族、宗教或政见而受到迫害，则可以申请永久居留美国，这项条款的有效期到1958年7月1日结束。第四，凡已进入美国的外籍人员（如外交官、商人、在美国公司接受技术培训的人员），如果要在美国寻求政治避难，经查属实者则可永久居留美国。第五，从1956年12月31日起终止实施1953年难民法，其中的剩余限额将安置1957年难民逃亡法中规定的难民。

上述条款表明，难民的政治态度和技术素质，是决定他们能否迁入美国的标准和依据。美国重视吸收外来人才的政策说明，在冷战日益加剧的50年代，科学技术愈来愈发挥着重要的作用。确保高科技特别是军事科技的领先地位，在美国外交战略中处于头等重要的位置。所以，吸收外来人才成为美国难民政策的突出调整之一，这一点在60—80年代也十分明显。值得注意的是，在实施1957年难民逃亡法的过程中，政府还改变和扩大了1952年《外来移民与国籍法》中并不引人注目的"假释"条款的内涵与应用范畴。在1952年移民法中，"假释"条款规定,司法部长可以在紧急情况下,允许急需帮助的外籍人(如生命垂危的重病患者)暂时入境。被假释的入境者在指定地点接受了所需要的帮助或服务后,必须主动按期离境。艾森豪威尔政府将这项条款应用于难民政策后,要求每个申请入境的难民,必须经过美国驻外使馆和有关安全机构的审查,“必须宣誓反对共产党,效忠美国”。难民入境两年后,必须由司法部长根据每个人的政治和社会表现,决定是否授予其在美国的居留权;若被司法部长视为不符合条件者,将被遣返原籍或驱逐出境。由于1952年移民法中对何谓“紧急”情况未作明确规定,对被“假释”者身份和人数等只字未提,因而艾森豪威尔总统便顺水推舟,安置了大批难民。其人数之多,身份之庞杂,都超出了1952年移民法的规定。据统计,1957年入境移民共达32.5万,达到了50年代的最高水平,其中除9.7万限额移民外,其余均为非限额移民,多数来自苏联和东欧国家。[①]

1959年古巴革命爆发后,亲美政权很快被推翻。这无异于一颗巨型定时炸弹落在美国的“后院”,举国上下大为震动。为扼杀古巴新生政权,美国先是施之以经济和军事封锁,继而又出兵干涉。美国的轻举妄动引起了苏联的愤愤不平,美苏两国在古巴问题上的对峙,演化为举世关注的“古巴导弹危机”,战争大有一触即发之势。虽然美国政府在军事和外交上不得不慎重行事,但在难民政策上却毫不犹豫。艾森豪威尔政府当即宣布,1959年7月1日至1960年6月30日为“世界难民年”。同时,为了给古巴的亲美势力提供庇护,美国政府以假释的方式,安置了6万多古巴难民。翌年,国会又拨款400多万美元,实施了庞大的“安置古巴难民计划”。[②] 到1980年,美国多次通过空运和海运计划,共安置了80多万古巴难民。[③] 美国政府不惜耗费大量的人力和财

---

① Bernard, Willianms, *American Immigration Policy*, pp. 202-203.

② Hanckvich, George J., *Ethnic America 1978-1980, Updating the Ethnic Chronology*, New York: Oceana Publishing Inc., 1981, pp. 274-275.

③ LeMay, Michael L., *From the Open Door to the Dutch Door*, p. 109.

力,从一个国家运走如此多的难民,这在美国历史上还是头一次。在西半球,特别是在加勒比海地区,美国对一个国家实施长达30多年的经济封锁和外交围困并举的政策,在20世纪也是绝无仅有的。这些政策同难民政策一起,构成了美国瓦解古巴社会主义制度的战略和策略。当然,美国在安置古巴难民时,并没有忘记网罗有用之才。对于文化素质较高、拥有美国急需的技术和资本的难民,美国敞开大门;而对于那些文化素质较低、无突出才能和金融资本的难民,政府则以"可能成为公众负担"为由而毫不留情地拒之门外。根据美国学者小弗农·布里格斯的研究,入境的古巴难民,基本上都属于古巴革命前的上层社会,他们受过高等教育,通晓英语,又拥有雄厚的资本实力,所以他们迁居美国"构成了西半球有史以来规模最大的一次人才流失"。①

不过,上述难民法的实施也带来了新的问题,那就是许多难民入境后,其亲属大部分仍居留在原籍国家,难民家庭团聚的问题没有解决。这也是1952年《外来移民与国籍法》实施后的突出问题之一。在该法案的规定下,由于亚洲和东南欧国家的难民受到限制,许多人迁入美国后无法与家人团聚。美国政府认识到,家庭的长期分居可能导致社会问题的加剧。在艾森豪威尔总统的要求下,国会于1959年9月22日颁布了一项法案。该法案是针对移民问题而制定的,但对1952年移民法却产生了一定的影响。它在保留1952年移民法主要原则的前提下,对限额优先制度做了调整和补充,对1952年移民法中关于技术类移民在总限额中的比重保持不变,对第二项和第四项原则做了修正。在1952年移民法中,第二项优先原则规定,总限额的30%将用于已获永久居留权的外侨配偶及其子女;第四项规定,第一项至第三项优先原则中剩余的25%,应用于美国公民的外籍兄弟姐妹和子女。但是,在1959年法案中,第二项优先原则规定,总限额的30%将用于美国公民

① Briggs, Vernon Jr., *Immigration Policy and American Labor Force*, The Johns Hopkins University Press, 1984, p. 196.

的外籍双亲和未成年子女；第三项优先原则规定，总限额的20％将用于合法移民的配偶及其外籍子女；第四项优先原则规定，第一至第三项优先原则中剩余限额的50％将用于美国公民的外籍兄弟姐妹、已婚子女及与其同行的配偶和子女。此外，1959年法案还规定，即使第二至第四项优先原则规定的限额已经用完，符合第三项规定的外籍人仍然可以申请，并以非限额移民的身份入境；根据1953年难民救济法入境的难民，其直系亲属也可以申请非限额移民签证。毫无疑问，1959年法案拓宽了1952年移民法中限额优先原则的应用范畴，增加了美国归化公民和合法外侨与其外籍亲属团聚的限额比重，对受限制的亚洲和东南欧国家的移民申请积压现象，起了一定的缓解作用。

1960年艾森豪威尔卸任时，国会颁布难民法的高潮已经过去，但是，他在难民问题上的政策却被约翰·F.肯尼迪总统完全继承下来。这位血气方刚的新总统，向已被艾森豪威尔总统弄得面目皆非的1952年移民法继续发起冲击。1960年，肯尼迪总统利用"世界难民年"，敦促国会通过了1960年公平难民法(又称世界难民年法)，目的是要彻底解决滞留在西欧国家的东欧难民问题。同时，又为以前入境的难民授予了永久居留权。接着，在1961年和1962年，肯尼迪又说服国会颁布了《外籍人援助法》和《移民与难民援助法》。1961年难民法废除了1952年移民法中设立的"亚太三角区"条款，各国移民和难民在填写移民申请时，无须再注明自己的种(民)族身份，允许在美国修业的外国留学生和访问学者自愿放弃其非移民身份后永久居留美国。1962年难民法对司法部长驱逐外侨的权力作了限制，充实了驱逐外侨的司法审理程序，明确了赦免被驱逐者的条件。此外，该法案还授权政府拨出专款，向急需救济的境外难民和那些已经入境但生活确有困难的难民提供救济。这些条款实施后，基本上解决了难民政策中的关键性问题，尤其是消除了移民政策中种族歧视条款对解决难民问题的消极影响。在这个意义上，50年代以来各项难民法的实施，为1965年国会改革移民政策创造了有利的条件。所以，肯尼迪总统的下一个目标便是移民政策的全面改革。

综观50、60年代的美国难民法，其特征主要表现在以下几个方面：第一，几乎每项难民法都对1952年移民法中至少一项或几项条款进行了修正，结果不仅每年入境的移民人数猛增，而且有许多条款打破或推翻了1952年移民法中的限制，削弱了该项移民法的限制作用。第二，政治特点突出，意识形态偏见十分强烈。在每项难民法中，概念的界定和应用范畴都是针对社会主义国家制定和实施的。在入境难民中，多数人属于亲美势力或敌视社会主义制度的反动分子。当然，在这一时期，美国也实施了一些具有人道主义特色的立法。譬如1953年7月29日，国会允许在海外服役美军收养的500多名外籍孤儿入境；1958年9月2日法令中，国会允许因亚速尔火山爆发而流离失所的1500名葡萄牙裔迁入美国。但是，在这些法案下入境的各种难民，只占50年代入境难民中极小的一部分，它无法改变这一时期美国难民法的主要性质，充其量也不过是美国政府为反共的难民法披上了一件漂亮外衣。第三，美国政府在安置难民时，遵循了1952年移民法中确立的偏重吸收有用之才的方针。这一点在1957年难民逃亡法中和安置古巴难民的政策中十分明显。此外，国会在1954年7月18日和9月3日颁布的两项难民法中，还批准来自菲律宾的380名从事贸易的移民和500多名西半球的牧民入境。这两类移民入境的条件是他们定居美国后必须从事原定的职业，否则将被驱逐出境。1956年6月4日法令规定，凡是在美国留学的外国留学生和访问学者，必须在修业期满后返回其出生国，服务两年后方能移民美国。但是，该法令又规定，凡属于美国政府指定或亟需的专业人才，可以在司法部长批准后居留美国。在50年代末60年代初的各项难民法中，国会都制定了吸引外来高科技人才和拥有金融资本人才的优惠政策。这表明，在冷战日益加剧、各国高科技迅速发展的时代，美国更加重视移民和难民的文化素质，着力吸引外国的贤能之士入境，使其为美国经济和高科技发展服务。

四、永久性政策的确立与限制性

1965年,美国国会颁布了《外来移民与国籍法修正案》。法案中除了对1952年移民法做了系统的改革以外,最突出的特征之一是在综合50年代各项难民法的基础上,把难民政策纳入了永久性的移民立法中,给予难民类每年6%(约1.74万)的限额。在新的移民法中,国会对难民的概念做了重新界定,它包括:(1)因种族、宗教或政治观点而遭受迫害或担心受到迫害而被迫逃离共产党统治或占领的国家的外籍人;(2)因毁灭性自然灾害而流离失所的外籍人;(3)因上述各种原因而逃离"中东地区"的外籍人,在这里,"中东地区"指利比亚以东、土耳其以南、巴基斯坦以西和沙特阿拉伯以北(包括这四个国家)的地区。从表面上看,1965年移民法中规定的难民定义和应用范畴,较之于50年代的难民法更为宽松,但并没有发生本质性的变化。1965年移民法生效后,参议院报告中写道,1965年移民法中的难民条款,"在意识形态上严格地限用于逃离共产党国家的外籍人;在地理上只限于逃离中东地区的共产党国家或被共产党所操纵国家的外籍人"。[①] 这就是说,该法案中的难民条款,仍然是针对社会主义国家制定和实施的,其他非社会主义国家不存在难民问题。由此可以看出,利用难民政策为美国的政治和外交服务,仍然是决策者的主要指导思想。在美国历史上,难民既是一个历史问题,也是一个现实问题,在不同历史时期迁入美国的各种难民不计其数,然而,只是到40年代末美国才开始颁布难民法。此后至60年代的各种难民法都充满了强烈的反共色彩,反映了美国统治集团对社会主义国家的偏见和敌视态度。笔锋及此,使人不能不想到在美国独立战争时期,逃往加拿大和英国的近十万名亲英保守派。他

① Hanckvich, George J., *Ethnic America*, p. 343.

们因反对美国独立而被美国人冠以“反对派”的蔑称。但是，随着人类社会的进步及社会主义制度在许多国家的建立，美国仍以自己的观点和社会制度为标准，把社会主义国家定为“专制”或“独裁”政体，因而将反对社会主义制度的人尊为“自由”和“民主”的斗士，并不遗余力地伸出“人道主义”之手加以援助。这种双重标准的界定，无疑是对美国历史的极大讽刺，从而暴露了美国政府在50、60年代所颁布的难民法的实质，即并非像一些美国学者所标榜的那样，纯粹是为了“人道主义”的目的。恰恰相反，它们是功利主义在政府决策中的具体体现，目的是为了满足美国社会发展和政府在国际上推行反共外交战略的需要。这也是美国政府把难民政策纳入1965年移民法的真正目的所在。而恰恰是这一点，美国的决策者却屡缄其口，避而不谈。

值得注意的是，1965年移民法中还沿用了1957年《难民逃亡法》中关于授权司法部长在“紧急”情况下运用“假释”条款安置外籍难民的规定。不同的是，新法案中“有条件的入境”取代了“假释”二字。1980年国会制定难民法时，又用“假释”取代了“有条件的入境”。从政府的有关文件看，这两个概念在含义上并无实质区别，但在具体应用上，1965年移民法中的规定更为狭窄。根据法案规定，司法部长在实施有条件入境的条款时，他不能在任何“紧急”情况下一概而论将该条款盲目地应用于所有难民，更不能将它视为移民政策中的补充和延伸；他必须根据具体情况，首先考虑美国的利益需要，其次才是难民的受害性质和程度，然后再逐案审查，确定安置对象和人数。但是，在1965年移民法中，何谓“紧急”情况呢？司法部长究竟在何种条件下才能使用“有条件的入境”？每次可以入境的人数应控制在何种程度上？类似这些问题，国会并未做明确规定。国家的利益需要和难民能否入境的命运等，都交给了司法部长一人，而他在决策上的任何失误，都可能产生不良后果。正是法律上的漏洞，司法部长在70、80年代多次运用手中的权力大量安置难民，从而使每年入境的难民人数，远远超出了1965年移民法中的规定。

应该看到,20 世纪 60—80 年代美国外来移民人数迅速增加,的确与政府的难民政策密切相关。1965 年 9 月,古巴政府宣布释放所有在押的政治犯,放宽古巴难民出境的限制。约翰逊政府出于对古巴的敌视,于 10 月 3 日再次宣布实施"古巴难民安置计划"。不久后,在瑞士政府的调节下,古巴政府同意美国的建议,美国的民间机构负责将古巴难民空运至美国。1966 年,美国又颁布了《古巴难民调整法》,允许古巴难民在入境两年后申请永久居留美国的权利。由于美国对古巴实施了宽松的难民法,在 1965—1974 年间,入境的古巴移民共有 37.3 万,其中被假释入境的难民为 30 万左右。[①] 显然,在这 10 年间入境的古巴难民,已经超出了 1965 年移民法中规定的难民类限额的 1.7 倍以上。

正当涌入美国的古巴难民潮趋于低落的时候,在越南战场上早已疲惫不堪的美国人终于认清了形势,决定结束这场胜利无望的战争。1975 年美国政府宣布从越南撤军后,大批亲美分子纷纷逃往美国,仅 1975 年 4 月至 12 月末,逃往美国的越南难民多达 13 万。在柬埔寨和老挝建立社会主义制度以后,两国的亲美势力也相继迁入美国。针对蜂拥而至的难民,美国政府在 1975—1981 年间,先后十次实施东南亚难民安置计划,涉及难民约 50 万人。[②] 在同一时期,除了被假释的 12 万古巴难民外,还有近 7 万名苏联犹太难民,另有近 10 万难民来自加勒比海(如海地)、中美洲和伊朗、智利等地区和国家。[③] 在这种情况下,美国政府进退两难。一方面,它既要摆出人道主义的高姿态,为"被压迫者"提供庇护所;另一方面,所有的难民法只允许"逃离共产党国家的政治难民"或因毁灭性自然灾害而无家可归的难民进入美国,而对于像海地、萨尔瓦多和智利这些右翼势力当权国家的受害者,却没有明文规定。此外,1965 年移民法中规定的难民类限额每年只有 1.74 万,而

① Briggs, Vernon Jr., *Immigration Policy and American Labor Force*, p. 196.
② Briggs, Vernon Jr., *Immigration Policy and American Labor Force*, pp. 114-115.
③ Briggs, Vernon Jr., *Immigration Policy and American Labor Force*, p. 196.

自该法案实施以来,每年实际入境的难民已经远超出了这个标准(详见下表)。在入境难民中,绝大多数是被假释入境的,其中有不少人自称是难民,但实际上只是谋求改善生活条件的"经济难民"。美国政府认为,如果在处理来自海地和智利的难民问题时采取严格的限制措施,就会有损于美国的国际形象;如果允许他们入境,就必须修改难民法。尤其令卡特政府不安的是,在他即将卸任前,美国社会上流传着一个可怕的谣言,说古巴政府要打开监狱和精神病院大门,允许大批的精神病患者、刑事犯及艾滋病患者移民美国。虽然卡特政府曾多次下令,禁止

表 5.1 1975—1987 年入境难民统计①

年份	非洲	东亚	东欧	苏联	拉丁美洲	近东和南亚	总数
1975	0	135000	1947	6211	3000	0	146158
1976	0	15000	1756	7450	3000	0	27206
1977	0	7000	1755	8191	3000	0	19946
1978	0	20574	2245	10688	3000	0	36507
1979	0	76521	3393	24449	7000	0	111363
1980	955	163799	5025	28444	6662	2231	207116
1981	2199	131139	6704	13444	2017	3829	159332
1982	3326	73522	10780	2756	602	6369	97355
1983	2648	39408	12083	1409	668	5645	61861
1984	2747	51960	10258	715	160	5246	71086
1985	1953	49970	9350	640	138	5994	68045
1986	1315	45457	8713	787	173	5998	62440
1987	232	7383	2235	297	0	2250	12397
总数	15375	816730	76244	105481	29420	37562	1080812

注:以上统计中没有包括 1980 年的 12.5 万名古巴乘船难民和 1972—1980 年间的 4 万名海地乘船难民。这两类船民(boat people)因属非法离境,无任何身份证件,故又被美国一些学者纳入非法移民范畴。

① Simcox, David E., *American Immigration in the 1980s*, Boulder, Colorado: Westview Press, 1988, pp. 52-53.

美国的古巴裔擅自利用小船迎接其在古巴的亲属,但违令不遵的现象常有发生。

在这种情况下,社会上的呼声日益高涨,各界民众都要求政府改革现行难民政策,严格限制难民入境,防止那些"不合格"难民流入美国。政府中的保守派和改革派都认为,原有的难民法已经无法满足新形势的需要。在这方面,美国难民事务负责人迪克·克拉克在国会听证会上的发言,就具有广泛的代表性。他指出:

> 直到现在,我们实施的难民计划,基本上都是为了应付一些具体的危机而制定的各种不同计划的综合。现行的法律已不足以解决我们所面临的难民问题……它是在战后和冷战时期针对逃离东欧共产党国家及中东地区的受害者制定的。这项基本法仍然假定进入美国的难民主要来自上述两个地区或共产党控制的那些国家……多年来,有条件的入境,加上假释条款,已经日益成为障碍,无法满足需要。在白宫和国会,我们都逐渐地认识到,制定全面的长期政策已经成为一种需要。[①]

有鉴于此,国会于 1978 年成立了"外来移民与难民政策特别委员会"(下文简称"特别委员会"),专门考察和研究 60 年代以来美国移民与难民政策的利弊得失。该委员会在进行了两年多的考察工作之后,于 1981 年向国会提交了考察报告。

然而,在 1979 年末"特别委员会"刚刚开始其考察工作时,国会就着手拟定新的难民法草案。在卡特总统的要求下,参议院司法委员会主席罗伯特·肯尼迪和众议院"移民、难民及国际法特别司法委员会"主席彼得·罗迪诺,联名向国会提交了一份议案。国会经过修改和辩论后,于 1980 年 3 月 17 日批准通过,这就是《1980 年难民法》(又称

---

① Hanckvich, George J., *Ethnic America*, p. 343.

《肯尼迪—罗迪诺法案》)。这是美国历史上颁布的一项最为全面而系统的难民法,它综合了战后以来美国的各种难民法,充实了对难民的审查、甄别、入境和归化管理措施。

在新的难民法中,国会对难民定义做了重新界定,其依据是1968年联合国大会确定的难民定义。根据这项规定,难民应该包括:(1)因种族、宗教、国籍或不同政见而受到迫害的人;(2)因某种原因而失去国籍的人;(3)被逐出原居留国家的人;(4)因某种原因而不能或不愿返回原籍的人;(5)因某种原因而失去出生国法律保护的人。在此基础上,美国国会又增加了一条规定,即仍在原籍受到迫害的人。但是,这类难民必须是美国总统认可的国家或地区的受害者。所有难民在入境时,必须出示充分的证据,证明自己受害的原因、性质和程度,证据不足者不得入境。若申请者在本国曾参与或蛊惑他人去迫害不同政见者或不同种族的人,被发现后将拒发签证或被驱逐出境。国会增加这些条款的目的,是要控制入境难民的数量和"质量",防止那些自称是难民但不符合法定条件的人入境,避免因入境难民人数过多而造成局面失控。

应该指出,在1980年难民法中,无论是难民的定义还是其他条款的应用范畴,都显得比以前更加灵活、"公正"。"共产党"一类的词句从所有条款的字里行间消失了,显而易见的政治偏见似乎不复存在,狭隘的地域界定也荡然无存。然而,这种表面性的变化并不意味着实质的改变。美国学者理查德·霍夫斯戴特等人对1980年难民法的实质做了较为客观的评价。他们指出:

> 虽然美国的难民法愈来愈倾向于以宽泛的人道主义原则为基础,但冷战时代的遗产仍然存在,并且在政策的实施中仍然发挥着支配作用。国际社会和美国国内的法律,都力图界定和保护那些遭受迫害的逃亡者,但是对"迫害"一词,却都没有做出准确的权威性规定。这使美国的政府官员继续认为,那些逃离共产党国家的人才是真正的受害者,那些逃离右翼

独裁政权的人则是在逃避一种可以避免的迫害，这种情形则需要申请者提供更多自我辩护的实例证明。①

可以肯定，1980年难民法仍在冷战的阴影之下，来自共产党国家的不同政见者，仍然是被安置的主要对象。从1981—1990年间入境难民来源看，来自欧洲的15.6万难民中，苏联和其他东欧社会主义国家的难民为15万，占总数的97%；在来自亚洲的难民中，越南、老挝和柬埔寨的难民共有58.1万，占亚洲难民总数(71.2万)的81%；在西半球的12.1万难民中，古巴难民为11.3万，占总数的93%。② 这就是说，在20世纪80年代，美国难民政策的反共本质基本没有改变。

值得注意的是，1980年难民法中增设了"避难者"条款。它规定：避难者属于难民的一种类型，它要求避难者申请永久居留美国的权利时，不管该人入境的时间有多长，必须证明自己回国后必然或可能受到迫害，否则就不予批准。获得永久居留权的避难者在美国居留五年后，就可以申请美国的公民资格；如果在获得公民资格前触犯美国法律，或有任何危害社会的不良行为，同样会被驱逐出境。这项条款实施后，申请避难的人数不断增加，在1980年以前，每年申请避难的人数不过数千人，而在此之后，到1980年底猛增至5万人，1983年又增至17万人。由于政府的严格把关，获准避难的人数到1984年开始下降，1986年获居留权的人数为12.6万。这些难民主要来自伊朗、萨尔瓦多、尼加拉瓜和海地等国家。③

---

① Hoffstetter, Richard, *U. S. Immigration Policy*, North Carolina: Duke University Press, 1984, p. 173.

② U. S. Department of Commerce, *Statistical Abstract of the United States*, Washington D. C.: Government Printing Office, 1992, p. 12.

③ Simcox, David E., *American Immigration in the 1980s*, p. 55.

表 5.2　1980 年难民法中的难民限额优先制度

次序	内容及特征	百　分　比
1	美国公民的未婚子女	20%
2	已获永久居留权的外侨的配偶及其未婚子女	26%,加第 1 项剩余限额
3	在科学和艺术领域具有技术专长的人	10%
4	美国公民的已婚子女	10%,加第 1 和第 3 项剩余限额
5	年满 21 岁以上的美国公民的兄弟姐妹	24%,加第 1 和第 4 项剩余限额
6	美国急需的熟练与非熟练工人	10%
7	非优先限额难民	以上剩余限额之和

虽然,1980 年难民法是针对难民问题制定的,但它在客观上对 1965 年移民法产生了一定的影响,取消了其中设立的 6%的难民类限额,移民总限额也由每年的 29 万减至 27 万,另外单立难民限额优先制度,每年的难民总限额为 5 万。这样,每年的移民总限额由 1965 年移民法中的 29 万增至 32 万。从难民限额优先制度看,决定难民能否优先入境的根本因素,不是难民的受害程度,而是美国人的利益,是难民的文化素质和技术水平。政府首先照顾的是美国公民和合法外侨与其外籍亲属的家庭团聚。在这个意义上,难民限额优先制度是 1965 年移民法中的限额优先制度的延伸,两者无实质性差别。那些不符合优先制度规定的难民,只能按照先来后到的原则申请剩余限额。

当然,同以前的难民法相比,1980 年难民法有较大的灵活性,它使总统可以根据形势的变化,随时调整入境的难民人数。法案规定,到 1982 年财政年度结束时,每年设立的 5 万难民限额将自动终止。此后,总统必须在下一财政年度开始前 12 个月内向国会呈交一份报告,通报他在下一年度内准备安置难民的人数与来源、受害性质、安置费用的限额与来源,分析难民入境后对美国社会可能产生的影响。国会可能在适当的时候安排听证会,对总统的报告进行论证,然后再由国会决定是否批准总统的报告。1980 年难民法生效后,卡特总统宣布,在 1981 年财政年度内,政府准备安置 21.7 万难民,其中除 5 万限额难民外,其余16.7万为非限额难民,他们将由司法部长假释入境。[①] 在此后各财政年度内,里根总统根据1980年难民法规定,预先向国会报告下一年度的难民安置计划,基本上都获得了国会的批准。1990年国会制定新的移民法时,基本上保留了1980年难民法条款,它仍然是布什总统和克林顿总统安置难民的主要法律依据。据美国国务院统计,在1992和1993两个财政年度内,克林顿政府共安置了26万难民,他们主要来自独联体国家、南斯拉夫,东南亚、非洲和加勒比海地区。[②] 从各种统计中可以看出,尽管冷战时代已经结束,但迁入美国的难民人数却未减少。在80年代,难民主要来自社会主义国家。到90年代,南斯拉夫的战火、索马里的内战和海地政局的动荡,造成了新的难民的到来。

五、排斥性的欧洲难民政策

当美国的难民政策体系日趋完备的时候,欧洲各国改变了50、60年代欢迎难民的态度,转而采取了十分严格甚至苛刻的措施,其具体做法主要是:(一)加强对边境的控制,防止不符合避难条件的难民非法入境。(二)加强国内的检查力度,被发现不符合避难条件的外籍人,一律被视为非法移民驱逐出境。(三)通过欧共体和欧盟成员国的多边合作,采取集体性的协作措施,加强对难民入境的限制。这种合作方式最初体现在欧共体成员国,后来在欧盟成员国中被相继采纳。各成员国通过通报信息,加强合作,明确各自的任务和角色,明确允许入境的对象,"保证从……成员国的国土上,将那些未被批准

---

① Briggs, Vernon Jr., *Immigration Policy and American Labor Force*, p. 111.

② Eagleburger, Lawrence, "Statements Before the Senate Judiciary Committee", U. S. Department of State Dispatch, 1992.

的申请者驱逐出境”。①

西欧严格限制难民入境的根源在于两个方面。第一，西欧国家的经济在70年代开始减速，并长期陷入滞胀。这种形势使西欧国家普遍终止了引进客籍劳工的政策。第二是难民来源发生了变化。在70年代以后，要求入境的难民绝大部分来自非洲和亚洲国家，其中包括越南、柬埔寨、埃塞俄比亚、阿富汗、黎巴嫩、智利、海地、乌干达、萨尔瓦多和危地马拉等国家，其中多数是欧美国家以前的殖民地。这些国家经济结构畸形，生产力水平低，贫困率较高，国内流血冲突频繁发生，大批人口流离失所。他们不是西方国家所考虑的政治难民，而是谋求生计的“经济移民”。在这种背景下，来到西方国家申请避难的难民也日益增多，由1982年的6万人增加到1986年的19.86万。② 对此，西欧国家既想继续摆出人道主义的高姿态，同时又都担心这些难民入境后加剧贫困、失业和犯罪等社会问题。在这种两难境地下，欧洲各国接受的难民人数极少，无法与美国相提并论。据统计，在1983—1991年间，先后有222.51万难民寻求避难，其中接到申请最多的国家是德国(95.92万)、法国(29.8万)、瑞典(17.01万)、瑞士(16.34万)、英国(12.6万)和奥地利(12.77万)，而荷兰、意大利和比利时等都在6万到9万之间。③ 面对如此多的避难申请，各国政府拒绝率都比较高。例如，在1986年，联邦德国允许入境的难民为9.45万，法国为2.34万，瑞典为1.5万，丹麦为1万，奥地利为8650人，瑞士为8550人，比利时为7650人，荷兰为5700人，挪威、土耳其和英国等都在2000到4000人之间。这就是说，各国实际安置的难民人数，与申请人数相比相差极为悬殊。

---

① Barsky, Robert F., *Arguing and Justifying: Assessing the Convention Refugees' Choice of Moment, Motive and Host Country*, Burlington, Vermont: Ashgate Publishing Company, 2000, p. 35.

② Malarek, Victor, *Heaven's Gate*, pp. 85-86, 88.

③ United Nations, *Migration and Population Change in Europe*, UNIDIR/93/23, New York: United Nations, 1993, p. 76.

例如，在1986年法国批准入境的难民人数不到申请总数的40％，同年，联邦德国仅为16％，瑞士仅为12％。[①] 从80年代开始，特别是在苏东剧变后，来到西欧国家的东欧难民再次增加，其人数在1992年达到69.4万，他们主要来自罗马尼亚、匈牙利、波兰和南斯拉夫等国家。尤其是南斯拉夫内战导致近60万难民逃往欧盟各国，其中流向德国的难民达到34.25万，瑞典有6万多，荷兰有2.5万，其他国家在2万以下。[②] 除东欧和南欧难民外，中东地区、非洲撒哈拉以南的地区、亚洲次大陆和中南美洲等地区的不少国家，因为内战、政治动乱，或因国家之间的冲突等，形成了一种多来源、连续性的难民潮。从安置难民的情况看，2002年出现了两种趋势，第一种是严格限制难民入境的国家并不十分成功。例如，英国接受的难民人数仍然达到11.07万，占所有经合组织成员国家入境难民的20％以上；奥地利和瑞典接受的入境申请也比2000年高一倍以上；法国安置的难民达到5.1万，比前一年增长了125％；芬兰、挪威、爱尔兰、波兰和捷克等国家没有明显增长。第二种是入境难民明显减少。例如，在2001—2002年间，进入荷兰的难民减少了42.7％，丹麦减少了35.5％，比利时减少了23.4％，德国减少了19.6％。当然，安置难民人数最多的是英国、美国、法国和德国，其中英国在2002年安置的难民比美国多3万多人，另外，德国比法国多40％，是奥地利安置3.71万的难民的两倍。从难民来源来看，主要来自伊拉克(5.1万)、阿富汗(2.57万)、南斯拉夫(3.3万)、土耳其(2.96万)。德国安置的难民主要来自伊拉克和阿富汗，奥地利、瑞士、挪威与瑞典安置的难民主要来自南斯拉夫，英国安置的难民主要来自津巴布韦，比利时安置的难民主要来自刚果。阿尔及利亚人主要集中

---

① Victor Malarek, *Heaven's Gate*, pp. 85-86, 88.

② Koser, Khalid, and Richard Black, "Limits to Harmonization: The 'Temporary Protection' of Refugees in the European Union", *International Migration*, Vol. 37, No. 3, 1999, pp. 522-523; Zlotnik, Hania, "Trends of International Migration since 1965", *International Migration*, Vol. 37, No. 1, 1999, p. 28.

在法国，俄国人在波兰，古巴人在西班牙，墨西哥人和哥伦比亚人在美国，安哥拉人主要在葡萄牙。[①] 也就是说，难民申请入境的目标国家，与移民流向相同，主要是受到历史、文化和地理位置的影响。与90年代相比，申请和实际入境人数的状况并没有减少。

表5.3　2002年欧洲的入境难民人数及增减比例统计[②]

国家与组织	2002年(千)	1990—2001年平均(千)	2001—2002年变化(%)
英国	110.7	57.3	20.3
美国	81.1	91.7	28.3
德国	71.1	170.5	−19.5
法国	51.1	31.9	8.0
奥地利	37.1	14.8	23.0
加拿大	33.4	29.6	−19.6
瑞典	33.0	23.8	40.4
瑞士	26.2	26.7	27.1
比利时	18.8	20.6	−23.4
荷兰	18.7	33.5	−42.7
挪威	17.5	6.7	18.2
爱尔兰	11.6	3.3	12.7
斯洛伐克	9.7	1.3	19.5
捷克	8.5	4.3	−53.1
欧盟	382.6	390.3	−1.9
北美	114.6	121.3	9.3
意大利	7.3	10.7	−45.7
丹麦	6.7	10.6	−35.5
匈牙利	6.4	4.1	−32.9
西班牙	6.2	8.4	−34.9
澳大利亚	6.0	9.6	−54.2
希腊	5.7	2.6	2.6

① OECD, *Trends in International Migration*, p. 35.

② OECD, *Trends in International Migration*, p. 34.

（续表）

国家与组织	2002年(千)	1990—2001年平均(千)	2001—2002年变化(%)
波兰	5.2	2.5	14.2
土耳其	3.8	5.5	—26.7
芬兰	3.4	1.9	108.5
罗马尼亚	2.9	1.0	18.6
卢森堡	1.1	1.4	—54.4
新西兰	1.0	0.6	51.4
日本	0.3	0.2	—28.6
葡萄牙	0.2	0.4	26.9
中欧东欧	33.8	12.4	—25.2
经合组织	581.7	567.5	—1.5

当然，就具体国家来说，各国的情况还是有些差别。例如，加拿大是一个疆域辽阔、人口稀少的国家，完全有条件安置大批的难民，但是，该国难民政策始终与移民政策凝为一体，政治性色彩不像美国那样明显，也没有形成像美国那样庞杂的体系。在20世纪80年代，当加拿大政府认识到外来移民对加拿大人口增长的重要性后，每年入境的移民规模也开始增加。相应地，加拿大接纳难民的政策也比西欧国家宽松，政策的平等性和人道主义性质更加突出。因此，就80年代的难民入境条款来看，加拿大根据联合国关于难民的定义，确定了接受难民的原则。接纳难民的类型包括：(1)具有充分的证据表明因种族、国籍、民族，或因参加某种政治或宗教组织，或因某种政见，已经或可能受到迫害的人。(2)担心受到迫害而已经不在祖国，不能或不愿意返回祖国的人。(3)通过自愿方式返回祖国后，仍然没有改变其难民的身份和地位或又受到迫害的人。按照这种规定，申请者向移民局提交申请后，该机构审查申请者的背景、身份以及入境理由的合理性，然后举行听证会。如果申请获得批准，则可以申请永久居留权，否则将被勒令出境。按照这种运作程序，自1990年以来，加拿大已经接纳了50多

万难民。[①]

比较而言，联邦德国在20世纪70年代的客籍劳工计划结束后，实施了比较宽松的难民入境政策，这既能产生积极的政治效果，也能满足国内劳动力市场的需要。按照宪法规定，凡在本国受到政治或宗教迫害的人，都可进入联邦德国永久定居。这种宽松的难民政策，是联邦德国在战后根据日内瓦公约中的难民概念制定的，因为在30年代纳粹德国迫害犹太人期间，周边国家都向犹太人难民伸出了援助之手。在战后，联邦德国政府为警示后人，在其宪法中设立了安置难民的条款。在这种背景下，1976年以后进入联邦德国的难民日益增多，其人数占进入欧共体国家难民的50％以上，他们多数来自阿富汗、埃塞俄比亚、土耳其和越南等国家。为保证难民入境后的就业，同时也保护本国劳工的利益，联邦德国在1980年规定，庇护难民必须申请入境签证和就业许可，否则不能定居。然而，在国内主张限制移民和难民的各政治派别看来，这些措施软弱无力。由于被安置的难民在社会援助、子女教育以及医疗等方面的福利支出是由地方政府承担的，对于巴伐利亚等难民较多的地区产生了较大的压力，这些地方的政府官员不断向联邦政府施加压力。德国基督教社会联盟、基督教民主联盟以及德国社会民主党等影响较大的组织，也呼吁修正宪法，要求限制入境难民人数。[②] 在80年代末期到90年代上半期，难民来源的变化和德国自身的问题，也产生了推波助澜的作用。一方面，随着80年代末来自非共产党国家难民的日益增多，入境申请的拒签率也在提高，达到了70％以上，只有30％的人获得居留权。[③] 另一方面，两德统一之后不久，德国经济陷入

---

① Barsky, Robert F., *Arguing and Justifying*, p. 43; Fizpatrick, Peter, *Nationalism, Racism and the Rule of Law*, p. 63.

② Karapin, Roger, "The Politics of Immigration Control in Britain and Germany: Subnational Politicians and Social Movements", *Comparative Politics*, Vol. 31, No. 4, 1999, p. 433, http://www.jstor.org/stable/422238(2008年5月28日下载).

③ Fijalkowski, Jurgen, "Aggressive Nationalism, Immigration Pressure and Asylum Policy Disputes in Contemporary Germany", *International Migration Review* Vol. 27, No. 4, 1993, p. 853.

严重萧条，失业率上升，新纳粹势力在各地不断地制造事端，仅仅在1991—1993年间，该组织就制造了1500起针对外来移民的暴力犯罪活动。联邦德国政府在应对社会呼声的同时，主张修订德国宪法。经过公民表决，在1993年德国通过了对基本法16条a款的修订，其核心是更加严格地审查和控制入境申请，只有属于德国议会认定的存在迫害的国家名单上的外籍人，才可以入境。① 此后，每年的入境人数大为减少，在德国的难民政策中，人道主义的呼声就这样在排斥外来移民的声音中消失了。

与德国相比，英国的政策更加严厉。进入90年代以后，无论是报纸杂志、政府官员还是具有种族主义色彩的组织，都从各自角度主张严格限制非白人移民。它们要求政府严格禁止来自欧洲以外的难民和避难申请者入境，理由是苏东剧变后国际上的政治难民就不存在了，因而再也不需要安置难民的政策了。因此，英国在1993年和1996年两次颁布法令，将难民和非法移民一起，纳入被限制对象之中。其中的原因，正如英国下议院议员西里尔·奥斯本(Cyril Osborne)在议会发言中所说的那样："在英伦三岛上居住着5000多万人口，而我们生产的食品，只能够维持3000万人口。按照我们自己的生产基础，我们已经超出2000万人口，我们现在除了煤炭以外，再也没有生产原材料了。两天前我们讨论了煤炭工业的艰难困境，我们必须进口40%的食品和100%的生产原料，才能保持我们的生存和就业，我们必须用出口来偿付，否则我们就必须面临严峻的饥荒和大规模的失业。这就是为何我们必须限制入境的外来移民的原因。"② 更令人痛心的是，对于已入境的避难者，英国采取的措施更加令人失望。有的英国学者伤感地指出，没有人关注来到英国寻求庇护的避难者，也没有学者真正研究英国政

① Karapin, Roger, "The Politics of Immigration Control in Britain and Germany", *Comporative Politics*, *Vol*. 31, *No*. 4, 1999, p. 437.

② Panayi, Panikos, *The Impact of Immigration*, p. 47.

府对待申请避难者措施的合理性和人道性等。“如果这个制度(按:英国)不能保护那些最容易受到伤害的难民,那么,那些来到英国寻求保护的避难申请者的希望应该寄托在何处?”[①] 无论是未成年子女、孕妇还是重病患者,任何申请庇护的外籍人,都曾经被关押审查,被关押的时间最短的为4个星期,长的有两个月,最长的时间达到两年。不管被关闭多长的时间,不少人在释放后被遣返回国,因为他们被认为是假借避难而实际上谋求改善经济条件的移民。[②] 对于这些人来说,他们为寻求自由而来到英国,结果不仅没有入境,反而在被关押之后再遣送回国。这个过程成为他们人生中最难忘的痛苦经历,其中“有些家庭被永久性地拆散了”。对此,英国公民自由全国委员会在其报告中指出:

> 英国政府对待难民和避难寻求者以及外来移民方面的人权记录,都严重地损害了英国作为一个自由的、宽容的、充满感情的国家的声誉。近年来颁布的令人可怕的立法障碍,旨在阻止逃避迫害的人们进入英国,每年政府都会将成千上万的避难者和来访者们交给没有司法监督的关押中心,成百上千的被关押者丧失了尊严、颜面扫地,并且受到残酷虐待。许多人在没有机会充分申诉的情况下,或在缺乏公正的公共听证会的情况下以国家安全为由被驱逐。有时候,驱逐出境是在疯狂的暴力之下完成的。[③]

对于欧洲发达国家采取的排斥性措施,一些学者、律师和媒体纷纷提出强烈批评,认为难民政策过于苛刻,缺乏人道主义色彩。[④] 这种排

---

① Jackson, Anna, "The Detention of Asylum Seekers in the U. K.: Bail for Immigration Detainees", *Feminist Review*, No. 73, 2003, p. 122, http://www.jstor.org/stable/1395997(2008年5月27日下载).

② Jackson, Anna, "The Detention of Asylum Seekers in the U. K.: Bail for Immigration Detainees", *Feminist Review*, No. 73, 2003, pp. 118-119.

③ Panayi, Panikos, *The Impact of Immigration*, p. 57.

④ Koser, Khalid, and Richard Black, "Limits to Harmonization", *International Migration*, Vol. 37, No. 3, 1999, p. 522.

他性的做法，必然导致非法移民走私活动的加剧，也使得难民处于无助的处境中。美国《时代杂志》刊文指出：

> 在欧洲大陆，官僚机制的帷幕正在落下，并迅速地限制避难者，将那些前来谋求更好生活的外籍人排斥在外。在布鲁塞尔总部，各成员国日渐丧失耐心，开始实行签证限制和入境条例。从挪威到希腊，再到西班牙，围绕欧洲的高墙正在拔地而起，试图修建一座旨在排斥当代经济难民的城堡，就像铁幕限制来自东方的政治难民那样。[①]

对于欧洲发达国家在难民问题上的政策，联合国难民署高级官员普尔·哈特灵(Poul Hartling)也提出了批评。他在 80 年代末举行的有西方各国政要参加的"难民:恐外感的牺牲品"会议上警告说，在西方国家迅速蔓延的恐外感，可能会"对 20 世纪人道主义领域取得的最令人瞩目的成就产生破坏性影响"。国际上确立的处理难民机制，"将陷入被严重削弱的危险中，因为难民正在受到当代世界中如此广泛的排外浪潮的冲击"。随之而来的结果，是各国政府不愿意接纳需要人道主义帮助的难民。西方国家对要求入境的难民采取的毫无同情的听证会和调查，常常会成为难民入境定居的种种障碍。这表明，"迄今为止一直奉行慷慨政策的各国政府……近来却出现一种令人最为沮丧的趋势，明确地采取了严格禁止蜂拥而至的寻求避难者入境的措施"。[②] 会议结束后，联合国难民署向各国政府发出呼吁，希望加强团结，遏制排外主义浪潮。然而，此时的西方各国形势急转直下，民众强烈要求其政府采取措施，加强对边境和入境口岸的控制，一方面禁止非法移民入境，另一方面限制难民入境人数。在这种舆论的压力之下，多数西欧国家进一步加强了入境条件的限制性。各国警察在执法的过程中，也存在着虐待外籍人的现象。德法两国政府官员多次通过软硬兼施的方

① Barsky, Robert F., *Arguing and Justifying*, p. 30.

② Malarek, Victor, *Heaven's Gate*, pp. 86-87.

式，劝说客籍劳工自愿回国，否则就将其驱逐出境。在其他西欧和北欧国家，排外主义倾向也有所增强。长期以来对外来移民较为宽容的瑞士、瑞典和荷兰等国，也因种族排外主义的泛滥，使难民常常成为各类社会问题的替罪羊。白人种族主义者鼓动国民提防黑人、棕色人种和黄种人的威胁。法国和丹麦在 90 年代多次出现的排斥移民和难民的种族骚乱，实际上"是一种前所未有的、反对第三世界国家外来移民和难民的敌对情绪的释放"。[①]

综观现代欧美各国难民政策发展的历史过程，其特点和规律可以归纳为以下几个方面：第一，安置难民的政策是各国移民政策的必要组成部分，其发展变化既是后者的补充，也会受到后者的制约。同移民政策一样，难民政策也是各国政府为其经济、政治和外交政策服务的手段之一。在这种前提下，各国政府在不同历史时期根据其社会发展的需要，对难民政策做出适当的调整和改革，但其幅度没有超出移民政策的基本框架。第二，无论各国政府怎样调整其难民法，其基本依据和标准是各国自己的价值观念和社会制度，政策实施的主要对象是来自社会主义国家的难民，其次才是那些因战争、自然灾害或不同政见而遭受迫害的难民。虽然难民法中的反共色彩正在逐渐减弱或更加隐蔽，冷战结束后的区域性冲突和不同政治派别之间的争斗，又成了新时期难民问题的根源，但是，不管欧美各国的难民政策呈现出什么样的形式，只要社会主义制度存在，难民政策中的反共本质就不会改变。第三，政府每次颁布难民法时，都要打着"自由"、"民主"的旗号，披上"人道主义"的外衣，但实际上决定难民能否入境的根本原因是欧美各国的利益。如果安置难民会给各国招致较大的政治和外交风险或会加剧各种社会问题，即使有数百万人在死亡线上挣扎，欧美各国政府也会袖手旁观，反之就会毫不犹豫地伸出"人道主义之手"，施以恩惠。这在 20 世纪 30、40 年代和第二次世界大战后至 50 年代的难民政策中最为明显。

---

① Malarek, Victor, *Heaven's Gate*, p. 88.

在实施难民法的过程中，哪些难民能够优先入境，并不取决于难民的受害性质和程度，而取决于欧美各国社会的需要和难民自身所具有的利用价值。无利用价值的难民，不管其受害程度如何，都受到了冷落和歧视。第四，随着欧盟的建立及其成员国数量的扩大，各成员国在跨国移民问题上合作的迫切性进一步增强。因为东欧国家的经济还比较落后，其公民会在一定时期内成为欧盟国家外来移民的主要来源，而且，这些国家也是非洲和亚洲发展中国家移民进入欧盟国家的必经之路。于是，欧盟成员国在涉及国际人口迁移的问题时，一方面需要加强长期而有效的合作，在打通内部边界的同时，对来自成员国的公民进行有效的管理和保护；另一方面，对外实行统一的移民入境政策，加强与周边国家的合作，并将其作为欧盟国家限制第三国移民的缓冲带，减少外围边境的压力。

第六章　非法移民与欧美各国的窘境

自20世纪初美国开始严格限制外来移民之后，移民非法入境的现象就开始出现。但是，作为一个社会问题，它是在第二次世界大战后才开始泛滥的。从60年代开始，非法移民问题开始在西欧国家出现，但在美国已经严重恶化，并在80年代成为一个颇感棘手的问题。从总体上看，各国的非法移民人数多寡不同，各国采取的对策及其力度也有差异。在各国中，美国的非法移民问题最为严重，相应地，美国的政策体系性更强，政府投入力度更大，边境地区的控制更加严密。然而，各国的政策实施后并未奏效。非法移民依然与日俱增，成为欧美发达国家一个无法根除的痼疾。

一、非法移民的区域流向

何谓非法移民？长期以来，无论是在美国或加拿大，还是西欧国家，使用的概念不计其数。例如，在美国，自50年代以来，比较流行的说法是"湿背者"、"船民"①、"非法入境者"、"非法偷渡者"、"非法外籍人"、"无证件移民"、"非法移民"以及"应该被驱逐的外籍人"。在欧洲，

① "湿背者"(wetbacks)指游过美墨边界格兰德河的墨西哥非法移民，这类移民在20世纪50年代较多，"船民"(boat people)指的是乘坐小船从加勒比海地区和亚洲来到美国的非法移民。这类移民在80年代较多，主要来自古巴、海地和越南等国家。关于欧洲国家非法移民的称谓，参见Salt, John, "Trafficking and Human Smuggling: A European Perspective", *International Migration*, Vol. 38, No. 3, 2000, pp. 39-40。

80年代以来使用较为频繁的是“外籍人走私”、“有组织的犯罪”、“人类贸易”、“非法交易者”和“非法移民”等。这些概念多数不够全面,因为非法移民不完全是从水路或陆路入境的,有许多人是乘飞机入境的;有许多人入境时持有非移民签证(如学生、探亲、旅游),但是入境后逾期不归;有些是非法入境的但并不完全是成年劳动者,还有不少人是举家迁移的;另外,还有些是长期打工但无意定居的季节劳工。严格地讲,非法移民是与合法移民相对应而言的,它应包括那些通过一切非法手段偷越国境或持有合法证件入境但逾期不归并企图永久非法定居和就业的外籍人。

就非法移民的形式而言,既包括非法出境者也包括非法入境者。从移民迁出国家看,早在18世纪末和19世纪初,当欧洲各国在拿破仑战争时期因兵员紧张而限制移民出境的时候,就有一些移民非法出境。在19世纪,在英国、法国和北欧的瑞典、荷兰等国解除移民离境禁令之前,美国招募移民的活动便吸引了许多移民非法离境。从迁入国看,在接受移民的国家中,唯有美国最先开始实施限制性政策。在1882年颁布排华法令之后,“非法移民”一词开始在美国政府文献中出现。1892年美国成立移民局之后,它在南北边境开始设立边防检查站,防止当时受到限制的华人移民非法入境。在20世纪20年代,随着移民限额制度的确立与实施,入境移民中就开始出现了非法移民,他们中间既有欧洲白人也有墨西哥人。就欧洲白人而言,由于限制制度中规定只有美国土生公民和归化公民的外籍配偶入境,那些尚未获得美国公民资格的合法外侨的配偶则被排斥在外。在限额制度生效后,那些受到限制的东欧和南欧国家的移民,因合法入境的途径受阻,纷纷从加拿大和墨西哥入境。就墨西哥而言,在1848年美墨战争结束后,美国和墨西哥边境两侧的墨西哥人仍保持着原有的民族认同和生活方式,他们频频跨越国界,自由来往于两国之间。这种自由流动的方式一直保持到20世纪20年代。在美国实施移民限额制度之后,特别是在30年代经济危机时期,随着美国政府对边界控制的加强,那些既想入境又贪图省事的墨西哥人便屡屡偷越国境。到 50 年代非法移民问题首次泛滥。如前所述,当时美国从墨西哥引进合同劳工的协议仍在实施,可是由于政府管理不善,边境官员严重腐败,非法入境的现象愈演愈烈。当时,美国移民局开始实施了大规模的清理政策,仅在 1951—1955 年间被驱逐出境的墨西哥移民就达 380 多万。[①] 移民非法入境的现象一度有所控制,但好景不长。从 60 年代后期开始,移民非法入境的现象再次泛滥,边防检查站扣押的偷渡者逐年增多,由 1965 年的 11.3 万增至 1970 年的 34.5 万,到 1976 年达到 86.6 万。从 1977 年起,每年被扣押人数超过百万以上,其中 1986 年最多,高达 167 万人。这个数字相当于 60 年代被扣押人数之和。值得注意的是,尽管美国政府在 1986 年颁布了旨在打击非法入境的《移民改革与控制法》,但是,该法案实施后,移民非法偷渡的现象依然没有好转,在 1987—1997 年间,边境检查站扣押的非法移民达 1378.23 万,超过了 1977—1986 年间的 1164.75 万,其中 1995 年为 139.4 万,1996 年 164.9 万,1997 年 153.6 万,是 90 年代最多的年份。那么,到底有多少移民偷渡成功呢?美国政府没有准确的统计,学术界的相关统计也不尽相同,有 400 万说、600 万说、800 万说及 1200 万说。其中有些是短期的季节劳工,有些一次入境后长期非法定居。多数学者的共识是,在美国的非法移民中,有 60%来自墨西哥、中美洲和南美洲等西半球国家。[②] 尽管在 80 年代后期有 300 多万非法移民被赦免,到 20 世纪末,在美国的非法移民估计达到 500 多万,平均每年入境人数为 27.5 万。[③] 另据美国劳工部分析,到 1999 年,美国境内非法移民有 550 万,其中有 450 万人就业,占美国劳工的 3.5%和手工采摘农产品劳工的 40%,其余在各地服装、食品加工、营销和酒店

---

① 梁茂信:《美国移民政策研究》,第 348-351 页。

② Power, Jonathan, *Migrant Workers in Western Europe and the United States*, p. 3.

③ Laham, Nicholas, *Ronald Reagan and the Politics of Immigration Reform*, Westport, Connecticut: Praeger Publishers Inc., 2000, p. 126.

等部门工作。①

表 6.1 1961—1997 年美国边境被扣押的非法移民统计(单位:万)②

年份	被扣押人数	年份	被扣押人数	年份	被扣押人数	年份	被扣押人数
1961—70	160.83	1971—80	832.15	1981—90	1188.3	1991—97	945.73
1961	8.88	1971	42.01	1981	97.57	1991	119.78
1962	9.28	1972	50.59	1982	97.02	1992	125.86
1963	8.87	1973	65.59	1983	125.14	1993	132.72
1964	8.69	1974	78.81	1984	124.69	1994	109.47
1965	11.04	1975	76.66	1985	134.87	1995	139.45
1966	13.85	1976	109.73	1986	167.74	1996	164.99
1967	16.16	1977	104.22	1987	119.04	1997	153.65
1968	21.21	1978	105.79	1988	100.81		
1969	28.35	1979	107.64	1989	95.42		
1970	34.53	1980	91.03	1990	116.99		

欧洲作为 20 世纪后期接受移民最多的区域之一,其早期的移民主要限于欧洲内部,特别是在欧共体成立之后,成员国之间的人员可以自由流动,加上冷战背景下的洲际移民较少,非法移民并不是很突出。随着 70 年代各国加紧对入境口岸的控制之后,非法移民开始增多。到 20 世纪末期,该地区的非法移民问题亦达到相当严重的程度。与美国相比,欧洲的不同之处在于:第一,欧洲国家众多,各国移民的人数与来源千差万别,统计标准和方法各有差异,非法移民又是秘密入境的,各国都缺乏详细而准确的统计资料,各类调查中测算的非法移民数量相对较少。例如,在瑞士,对外国人口的统计主要是根据该国外籍人警署发放的居住许可证统计的,但该国没有准确的人口和劳工数量统计,因而很难弄清楚该国外籍人的比例。在英国,政府统计中没有把爱尔兰人纳入国际移民统计中。在荷兰,对外籍人的统计主要来源于中央统

① OECD, *Combating the Illegal Employment of Foreign Workers*, Paris: OECD, 2000, pp. 101-102.

② Briggs, Vernon M., *Immigration and American Unionism*, p. 142.

计局、社会福利部和司法部，每个部门提供的统计各不相同。数万名苏里南移民持有荷兰护照，因而并没有被统计在外来移民中。[①] 第二，在美国，非法移民是在美国政府严格限制的条件下非法入境的，而在欧洲国家，尽管政府也采取了严格限制的政策，但是，移民通过政治避难或家庭团聚等方式也可以入境。在 70、80 年代的联邦德国，政府一直不愿意承认自己是一个有外来移民定居的国家，许多逾期不归的外籍劳工虽已非法定居多年，可是政府和社会相信外籍劳工及其家属早晚会回国。然而，随着时间的推移，非法定居的外籍人已经成为永久性定居的移民。例如，在德国出生的土耳其人，其父母亲为他们在土耳其驻德国的领事馆注册，获得了土耳其的公民资格。他们之所以没有在联邦德国的当地政府登记，是因为按照德国的归化政策，没有德意志裔血统的人，不能获得德国的公民资格。这些人没有德国公民资格，又普遍违法就业。但是，德国境内到底有多少非法移民，谁也说不清楚。1990 年，德国开始加强对边界的控制之后，当年被扣押的非法入境者为 7200 人，1994 年达到 3.1 万人。由于有许多人是以旅游、探亲和经商等合法方式入境的，境内非法移民人数肯定比边界扣押的人数多。在这两个相同的年份，德国发放的允许非法移民合法就业的许可由 2.88 万份增加到 7.16 万份。[②] 自 20 世纪 60 年代以来，在接受外来移民和外籍劳工的西欧各国中，都能看到非法移民的身影，有关非法移民的各种报道也经常见诸各大媒体。在 1974 年一项对欧共体成员国的专项研究报告中指出："有理由相信，约有 60 万非法移民（不包括其家属）居住在欧共体国家，相当于合法入境并就业的外籍劳工的 10％。"1976 年，负责欧共体国家社会事务的主任总监认为，居住在欧共体国家的非法移民数在 100 万到 200 万之间。

---

① Power, Jonathan, *Migrant Workers in Western Europe and the United States*, p. 3.

② Seifert, Wolfgang, "Admission Policy, Patterns of Migration and Integration: The German and French Case Compared", in Robinson, Vaughan, ed., *Migration and Public Policy*, p. 443.

在70年代初期的英国，非法移民问题同样十分突出，并且备受社会各界关注。1975年，英国内政部在一次调查外籍人口就业问题中发现，在伦敦一家连锁餐馆的800名职工中，有123人没有就业许可证，有123人闻风后突然“去向不明”，有240多人“无法提供任何信息”。还有一家企业从1963年以来就一直雇用500多名土耳其劳工，当内政部觉察此事后并决定查封时，该企业“宣布破产”，其雇员在一夜之间消失得无影无踪。在荷兰，非法就业的外籍劳工大约在5000到2.5万之间。1975年，瑞士政府发现，非法就业的移民中多数来自土耳其，他们在意大利边境一侧居住并获得在当地居住的许可，然后频繁越过边境进入瑞士就业，其人数占瑞士外籍劳工的15%。①

值得注意的是，在70年代末80年代初，当西班牙、意大利、葡萄牙和希腊成为移民净迁入国家之后，也出现许多非法移民，而且在苏东剧变之后更加突出。据希腊公共安全部统计，1992年希腊有50多万外国移民，其中28万为非法移民。有些学者认为，实际入境的非法移民估计达59万，这个数字是希腊所有人口的5%和劳动力的15%。从非法移民的来源看，有半数以上是阿尔巴尼亚人，因为在1993年被遣返的阿尔巴尼亚非法移民达到22.07万人。但是，这并不等于希腊境内的非法移民彻底被清除，因为还有些非法入境者未被发现，而且那些被驱逐出境者中间还有不少“回头客”。②

希腊、意大利、西班牙和葡萄牙四国的非法移民增长之快，出乎许多人的想象。究其原因，可概括为如下几个方面。第一，四国的移民政策是在第三世界国家移民大规模入境的时期制定的，政府政策正处于实施的初级阶段，法律上和管理上的漏洞使许多移民有机可乘。他们中间一部分入境后就地定居，更多的人只是将四国作为进入西北欧国

① Power, Jonathan, *Migrant Workers in Western Europe and the United States*, pp. 27, 32.

② Lazaridis, Gabriella, and Joanna Poyago-Theotoky, "Undocumented Migrants in Greece: Issues of Regulation", *International Migration*, Vol. 37, No. 4, 1999, p. 719.

家的“中转站”。第二，四国在地理上与巴尔干、北非和地中海东部各国毗邻，海岸线较长，丘陵山地较多，边境很难管理。因此，在80年代，从阿尔巴尼亚向意大利和希腊大规模走私非法移民的现象十分严重。第三，四国经济相对比较落后，经济体系中发展较快的是服务业。旅游、运输和个人社会服务等行业的快速增长，为移民创造了较多的就业机会。农业和建筑等劳动密集型行业有许多本国人不愿意从事的职业，经济落后地区工会组织薄弱的状态，又孕育了一种非正规的就业市场体系。四国缺乏识别入境者身份的制度，移民空间流动性较强，因而究竟有多少非法移民无人知晓。有人估计，80年代四国境内的移民由200多万增加到300多万，其中不包括那些未被统计的东欧移民。[①] 有鉴于此，经合组织的一份报告中指出，在90年代，“南欧四国已经成为大量非法移民企图永久定居的国家”。[②]

诚然，到90年代，非法移民问题已不仅仅局限于欧美国家，几乎所有经济发达地区都有外国人非法就业的现象，甚至日本和中国台湾也有成千上万的外籍人非法就业，“而且这种现象仍在扩展”。正如经合组织的一位高级官员所言，“非法移民，尽管统计上不足，但已经成为国际人口流动中很大的一部分。所有接受移民的中心区域都受到影响。在加入移民接受国行列的新国家中，非法移民常常构成外籍劳工或外来移民劳工中最大的群体。这种现象不久前发生在意大利和西班牙，葡萄牙最近也是如此。现在的希腊、中欧与亚洲新兴的移民接受国家，非法移民也已经成为一个头痛的问题”。从各国非法移民的来源和流向看，基本上与合法移民一致。例如，法国的非法移民主要来自北非，意大利的非法移民主要来自非洲和菲律宾，西班牙的非法移民主要来自非洲和中美洲，葡萄牙的非法移民主要来自其前殖民地。这种现象

---

① Lazaridis, Gabriella, and Joanna Poyago-Theotoky, "Undocumented Migrants in Greece", *International Migration*, Vol. 37, No. 4, 1999, p. 717.

② OECD, *Combating the Illegal Employment of Foreign Workers*, p. 15.

说明经济、民族和文化联系等因素对移民流向有较大影响。①

无论是在美国还是在欧洲,尽管各国政府采取了禁止入境和境内赦免相结合的政策,但是,非法移民的现象并未彻底解决。关于美国在1986年移民改革与控制法实施后非法移民入境的情况,前文已有论述。就西欧国家而言,90年代非法移民入境的现象依然十分严峻。据估计,1993年进入西欧的非法移民约在25万至35万之间。当年前来西欧寻求避难的69万外国人中,半数没有任何证件。在所有非法移民中,大约有13%至15%是走私入境的,绝对人数约10万到22万。当然,各国的具体情况不同,每年被边防检查站扣押的人数各有差异。例如,乌克兰作为非法移民的过境国,每年被扣留的走私非法移民达到3万人。在波兰,各方面提供的数字相差20%到90%。② 由于非法移民十分隐蔽,平时难以识别,准确统计不详,其类型与特点也只能做出如下推断:

(一)多数人的文化水平低,经济贫困,其中,"大部分是持续长达两代人时间的链条式家庭移民"。这种现象在美国的墨西哥非法移民中非常突出。③

(二)许多人是以探亲、旅游、经商、技术培训或留学等合法身份入境的,但入境后却逾期不归,他们隐居在本民族社区非法就业。当他们遇到有利条件时,就申请政府赦免或通过其他渠道转换为合法定居的身份。至于一些留学生,他们中间有些人长期求学而不按时毕业,希望通过勤工俭学的方式延长居住年限,为日后的合法定居创造条件。这

---

① OECD, *Combating the Illegal Employment of Foreign Workers*, pp. 15, 53, 62-64; Spencer, Steven A., "Illegal Migrant Workers in Japan", *International Migration Review*, Vol. 26, No. 3, 1992, pp. 754-786; Selya, Roger M., "Illegal Migration in Taiwan: A Preliminary Overview", *International Migration Review*, Vol. 26, No 3, 1992, pp. 787-805; Robinson, Vaughan, ed., *Migration and Public Policy*, p. 443.

② Salt, John, "Trafficking and Human Smuggling: A European Perspective", *International Migration*, Vol. 38, No. 3, 2000, pp. 39-40.

③ Hayes, Helene, *U. S. Immigration Policy and the Undocumented: Ambivalent Laws, Furtive Lives*, Westport, Connecticut: Praeger Publishers, 2001, p. 60.

类移民在美国相当严重，但从比例看，欧洲的情况更为糟糕。在英国，有许多南美洲人、阿拉伯人和塞浦路斯人、菲律宾人是通过旅游签证或学生签证入境的，入境后没有就业许可，随身所带资金不多，故而非法就业。还有些劳工的签证已经到期，但是他们担心延长或更新签证的申请遭到拒绝，所以干脆以非法身份就业。他们占大伦敦酒店和旅游行业劳工总数的60%。他们每周工作55小时，工资为28.5英镑，有些劳工每周工作70小时以上，周工资在25英镑以下。[①]

（三）非法移民的走私活动日益猖獗。从现有资料看，他们都是在20—30人的精密组织下偷越国境的，有些是经由2—3人组织的小规模走私团伙入境的。一般情况下他们要经过三个环节，首先是在发展中国家招募非法移民，然后是运输，最后安排他们进入目的地国家。他们担心被警方发现，故而组织严密，单线联络，一般情况下很难被发现。从走私者的来源看，在1994—1996年的调查中，参与非法移民走私的人员中有23.1%来自东欧国家，其中波兰人和俄罗斯人占近一半。同样，俄罗斯人和波兰人分别占荷兰和联邦德国非法移民走私者的40%。在波兰境内被逮捕的蛇头绝大多数是波兰土生人，其比例在1997年达到79%，他们的活动范围主要是乌克兰、白俄罗斯和俄罗斯。1995年参与走私非法移民的匈牙利人占被捕者总数的12%。从被走私的非法移民来源看，1999年在乌克兰的调查显示被走私的移民主要来自亚洲、非洲、中东地区，被走私到巴尔干地区的非法移民主要为库尔德人、阿富汗人、索马里人、伊朗人、伊拉克人和埃塞俄比亚人等，在被走私到西欧国家的非法移民中，也有些是来自俄罗斯、罗马尼亚和南斯拉夫。值得注意的是，在被走私的非法移民中，许多女性被走私到各国后从事卖淫活动。例如，在70年代的联邦德国有来自亚洲、拉丁美洲和非洲的女性，前往意大利的女性主要来自欧共体其他成员国，荷兰的女性非法移民主要是来自南斯拉夫、保加利亚和其他巴尔干国家。

---

① Power, Jonathan, *Migrant Workers in Western Europe and the United States*, p. 113.

在西班牙，妓女主要来自多米尼加和非洲；在英国从事卖淫活动的妓女，主要来自东欧和巴西等南美洲国家。从原因上看，在被走私到乌克兰的非法移民中，27％声称入境的理由是政治原因，33％认为是军事冲突，21.3％是经济原因，40％在海外有亲属。在匈牙利发现的被走私者主要来自发生战争的国家，如科索沃、阿富汗、塞拉利昂和利比亚等。多数人认为自己的生命或生存受到威胁，生计没有着落。①

（四）非法移民入境后，其流向基本与本民族的合法移民的流向一致。这种相似性的根源在于，移民非法入境的性质使得他们不敢暴露真实身份，担心身份暴露后被驱逐出境。不管他们是以何种身份入境的，最终目标就是进入个人发展机会较多的西方社会，一方面实现自己享受从电视等媒体中看到的自由、平等和经济上富裕的物质生活与精神生活的梦想，另一方面可以在将来衣锦还乡之时炫耀自己的体面与富有。因此，他们冒着巨大的生命危险来到西欧国家。他们隐居在本民族社区，可以获得更多的信息和亲友的帮助。他们如果在羽翼未丰的情况下离开本民族社区，既缺乏合法身份，又没有独立生存的技术和商业资本，也没有相应的社会关系等资源，生存方面就会步履维艰。

非法移民来到发达国家后之所以受到广泛关注，主要是他们非法入境的性质带来了许多社会问题。由于没有合法身份，非法移民在日常生活中无法受法律保护，经济上遭受着企业主的剥削，生活的贫困化问题非常突出。例如，在希腊的阿尔巴尼亚非法移民主要集中在农业、酒店饮食及建筑等行业的低薪职业。他们中有的人每天工资为 6 美元，形成了一个“非法的底层阶级”②。在美国，非法移民担惊受怕，工资收入微薄，其日常生活仅仅局限于“在非常原始水平的基础上为谋求生存的鬼鬼祟祟活动”。子女失学，家属因语言与文化障碍而与世隔绝，

① Salt, John, “Trafficking and Human Smuggling: A European Perspective”, *International Migration*, Vol. , No. 3, 2000, pp. 45-46, 48.

② Lazaridis, Gabriella, and Joanna Poyago-Theotoky, “Undocumented Migrants in Greece”, *International Migration*, Vol. 37, No. 4, 1999, pp. 719-720.

表 6.2　1996 年底美国非法移民主要来源和流向统计（人数单位：千）[1]

非法入境人数最多的 10 个国家			非法移民居住最多的 10 个州		
国 家	人 数	百分比	州名	人数	百分比
墨西哥	2700	54.1	加州	2000	40.0
萨尔瓦多	335	6.7	得克萨斯	700	14.1
危地马拉	165	3.3	纽约	540	10.8
加拿大	120	2.4	佛罗里达	350	7.0
海地	105	2.1	伊利诺伊	290	5.8
菲律宾	95	1.9	新泽西	135	2.7
洪都拉斯	90	1.7	亚利桑那	115	2.3
巴哈马	70	1.4	马萨诸塞	85	1.7
尼加拉瓜	70	1.4	弗吉尼亚	55	1.1
波兰	70	1.4	华盛顿	52	1.0
累计	3820	76.4	累计	4322	86.5

心理上的孤独感与疏离感，使人经常处于一种压抑和郁闷的状态，在担心被发现并被驱逐出境的心理压力下，人的神经处于高度紧张的状态，所有这一切都可能产生一系列的社会问题。更重要的是，非法移民禁而不止，关键在于一些见利忘义的企业主愿意提供就业的机会，他们常常与走私非法移民的“郊狼”（coyotes）沆瀣一气，肆意虐待非法移民，由此引起的问题难免会殃及美国社会。因此，一些保守派人士主张在全国发起一场“向非法移民开战”的运动。[2]

---

① Hayes, Helene, *U. S. Immigration Policy and the Undocumented*, pp. 4-5.

② Hayes, Helene, *U. S. Immigration Policy and the Undocumented*, p. xx; Nevins, Joseph, *Operating Gatekeeper: The Rise of the "Illegal Alien" and the Making of the U. S.-Mexican Boundary*, New York: Routledge Co., 2002, p. 11.

二、非法移民泛滥的社会根源

非法移民成为当代欧美发达国家日益严重的问题，是多种因素共同作用的结果。首先，非法移民是当代经济全球化背景下日益活跃的国际人口流动中不可分割的重要组成部分。由于战后世界经济一体化不断加强，市场经济的区域范围在不断扩大，被纳入世界经济体系中的国家越来越多。随着各国之间经济联系与贸易不断增强，国际间资本、信息和商品的流动性更强。这种流动性既给各家企业及其所在国家的经济带来了活力，也提高了人们的生活水平。在以市场经济为主体的开放型国家之间，经济活动中"你中有我"、"我中有你"的现象非常突出，而且在全球范围内进一步扩大。在资本投资、技术转让、跨国生产和区域贸易方面，各国间的合作纵横交错，贸易规模有增无减。在这种趋势下，人口作为经济活动中创造价值的主要生产要素和商品，也在与资本和商品以及市场信息一起流动。从 20 世纪 60 年代至 1990 年，全球范围内的迁移人口由 7500 万增加到 1.2 亿，增长了 60%，在全球总人口中的比重增至 2.3%。同期，制定移民政策的国家也日益增多。1976 年，全世界有 13%的国家制定了移民入境政策，17%的国家制定了人口迁出的政策，到 1990 年，前者的比例增至 40%，后者为 24%。[①] 从主要流向看，1990 年，非洲跨国移民占全球迁移人口的 13%，亚洲为 36%，拉丁美洲和加勒比海为 6.2%，大洋洲为 3.9%，欧洲为 21%，北美洲为 20%。由于各大洲人口数量差异甚大，外国人口在其中的比例也各不相同。1990 年，外国出生的人口占大洋洲总人口的 18%、西亚的 11%、北美的 8.6%、欧盟的 6%。[②] 这表明，在当前国际经济全球化

① United Nations, *International Migration and Development*, pp. 24-25.

② United Nations, *International Migration and Development*, pp. 13-15.

日益发展的趋势下，人口作为经济发展中与资本、商品和信息同等重要的要素，其流动是互为一体的；虽然各大洲都有迁入和迁出人口，但是，从第二次世界大战结束到70年代初，改变永久性住址的移民主要呈南北流动，即由经济落后或缺乏活力的国家和地区向经济发达的国家和地区流动。随着70年代中期西方发达国家产业结构的变化和经济滞胀现象的加剧，其政府控制外籍人入境的政策也有所加强，发展中国家之间的劳工流动增长较快，这在东南亚和西亚国家尤为突出。[①] 在现代劳动力市场正常运作的情况下，劳动力的流向往往与资本和商品呈现出反向流动，表现在地理空间上，就是经济繁荣发展的地区往往是人口和劳动力流向密集的地区。如前所述，欧美发达国家因人口和劳动力无法满足战后经济发展的需要，故而通过招聘等方式迎来了大规模的跨国和跨洲性质的移民和合同劳工。尽管各国的政策不同，但发达国家和发展中国家在人口增长、经济发展、国民收入以及就业市场的供求关系等方面，都存在较大差异，而社会、政治和经济制度的变化又在其中推波助澜。因此，前往发达国家定居的人口越来越多。西方国家在50年代到70年代主要是引进一般劳工，并不强调其劳动技能，到80年代以后更倾向于引进具有技术和文化的移民。同时，对合法移民开始实施了越来越严格的限制。在每年具有一定数量合法移民入境的前提下，只是由于政策的选择和限制性，才出现了合法与非法移民之分。各国通过正常渠道吸收合法移民的同时，那些不符合法定条件的移民就通过非常渠道入境。因此可以说，非法移民是国际人口流动中的一个“副产品”，所以，要彻底禁止非法移民实在不可能。正是在这个意义上，加

---

① 到90年代初，长期居住的外国人口，在奥地利达到51.2万、在比利时为90万、法国为360万、德国为500万、意大利为80万、卢森堡11.3万、荷兰69.2万、瑞典49万、瑞士120万、英国189.4万。在西亚地区迁入人口较多的国家是：巴林13.2万、伊拉克128.2万、科威特149万、阿曼44.2万、沙特阿拉伯287.8万。在东南亚地区，香港有外国人口30万、日本有134.8万、马来西亚89万、新加坡30万。参见 Hammar, Tomas, et. al., *International Migration, Immobility and Development*, Vol. 1, pp. 90-100。

拿大政府中长期从事与非法移民问题相关工作的W. G.罗宾逊深有体会地指出:"任何一个倚重于外来移民的国家,都必然会经历不同程度上的非法移民。"[①] 这种说法的逻辑在于:在劳动市场上,按照市场经济客观规律流动的劳动力是一体的。一方面,经济生产中的任何一个环节都离不开劳动力,就是劳动就业市场的管理也需要劳动力操作,另一方面,商品的流通与商业服务的交付也是通过人来完成的。当资本、商品和商业服务发生空间流动时,劳动力的流动也就会发生。在市场经济条件下,任何可以被买卖的物体或者服务的完成过程,永远不可能与广义上的劳动力相分离。同时,劳动者作为经济的推动者,希望通过流动获得最大限度的经济收益。除经济因素外,首位性移民(家长)必然促成其配偶、子女和朋友的链条性迁移,相应地,移民社区便产生额外的"社会需求"。按照一些学者的说法,这种需求会引起进一步的移民,因为人类本身就是"一个喜好迁移的物种"。[②]

从微观上看,在当代欧美国家,最多的非法移民发生在美国和墨西哥之间。两国在经济、社会与文化等诸多方面的联系,长期处于剪不断、理还乱的状态中。百余年来,两国边境地区的经济联系不仅从未中断,而且在20世纪60年代以来进一步加强。特别是在1994年北美自由贸易区建立后,两国经济上的一体化达到了前所未有的高度。两国间的贸易额由1994年的800亿美元,增加到2000年的2000亿美元,其中大部分是边界两侧直接贸易的结果。在长达2000英里的边界上,过境的卡车数量自1994年以来增长了170%。在最繁忙的加州圣迭戈地区,每年往返的卡车由1993年的88.6万辆次增加到1999年的200万辆次,过境人口6000万人次,其中在圣迭戈居住但在蒂华纳工

---

① Robinson, W. G., "Illegal Immigrants in Canada: Recent Developments", *International Migration Review*, Vol. 18, No. 3, 1984, p. 475, http://www.jstor.org/stable/2545881(2008年5月28日下载).

② Düvell, Franck, *Illegal Immigration in Europe: Beyond Control?* New York: Palgrave Macmillan, 2006, p. 5.

作的美国人中间，每天有 4 万多人跨越国境。[①] 与此并行不悖的是，在美国的外来移民中，来自墨西哥的移民是各国移民中人数最多的，也正因为如此，到 20 世纪末，讲西班牙语的人口"成为美国最大的少数民族"。[②] 对于那些无法以合法方式入境的墨西哥移民来说，美国经济发展与国民收入水平较高，生活条件相对富裕，即使他们在美国生活比较贫困，也比在母国的生活水平高。更重要的是，他们希望通过冒险为自己的子女创造一个更为优越的生活条件，因为按照美国宪法第 14 条修正案的规定，凡在美国出生者皆为美国公民。据此，非法移民在美国生育的子女，也就有资格享受美国的公民权和政府提供的各种福利，并利用美国社会所蕴藏的各种机会最终实现久有的"美国梦"。这就不难理解为何成千上万的外国移民千方百计地试图进入美国，"即使许多移民面临着威胁他们生命的灾难，他们也会不断努力，直到成功"。[③]

如果说非法移民来源国落后的经济状况和较低的经济收入是非法移民千方百计地进入发达国家的"推力"，那么，发达国家结构上多样化的经济发展对非法移民的需要，则是合法移民和非法移民的"拉力"。对于企业主来说，他们的终极目标是降低生产成本，拓宽销售市场，追求高额利润，这是他们雇用劳工时的基点，其次才是应聘者的劳动技术、性别、年龄和种族构成等因素。这种行为既是他们作为企业家的本能所致，也是当代美国及全球经济竞争日益加剧形势下的必然选择。在经济生产中，雇用廉价劳动力，超时加班或增加半日工等，都成为一种普遍的方式。这种现象在连锁经营的食品、服装和酒店等许多行业并不鲜见。基于同样的理由，克林顿总统在第一任组阁时提名的司法部

---

① Nevins, Joseph, *Operating Gatekeeper*, p. 6.

② Power, Jonathan, *Migrant Workers in Western Europe and the United States*, p. 1.

③ Hayes, Helene, *U. S. Immigration Policy and the Undocumented*, p. 131. 在心理上，墨西哥人普遍认为自己的越境行为是经济性质的，没有违反美国的法律。不论方式如何，只要能入境并在美国就业，就是一种自豪的事情。参见 Bustamante, Jorgre A., "Mexico-United States Labor Migration Flows", *International Migration Review*, Vol, 31, No, 4, 1997, pp. 1112-1121.

长候选人，也雇用了两名非法移民从事家政服务。[①] 当然，在更高的层面上，正如哈佛大学一位经济学教授所言："只要国际贸易存在，美国劳工就必须同低薪工人进行竞争。"[②] 尽管这些低薪劳工在一定程度上影响了某些劳工收入的增加，但是，这种低工资有利于美国劳动密集型产业生存并与外国相同的产业竞争。反之，如果美国的这些企业为生存而将投资转向国外，那么对美国经济和就业市场所产生的负面影响更大。

非法移民之所以千方百计进入美国，主要原因之一就是为了寻求就业机会，改善生活。他们作为移民中的一个组成部分，其入境或就业的非法性质使他们的身份具有一种特殊性。就美国而言，它作为北美乃至于全球经济发达国家之一，因服务业迅速发展而创造的大批就业岗位，使成千上万的美国人和合法移民得以升迁，那些危险性较高、噪音等污染较为严重、既脏又累的低薪职业无人问津。因此，正如美国移民与难民政策委员会报告中指出的那样："在一定意义上，我们的社会参与了制造这个问题。美国的企业主提供的就业机会将非法移民吸引到美国来，并在美国的法律保护下雇用他们就业。"[③]不能忽视的是，这些非法移民就业后，像合法移民一样，通过自己的消费和劳动也在创造就业机会，并对美国经济发展起到积极的作用。美国城市研究院的一些学者对 70 年代以来洛杉矶经济研究后认为，"在 70、80 年代，洛杉矶低薪蓝领职业和服务业就业机会的增长，几乎纯粹是非法移民促成的，那些非西班牙裔白人、黑人甚至西班牙裔离开了长期操作的机器和体力职业"。在 80 年代后期，洛杉矶的经济发展仍然需约 39 万劳工，包括管理和技术类职员 3000 人，办公室职员和商品销售人员 7.9 万人，农业和制造业非熟练劳工 9 万人，其他服务业需要 21.6 万人，其中"有

---

① Perotti, Rosanna, "Employer Sanctions and the Limits of Negotiation", *The Annals of the American Academy of Political and Social Sciences*, Vol. 534, 1994, p. 34.

② Bishoff, Henry, *Immigration Issues*, Westport, Connecticut: Greenwood Press, 2002, p. 279.

③ Hayes, Helene, *U. S. Immigration Policy and the Undocumented*, p. 60.

许多对美国人没有吸引力而企业主不得不招聘的"职业。这些职业与美国经济中其他技术含量程度不同的各类职业一起，构成了美国麻省理工学院经济学教授迈克·J. 皮奥里（Michael Piore）所说的"双层就业市场"。[①] 值得注意的是，在美国的双层就业市场中，还存在着2.2万个制造服装、玩具和其他手工制品的"血汗工厂"。这些工厂的业主利用非法移民担心被政府发现并驱逐出境的心理，随意克扣工资，也不改善工作条件，利用缩减劳动成本和延长工时来聚敛财富。他们为了保障廉价劳工供应，甚至与一些走私非法移民的组织建立联系，使非法移民的入境方式更加隐蔽。[②] 类似现象在欧洲国家同样存在。例如，在法国巴黎，服装业因亚洲国家的竞争而难以为继，许多企业为了生存，不得不减少生产成本、压缩工资，所以，法国劳工不愿意接受这样的工作。根据法国学者的研究，法国服装业出口在1980年占全球的6%，1994年下降到3.7%。这一时期，1/5的企业关闭，1/4的工人失业。1990年以来，员工在500人以上的大企业减少了1/3，而转包合同商却增加了1/3。这些数字表明，如果没有相应的非熟练劳工的存在，法国的服装业就会因投资外流而受到更大的损失。非法移民的出现，使这些企业能够在激烈的竞争中得以生存。

让人难以置信的是，无论是在美国还是在加拿大，有些企业主特别是那些"地下黑工厂"的老板，与当地的不法分子和黑社会等犯罪团伙狼狈为奸，沆瀣一气，形成一个从招募到雇佣"一条龙"走私非法移民的网络体系。在这种体系中，源头是需要并且愿意雇用非法移民的企业主，其次是那些制造伪证件的商贩，再次是那些被称为"蛇头"或者"郊狼"的走私者。他们与非法移民来源国的不法分子及居住在西欧国家的移民，组成一个组织有序、覆盖面广泛的网络组织。在全球范围内，非法移民走私活动已经发展成为一种规模庞大的国际"黑色贸易"。在

---

① Bishoff, Henry, *Immigration Issues*, pp. 276-277, 279.

② Hayes, Helene, *U. S. Immigration Policy and the Undocumented*, p. 2.

这种贸易中，非法移民的走私者以哄骗、引诱以及恫吓等手段贩卖人口。他们明码标价，诱骗那些梦想到西方发达国家发财的人们缴纳一笔不小的资金，然后提供黑道运输，偷越国境后再通过黑社会控制网络，将被走私者置于类似于奴隶的地位，从而长期压榨他们创造的利润和劳动价值。为说明这个问题，在此不妨从几个侧面略举几例。

美国作为当代全球非法移民人数最多的国家，自20世纪60年代以来，境内制造伪造证件的活动十分猖獗。关于这个问题，笔者在《美国移民政策研究》中已经做了比较详尽的论述。到90年代以后，尽管美国政府多次清剿，但贩卖伪造证件的活动丝毫没有减弱。1998年，美国移民局破获了一个走私非法移民的团伙，该团伙曾经向美国运送了1万名非法移民。同年11月，移民局又在洛杉矶没收了两百万份伪造证件。[①] 在墨西哥和牙买加，“伪造证件是一桩大生意，几乎任何证件，从护照到银行证件，都能买到”。在伪造证件的过程中，一些犯罪团伙在美国提供造假技术，然后在牙买加的8个地点分头制作，为其工作的雇员达到80多人。参与这种组织的不仅有牙买加公民，甚至有些政府高级官员，还有一些是已经在牙买加定居的美国人。[②]

从非法移民迁移的路线看，进入美国的路线比较简单。一种方式是通过旅游、经商、探亲或者伪造假婚姻等身份入境，然后在各地城市的少数民族聚居区落脚。另一种方式就是从美墨或美加边境直接偷渡。从非法移民进入欧洲的途径看，价格非常昂贵，路线也比较复杂。不少地段充满危险。从南部非洲地区迁移的非法移民，往往要花费大约800多美元的路费走私到法国，这个价格比正常的飞机票高一倍以上。正是由于走私的路径非常危险，每个月都有非法移民在途中丧生。走私非法移民最多的路径，是途经摩洛哥和西班牙，乘船到卡萨布兰卡，然后再到巴塞罗那；有时候是乘坐飞机从拉斯帕罗马斯（Las

---

① OECD, *Combating the Illegal Employment of Foreign Workers*, p. 15.

② Foster, Lorne, *Turnstile Immigration*, pp. 46-47.

Palmas)到马德里或者巴塞罗那,然后再由西班牙的走私者带路,越过比利牛斯山脉进入法国。第二条比较畅通的干道是阿尔及利亚、突尼斯、意大利一线,在非洲陆地上主要是通过卡车或火车,然后乘船到突尼斯,再到西西里、米兰或罗马,在那里再花费250多美元,乘坐出租车进入法国巴黎。第三条道路是由非洲乘船到马赛。这条道路看似简单,但它是一条警察检查频繁又充满危险的通道。上述三条通道是非洲非法移民进入欧洲的主要途径。亚洲的非法移民进入欧洲,主要是通过卡拉奇,经过俄罗斯或捷克斯洛伐克和统一之前的民主德国(即东德)等其他东欧国家,最后进入西欧国家。当然,还有些东亚国家的非法移民,首先进入苏联后再到东德,然后以假难民身份寻求政治避难。①

如果非法移民是在"蛇头"或"郊狼"的组织下入境的,花费更多。例如,1973年在距离法国边境附近的意大利一侧不远的勃朗峰隧道(Mont Blanco Tunnel),一辆发生故障的货运卡车驶向法国一侧的边防检查站。司机向海关申报的货物名称是缝纫机,但是,边防警察却发现集装箱里有59名马里移民。他们每人向走私者交纳了约1万美元,以便得以前往法国。根据走私者的交代,他们已经不是第一次走私非法移民。此前,他们每年可以获得15万美元的收入。非法移民被运送到法国一家炼油厂就业,每小时工资仅为18法郎,走私者从中扣除12法郎后,移民仅剩6法郎。据一些学者的调查和研究,通过这种走私方式非法入境,已成为外国劳工进入欧洲的一种普遍方式。因此,"西欧所有国家的外籍劳工中,都有一部分非法移民"。在美国,其规模更加惊人,可能占移民劳工的2/3左右。只要这些移民的非法入境身份不变,企业主也愿意雇用他们就业。②

由于非法移民走私的途径不同,不同地区的非法移民缴纳的费用也不同。例如,在阿尔巴尼亚,被一些学者称为"阿尔巴尼亚黑手党"的

---

① Power, Jonathan, *Migrant Workers in Western Europe and the United States*, pp. 35-37.

② Power, Jonathan, *Migrant Workers in Western Europe and the United States*, p. 26.

组织负责移民假证件的制作、运输以及移民入境后的就业等一条龙服务。此外，它们还参与毒品、枪支、人口特别是妓女贩卖、洗钱或贿赂希腊边防检查站官员等。尽管报纸也在不断揭露非法移民走私的问题，政府也不遗余力地清剿，但每次都会发现"希腊警察卷入了走私移民和强迫卖淫的非法买卖活动中"。①

各种类型的非法移民产生的原因不尽相同。以凭借"旅游者"签证入境的非法移民为例。在德国，政府从来不会向任何非正常渠道入境的外籍人发放工作许可证，因而，所有以非移民劳工方式入境的外籍人，都可能在入境后非法就业。与德国不同，法国在1964—1974年对入境政策进行调整，允许外国旅游者入境后就业，然后再申请工作许可和居住许可。这项政策开始实施后到1968年，在法国的外籍劳工中，有82%的人就是非法入境后又通过合法程序，获得了合法就业与定居的身份。即使如此，来到法国的非洲移民中许多人并没有申请合法定居资格，因为他们担心自己身体检查不合格后被驱逐出境。1974年以后，欧洲共同体国家统一禁止非成员国公民的自由流动。例如，土耳其当时尚未加入欧共体，其国民要进入西欧国家就业，必须先以旅游者身份入境，然后非法就业，他们入境时，随身携带约3000美元，然后再寻求就业机会。②

三、欧美国家的对策与效用

如前所述，西欧国家的非法移民问题产生的时间较晚，非法移民人数相对较少。因此，各国采取的措施大致是赦免境内的非法移民、禁止

---

① Lazaridis, Gabriella, and Joanna Poyago-Theotoky, "Undocumented Migrants in Greece", *International Migration*, Vol. 37, No. 4, 1999, p. 720; Salt, John, "Trafficking and Human Smuggling", *International Migration*, Vol. 38, No. 3, 2000, p. 32.

② Power, Jonathan, *Migrant Workers in Western Europe and the United States*, *International Migration*, Vol. 37, No. 4, 1999, p. 31.

企业雇用非法移民、加强对入境口岸的控制。然而，从各国的政策效果来看，并不十分理想。

就英国而言，虽然在 1962 年移民法实施后就有外籍人非法定居的现象，但是英国政府对该项问题关注的时间相对较晚。1971 年，英国政府文件中首次出现了“非法入境”的字样。当所有英联邦其他成员国家的移民也被纳入 1971 年移民法限制对象之后，非法移民问题开始加剧。到 1980 年，平均每年入境的非法移民有 1250 多人。是年，英国加强了对边境的控制，并在境内进行了多次清查。1980 年 5 月，在伦敦北区的调查中，印度人开设的三家店铺中有 40 人非法就业，9 人因违反移民法而被捕入狱。在 6 月份，对希尔顿酒店的 100 多名职员进行调查时，有 35 名非法移民被捕。同月在调查伦敦北部的一家汽油厂的 100 名员工时，有 31 名非法移民被捕。1980 年被驱逐出境的非法移民达到 910 多人。[①] 英国加强了对入境签证申请的严密审查，拒签率逐年提高，到 1994 年达到 42%，但非法移民也越来越多。按照英国政府的规定，如果移民无法提供自己已经或可能受到迫害的证据，就会被罚款 2000 英镑以上，并被驱逐出境。[②]

相比之下，法国政府在 60 年代就意识到了境内非法移民的问题，但是它并没有及时采取有效措施。它认为法国需要外籍劳动力，即使有非法移民入境，也有利于法国经济的增长。在这种背景下，到 60 年代后期，非法移民成为许多外籍人入境的主要方式。相应地，法国的外籍劳工骤然增加，在 1962—1971 年间增加了 125 万人。随着 1973 年经济危机的到来，法国政府实施了与英国相似的政策：赦免境内的非法

① Couper, Kristin, and Ulysses Santamaria, “An Elusive Concept: The Changing Definition of Illegal Immigrant in the Practice of Immigration Control in the United Kingdom”, *International Migration Review*, Vol. 18, No. 3, 1984, pp. 437, 443, http://www.jstor.org/stable/2545879(2008 年 5 月 21 日下载).

② Morris, Lydia, “Governing at a Distance: The Elaboration of Controls in British Immigration”, *International Migration Review*, Vol. 32, No. 4, 1998, pp. 952-953, http://www.jstor.org/stable/2547667(2008 年 5 月 21 日下载).

移民，禁止企业雇用非法移民就业，严厉打击走私非法入境者。但是，这些措施的效果难如人意。据法国学者调查，1974 年法国的非法移民大约为 38 万，1980 年不超过 40 万。非法移民的存在，加上合法移民的增长，法国的移民总数在 80 年代初期达到 410 多万。① 为此，在 1980 年 10 月，法国政府颁布了一项立法。它首先规定了被驱逐对象，其中包括：(1)对公共秩序构成威胁的外籍人，包括已被判刑并且服刑一年以上的外籍人；(2)有吸毒行为或走私非法移民的人；(3)对国家安全构成威胁的外籍人。其次，所有被驱逐对象，都会经过正当的法律程序的审查，被驱逐者有权利陈述自己居留法国的理由，也有机会聘请法国的律师。再次，凡在新立法颁布之后雇用非法移民的企业主，轻者被拘禁一个月，重者被拘留一年以上，被罚款的金额控制在 2000 到 2 万法郎之间，没收非法移民从事生产的工具和生产期间的非法收入。最后，对于符合下列条件的外籍人实行赦免：(1)跟随父母非法入境但年龄在 18 岁以下的外籍人；(2)凡能证明自己在法国已经居住了 15 年以上的外籍人，或者能证明自己在 10 岁之前进入法国的外籍成年人；(3)子女具有法国国籍，且父母中有一人在法国居住，其父母亦可在法国定居；(4)在法国居住 6 个月以上的法国公民的配偶；(5)在法国工作期间因公受残并享受伤残补偿待遇的外籍人。② 在 1983—1984 年非法移民赦免的过程中，有 1.3 万人获得合法居住权。③ 同样，意大利在 1981 年、1986 年和 1990 年先后三次赦免境内的非法移民。西班牙也在 1985 年和 1991 年先后两次赦免境内的非法移民。这些国家的赦免政策，非但没有控制并彻底解决非法移民问题，相反，其宽松的赦免政

---

① DeLey, Margo, "French Immigration Policy since May 1981", *International Migration Review*, Vol. 17, No. 2, 1983, pp. 199-201.

② DeLey, Margo, "French Immigration Policy since May 1981", *International Migration Review*, Vol. 17, No. 2, 1983, p. 203.

③ Verhaeren, Raphael-Emmanuel, "The Role of Foreign Workers in the Seasonal Fluctuations of the French Economy", *International Migration Review*, Vol. 20, No. 4, 1986, p. 857, http://www.jstor.org/stable/2545740(2008 年 5 月 28 日下载).

策还进一步刺激了境外非法入境,引起了新的非法移民潮。[①]

在北美洲,加拿大政府多年来对非法移民问题并没有给予足够的重视,因为加拿大的非法移民问题不如美国那样严重。1982 年,加拿大政府经过调查之后,认为其境内的非法移民大约在 20 万左右,其中有 5 万人就业。在政策上,加拿大也对非法移民实行了赦免政策,禁止雇用非法移民就业。例如,在 1979 年,加拿大司法部收到的相关指控有 51 例,其中 82%被判决有罪,到 1982 年有 58 例指控,其中 50%被判有罪。[②] 雇主受到指控的数量有限,是因为该项法规的确产生了威慑作用,同时也说明加拿大非法移民的人数在减少,因为非法移民首选的对象不是加拿大而是美国。当然,随着美国对非法移民控制的加强,特别是在"9·11"事件之后,加拿大也加强了对边境口岸的控制,并积极与美国协作。例如,在 2002 年 12 月,加拿大政府拨款 12 亿加元,其中 6 亿加元用来改善加拿大与美国交界地区的基础设施、购买交通与通信工具。此外拨款 6.46 亿加元,组建一支特种部队,加强边防警察的训练,购买 X 红外线设备,对入境的外来移民进行甄别,打击恐怖主义者。[③]

与欧洲国家相比,美国的非法移民人数更多,来源更加广泛,并且在 1970 年以后备受世界瞩目,相关的争论持续不断。由于社会各界特别是代表不同利益集团的国会议员分歧甚大,国会自 1972 年起开始的立法进程屡屡受阻。经过各方的反复论证和讨价还价,最终于 1986 年颁布了《移民改革与控制法》。综观该法案的全部内容,其主要条款包括:(1)禁止雇用非法移民,否则会被罚款和监禁,罚款总额和监禁年限

① Freeman, Gary P., "Modes of Immigration Politics in Liberal Democratic States", *International Migration Review*, Vol. 29, No. 4, 1995, p. 895.

② Robinson, W. G., "Illegal Immigrants in Canada: Recent Developments", *International Migration Review*, Vol. 18, No. 3, 1984, p. 484.

③ Adelman, Howard, "Canadian Borders and Immigration Post 9/11", *International Migration Review*, Vol. 36, No. 1, 2002, p. 23, http://www.jstor.org/stable/4149524(2008 年 5 月 27 日下载).

依被雇用人数确定;雇主雇用劳工时,须检查应聘者的各类证件,填写被检查证件的类别、号码及发放单位等并存档备案。雇主不得以种族、国籍、肤色、性别和宗教信仰等为由,歧视合法证件持有者。(2)增加对美国移民局的拨款,扩大边境巡防和境内检查人员的编制。该局受理赦免申请的同时,监督制裁雇主条款的实施,驱逐境内的非法移民。(3)凡能证明自己在1981年12月31日以前入境并一直在美国居住的非法移民,可在规定日期内申请临时居留权,在1990年11月6日或此前申请永久居留权,如果在此期间违反法律,会被驱逐出境。(4)设立特殊农业工人计划,允许在1986年5月以前入境并在农场从事容易腐烂变质农作物的耕种与采收工作且每年达90天以上的非法移民,可申请赦免。为保证农业劳动力的供给,国会还设立了"补充农业工人计划",即从1990年起司法部和农业部可根据每年农业劳动力需求,酌量引进外籍劳工入境。他们入境后如果每年在农场从事容易腐烂农作物的耕种与收割达90天以上且连续三年,就可以申请永久居留美国的资格。[①]

1986年法案生效后,有170万人申请赦免计划,97%获得批准;130万人申请特殊农业工人计划,94%获得批准。在这些移民中,墨西哥移民最多,分别占上述两类被赦免者的68%和81.9%,中美洲移民分别占13.5和4.2%,亚洲移民分别占4.3%和5.4%。入境时的年龄分别平均为23岁和24岁,年龄在15—44岁的人口分别为80%和93%,男性比例分别为57%和82%,已婚者为1%和42%,来自加州的申请者分别占申请者总数的54%和52%。[②] 与此同时,边境地区被扣押的非法入境人数也在减少,由1986年的161.5万减少到1989年初

---

① 梁茂信:《美国移民政策研究》,第384—385、351—352页。

② Jacobson, David, ed., *Immigration Reader: America in a Multidisciplinary Perspective*, Malden, Mass.: Blackwell Publishers Ltd., 1998, p. 96; Martin, Philip L., "Mexican Workers and the U. S. Agriculture: The Revolving Door", *International Migration Review*, Vol. 36, No. 4, 2002, pp. 1132-1133.

的 95.4 万。1989 年下半年又开始增长，并在 1990 年超过百万大关。[①]对于这种变化，一些美国学者经多次调查后认为，尽管不能排除法案实施后的威慑作用和边界控制加强后的影响，但更重要的是，许多非法移民因等待赦免，没有在美墨之间流动，所以边境被扣押人数减少。面对这种临时性现象，美国劳工部的一份报告中指出："《移民改革与控制法》实施后边境被扣押人数的下降，与其说是一种行为变化，毋宁说是一种暂时现象。"根据 1986 年法案规定成立的"农业工人委员会"在评价该法案实施后的影响时，也得出了相同的结论。[②] 显然，1986 年法案实施后没有达到预期的效果。之所以如此，除非法移民母国社会、政治和经济发展对劳动力就业和生活状况的影响等因素外，从美国的情况看，法案在实施的过程中也存在着严重的问题。

首先，就赦免条款而言，国会"移民与难民政策特别委员会"在 1981 年的报告中指出，如果将赦免对象在美国居住的时间定为 2 年，将有 60%的非法移民符合赦免条件；若为 3 年则只有 45%。也就是说，要求申请者在美国居住的时间越长，符合赦免条件的比例就越低。然而，国会最终规定，只有在美国住满 5 年以上者才能申请。这样，真正符合赦免条件的比例不到 30%。[③] 在他们中间，有些则因其家属不符合条件而没有申请，因为他们担心被政府发现后被驱逐出境。这一点，再加上申请赦免必须交纳的费用及政府缺乏广泛宣传等因素，绝大多数非法移民被排斥在被赦免范围之外。此外，一个无法回避的事实是，多数非法移民是单身青壮年，其家属也会移民美国；即使合法入境受阻，也会以非法的方式入境。[④]

---

① Jacobson, David, ed., *Immigration Reader*, pp. 97-98.

② Perotti, Rosanna, "Employer Sanctions and the Limits of Negotiation", *Annals of the Americom Academy of Politial and Social Sciences*, Vol. 508, 1990, pp. 33-35; Jacobson, David, ed., *Immigration Reader*, p. 98.

③ Hayes, Helene, *U. S. Immigration Policy and the Undocumented*, p. 51.

④ Suro, Robert, *Watching America's Door*, pp. 37-38.

其次,法案要求企业主在雇用劳工时,必须检查是否有合法证件,若违法雇用非法移民,将受到相应制裁。但是,如何确定企业主是否违反了法律,将由移民局根据其检查结果判定。这种矛盾性的规定实际上使企业主具有了双重身份:他(她)既是执法者,又是可能被制裁的对象。在实践上,就出现了两种情况:第一,虽然移民局的人员编制有所增加,但其管理方式没有变化。它既要受理移民赦免的申请,管理所有入境口岸的美国人和外籍人的出入,还要负责边境巡防等,其工作负荷较大,管理范围与层面非常庞杂,根本没有足够的时间和人力对所有企业进行连续而系统的调查,在无奈中只好采取了随意抽查的方式,其有限的覆盖面实际上使法律的威慑性效用限于极小的范围内,因而制裁雇主的条款形同虚设。据美国审计署的调查,1988 年,移民局准备检查 2 万家企业,占全国 700 万企业的 0.33%,但最终只检查了 12319 家。在 1994 年,尽管移民局加大了检查力度,开出罚单 1761 次,却积压了 36000 份可能违法但从未调查的案例。虽然移民局在突击性检查中,的确发现了企业主的违法行为,但这些企业因种种原因而并未受到惩罚。[①] 第二,从企业的执法情况来看,由于企业主缺乏辨别证件真伪的技术设备和有效手段,遂以目测判断应聘者是否符合条件,这样就很难判断哪些企业主确实在认真履行法律责任,哪些是利用法律上的漏洞阳奉阴违。即使有些明知故犯的企业主被移民局发现,他们也会以种种理由和方式进行搪塞和自我辩护。例如,在 90 年代初对南加州 100 多家企业的调查中,只有 5 家没有要求应聘者出示相关证件。但在所谓的“遵纪守法”者中间,不少人帮助应聘者在填写国会规定的 I-9 表格时弄虚作假。一家企业的人力资源部负责人私下透露:“很明显,我们有些劳工是非法移民。I-9 表格会保护我们。”另一位企业主也表示,他在雇用工人时告诉那些持伪造证件者如何造假。他说:“I-9 表格

① Suro, Robert, *Watching America's Door*, p. 38; OECD, *Combating the Illegal Employment of Foreign Workers*, p. 102.

将我们身上的许多责任转移到雇员身上。"[①] 这就是说，1986 年法案中制裁违法企业主的条款，在实践上变成了他们的保护伞。值得注意的是，许多企业主在招聘劳工的过程中，因担心自己违法并受到制裁，故而采取了保守做法，以相貌、口音或出生地为根据，拒绝雇用那些被怀疑者，结果排斥了许多证件齐全的合法移民或美国公民，形成了美国审计署在 1990 年调查中所发现的"广泛的歧视模式"。从盎格鲁人和墨西哥裔申请就业的成功率看，允许填表的比例前者比后者高 5%，面试比例高 33%，就业比例高 55%。这种结果在一些美国学者的最新研究中，得到了进一步的证实。[②]

最后，国会设立"特殊农业计划"的主要目的，是通过赦免非法移民，增加农场劳动力，迫使农场主提高农业工人工资，同时在保证农业劳动力供给的情况下，切断非法移民就业的渠道，从而达到禁止非法移民的目的。但是，从实际效果看却事与愿违。究其原因，主要是因为在申请赦免过程中存在着严重的舞弊现象。"农业工人委员会"在其 1992 年报告中指出，在申请"特殊农业工人计划"的非法移民中，有许多人从未在农场工作过。据估计，1986 年以前，在全国从事农业的非法移民有 35 万，其中加州有 20 万，但最终提交申请的人数达到 130 万，其中加州 70 万。这就是说，在申请者中间至少有 2/3 的人提供了伪造的证明。所以，报告中认为该计划的实施是一次"前所未有的、最广泛的对抗美国政府的移民造假活动"。[③] 在造假者中间，不仅有非法

---

① Jacobson, David, ed., *Immigration Reader*, pp. 99-100.

② Perotti, Rosanna, "IRCA's Antidiscrimination Provisions: What Went Wrong?", *International Migration Review*, Vol. 26, No. 3, 1992, pp. 733-735; Perotti, Rosanna, "Employer Sanctions and the Limits of Negotiation", *Annals of the American Academy of Political and Social Science*, Vol. 508, 1990. pp. 36-37; Dàvila, Alberto, José A. Pagàn, and Montserrat V. Grau, "The Impact of IRCA on the Job Opportunities and Earnings of Mexican-Americans and Hispanic-American Workers", *International Migration Review*, Vol. 32, No. 1, 1998, pp. 79-95.

③ Martin, Philip L., "Good Intentions Gone Away", *Annals of the American Academy of Political and Social Sciences*, Vol. 534, 1994, pp. 46-47; Martin, Philip L., "Mexican Workers and the U. S. Agriculture," *International Migration Review*, Vol. 36, No. 4, 2002, pp. 1132-1135.

移民，还有利欲熏心的农场主。他们为聚敛钱财，以 300 美元到 500 美元的价格向非法移民出售假证明。在纽瓦克，一位小农场主利用欺诈的手段，为 1000 名非法移民申请赦免。最滑稽的是，当移民局在边界地区设立了受理赦免申请的网点后，在墨西哥边境一侧排队等待入境者甚多，其中有许多人对农活一窍不通。有人描述自己在美国曾从事的农活时说，别人手扶梯子，自己爬到草莓树和西瓜树上采摘草莓和西瓜。虽然类似荒谬者并不多见，但是那些描述有声有色被允许入境的人却不在少数。更重要的是，这等于"在墨西哥和中美洲农村最贫困和文化水平最低的人口中，传播允许就业的文献和信息，并刺激了这些地区首次入境的非法移民"。[①] 新非法移民的到来，加上那些因被赦免而获得合法居留资格但因文化水平低、语言不通只好在农场工作的移民，有些地方出现了农业劳动力过剩的现象。在这种形势下，在 1983 年，由 22 个农场主组织成立的美国"农业劳工联盟"，通过其雇用农业劳工的网络，控制了农业劳工的就业渠道和信息，对被雇用者随意克扣工资，层层盘剥，结果是 1986 年法案实施后，"一次又一次的研究证明，大多数农场主没有增加工资，没有改善住房和工作条件，或采取其他方式雇用或保留就业的合法移民。相反，在一些情况下，减少了工资和农场工人的收入"。在加州，许多农业劳工每年实际工作时间为 5—6 个月，年收入一般在 3000 到 5000 美元之间。他们每月须向农场主交纳 100 到 140 美元的房租。虽然从住地到田间的交通由农场主负责，但劳工每月要交纳 150 美元，再扣除每天 5 美元的生活费，他们每月能节余的工资也就所剩无几了。[②]

---

① Levera-Batiz, Francis, *The Reform of American Immigration Policy in the 1980s*, New York: Praeger Publishers, 1991, pp. 8-9; Martin, Philip L., "Harvest of Confusion: Immigration Reform and California Agriculture", *International Migration Review*, Vol. 24, No. 1, 1990, p. 77; Martin, Philip L., "Good Intentions Gone Away", *Annals of the American Academy of Political and Social Sciences*, Vol. 534, 1994, pp. 46-47.

② Martin, Philip L., "Good Intentions Gone Away", *Annals of the American Academy of Political and Social Sciences*, Vol. 534, 1994, p. 52.

1986年移民法实施后，美国国会便着手1965年移民法的改革。实际上，早在1981年，“外来移民与难民政策特别委员会”在向国会提交的《美国的移民政策与国家利益》的报告中，就建议通过增加合法移民限额来减轻非法移民入境的压力。1981年里根总统成立的“外来移民和难民政策特别工作组”的报告以及美国国会参议院司法委员会，也都在不同程度上持这种观点。由于当时国会围绕禁止非法移民的提案争论不休，立法进程步履维艰，国会最终决定首先集中精力解决非法移民问题。

从1987年开始，国会将修改1965年移民法之事提上议事日程，经过三年的讨论和协商后颁布了1990年移民法。该法案除了保留1965年移民法和1980年难民法的基本框架和原则外，最大的不同之处就是，将每年的移民限额由过去的近30万增加到近70万，其中除技术类和家庭团聚类移民均有明显增长外，还设立了“投资类”移民限额。此外，从1995年开始实施“多样性”限额，要求司法部长每年列出各国移民美国人数的清单，对入境移民较少的国家酌情照顾。凡申请该限额的移民，必须证明自己具有高中以上学历或在就业后接受过长达两年的职业培训。此外，1990年法案中还有一个重要的特点，那就是允许1986年法案实施后那些获得永久居留权的移民的子女及配偶入境，每年入境人数不超过5.5万。1990年移民法生效后，不仅入境的合法移民与非法移民同步增长，而且其民族来源和在美国的地域分布上也存在着惊人的一致性：(1)每年入境的合法移民人数之多，使90年代成为美国历史上又一个移民高潮期。据统计，合法移民在1981—1990年间达733.8万，在1991—1998年间达760.5万。[①] 外来移民的增多，使其在美国人口中的比例明显增长。到1994年，在美国的外来人口已经达到了2200万，占美国总人口的8.7%，这是第二次世界大战结束以来的最高水平。[②] 如果将合法入境与非法入境的移民进行比较，就可以

---

① Briggs, Vernon M., *Immigration and American Unionism*, p. 127.

② Suro, Robert, *Watching America's Door*, p. 17.

看出,两者并行不悖,同步上升。不同的是,合法移民比例稳中有降。在整个90年代,除1991年统计中因包括了1986年法案实施后获得合法居留权的移民而导致合法移民达182.7万外,90年代基本上呈略微下降的状态,尤其是在1994年以后,除1996年外其余年份均在80万以下。然而,非法移民却呈稳中有升的发展态势。从美国边防检查站每年被扣押的非法入境者的人数看,除1994年外,非法移民入境基本呈上升趋势。[①] (2)从民族来源看,合法移民的来源依然保持了1965年以来的特点,拉丁美洲和亚洲国家仍是美国外来移民最主要的来源地区。在1997年入境的移民中,墨西哥移民占总数的27%,若与其他拉丁美洲国家的移民一起,则合占总数的50%以上,另有27.1%来自亚洲,而欧洲和非洲移民仅占20%。[②] 在非法移民来源最多的10个国家中,除波兰和菲律宾外,均为中美洲和北美洲国家,其中墨西哥占总数的54.1%,萨尔瓦多为6.7%,危地马拉为3.3%,加拿大为2.4%,海地2.1%,菲律宾1.9%,洪都拉斯1.7%,巴哈马、尼加拉瓜和波兰各占1.4%,以上各国合占总数的76.4%,绝对人数为382万。[③] (3)区域流向也基本相同。例如,在1994年,合法移民流向最多的前10个州中,加州占34%,纽约28%、佛罗里达9.2%、得克萨斯8.05%、伊利诺伊4.8%、新泽西4.8%、马萨诸塞2.6%,合占总数的近92%,其他各州占8.4%。[④] 在非法移民方面,加州占40%,得克萨斯为14.1%,纽约为10.8%,佛罗里达7%、伊利诺伊5.8%、新泽西2.7%、亚利桑那2.3%、马萨诸塞1.7%、弗吉尼亚1.1%、哥伦比亚华

---

① 合法移民入境人数在1991为183万、1992年为97.4万、1993年90.4万、1994年80.4万、1995年72万、1996年91.5万、1997年79.8万、1998年66万。被扣押的非法移民人数分别是:1991年119.7万、1992年125.8万、1993年132.7万、1994年109.4万、1995年139.4万、1996年164.9万、1997年153.6万。参见 Briggs, Vernon M., *Immigration and American Unionism*, p. 143。

② Briggs, Vernon M., *Immigration and American Unionism*, p. 127.

③ Hayes, Helene, *U. S. Immigration Policy and the Undocumented*, pp. 4-5.

④ Suro, Robert, *Watching America's Door*, p. 19.

盛顿特区 1%，合占非法移民总数的 86.5%，绝对人数为 432.2 万。[①]上述三个方面惊人的一致性说明，各国移民之间的流向和构成，既与这些州的经济发展状况具有密切的联系，也与移民过程中的民族网络性联系有关。无论是合法移民还是非法移民，那些先来的移民在迁入地区居住一段时间后将其所掌握的就业、住房及社会文化等信息传递给后来的移民，其中也包括非法入境者。

在这种形势下，加州作为合法与非法移民流向最密集的地区，在社会经济等方面受到了较大的影响。许多非法移民及其子女因享受了当地教育、有未成年子女的单亲家庭救济、医疗及住房等社会保障等方面的服务，增加了当地政府的福利性财政支出。根据加州政府的统计，1996 财政年度该州为非法移民社会福利支出达到 26 亿美元，其中，中小学教育支出 17 亿，医疗保险 4.14 亿，因监禁那些被判刑的非法移民支出 5.03 亿。此外，政府还为非法移民在美国生育的子女提供了 9.54 亿美元的支出，其中教育 5.99 亿、贫困救济 2.78 亿、医疗保健 7700 万。即使扣除联邦政府提供的 7.32 亿美元，加州政府的支出仍达 28 亿美元。[②] 为了避免非法移民在这些方面增加政府支出，加州在 1994 年 1 月 8 日举行公民表决，以 59%支持对 41%反对，通过了 187 号决议。它禁止非法移民享受州政府提供的各种社会服务，各部门应对所有申请者严加审查，若发现非法移民，应向警察局报告。但是，该决议并没有包括如何禁止非法入境的内容，因而一些美国学者认为，该决议的真正目的不是要禁止非法移民入境，而是要限制非法移民享受当地政府的福利。关于这一点，美国经济学家保罗·克鲁格曼(Paul Krugman)指出，该决议“只是说我们不再为非法移民花钱，但是，一位萨尔瓦多移民仍然可以割草，即使他的子女成为文盲”。另一位学者迈克·P. 史密斯认为，187 号决议的主要目的是“尽可能允许更多的廉价

---

① Hayes, Helene, *U. S. Immigration Policy and the Undocumented*, pp. 4-5.

② Laham, Nicholas, *Ronald Reagan and the Politics of Immigration Reform*, p. 159.

劳工进入美国，但他们不能享受社会福利……这方面的费用，要让墨西哥政府承担”。[①] 尚且不论这种相互抵牾的措施能否有效，但最高法院在此之前的一次判决，实际上使187号决议成为一纸空文。1992年，得克萨斯州禁止非法移民子女接受中小学公共教育，但联邦最高法院在普莱厄诉多伊(Plyer v Doe)案件的判决中认为，该州不能提供足够的证据说明非法移民子女因接受教育而增加了该州经济的负担，因此该州法律违反了宪法第五条修正案中关于美国公民接受教育的平等权利。尽管非法移民的子女应该与其父母一起被驱逐出境，但这些子女无法左右其父母的行为。由于父母能在美国就业，其子女必然要在美国滞留，因此，得克萨斯州剥夺非法移民子女接受教育的机会，等于剥夺了他们将来为美国社会贡献的权利。法院的这种解释使地方政府失去了执法的依据。基于同样的理由，加州颁布187号决议违反了宪法，这在客观上又使政府的政策多了一个漏洞。[②]

得克萨斯和加州禁止非法移民享受地方政府福利的举措虽然失败了，但在1993年，新闻媒体关于非法移民、世界贸易中心爆炸案和美国中央情报局附近的枪声的报道，都与187号决议一起，给华盛顿发出了一个信息，即要求禁止非法移民入境。同时，境内非法移民的迅速增加，也使国会同样的呼声日益高涨。1995年，一位参议院议员在抨击美国移民政策时指出，仅仅禁止非法移民已经不能满足美国社会的需要，还应该限制每年入境的合法移民，因为对美国各类劳工和大学毕业生来说，“外来移民对他们的工资和个人的就业机会产生了负面影响”。另一方面，外来移民对美国社会、经济、民族认同及国家安全等方面构成了较大的威胁。有的学者也耸人听闻地指出：“在90年代，美国的电

---

① Heer, David, *Immigration in America's Future: Social Science Findings and the Policy Debate*, Boulder: Westview Press, 1996, p. 69; Hayes, Helene, *U. S. Immigration Policy and the Undocumented*, pp. 131-132.

② Capaldi, Nicholas, *Immigration: Debating the Issues*, Amherst, New York: Prometheus Books, 1997, p. 148.

视屏幕上到处是恐怖的画面，增加了美国在世界上数百万非法移民面前无能为力的恐惧感，一个到目前为止曾经保护美国免遭历史上最残酷战争的两大洋，面对一种不同的入侵（按：非法移民），却突然变得十分脆弱。”在这种情况下，在全国范围内“向非法移民开战”已成当务之急。①

在这种形势下，一些国会议员向国会提交议案，要求制定更加严厉的政策。他们指出，政府政策不应该是纯粹禁止非法移民，还应该限制每年入境的合法移民，因为大量合法移民对美国的非熟练劳工、大学毕业生和熟练劳工等许多群体构成了极大的威胁。“对于太多的美国劳工来说，外来移民的影响包括对美国劳工的工资和个人就业机会产生了负面的影响。”美国民众对于政府限制外来移民的政策失去了信心。移民在各方面改变着美国社会，因此需要对美国的移民政策进行根本性的改革。② 美国国会经过激烈的辩论后，于 1996 年颁布了《非法移民改革与移民责任法》。它规定：（一）禁止非法移民享受政府在住房、医疗、保险、教育及贫民救济等方面的福利，他们应该“依靠自己的能力、他们的家庭、担保人以及私人组织的资源”，来满足自己的需要。（二）成立新的调查局，专门负责调查那些以合法身份入境但滞留不归的外籍人。凡在就业、福利和公共安全等方面，对社会构成负担或威胁的外籍人将被驱逐出境；对于那些明知非法移民身份但仍雇用其就业的企业主，实施 5 年以上的监禁；走私非法移民者或参与类似组织者，首次违法者将被监禁 10 年，再犯者监禁 15 年以上；伪造移民证件者将被监禁 15 年；涉及毒品走私者将被监禁 20 年；从事恐怖活动者监禁 25 年以上。（三）对移民局的预算，在入境口岸和境内建立一套新的识别个人身份的设备系统，加强边境检查、拘留及驱逐非法入境者的力度；对于那些被扣押的非法入境者，建立指纹档案，以便机器能鉴别。

① Suro, Robert, *Watching America's Door*, p. 12.

② Suro, Robert, *Watching America's Door*, p. 10.

为此，在1997—2001年间，移民局将每年增加1000名巡防人员，使其总人数达到10000人。另外，在同期每年增加300名雇员以加强后勤保障。[①] 但是，法案中的有些条款存在着明显的矛盾性规定。例如，关于地方执法权方面，法案规定各州“在确定外籍人接受公共救济的资格时，应该采取可以利用的最少的限制性手段，保证外籍人在按照国家移民法规定的自力更生的前提下，推进政府利益”。[②] 这里明确界定了各州在执行联邦法律时的义务，但又没有说明地方政府在执法中，究竟有哪些自主性权利及其最高限度。这种矛盾性规定，极大地削弱了联邦法律在地方实践中的有效性。更为致命的是，在该法案颁布后，最高法院依据其在普莱厄诉多伊案中的判决，认为1996年法案中禁止非法移民享受政府福利的规定同样违宪。所以，1996年法案实施后，非法移民问题依然如故。

四、近似军事区的美墨边境

如前所述，20世纪90年代美国的非法移民中绝大多数是从美墨边界入境的。1992年5月《大西洋月刊》在其封面上刊登了一幅漫画，其底色为美国地图，面色分为上、下两部分，上部是涂满黑点的墨西哥国旗，象征着艾滋病菌即将席卷美国；下部为汹涌的洪水，表示墨西哥移民像洪水一样将淹没美国。尽管其寓意失之夸大，但美墨边境作为非法移民从陆地进入美国的跳板，却是毋庸置疑的事实。这意味着严防边境成为美国能否有效禁止非法移民的关键之一。为此，克林顿总统上台后就决定加大打击非法入境的力度。他指出：“我们绝对不能、

---

① Lemay, Michael, and Elliott R. Barkan, *U. S. Immigration and Naturalization Law Issues*, pp. 304-305.

② Capaldi, Nicholas, *Immigration*, p. 148.

也不会让我们的边界处于放任的状态,并允许非法移民利用我们历史上形成的怜悯和司法公正而入境。我们不能容忍乘坐小船的走私者,也不会让那些恐吓美国公民的人进入我们的国家并威胁我们国民。……我们就是要发出一个强烈而明确的信息。我们要使非法入境进入我国变得更加困难。"[①] 随后,克林顿政府不断加大对移民局的投入,年度拨款由 1993 年的 15 亿美元,增加到 1997 年的 31 亿美元,其中用于美墨边境的资金总额达到 23 亿美元。边界巡防人员由 3400 人增加到近 6000 人。[②] 在边界上,得克萨斯、新墨西哥、亚利桑那和加州的圣迭戈等西南部,是防守中的重中之重,联邦政府在这些地区的财政支出,由 1993 财政年度的 4 亿美元增加到 1997 年度的 8 亿美元,边界巡防员由 4200 人增加到 2000 年的 9212 人,其中在圣迭戈地区,巡防员由 1993 年的 980 人增加到 1998 年的 2264 人。圣迭代地区的铁丝网由 19 英里增加到 45 英里,地下传感器由 448 个增加到 1214 个,红外线覆盖区由 12 个增加到 59 个。[③] 与此同时,移民局采取了各种行动,其中最典型的有三种,每一种行动背后都存在着一些问题。

第一种是临时突击行动。例如,1993 年 9 月 19 日至 10 月 4 日,得克萨斯州埃尔帕索巡防站实施了"阻截行动"(Operation Blockade),目的是阻止因大批非法移入境而导致边境陷入失控状态。在行动开始后,移民局动用该区所有巡防人员,一方面运用恐吓方式,阻止非法移民入境;另一方面,对已入境者不是直接驱逐出境,而是将其带往新墨西哥州哥伦布市附近的帕洛马斯(Palomas)审讯。在每天的出入境人口中,除了因经商、探亲和旅游等入境人员外,还有 60%是合法入境并

---

① Nevins, Joseph, *Operating Gatekeeper*, p. 89.

② Eschbach, Karl, et. al., "Death at the Border", *International Migration Review*, Vol. 33, No. 2, 1999, p. 447.

③ Eschbach, Karl, et. al., "Death at the Border", *International Migration Review*, Vol. 33, No. 2, 1999, p. 447; Nevins, Joseph, *Operating Gatekeeper*, p. 4. 两位作者关于 1993 年美墨边境巡防人数的统计略有出入。

在埃尔帕索通勤上班的墨西哥人，他们经营的商品零售占埃尔帕索市每年40亿美元零售业中的25%。他们不是非法移民，但必须接受检查和审讯这个环节却使他们不能按时上班，由此产生的经济损失不仅涉及这些墨西哥人，还有那些雇用墨西哥劳工的美国企业主，从而使埃尔帕索市的商业受到了伤害。因此，对于这次行动，墨西哥的新闻媒体进行了大量的报道，认为美国又正在掀起一场排斥墨西哥公民的行动。10月8日，墨西哥外长费尔南多·索拉那指出："这种趋势存在着一种威胁，它会在两国之间造成一种两国政府无法控制的紧张关系，从而损害双边关系中普遍存在的友好气氛。"翌日，墨西哥人发起了为期两天的抵制美国商品和拒绝去埃尔帕索上班的"尊严行动"，同时，他们在墨西哥边境一侧堵塞交通，阻止美国的货车入境。面对这种情况，克林顿政府在10月11日派遣司法部长珍尼特·雷诺赴墨西哥城协商。其间，墨西哥外交部要求美国允许墨西哥公民自由入境并就业，尽管雷诺答应考虑其提议，但到1995年末也没有采取行动。[①]

第二，从1994年10月1日起，实施"门卫行动"(Operation Gatekeeper)计划。第一阶段是加强"帝国海滩"附近五英里范围内的巡防，该区西起太平洋海岸，东至圣伊西德罗入境口岸。1995年10月开始进入第二阶段，它将巡防范围向东延伸了16英里，到圣迭戈县东部。1997年10月起进入第三阶段，巡防范围扩大到加州埃尔森特罗(Ei Centro)。在这三个阶段中，美国政府和边防检查站采取了各种措施。每个关键性地段不仅有铁丝网、地下传感器、红外线扫描及计算机识别器，还更换了机动车辆和陈旧的直升飞机，形成了先进的现代化检测系统。所有这些，都标志着美国对边界地区的投入达到了前所未有的水平。在表面上，"门卫行动"获得了显著成效。例如，在距墨西哥最近的圣迭戈，以前每年抓获的非法入境者占美国总数的50%，到1998年下降到16%，是1982年以来的最低水平。对此，《圣迭戈论坛报》乐

① Heer, David, *Immigration in America's Future*, pp. 67-68.

观地指出,“在不到10年前,蒂华纳河谷(The Tijuana River Valley)就像一个战场,装备落后且人数占劣势的边境巡防人员,在追逐着一波又一波非法移民。奥泰梅萨(Otay Mesa)也是顾此失彼,而圣伊西德罗入境口岸更加糟糕。非法移民成群结队地跨过边界。现在所有这一切已经成为历史”。[①] 的确,圣迭戈地区的非法入境现象有所好转,但并不能说明问题已解决,因为在“门卫行动”实施后,大部分非法入境者向圣迭戈以东的地区转移,进入了亚利桑那州人烟稀少的沙漠地段。例如,在1998年,图森市被抓获的非法入境者达到全国总数的26%,埃尔森特罗地段为15%,再加上圣迭戈地区被抓获的非法入境者,三个地段仍占全国总数的57%。另据加州大学圣迭戈校区一些学者的研究,在1994年,每名成功入境者在入境前平均做1.42次尝试就能成功,1995年平均为1.18次,1996年为1.36次,首次入境成功的比例分别为78%、87%和81%。出现这种现象的原因,除了入境者向人烟稀少的地段转移外,最主要的是走私非法移民的组织依然如故,其成功率在1994年为42%,1995年为44%,1996年前半年为52%,处于上升状态。[②]

第三,在亚利桑那州的沙漠地带,将国民警卫队和预备役部队的日常军事训练与打击非法入境的政策结合起来。虽然“敌人”不是装备精良的军队,但其场面却形同美国一些新闻媒体所说的“另一种战场”。一位负责人认为“这是与越南战争相似的平民战争,也是我参加过的第二次失败的战争”。[③] 这种场面与北美自由贸易区建立后人口、资本和商品流动的繁荣发展景象相比,反衬出一幅极不协调的画面。对此,另一位美国学者也讥讽地写道:“在20世纪末美国和墨西哥边界目睹了一种矛盾性的发展趋势。跨越边界的资本流动、商业联系和劳工洪流,

---

① Nevins, Joseph, *Operating Gatekeeper*, p. 127.

② Nevins, Joseph, *Operating Gatekeeper*, pp. 128-129.

③ Chavez, Leo R., *Covering Immigration*, p. 244.

已经在两国之间形成了一种社会和经济相互依赖的关系。这种跨越国界的联系随着……北美自由贸易区建立后美墨经济和社会的融合而更加密切，同时，随着美国为加强禁止非法移民入境而采取的封闭边境的努力，两国边境成为一个日益加剧的冲突区域。"①

然而，移民局的上述措施仍然是治标不治本。一方面，移民局只是加强了对入境口岸附近和假想的非法移民入境多的地段的严查，而无法彻底封闭2000英里的美墨边境。许多非法入境者把目光转向那些人烟稀少的危险地段，还有些移民试图通过边境地区的地下管道或隐藏在汽车和火车集装箱内入境。相应地，边境地区每年被河水淹死或因空气不畅而窒息死亡的人数不断增多。据一些美国学者的研究，在1993—1997年间，有1600多名非法移民跨越边境时死亡，其中多数是横越里奥格兰德河时被淹死或冻死，其次是因巡防人员的堵截，入境者慌不择路而造成的死亡。② 有鉴于此，美国移民局不得不在边境的美国一侧多处树起"不要入境、要保命"的公示牌。但是，仍有许多非法移民从十分危险的地段入境。据1998年《纽约时报》报道，位于边境一侧的墨西哥城镇阿瓜普列塔(Agua Prieta)是"美墨边界上越境最繁忙的地段"，平均每天晚上有400多人在此试图入境，最多的一次有1400多人在入境后被抓获，一个月内被扣押的人数达14664人。③

另一方面，多年来美国移民局关注的主要地区是美墨边境，但在美加边境却鲜有作为，这种顾此失彼的方式，根本不能有效地禁止非法移民。只是在"9·11"事件爆发之后，美国才开始加强了与加拿大的合作，防止恐怖主义者进入美国，从而确保北美自由贸易区经济合作的顺利进行。即使如此，美国在与加拿大交界地区投入的人力和财力，都无

---

① Eschbach, Karl, et. al., "Death at the Border", *International Migration Review*, Vol. 33, No. 2, 1999, pp. 431-432.

② Eschbach, Karl, et. al., "Death at the Border", *International Migration Review*, Vol. 33, No. 2, 1999, pp. 431-432, 447.

③ Hayes, Helene, *U. S. Immigration Policy and the Undocumented*, p. 131.

法与美墨边界地区相比。边境巡防人员从"9·11"事件之前的300多人增加到2002年的900人，可是，在美墨边界则增加到9000多人。[1]更令人棘手的是，恰如美国移民局局长多里斯·迈斯纳(Doris Meissner)所言：美国的"边境比2000英里的美墨边境要大得多，我们的边境还有佛罗里达海滩、各地的飞机场和发放签证的海外领事馆。美国的非法移民中，有40%是滞留不归的合法入境者"。[2] 这就是说，禁止非法移民绝非就一蹴而就的事，如同美国政府打击毒品和犯罪问题一样，既需要长期不懈地努力，也要通过国际间的合作。

上述资料表明，欧美各国限制非法移民的政策都遭到了不同程度上的失败。到2004年，居住在美国的非法移民大约达到800万到1100万左右，而在欧盟成员国的非法移民则在400万到700万之间，全球范围内的非法移民则总数在2200万到4400万之间。尽管这些数字不一定准确，但是至少为我们认识当代全球范围内的非法移民问题，提供了某种参考。非法移民成为"当代世界上增长最快的移民形式之一"。经合组织国家的报告中，也指出了这种问题。非法移民禁而不止，其根源在于：一方面，发达国家的经济发展和人口结构的老龄化都需要外来移民，因而各国都出现了合法与非法移民并行增长的趋势。在2004年，欧盟15国的外籍移民达到2281万，其中居住在德国的外籍人达到730万，英国490万，法国360万，意大利60万，西班牙240万，爱尔兰70万，比利时80万，荷兰、奥地利、瑞典和挪威等国家均在60万以下。当大批合法移民入境的时候，非法移民就在所难免。合法移民人数较多的国家，非法移民人数也比较多。在2004年，德国、法国、意大利和西班牙等国的非法移民都在50万至110万之间，希腊在35万到70万之间，挪威和瑞典等国都在20万以下。[3] 这说明了另一

① Adelman, Howard, "Canadian Borders and Immigration Post 9/11", *International Migration Review*, Vol. 36, No. 1, 2002, p. 20.

② Capaldi, Nicholas, *Immigration*, p. 155.

③ Düvell, Franck, *Illegal Immigration in Europe*, pp. 16-17, 19.

方面的问题：在经济全球化的趋势下，各国经济发展中，与各种生产要素相关的人口特别是劳动力的入境却受到限制。经济市场的开放性和人员流动限制性的矛盾，必然导致那些经济发展缓慢国家或落后国家的大批劳动力千方百计地利用种种方式进入发达国家。在这种条件下，如果吸引合法移民政策的限制性措施过于严格，受到限制的可能是那些遵纪守法且具有一定技术和较高文化素质的移民，因为不管政府是否限制入境移民的人数和文化素质，非法入境的现象依然存在。既然通过各种限制性措施无法阻止非法入境，那么任何形式的限制就失去了意义。从这一点讲，欧美发达国家解决非法移民的问题依然是任重道远。

第七章　移民与人口流动的促成因素

世界近现代史上，欧美各国外来移民的民(种)族来源、技术构成及其入境身份和形式的复杂多变性，促使西方学界在分析移民和人口流动的原因方面做出了多种解释，这些理论在解释各自的研究对象时都有一定的合理性，但是，倘若放在相对宏观的层面上加以考察，其中的局限性又暴露无遗。因此可以说，到目前为止还没有哪一种学说能够揭示世界近现代史上移民成因的真谛。为此，笔者拟从相对宏观的视角上提出不成熟的看法。

一、西方学界的理论评介

移民与人口流动问题十分庞杂，涉及诸多方面，鉴于篇幅有限，笔者在此仅简单地评介目前西方学界比较盛行的主要理论。

【新古典经济学均衡理论】　在各种理论中，"新古典经济学均衡理论"(the neoclassical economic equilibrium theory)是西方学界中影响最为持久的理论。这种理论的鼻祖是著名的英国学者雷文斯坦(Ernest G. Ravenstin)。1834年雷文斯坦出生于德国的法兰克福，1852年迁移到英格兰后从事绘图工作，之后到70年代末期，他先后参加了英国的统计学会、皇家地理学会、国际地理联合会和英国科学进步协会等学术组织，1913年去世前返回德国。他一生著述甚丰，成果多数与历史和人口研究有关，但是，影响最为深远的当属移民研究。1876年，他在《地理学杂志》发表了《1871年英伦诸岛人口统计：出生地与移民》之后，又于1885年和1889年先后在《统计学杂志》发表了两篇论文，其参考依据是1871年和1881年的英国人口统计及同期美国人口统计。在这三篇具有开创性意义的论文中，雷文斯坦的主题思想构成了他提出的、后来长期盛行于学术界的"移民法则"。他认为在人口迁移的出发地和目的地之间以及不同家庭与个人之间，都存在着一种法则，其总体表现是：(一)人口迁移如同流水，由近及远；距离越远，数量越小。人口的迁移是一个逐渐的过程，流向主要是从农村和城市到附近的大工业中心。随着城市化的发展，在每个地区，"附近的农民围绕一个快速增长的城镇大规模迁移，农村人口迁移后遗留的空缺，则由更加遥远的地区的人口所填补"。产生这种模式的根源在于，城市经济发展对周边地区的辐射力一般是由近及远，一直"到国家最偏远的角落为止"。① 在雷文斯坦看来，移民可分为在出生县内迁移的"地方移民"、由出生县迁移到相邻县的"短距离移民"和迁移距离超过相邻县的"长距离移民"。在迁移人口中，多数属于短距离迁移，远距离迁移的人口占所有迁移者的25％，他们基本上都迁移到距离较远的大的工业或者商业中心。一些学者的研究表明，尽管没有准确的数据能说明雷文斯坦的计算就是准确的，也没有证据表明雷文斯坦所说的远距离迁移的移民在流向方面是如何选择的，但是雷文斯坦揭示出了远距离迁移者最突出的特征："远距离迁移的移民比近距离迁移的移民拥有更高的技能和学历；这类移民的规模因贸易周期的波动而有所差异。"② (二)从移民的来源看，农村人口的流动性比城市居民更加活跃，迁移距离更远。(三)在性别和家庭结构上，女性的流动一般不超出其出生地区，但其流动性要高于男性；成年男性人口的流动范围更大，其中以单身居多，举家迁移者较

---

① 这三篇文章是：Ravinstein, E. G., "Census of the British Isles, 1871; Birthplaces and Migration", *Georgraphical Magazine*, Vol. 3, 1876, pp. 173-233; "The Laws of Migration", *Journal of the Statistical Society*, Vol. 48, 1885, pp. 167-127; "The Laws of Migration"; *Journal of Statistical Society*, Vol. 52, 1889, pp. 214-301.

② Grigg, D. B., "E. G. Ravenstein and the 'Laws of Migration'", *Journal of Historical Geography*, Vol. 3, 1977, pp. 47-48.

少。雷文斯坦注意到，在 1871—1881 年间，女性主要是在出生地附近迁移，迁移距离一般是英国本土相邻的县郡；而男性主要是迁移到爱尔兰和海外殖民地等地区。从迁移距离与性别关系看，女性的短距离流动性比男性强，男性向海外迁移的比例则高于女性。从年龄角度看，迁移者多数是成年人，成立家庭者迁移比例较低。在 19 世纪 70 年代英格兰人口中，原住居民人口中绝大多数年龄在 20 岁以下；而在迁移到外县的人口中，20 岁以下的男性比例仅为 28%，女性为 25%。另一方面，在苏格兰和爱尔兰的迁入人口中，2/3 以上是 20 岁以上的单身成年人。也就是说，家庭迁移的比例比较低。[①]（四）随着商业和工业的发展以及交通条件的改善，人口迁移的规模日益增大，在各类城市中外地移民的增长率较高，大城市人口的增长不是主要依靠当地人口的自然繁殖，而是人口的迁移。雷文斯坦认为，随着工业化的增长和交通条件的改善，迁移人口的规模也在扩大。从 19 世纪英国人口的迁移规模来看，这种观点值得怀疑，他没有强调经济变化对人口迁移的影响。因为在总体上，19 世纪英国人口的迁移规模处于波浪起伏式的增长状态，主要是从农村流向城市。1800 年英国迁移人口为 54.1 万，1820 年为 109.4 万，1840 年为 338 万，1860 年为 285.6 万，1880 年为 200 万，1900 年为 103.9 万。这就是说，人口迁移规模并非有规律的同步递增。但是，一个毋庸置疑的结论是，从 1800 年开始到 20 世纪初期，随着经济的发展，英国人口的流动机制已经形成，人口流动的主要方向是从农村到城市。[②]（五）“每一股移民洪流都会产生一股具有补偿性的反向移民潮流。”准确地说，在每个地区，包括那些因人口流失而出现人口下降的地区，仍然存在着移民对流的现象，有迁出也有迁入。在 1861—1901 年间，亨廷登郡人口不断减少，但是，“那里却居住着来自英格兰和威尔士

---

① Grigg, D. B., “E. G. Ravenstein and the ‘Laws of Migration’”, *Journal of Historical Geography*, Vol. 3, 1977, pp. 49-50.

② Grigg, D. B., “E. G. Ravenstein and the ‘Laws of Migration’”, *Journal of Historical Geography*, Vol. 3, 1977, p. 52.

每个县的移民”。另一个城市安格尔西,其人口自1851年以来就在不断下降,但同时“也居住着来自英格兰和威尔士各县的居民”。这表明雷文斯坦的判断是正确的。[①] 根据笔者对美国人口流向的特点和迁移距离的分析,人口流动中的多向性和对流现象确实存在。无论是移民净迁出地区还是净迁入地区,都存在着双向流动现象。(六)各类人口迁移的促成因素都与经济因素相关。[②] 这个判断后来得到了许多英国学者的证实,不过雷文斯坦并没有强调农村人口劳动力在农业机械化背景下的过剩问题。从当时英国的农业发展状况看,城市的就业机会和日益增长的工资,的确对农村人口产生了较大的吸引力。

雷文斯坦关于移民法则的研究,主要是建立在他对19世纪末英国人口流动模式观察的基础之上,所以,涉及国内移民较多,而很少论及国际移民。此外,虽然在雷文斯坦使用的英国人口统计中,自1851年开始就列出移民的出生地,可是他在研究中只是考察了人口住址的变化,没有分析人口出生地与迁入地之间的关系,无法显示每个人在出生后跟随父母迁移的次数或成人后的迁移次数,也没有办法证明英国每个县的人口来源。尽管如此,他关于人口迁移中的多数结论是正确的,尤其是对英国人口迁移类型、迁移距离、性别和家庭关系的分析,的确是学术界长期以来所没有重视的。难能可贵的是,他注意到了英国市场经济特别是工业和交通发展对人口流动的影响,认为市场经济发展所引发的人口流动已经成为市场经济的一个组成部分,这是以前历史上所不曾出现过的。不过,他并未从理论上深入分析移民与市场经济之间的关系,这是其理论中最大的缺憾。

【国际移民中的“推拉理论”】 在20世纪20年代,欧美的一些人

---

① Grigg, D. B., “E. G. Ravenstein and the ‘Laws of Migration’”, *Journal of Historical Geography*, Vol. 3, 1977, p. 48.

② Ogden, Philip E., *Migration and Geographical Change*, p. 17; Grigg, D. B., “E. G. Ravenstein and the ‘Laws of Migration’”, *Journal of Historical Geography*, Vol. 3, 1977, pp. 42-43.

口学家、地理学家和经济学家根据雷文斯坦的研究，创造出著名的“推拉理论”(push-pull theory)。此后这种理论主宰国际学界长达半个多世纪。它的特点是注重分析导致国际上出现长久不衰的移民大潮的移民迁出国和迁入国两方面的“推力”和“拉力”因素的作用。从“推力”也即移民迁出国的情况看，人口增长、经济贫困、就业机会不足、政治压力等各种因素，都在发挥作用，促使人们离开故土，去谋求更好的生活；而从“拉力”也即移民迁入国的情况看，劳动力的不足、亟待开发的土地资源、充裕的就业机会、政治和宗教上的自由等各种因素，都在不同时期不同程度上发挥着作用，吸引大批国外移民的到来。这种理论与新古典经济均衡理论的共同之处是，两者都以传统的经济学理论为依据，将移民看做是商品，移民的行为受到就业市场供求关系及离去国与接受国之间工资差异的影响。反过来说，移民的迁移是对接受国家和地区经济发展的自然反应。无论是作为个体还是作为群体，移民往往期望通过迁移，最大限度地改善自身的经济状况和福利待遇。他们通过对自己经济状况的分析，结合迁入国与迁出国经济状况、就业机会、社会制度、民族关系的稳定性以及工资与福利待遇等各种信息，进行权衡和比较之后，才决定是否迁移。这种从移民个体行为的微观角度审视移民流向及规模的做法，有一些缺陷，其中之一是它“必然会根据事实解释现有的移民流向，其方式类似于大众心理学家那样，把成年患者的行为特征归因于对其童年时代的观察。两种理论都不能解释为何某些个人、国家或地区，出现某种相同的结果，而其他条件相同或更加糟糕的个人、国家或地区却完全相反”。[①] 历史上有许多例子说明，高工资并没有招来欠发达国家的大批移民；同时，这种理论也无法说明美国历史上对非洲黑人的强制性移民以及 20 世纪各国政府政策对移民的影响。更为偏颇的是，在结论上，推拉理论往往孤立对待，或扭曲了一组既统

① Mercuro, N., H. Entinger, and J. Carter, *Immigration in Western Democracies*, p. 17.

一又对立的矛盾运动现象，强调推力作用的学者更注重于落后地区经济发展变化的作用，而强调拉力作用的学者，又过分强调经济发展对劳动力需求的作用，所以在分析欧美之间人口迁移的过程中，往往是各执一词，彼此都有一定的道理，但是各自只说明了问题的一个方面，彼此都没有看到其中的内在逻辑性因素的作用。此外，在客观上，“推”与“拉”的因素真正发挥作用的整个过程中，始终存在着一种时间差，连接其中间环节因素是什么？这种时间差究竟在多大程度上制约了经济发达或落后地区对人口迁移的影响？当欧美两大地区的经济发展和工资水平等因素的差距消失后，还会出现大规模的移民潮吗？对于这些问题，推拉理论并没有予以说明。

【社会网络系统论】（social net-work system theory）这种理论最初出现在第二次世界大战之前，它主要强调移民家庭及其所在社区的经济资源、社会环境、移民代理与协会组织等因素在人口迁移中的作用，其具体表现是“链条移民”的出现。但是，由于第二次世界大战后政治难民和经济型移民处于主导地位，不少学者在研究中，“基本上将社会网络系统的层面排斥在外”。从20世纪80年代开始，社区研究的出现和对社会资本理论的研究，又激活了学术界的兴趣。一些学者又开始观察移民社区及其对移民迁移流向的影响。按照这种理论的解释，移民在迁移的过程中，选择性和集体性特点非常明显。一旦某一个村庄或社区的居民迁移，就逐渐形成了其他人迁移的关键渠道。这种渠道的载体就是“社区网络系统”。在该系统内，先行者通过提供信息、邮寄汇款或提供就业和住房帮助等，帮助后来者安家落户，并在星移斗转中形成了一种以同乡为单位迁移的模式，尤其是在接受国开始限制外来移民的时候，这些网络就会发挥着继续推动移民的重要作用。“结果，整个村庄或者其中的一部分，大多被卷入向外迁移的洪流中，而相邻的社区或者村庄却无动于衷。”移民来到接受国家后，也同样以同乡为单位集中定居，在文化和生活方式等许多方面形成了与家乡十分相似的社区。社区内的一些街道名称与家乡的名称相同，宗教、婚姻传统、生活方式与文化等，既展示了移民社区以民族感情为纽带的民族凝聚力，也反映了对故乡割舍不断的情结。①

在所有学者的研究成果中，伦敦大学经济学教授约翰·索尔特(John Salt)的成果可谓别具一格。他在运用经济地理理论分析当代世界人口迁移时，根据移民的来源、流向和类型等，认为社区网络系统在当代国际人口流动中具有十分重要的作用。他指出："国际移民组成了一组空间网络，它们的各种创建过程基本相似。然而，这些网络的各种地理因素各不相同，其构成特征也千差万别。结果，其结构和运行在一定程度上都是独立的，但也是相互依赖的，因为有些移民是在网络之间发生的……每个网络都有自己的动力机制，它来源于其构成要素的变化。因此，我们不能认为所有的网络都以相同的方式运行。可以认为，一个网络构成了一个系统，具有自己的起源、发展模式与特征。每个系统都具有明确的时间性，并根据自己的轨道运行。"不管这些网络独立运行还是存在着某种合作，它们作为一系列网络系统的存在，在整体上构成了"移民地理系统"的重要组成部分。作者认为，从20世纪60年代开始，世界各地都形成了各自的移民网络系统，具体表现在移民来源及流向方面。例如，加勒比海和墨西哥移民流向美国，玻利维亚和巴拉圭移民流向阿根廷，亚洲、非洲和南欧国家的移民流向瑞典、瑞士、英国和法国等。南非是吸纳安哥拉、莫桑比克、马拉维、津巴布韦、博茨瓦纳和莱索托等国移民的网络中心。在海湾地区，"尽管规模一般较小"，但中东石油输出国组织仍然吸引着来自红海地区、巴基斯坦和印度次大陆的移民。在70年代后，原来的网络有所扩大，新的网络迅速发展。在美国，其网络继续向南部扩展；而在拉美地区，智利和乌拉圭也加入了阿根廷的网络；在西欧国家，网络作用进一步扩大，经济发展进一步吸引着来自南欧和北非的移民。中东国家吸引的劳动力中，还有部分

① Reniers, Georges, "On the History and Slectivity of Turkish and Moroccan Migration to Belgium", *International Migration*, Vol. 37, No. 4, 1999, pp. 686-687.

东南亚移民，南亚的新加坡也因为经济增长，吸引了不少马来西亚移民。不过，到80年代，尽管以前长期出现移民流失的西班牙、葡萄牙、意大利和希腊等国家开始接收大批的外来移民，西欧国家的网络系统"基本上消失了"。欧共体国家因《罗马条约》的实施，自由人口流动的规模进一步增大。总之，"临时劳工移民至少在表面上已形成一系列地区性的具有持久性的网络系统，此外，还有一种临时性的发展，现有网络的规模和形状已经发生了变化"。其中最明显的是欧洲和中东地区的网络系统的作用正在减弱，"现在的任务是，决定是否还有另一种'贮蜜室'(按：吸引移民的网络)及其地理位置。要做到这一点，就需要对现有的和不久前的网络系统的兴衰有一种更深的认识，为此，我们需要一个合适的理论构架"。[①]

【历史—结构主义理论】 (the historical—structuralist theory)如果说新古典经济学理论在20世纪以前跨越大西洋的自由移民潮还有一定价值的话，那么，它对于解释20世纪70年代以来出现的大规模家庭移民就显得无能为力了。因为在政府干预几乎渗透到国家政治经济生活的各方面时，以个人选择为主要特征的移民几乎不复存在了，取而代之的是以家庭为核心的移民。它作为一个"收入积存单位"(income pooling unit)，其收入依赖于经济和劳动力市场的变化。因为在就业市场上，"家庭就像个人一样行动，它根据自己消费支出和投入需求的合理性决定迁移机会，当后者不足的时候，迁移就会发生"。[②] 所谓"后者不足"是指在当地的生活来源不足以维系正常生活的条件下，家庭就会向就业机会多、收入水平高的国家和地区迁移。在当代国际经济发展格局中，由于各国资源的拥有量不平衡，经济发展水平差异甚大，特别是发展中国家的人口增长与经济发展呈背向态势，因而国际移民在

① Robinson, Vaughan, ed., *Geography and Migration*, pp. 6, 11-12.

② Bach, Robert L., and Lisa A. Schraml, "Migration, Crisis and Theoretical Conflict", *International Migration Review*, Vol 16, No. 2, 1982, pp. 327, 329, 334, http://www.jstor.org/stable/2545101(2008年5月27日下载).

所难免。在这种背景下，历史—结构主义理论诞生了，其核心是强调世界政治和经济发展的不平衡性对移民的影响，将移民看作是服务于资本的廉价劳动力。在历史上，为降低生产成本，攫取高额利润，追随市场的金融资本不断从经济发达的核心国家向边缘国家扩张，引发了边缘国家政治、社会和经济结构的巨变，成千上万的农民丧失了生产资料后，传统的生活方式难以为继，于是，第一次产生了一个无根无系、随时准备漂洋过海的无产阶级。他们通过迁移，在发达的资本主义核心国家和落后的边缘国家之间形成了一条重要纽带，它与军事霸权和经济上的垄断贸易以及投资控制一起，使第三世界国家依附于发达的资本主义国家。从这种解释中可以看出，历史—结构主义是沃勒斯坦(Immanuel Wallerstein)世界现代体系理论在移民研究上的一个变种。虽然它与沃勒斯坦的观点有诸多不同，但两者都认为，是核心国家对边缘国家的压榨，导致了跨国移民和地区形势的动荡。跨国移民现象实质上是资本主义生产方式由核心国家向边缘国家扩张的结果，使边缘国家日益融入以核心国家为主导的全球经济体系中。应该说，该理论对于解释历史上的劳工移民及其促成因素都是具有积极意义的。但不能否认，该理论和新古典经济均衡理论一样，都失于片面而无法解释极其复杂的当代国际移民体系现象。尤其是它高估了资本的作用，把资本看作是决定一切的因素，而对移民的动机及其行为本身反而不够重视。如果资本是移民迁移的决定性因素，那么，移民从落后国家向发达国家的移民，就应该是不间断的、连续的。但事实上，这种移民常被各种因素所打断，发达国家的移民政策也并非总是一成不变，而是根据其政策需要不断予以调整的。历史—结构主义理论在解释劳工移民时显得得心应手，而对于解释其他类型的移民则显得力不从心了。[①]

【双重劳动市场理论】 (the dual-labour market theory)是1979

---

① 周聿峨、阮征宇："当代国际移民理论研究的现状与趋势"，《暨南学报》2003年第2期，第4—5页。

年麦克尔·皮奥里(Michael Piore)提出的。这种理论也被称为劳动市场分割理论(segmented labor market theory)。该理论认为:(1)跨国移民基本上是接受国家拉力因素的结果,它的产生主要是通过企业主或政府有计划地引进劳工的结果。(2)由于对外籍劳动力的需求产生于发达国家经济结构中的内在需求,并且是通过企业组织的招募,而不是通过提高工资来影响就业市场劳动力供求关系,因此,企业主可以在保持工资不变的条件下引进大批的外籍劳工。(3)在接受移民劳工的国家,劳动工资不会因为移民劳工的短缺而上涨,而是通过社会性或机构性机制,被控制在较低的水平上。(4)随着移民劳工的增多,工资水平相应下降,政府不会因为工资水平或社会失业率的变动而制定移民政策,藉此来影响跨国移民的规模与流向。① 按照该理论的解释,发达国家的经济体系分为两个主要层次,即资本密集的主要部门和劳动力密集的次要部门。由于发达国家的劳工对高收益、高保障、环境舒适而稳定的工作趋之若鹜,不屑从事那些报酬较低、危险度高、有失脸面和有碍个人发展的工作。这类就业岗位的存在就成为吸引外籍劳工的诱因。应该说,这种从移民接受国内在机制的角度探索国际移民成因的研究方法,较好地解释了两个悖论性的问题:第一,它较好地解释了并无紧密联系的国家之间为何会出现大规模的移民现象。第二,它清楚地说明了当代发达国家一个看似荒唐的矛盾现象:即一方面经济膨胀率和社会失业率居高不下,另一方面却存在着大量空闲工作岗位。同时也批驳了发达国家部分劳工所谓移民引起土生劳工失业率上升的谬论,强调了外籍劳工对土生劳务市场的补充而非替代作用。② 但是,无

---

① Massey, Douglas S., "Theories of International Migration: A Review and Appraisal", in Mobasher, Mohsen M., ed., *Migration, Globalization, and Ethnic Relations: An Interdisciplinary Approach*, New Jersey: Pearson Prentice Hall, 2004, p. 12.

② Wright, Richard A., Mark Ellis, and Michael Reibe, "The Linkage between Immigration and Internal Migration in Large Metropolitan Areas in the United States", *Economic Geography*, Vol. 73, No. 2, 1997, pp. 234-254, http://www.jstor.org/stable/144449(2008 年 5 月 27 日下载).

论在理论上还是实践上，双重劳动市场理论并非尽善尽美。首先，它将移民接受国劳动市场结构简单化了。从美国等发达国家看，劳动力市场不是简单的资本密集型和劳动力密集型的分割，而是因为政府法规规范、工会组织的排斥、技术分类和性别限制等因素，在就业市场上不同的行业中和技术层次上出现了扑朔迷离的“碎片化”的现象。[①] 在这种格局中，该理论无法解释战后迁入美国的大批科技移民。其次，该理论失之偏颇，因为它只从移民接受国寻找移民的原因，忽略了移民来源国的政治、经济和社会发展变化的影响，也不能说明前面各章中论述的发达国家之间的移民的现象。

【世界体系论】　自 1974 年美国学者伊曼纽尔·沃勒斯坦提出世界经济体系论之后，一些社会学家以该理论为基础，提出了研究国际移民的世界体系理论(world system theory)，其核心思想是：(1)国际移民是世界市场体系扩展的必然产物，全球性的经济生产体系从核心地区向边缘地区的扩展是跨国移民的催化剂。(2)国际劳工的迁移与国际资本和商品形成对流关系。外来资本投资导致边缘地区的劳动力丧失了生产资料，并在经济与文化上增强了与核心国家的联系，从而促成了国际移民。(3)国际移民的流向与历史上殖民地与宗主国之间的联系密切相关，因为语言、文化、经济以及宗教上的纽带在殖民地时代就已经形成。这种联系促进了国际市场体系与文化体系网络以及跨国市场的形成。(4)国际移民是全球市场经济扩展的产物，但是，核心国家对移民的控制，不能单纯通过调整本国公司在海外投资和控制跨国资本与商品的流动来实现，因为这样很容易产生国际贸易纠纷，或者导致全球性经济的萧条。(5)资本主义国家保护海外投资的政治和军事干预遭到失败的时候，会产生大量难民。(6)国际移民最终与区域工资差

---

① Stinchcombe, Arthur L., “Social Mobility in Industrial Labor Markets”, *Acta Sociologica*, Vol. 22, No. 3, 1979, pp. 219, 231, 242, http://www.jstor.org/stable/4194301 (2008 年 5 月 27 日下载).

异关系不大，它会受到市场创造性的动力和全球经济结构的影响。[①] 应该说，世界体系论强调了全球经济体系中区域性劳动分工的作用及其对国际移民产生和发展的影响，说明了国际移民与世界经济之间，特别是市场经济与人口流动之间的关系，解释了为何市场经济发达国家形成了稳定的人口流动机制的真正原因，展示了国际移民在全球经济体系内诸项生产要素及其组织结构中的地位和作用。[②] 此外，该理论指出了移民迁出国家与迁入国家在政治、经济和文化等方面的联系以及移民在迁移过程中与资本和商品贸易的对流关系。凡此种种，该理论对解释现代国际移民的结构及其流向，具有十分重要的意义。但是，当我们从不同的历史时期进行微观上考察的时候就会发现，世界体系理论并非完美无缺：(1)它强调移民的单向流动——即由落后地区向发达地区的运动，没有发达国家向落后国家的运动。(2)没有说明全球化的产生过程与移民之间的关系。例如，在近代早期欧洲殖民化过程中，真正推动资本主义经济体系扩展的是移民。在非洲和亚洲，资本主义的扩展是通过商贸和武力来实现的。从这个意义上看，该理论主要研究的是 20 世纪的国际移民，对 20 世纪以前的移民研究不足。(3)按照世界体系论的说法，移民应该具有固定的路线和范围，可是在实践上，移民流向并非像世界体系论那样简单。

【移民系统理论】 (the migration systems theory)该理论与世界体系理论的相似之处是，它同样强调经济全球化对国际移民的影响。该理论认为，在一定的时空范围内，(1)一个国际移民系统中一般包括一个或几个居于核心位置的接受移民的国家。每个系统"在一定程度上都是独立的，但它们也是相互依赖的，因为有些移民是在网络之间发

---

① Massey, Douglas S., "Theories of International Migration: A Review and Appraisal", in Mobasher, Mohsen M., ed., *Migration, Globalization, and Ethnic Relations: An Interdisciplinary Approach*, Upper Saddle River, New Jersey: Pearson Prentice Hall, 2004, p. 15.

② Mercuro, N., H. Entinger, and J. Carter, *Immigration in Western Democracies*, p. 19.

生的”。由于每个系统都有自己的内部动力机制，彼此间并非是以相同的方式运行。就是说，“每个系统都有自己的起源、发展模式与特征。每个系统都具有明确的时间性，并按照自己的轨道运行”。[①]（2）移民系统内的国家之间不一定是地理上相邻的国家，因为移民流动表明的是一种政治、经济、社会和文化联系，而非地理联系。尽管相邻国家也存在一定数量的移民，但不一定会形成移民体系。（3）一国可能同时属于一个或几个移民系统，相应地，移民迁出国门后分别流向几个发达国家，有些移民还保持着双重国籍。（4）随着不同国家间政治、经济和社会条件的变化，有些国家可能会加入或退出移民系统。[②] 按照该理论的解释，墨西哥向美国的移民，源于 19 世纪的美墨战争及其后两国边界地区的各种联系；印度、巴基斯坦和孟加拉国向英国的移民也是源自历史上英国殖民统治时期形成的政治和文化联系，同时，三国向美国的移民也根源于历史上的经贸关系和移民政策变化；加勒比海诸岛人口分别向美国和英国的移民，也有与上述三国相同和相似的原因。此外，土耳其、意大利、南斯拉夫等国家的移民分别流向联邦德国、法国和比利时等国家，则主要源于 20 世纪 50、60 年代的客籍劳工计划。值得注意的是，按照移民系统论的解释，移民系统内部存在着宏观与微观两种结构，宏观结构指的是世界市场的政治经济状况、国与国间的关系、移民迁入国和迁出国控制移民出入境的政策制度，它们对现代移民的产生具有至关重要的影响。微观结构主要指移民链条的作用，其中居于核心位置的因素是作为社会细胞的移民家庭。在 20 世纪 60、70 年代以后，随着欧美发达国家的入境政策中都增强了移民家庭团聚的条款

---

① Salt, John, “A Comparative Overview of International Trends and Types, 1950-1980”, in Robinson, Vaughan, ed., *Geography and Migration*, Cheltenham, U. K.: Elgar Publishing Company, 1996, p. 6.

② Massey, Douglas S., “Theories of International Migration: A Review and Appraisal”, in Mobasher, Mohsen M., ed., *Migration, Globalization, and Ethnic Relations, An Interdisciplinary Approach*, Upper Saddle River, New Jersey: Pearson Prentice Hall, 2004, p. 20.

后，以家庭网络为核心的链条移民日益凸显，家庭也日益成为影响移民最具有持久力的因素。通过家庭成员的汇款和在迁入国与迁出国之间的巡回流动等，移民自身成功的范例、提供的各种信息以及家庭成员之间的责任和亲缘约束力等，都会成为促成个人和家庭迁移的最有力的因素。也就是说，由于家庭影响到移民迁移的全部过程，移民链条一旦形成，便将生生不息地持续下去。这种例证在当代亚洲移民中最为突出。① 总体看来，移民系统理论的重要贡献是，它概括出一系列比较有说服力的移民和定居模式。比如波恩（W. R. Böhning）就曾经提出移民与定居的"四阶段说"。在第一阶段，新移民（主要是年轻客工）到达迁入国，随后便开始向家乡汇款，部分劳工在工期结束后回国；第二阶段，一部分移民留下来，并结合血缘或地缘关系，创建了对自己和本民族的人具有帮助作用的社会网络；第三阶段，为长期定居，寻求家庭团聚，并积极参与到本民族社区的生活中；第四阶段，积极申请移民归化，以便获得与所在国公民相同的权利。在此前提下，移民接受国的民族同化政策和主流社会的宽容程度，对移民的融合进程具有决定性影响。② 尽管该理论在解释殖民地移民和欧洲发达国家的客籍劳工的移民过程方面有一定的道理，但是，它却不能解释为何在 1846—1940 年间从中国和印度迁移到美洲、印度洋群岛和非洲的 5000 多万移民，也不能解释亚洲北部地区出现的大约 4600 至 5000 万移民的现象（包括西伯利亚的俄罗斯人、从中国华北向东北部迁移的华人移民、迁居日本的朝鲜人和迁居中国东北地区的日本移民）。③ 此外，就当代移民问题

① Fawcett, James T., "Networks, Linkages, and Migration Systems", *International Migration Review*, Vol. 23, No. 3, 1989, pp. 672, 674, 680, http://www.Jstor.org/stable/2546434Accessed（2008 年 5 月 27 日下载）.

② 周聿峨、阮征宇："当代国际移民理论研究的现状与趋势"，《暨南学报》2003 年第 2 期，第 6、7 页。

③ McKeown, Adam, "Global Migration, 1846-1940", *Journal of World History*, Vol. 15, No. 2, 1994, pp. 157-158, http://www.Jstor.org/stable/20068611（2008 年 5 月 27 日下载）.

而言，它未必能解释当代中东地区的外籍劳工的迁移过程。

综上所述，尽管上述理论并不能概括当代西方学界的所有成果，但可以肯定的是，所有理论都从不同视角和层面，展示了现代国际移民中的某些重要方面。然而，几乎每种理论中都因为过分强调一种视角和层面，而忽略了其他因素的作用。迄今为止，没有哪一种理论能够全面、准确、深刻地解释资本主义诞生以来的全球移民现象，没有说明移民与人口流动的关系，更没有充分论证各国国内和国际人口的产生、发展、起伏变化等与市场经济的关系，没有把人口流动看做是市场经济条件下与资本、商品和信息以及生产资料等同等重要的，或不可或缺的要素。在这个意义上，笔者拟根据自己的研究，提出一点浅见，请方家指正。

二、移民、人口流动与市场经济

回溯历史，可谓万物易治，以人为本。没有人，人类社会就不会存在。人类为生存繁衍而进行的社会生产、分配、交换和消费活动，是人类进行技术发明和创造最根本的动力来源。技术的发明与进步，又为人类社会生产由低级向高级发展提供了必要的保证，是人类改造客观环境和推进社会管理的前提和条件。但是，在人类的技术低级阶段，自然条件的制约使其分布和迁徙受到较大的限制，因而在很长的历史时期内，人类一切活动主要局限于沿海、河流和湖泊等水力资源比较丰富的区域。人类创造社会财富的空间范围和社会受益程度相对有限。这种现象在中世纪之前仍然十分突出。随着资本主义文明的诞生和人类技术的进步，生产和交通方式在比较短的时期内发生了翻天覆地的变化，出现了马克思所说的资本主义在不到一百多年的时间里创造的物质财富超过了以前所有社会阶段的罕有现象。在这种巨变中，实现人类社会均衡发展的重要途径便是人口迁移，它以神奇的速度使原来荒无人烟的美洲大陆，在哥伦布开辟新航路之后两个多世纪中，以超越社会阶段的跳跃方式步入近代和现代社会文明。同样,正是由于人口的全球性大迁移,今天的澳大利亚、新西兰、南非等国家,也经历了与美洲相似的发展阶段;甚至在近代殖民主义和外来移民发源地的欧洲,也在经过了长达300多年的大规模海外移民之后,在20世纪出现了移民净迁入的现象,而这些移民的来源国也恰好是在重复着18、19世纪欧洲资本主义发展初期由社会经济结构变革引起的向海外大规模移民的历程。可以说,迄今为止,所有的以市场经济体系为主的国家,都在不同时期不同程度上出现过国内和国际人口迁移的现象。

如前所述,在世界近代史之前,在民族征服、侵略或自然灾害等外因猛烈"挤压"作用下的人口迁移并不鲜见。然而,哥伦布发现新航路后,随之而来的是人口的城市化以及国际移民以和平方式大规模地从一个国家或地区自由迁移到另一个或几个国家和地区。在过去长达500年的国际移民迁移浪潮中,移民在民族来源、规模、流向、性别与劳动技术等诸多方面纷繁庞杂,扑朔迷离,其促成因素不仅包括移民迁出国和迁入国政治、经济、文化、宗教、社会发展以及相关政府政策的变化,而且也与市场经济全球化、国际关系、区域武装冲突和世界大战等都有密切的关系。面对这种复杂的历史现象,前文所述及的各种理论都不能给予充分的解释。比较而言,唯一能充分解释这一重大历史问题的因素是市场经济机制本身。它的产生、发展及其全球化进程,都直接或间接地推动了世界近现代史上的移民和人口流动,决定着不同时期国际移民的来源、规模和移民流向。国际移民产生与发展的每一个阶段以及与之相关的问题,大多与市场经济的发展及全球化趋势密切关联。在此前提之下,诸如宗教纷争、自然繁殖所引起的人口快于经济增长的现象、自然资源条件的限制以及自然灾害等因素,是市场经济及其全球化这一因素作用下的补充,所促成的移民居于次要的地位。关于这些次要性的因素,本章的最后一节将进行详细论述。

市场经济之所以能推动近代以来人口的大规模迁移,关键在于近代以来市场经济体系出现了质的飞跃。依据我国学者李炳炎的研究,资本主义生产方式确立之前的古代市场经济，只是市场经济的初期阶段，产品和生产要素进入市场交易的规模和范围十分有限。同时，由于生产力很落后，处于缓慢增长状态的商品经济依附在封建社会自然经济的体系下，因而市场经济并不发达。自资本主义生产方式确立后一直到 20 世纪 30 年代之前的近代市场经济阶段（也即自由市场经济阶段），由于以雇佣劳动为基础的生产方式的确立，社会分工进一步加快，生产资料与生产者的分离也骤然加速，生产要素集中在资本家手中，生产单位由家庭和作坊扩大为近代企业。在这种生产制度下，社会经济活动中的内部分工日益加深、扩大，出现了企业内部分工的有组织状态与社会内部分工的无政府状态，表现在经济生产中就是企业生产的社会化。它不仅扩大了资本、信息、劳动力等生产资料和商品的流通范围，而且使其成为直接依赖市场的劳动，从而创造出一个世界性的分工体系。一方面，这种分工使劳动的多样化结构在外延上扩大了分工，向劳动的广度和深度进军，并创造出一系列的新生部门；另一方面，它以大工业的产生为起点，在自由竞争机制下，使社会分工从有限区域分工发展到大区域分工。商业资本和工业资本结合之后，形成了可以流动的金融资本，它与近代以来的科学技术发展相结合，推动了以机器大工业为代表的生产力的迅猛发展。20 世纪后半期，当市场经济体系进入现代社会阶段之后，它仍然借用科技革命的推动力，将生产力提升到空前的高度。急剧膨胀起来的社会生产力，又加剧了资本主义的生产和消费之间的矛盾，这种矛盾又是单纯依靠私人垄断资本和市场经济内在机制进行自我调节所无法解决的，需要通过政府干预来增加需求、扩展市场。企业生产的自动化和电子化、经济结构的服务业化趋势，加上政府宏观调控与微观市场经济相结合，形成了层次分明、运作有序的现代市场经济机制，其主要标志：一是普遍形成了独立的市场主体和包罗万象的客体，二是具有完善的市场体系和健全的市场机制，三是具有完善的市场价格体系，四是具有畅通的、开放的国内外融合的市场渠道，五是具有法律保证和社会保障规范的市场秩序。在这种机制下，市场经济通过高效合理地配置资源,实现各种生产要素的最佳组合;在政府的宏观调控下,通过平等的经济竞争,优胜劣汰,调整产业结构,提高经济效率。①

从上述文字可以看出,市场经济对人口流动的影响在于:面向市场的商品经济推动了经济生产中的社会分工,造成了生产者与生产资料的相互分离,并且在经济生产中将农业部门的大批劳动力从土地上剥离出来,形成马克思所说的以出卖劳动为主的无产阶级。他们为谋生,被迫流向就业机会较多的工业发达城市。从此,随着农业生产率的提高,越来越多的农业劳动力加入无产阶级的行列,并成为与生产资料同等重要的生产要素。关于这一点,可以从李炳炎关于市场经济概念的定义中窥探一斑。

> 市场经济是以发达的社会分工为基础、以完善的市场体系为本体的生产力组织形式及生产形式。在这个定义中,"发达的社会分工"是指第三次社会分工以后的社会分工的发展形式,这是因为第三次社会分工造成了商业和专门从事商品买卖活动的商人,从而组成了市场经济系统的基本框架。定义中的"完善的市场体系",是指市场体系已发育成熟,不仅包括生产资料和生活资料物质产品市场,而且还包括各种生产要素市场。各种生产要素,包括资本、劳动力、技术、信息、房地产企业产权等均已经商品化,因而已形成完整的生产要素市场。生产要素已能在市场上自由流动并相互组合形成现实生产力。在这个定义中,所谓要以完善的市场体系为"本体",是指在市场体系内部组合生产要素,形成现实生产力。"本体"二字,有"本源"、"实体"之意。也就是说,不是在市场之外形成生产力的。这就是以市场作为资源配置的基础的

① 李炳炎:《社本论:社会主义资本论》,人民出版社 2000 年版,第 53—55 页。

意思。[①]

在上述文字中特别需要关注的是:(一)劳动力是一种生产要素;(二)劳动力要发挥其商品价值的效用,就必须进入市场并自由流动,否则就难以发挥其作为市场经济生产要素的作用。同样,“强调市场为‘本体’,就是强调全部生产资料和生产要素必须在市场中流动和组合。否则,就不是真正意义上的市场经济”。[②]

那么,市场经济条件下的劳动力是如何流动并发挥作用呢?马克思、恩格斯和列宁等经典作家都在各自的研究中有所论述。尽管他们的论述比较零散,专题性论述也不多见,但是,他们对人口流动及其原因做了深中肯綮的分析,为我们认识市场经济与人口流动的关系提供了一种深层次的理论框架。综观他们的论断,可以概括为如下几个方面:

第一,人口的流动根源于社会分工和生产的社会化。按照马克思的解释,社会分工包括两个方面,一是人们根据自身的年龄和性别差异,在家庭内部和生产单位内部进行的自然分工;二是原来互不关联、彼此孤立的生产领域之间因为交换而出现的社会分工。[③] 在资本主义生产方式确立之后,这两类分工的扩展速度骤然加快,并伴随着科学技术的创新,加速了日趋专业化的生产及其社会化进程。随着 19 世纪工业化浪潮的兴起,西欧国家的市场经济范围进一步扩大并向纵深发展,生产率和生产水平发生了革命性的变化,进而彻底瓦解了手工工业的生产方式,生产的商品化程度也达到亘古未有的程度。随之而来的是,在原来的生产秩序被破坏之后劳动力与生产资料的分离,这造就了规模庞大的工业化发展所需要的储备军。无论是作为个体还是群体,他们为谋求生存或为寻求更好的发展机会,开始了大规模的迁移和流动。

---

① 李炳炎:《社本论:社会主义资本论》,第 44 页。

② 关于各国的模式,详见李炳炎:《社本论:社会主义资本论》,第 55 页。

③ 马克思:《资本论》第 1 卷,人民出版社 2004 年版,第 407—408 页。

关于这一点,列宁也做出了同样的结论。他指出:“社会分工是商品经济的基础……商品经济的发展是单独的和独立的生产部门的数量的增加……也就意味着愈来愈多的人口同农业分离,就是说工业人口的增加,农业人口的减少。”[①] 显然,人口的流动在农业人口和工业人口的数量转换过程中,具有不可替代的作用。

第二,阐明了资本主义工业化对农业人口的影响。一方面,工业化推动了农业机械化的发展,带来了农业革命。“农业革命的第一个行动,就是以极大的规模……拆除耕地上的那些小屋。因此,许多工人不得不到村镇和城市里去寻找栖身之所。”在这个过程中,“农业工人的人数不断减少,他们的产品数量不断增加,但他们还是不断地‘变得过剩’。”[②] 按照这种逻辑,可以得出这样的推断,即工业化引起了农业革命后,农业经营规模扩大,生产率成倍提高,导致农业劳动力过剩,大批生计无着的农村人口不断向城镇流动。在这里,马克思指出了农村人口的城市化问题。另一方面,在各地城市和工业中心,“现代工业通过机器、化学过程和其他方法,使工人的职能和劳动过程的社会结合不断地随着生产的技术基础发生变革。这样,它同样不断地使社会内部的分工发生革命,不断地把大量资本和大批工人从一个生产部门投到另一个生产部门。因此,大工业的本性决定了劳动力的变换、职能的更动和工人的全面流动性”。[③] 列宁也发现,西方发达国家的大规模人口流动,是伴随着资本主义生产关系的产生和发展而形成的,尤其是资本主义工业化在其中具有重要的作用。他指出:“大机器工业必然造成人口的流动性;各个区域的商业交往大大地扩展了;铁路使人们的往来更方便。对工人的需要总的说来是增加的,在兴旺的时期高,在危急的时期下降,于是工人从一个工厂转到另一个工厂,从国家的一方转移到另一

① 列宁:《列宁全集》第3卷,人民出版社1984年版,第17、20页。

② 马克思:《资本论》第1卷,第814、797页。

③ 马克思:《资本论》第1卷,第560页。

方，就成必然的了。"[①] 这一精彩的论断，指出了人口流动与资本主义工业发展的关系，而资本主义工业的发展之所以导致了人口的"全面流动"，是因为工业日益集中的趋势，使得作为生产要素的劳动力也像资本一样集中起来，从而为人口的大规模和频繁流动创造了条件；同时，人口流动又成为资本主义工业发展的"推进器"。正如恩格斯所指出的那样，"假若英国没有找到又多又穷的爱尔兰居民作为替工业化服务的后备军，英国的工业就不可能发展的这样快"。[②]

第三，人口的流动不仅与区域经济的不平衡性密切相关，而且也会受到经济发展周期的影响。列宁在对俄国位于欧洲地区的 28 个省的人口流动资料进行整理之后认为，人口流入地区的工资水平较高，因而这些地区吸引的流动人口最多，人口流失较多的地区是资本主义工业落后的地区。人口的流动具有梯级流动性特征，即人口由贫困地区向中等发达地区流动，而中等发达地区人口又向最发达地区流动。"中等发达地区工人移出的数目过多，以致移出的地区发生工人不足的情况，因而从更'低廉'的省份吸引外来工人。"在每一个地区，人口流动的规模与商品经济的发展成正比。在商品经济落后的地区，农民因生产条件本身的限制而被固定在他们所居住的地方，但是，资本主义农业却以不同形式使农民不得不在全国各地迁移。[③] 在经济发展时期，国内人口流动比较活跃，而在经济停滞和危机时期，流向国外的人口和输出的资本均呈增长之势。[④]

第四，指出了人口城市化的积极作用和带来的问题。农村人口流动是资本主义城市化发展的强大动力。由于"大租佃者的竞争把小租佃者和自耕农从市场上排挤了出去……于是，他们就变成了雇农和靠工资生活的职工，这些人中间有大批的人流入城市，使城市以这样惊人

---

① 列宁：《列宁全集》第 3 卷，第 503—504 页。

② 《马克思恩格斯全集》第 2 卷，第 374 页。

③ 列宁：《列宁全集》第 3 卷，第 542、282 页。

④ 《马克思恩格斯全集》第 49 卷，第 141 页。

的速度扩大了起来”。“新的工业总是需要大批常备的工人来供给无数新的劳动部门,而且需要的是以前未曾有过的工人。……工业把劳动集中到工厂和城市……城市人口增加了两三倍,这些增加的人口几乎全是工人。”① 列宁在研究俄国和其他资本主义国家发展过程时写道:“城市人口(一般地说是工业人口)由于农村人口减少而增加,不仅是目前的现象,而且正是反映了资本主义规律的普遍现象。”② 农民涌向城市后,不仅为工业的发展提供了大量的劳动力,而且他们自身的经济条件也有所改善,人口的素质也有所提高。列宁指出:“大机器工业建立了许多新的工业中心,这些工业中心有时候是在没有人烟的地方以空前未有的速度产生的。没有工人的大批流动,就不可能出现这种现象。”这就是说,人口自由流动是资本主义赖以建立和发展的前提条件。对工人而言,他们通过流动,“创造了比前资本主义关系的宗法式的状态要高得不可比拟的生活条件”。③ 当然,这些经典作家也看到了农民进入城市之后所带来的问题。当大批农民进入城市后,城市住房供不应求,交通拥挤,环境恶化,“他们呼吸着比他们故乡——农村坏得多的空气”。他们居住在城市一隅,在那里,“由于建筑得杂乱无章,通风情形比其余一切部分都要坏”。④

应该说,三位经典作家看到的情况,几乎涵盖了当时所有资本主义国家市场经济,特别是工业经济发展对人口流动的巨大影响。尽管他们的论述大多集中在所研究国家内部的人口流动,但是,他们把人口流动看做是社会分工与社会化生产的结果,实际上等于把人口流动看做是资本主义工业化以来市场经济社会中与资本、商品、信息和技术等同等重要的要素。这些要素流动状态的形成,构成了工业化社会市场经济的有效运作机制。这种机制又因为得到了建立在资本主义生产方式

---

① 《马克思恩格斯全集》第3卷,第535—536,546—547页。

② 列宁:《列宁全集》第4卷,第127页。

③ 列宁:《列宁全集》第3卷,第504、531页。

④ 《马克思恩格斯全集》第2卷,第381页。

基础之上的资本主义制度的各种法律的保护而有所加强，其中包括自由资本主义时期以来西欧各国在海外推行的殖民主义，以及这些国家在国内的土地开发、国民教育、关税制度、军事外交和移民等方面推行的政策。在这种机制之下，综观近代以来的人口流动，其构成大致可以分为三个层次：

第一个层次就是马克思、恩格斯和列宁所看到的各国人口的城市化。从西欧各国的工业化和城市化进程看，尽管英国、法国、德国和美国各自的工业化起讫时间不同，人口城市化的进程快慢也有差异，但各国的共同特点是，工业化进程较快的国家，其人口的城市化速度也就比较快，这说明了工业化和人口的城市化之间存在着十分的密切关系。[①] 到 20 世纪，特别是第二次世界大战之后，这些发达国家农村人口的城市化依然在继续，大都市区内中心城市与郊区之间、大都市区之间以及异地郊区之间的人口流动，依然十分活跃。[②]

第二个层次是欧洲大陆内各国之间的人口流动。关于 19 世纪以来到 20 世纪末期欧洲各国的跨国移民，在本书第一至第三章中均已有论述。在 20 世纪大部分时间里，因苏联和第二次世界大战后东欧社会主义制度的建立，欧洲发达国家原有的人口流动发生变化，东欧地区的跨国性的人口流动因为意识形态的因素而受到限制。但是，在苏东剧变后，跨国性的人口流动再次空前活跃。不啻如此，在第二次世界大战后来到西欧和南欧国家的移民中，还有大批的非洲人、亚洲人和拉丁美洲人。更为重要的是，在欧共体和后来欧盟形成和发展过程中，各类重要文献中都多次制定了有关成员国的人员、商品、资本和各种服务的流动的规定。这种趋势表明，在当代欧洲国家，人口的自由流动成为经济

---

① 详细论述见王章辉、黄柯可：《欧美农村劳动力的转移与城市化》，社会科学文献出版社 1999 年版。

② United Nations, Department of Economic and Social Affairs, Population Division, *World Urbanization Prospects: The 2003 Revision*, ST/ESA/SER. A/237, New York: United Nations, 2004；梁茂信：《都市化时代》，第 3、4 章。

一体化进程中不可或缺的重要因素。

第三个层次是洲际移民。如前所述,人类有史以来最大规模的人口迁移发生在哥伦布开辟新航路之后。尤其是在 19 世纪欧洲工业化开始之后,出现了持续百余年的跨越大西洋的洲际移民潮。尽管在当代美国和加拿大的外来移民中来自欧洲的移民有所减少,而来自亚洲和拉丁美洲的移民日益增多,但是,每年入境的移民中仍然有数十万欧洲人。

这三个层次的例证表明,不仅恒定性的人口流动已经成为西方发达国家市场经济发展中不可分割的组成部分,人口流动的范围空前扩大,而且,欧洲以外的其他地区,例如亚洲、拉丁美洲和非洲等许多地区人口流动的规模和活跃程度,也达到人类历史上前所未有的高潮。

从欧美国家外来移民来源区域的转换和起讫时间看,一个非常突出的共同现象恰好证明前文述及的"世界系统论"的观点是正确的,即各国国际移民潮的产生、发展、高潮和平稳的时间,大致与市场经济体系深入这些国家的进程、渗透深度和广度以及各国的社会向工业化迈进的步伐基本上是一致的。如前所述,自 18 世纪到 19 世纪,欧洲发达国家移民大规模迁移到北美的时间,恰好也与这些国家从农业社会向工业社会转变的时间基本吻合。在 19 世纪末这些国家完成工业化进程之后,迁移北美的移民浪潮开始渐趋低落,并且因本国劳动力不能满足工业发展的需要而开始接受来自刚刚开始工业化的东欧和南欧国家的移民。正是在这个时期,美国和加拿大的外来移民中来自西欧国家的移民日渐减少,而来自东欧和南欧国家的移民日益增多,并在 20 世纪初期成为这两个国家外来移民的主要来源。东欧和南欧国家的工业化进程起步晚,后来又受到 20 世纪两次世界大战以及 30 年代经济危机的冲击,第二次世界大战后又经历了向计划经济体系的转变,波兰、捷克、匈牙利和苏联等国家工业化完成时间较晚,工资水平与西欧和北美差异较大,因而在当代仍有大批移民流向海外。到 20 世纪 70 年代,当南欧市场经济国家完成了向工业社会和后工业社会的转型后,其移民外迁人数日益减少，并开始成为移民净迁入国家。在80年代末苏东国家发生政体变化后，也开始向市场经济体系转变，经济结构和机制的转换促使大批移民继续外流。当代亚非拉各国之所以能成为欧美国家外来移民的主要来源，同样是因为它们正处于向工业化或后工业化的转变过程中。目前在已经完成社会转型的日本、韩国和新加坡等国，不仅外迁人口减少，还有回流移民和来自其他国家的外来移民。

或许美国地理学家泽林斯基（Wilbur Zelinsiky）的理论能够从另一个侧面说明社会阶段与人口流动的关系。1971年，他依据现代化过程中人口的出生率和死亡率模型，提出了“人口流动转变假说”。他认为，在现代化进程中，随着人口生育率的不断下降，人口的流动性也在加强。两者相互影响的过程表现在如下五个阶段。第一阶段是资本主义阶段之前的“前近代化的传统社会”。在这个阶段，真正意义上的人口迁移非常少，多数是由土地开发、商业、福利、宗教或战争等因素引起的暂时流动。第二阶段是“处于早期转型阶段的社会”。这一阶段的人口流动明显增加，流向主要表现为：(1)农村人口向城市迁移；(2)人口向未垦殖的边疆地带迁移；(3)国内大批人口向那些有吸引力的国家迁移；(4)在特定情况下，一些为数不多但意义重大的具有技术和管理技能的移民从更发达的国家迁入；(5)各类短暂性流动人口显著增加，其中包括游牧人口、季节工人以及在农村与城市之间巡回流动的人口。第三阶段是“处于转型后期阶段的社会”。这个时期的人口流动特征是：(1)农村向城市迁移的人口逐渐减少，但仍是国内人口迁移的主要流向；(2)流向边疆的垦荒性移民日渐减少；(3)向国外迁移的人口减少或完全停止；(4)短暂性人口流动有增无减，流动更加复杂多样。第四阶段是“发达社会”。这一阶段人口流动特征是：(1)由于永久性移民日益增多，改变住址的迁移达到顶点；(2)农村向城市迁移的人口仍然存在，但其绝对和相对数量都在减少；(3)城市间的迁移和大都市区内部的流动更加频繁；(4)假使还有边疆地带存在，其迁入人口处于停滞状态，甚至还有回流；(5)来自发展中国家的大量半熟练和非熟练劳工日益增多;(6)熟练劳工和专业技术人才的国际间迁移和流动持续不断,但其规模、流向和构成取决于各国间的具体情况;(7)巡回流动人口显著增加,大多出于经济及游乐目的,但其他目的也存在。第五阶段是"未来超级发达社会"。在这个阶段:(1)随着通信和商业服务的改善,改变住址的移民和短暂性流动人口会有所下降;(2)几乎所有的流动都发生在城市内部和城市之间;(3)来自发展中国家或经济落后地区的移民可能仍然存在;(4)部分现有形式的短暂性流动可能加速,新形式的短暂流动也可能会产生;(5)国内和国际大规模的移民可能会受到政治控制。① 也许上述假说中在微观上存在着疏漏,许多细节还需要时间的检验和学术界更加深入的研究,但欧美国家人口流动的总体发展过程表明,迄今为止,上述假说中的许多方面的确反映了近代以来人口流动与近现代市场经济中社会分工与生产社会化的关系,对研究当代发展中国家的人口流动状况,具有一定的普遍性参考价值。

三、经济性因素的作用

在市场经济机制之下,微观上促成欧美移民的经济性和非经济性因素,都在不同程度上发挥着重要作用。所谓经济性因素,大多与市场经济直接相关并长期发挥作用。虽然非经济性因素中有些因素也能产生长期性的影响,但更多是带有偶然性的只起到短期性作用的因素。鉴于各种经济性因素较多,笔者在这里首先择其要者论述,没有提及或论述不足的因素,容后再进行深入探讨,非经济性因素将在本章最后一部分集中论述。

【殖民主义】 在世界近现代史上,最先促成欧美国际移民的首要因素是16世纪开始的、一直存在到20世纪中期的欧洲殖民主义。它

① Ogden, Philip E., *Migration and Geographical Change*, p. 15.

作为近代早期重商主义的产物和经济全球化的初期表现形式，对市场经济从欧洲向美洲、亚洲和非洲等地区的扩展，具有不可替代的作用。就经济扩张和移民而言，在这场长达几百年的全球性活动中，欧洲人对美洲和世界其他地区的殖民活动，使全球的移民模式发生了质的变化。无论是在加勒比海和中、南美洲拓殖的西班牙人和葡萄牙人，还是在北美拓殖的西班牙人、英国人和法国人，从最初建立殖民贸易据点到后来建立长期经营的殖民地，他们的首要目的是希望通过最有效、最快捷的手段，攫取财富和土地等自然资源。在这个意义上，近代殖民主义实质上就是欧洲国家在海外的侵略性经济开发活动。在此过程中，为避免自己的殖民地被其他竞争者侵蚀或占领，各国都鼓励向殖民地移民。通过这种方式，美洲就逐渐被纳入欧洲市场经济体系之中，这也是近代市场经济走向全球化并开始形成世界市场体系的第一个阶段。然而，由于当时航海技术条件的限制，自发性的移民数量非常有限。于是，欧洲殖民国家在奴役土著印第安人的种种努力失败之后，采取了三种强制性的移民政策。第一种是通过欧洲、美洲和非洲的大三角贸易，开始了亘古未有的黑奴贸易。在此后 200 多年间，这种灭绝人性的人口交易使非洲黑人人口减少了 1000 多万。今天散居在美洲各国的黑人，基本上都是早期黑奴的后代。第二种是流行于北美和西欧各国的契约移民，这类移民的残酷程度逊于黑人移民。白人中的自愿性和非自愿移民，构成了北美殖民地主要移民形式之一。第三种是本书第一章提到的泛滥于 19 世纪上半期东南亚各国的苦力贸易。尽管其移民性质和形式，与黑奴和契约移民存在着一定的差别，但同样作为被强制性移民，散居在亚洲、非洲、美洲和太平洋岛屿等许多地区。从总体上看，这三类移民作为经济全球化早期人口迁移的主体，其性质和意义与 16 至 18 世纪原始工业化(proto-industrialization)时期及 19 世纪工业化浪潮开始之后的自愿性移民截然不同。① 正如有的学者所指出的那样，

① 梁茂信："近代早期西欧国家的人口流动特征及其原因分析"，《求是学刊》2008 年第 3 期。

此时的“劳动力就像资本和其他商品一样，属于流通商品，但它未必是一种可以自由交换的商品。事实上，在殖民主义制度下，奴隶和契约移民是各国政府和资本家个人，对广袤的土地形势、可以利用或具有潜在利用价值的原始资源（诸如农作物和矿产）以及无法使用的自由劳动力的一种反应。在许多殖民地开发中，构成资本主义赖以发展的基础是受到限制和奴役的劳动力，而不是自由劳动力市场”。[①]

在过去近500年的大部分时间里，欧洲各宗主国通过授予自由和土地资源等形式，鼓励本国公民或文化上相似的人口移民。当代美国、加拿大、澳大利亚、新西兰和南非等国家就是这种移民的结果。它们作为欧洲国家的殖民地，其政治、经济制度、文化和生活方式等诸多方面，与欧洲宗主国有许多相似之处，在独立后的发展中，为加快人口增长和国土资源的开发，仍欢迎前宗主国的移民，同时又通过双边贸易，逐渐形成了一套彼此认可的、以市场经济为核心的资本主义经济制度和文明体系。在这个体系中，在老牌殖民主义国家英国的带领下，西欧列强通过经济扩张，先后进入东欧和南欧，然后再进入亚洲，甚至后起的美国在确保拉丁美洲处于自己保护势力范围之后，也进入亚洲和非洲等地区。欧美列强通过资本投资和贸易与武力入侵相结合的方式，将经济落后的亚洲、非洲和拉丁美洲，逐渐纳入全球市场经济体制下。这些落后国家的经济受到资本主义市场经济的冲击后，其工业化和社会转型也开始加速，大规模的移民与人口流动也随之启动。在这种趋势下，国际人口迁移在20世纪发生了巨大变化，从宗主国流向殖民地的移民潮趋于低落，而从世界各地的殖民地向宗主国的迁移上升到主要位置。如前所述，多米尼加、牙买加、印度、巴基斯坦、孟加拉以及部分非洲国家和1997年之前的中国香港地区的人口向英国的移民、北非国家向法国的移民、印度尼西亚向荷兰的移民等，其经济原因背后，仍然有殖民地时代建立的文化和民族认同的成分。

---

① Broeck, Julien van den, *The Economics of Labour Migration*, p. 16.

【工业化与社会转型】 在探讨不同地区和不同国家移民外迁时，每个时期都会看到这样一种共同的现象：大凡社会经济剧烈变革的国家和地区，一个引人注目的问题是，新的生产方式在打破旧的生产结构的过程中，"破旧"的速度和影响超过了"立新"的进程，而代表新的生产方式的工业化浪潮，纵然其长远趋势具有革命性的积极意义，但在相对较短的时期内，其"破旧"与"立新"之间的时间差以及"立新"进程的相对迟缓性，使得新型的工业生产部门无法创造大量的、能有效满足社会需求的就业机会。这种时间差导致许多受新生产秩序冲击后丧失生产资料的农业人口处于无助的贫困状态。笔者在分析 19 世纪欧洲移民迁居美国的原因时，就已经注意到当时处于社会转型期的英国、德国和爱尔兰的这种惨相。[①] 笔者强调移民迁出国家向工业化社会转型期间经济结构变革对移民外迁产生的推力的观点，在一些英国学者最近面世的研究成果中，再次得到印证。他们也认为，"日益增长的流动性与移民输出国家迅速增长的生活标准相吻合"。但是，他们在批驳推拉理论时，却过分强调移民迁出国和迁入国之间资本投资和经贸关系的作用。[②] 此外，当 19 世纪后期南欧和东欧国家的工业化进程启动后，类似的情况再次出现。为说明这个问题，笔者拟在此略举两例。

由于 19 世纪末英、法、德三国均已完成了工业化，资本与制造业出口与日俱增，对东欧和南欧农产品和生产材料的需求，也保持着旺盛的势头。此时，俄国和奥匈帝国虽然经济上落后，但其政治和军事上称霸欧洲的野心却日渐强烈，它们为实现本国经济的腾飞，对西方国家的经济扩张采取了欢迎的态度。在第一次世界大战前 40 年间，英、法、德三国在东欧国家的资本投资，占西欧海外投资的 20%以上。其中，法国在俄国和奥匈帝国的资本投资占法国海外投资的 66%，德国的海外资本投资中有 71%在奥匈帝国。东欧尤其是俄国和奥匈帝国出口的农

① 梁茂信：《美国移民政策研究》，第 70—78 页。

② Jordan, Bill, and Frank Düvell, *Irregular Migration*, p. 83.

产品和原材料，几乎全部流向西欧国家。随着东欧国家相继被纳入资本主义市场经济体系中，其人口也出现前所未有的大迁移。[①]

在东欧各国中，波兰是移民外迁较多的国家之一。从1772年到1819年，波兰逐渐被俄国、普鲁士和奥地利瓜分，它作为一个政治实体从地图上消失了。从此，波兰的中部和东部并入俄国，西部并入普鲁士，南部并入奥匈帝国。在这种四分五裂的状态下，波兰各地区的经济特别是工业化发展状况，基本与各宗主国相似。在德国控制的波兰地区，其经济因受德国工业化和经济繁荣发展的影响，经济结构转型日新月异，它不仅成为经济迅速发展的德国西部的商品市场和农产品与原材料供应地，而且也成为满足德国经济发展不可或缺的劳动力来源地。相比之下，俄统区的经济比德统区落后，但是却比沙俄本土的经济发达。例如，在20世纪初的德统区，在工业部门就业的比例为17%，居住在城市的人口比例为33%，而在俄统区工业部门的就业比例为10%，城市人口比例为13%。与沙皇俄国相比，俄统区人口占俄国总人口的9%，土地面积的3%，但却占俄国国民生产总值的12%。俄统区的工业生产占俄统区国民生产总值的49%，而俄国同一比例仅为28%。当时法国、德国和比利时掌握了俄统区银行资本的40%、所有工厂股份的25%和工业总产值的60%[②]，因而与西欧国家的联系更强，进而增强了倚重于西方的心理和民族情绪，要求民族独立的浪潮在19世纪末更加频繁。另一方面，奥匈帝国统治下的波兰地区，其经济状况是三个被统治区中最糟糕的。它不仅明显落后于奥地利，也落后于德统区和俄统区。在奥地利人口中，有40%居住在农村，而在其统区的农村人口占总数的80%，20%的人生活贫困，没有土地，半数农民居住在破败的小茅房中，多数人口依靠打工为生。在统区工业部门就业的劳动力，仅占其总人口的10%，90%的企业是雇用人数不超过5

---

① Holmes, Colin, ed., *Migration in European History*, Vol. 1, pp. 242-244.

② Holmes, Colin, ed., *Migration in European History*, Vol. 1, pp. 246-247.

人的小作坊。由于工业发展缺乏活力，贫困潦倒者不计其数。在广大农村地区，经济条件优越的大农场主不断吞并周边农民的土地，进一步导致了农村人口的贫困化。当然，三个被统治区的共同特点是，在工业化浪潮的冲击下，农业的分化造成成千上万农民丧失了赖以生存的土地，而19世纪末期的人口增长达到117%，超过了欧洲平均水平的70%。在民不聊生的背景下，波兰外出打工的劳工与日俱增。据统计，在德统区，外出打工的劳工比例达到1/3，而在俄国和奥地利统治区则为2/3。更为惊人的是，19世纪80年代以后，随着社会转型的加快，波兰外迁的永久性移民达到了空前的规模，在1860—1914年间，流向美国、阿根廷、巴西和西欧国家的移民近1000万，占当时波兰人口2900万的1/3。在迁移到西欧国家的波兰人中，85%到90%流向德国，流向美国的波兰移民约占迁出波兰移民总数的20%。换一个角度看，流向美国的波兰移民，仅相当于流向德国的1/3。[①]

在19世纪的南欧各国中，意大利移民人数最多，流向广，而且又与该国的工业化进程在时间上基本一致，因而具有一定的代表性。在1861年意大利实现国家统一时，其经济比较落后，既缺乏工业发展必需的煤炭和钢铁等原材料，也没有工业发展所需要的资本和技术。全国经济基本上以小农经济为主，只有在与法国接壤的地区出现了工业化趋势。在这种以小农为主体的农业社会中，土地制度中带有明显的封建性色彩，生产力水平极其低下。因此，在生产力迅速发展的俄国和德国等中欧和东欧国家以及澳大利亚和美国等农业机械化生产大国的冲击下，许多农民因资不抵债而纷纷破产。可是，在工业化起步较早的意大利北部地区，工业以纺织业为主，重工业的发展是30多年以后的事情，因而无力吸纳来自全国各地嗷嗷待哺的农民。在各地城市，“多数人一无所有，无力筹措外迁路费。人口众多且普遍贫困的那不勒斯经

① Holmes, Colin, ed., *Migration in European History*, Vol. 1, pp. 245-246, 249-250, 251.

济增长缓慢，外迁移民寥寥无几，贫困和拥挤的程度难以置信，其外迁移民人数不及巴西里卡塔、莫利塞或卡拉布里亚地区任何一个村庄的外迁移民多。大凡有茅房可卖，或有地产可抵押的人，都迁移走了……有条件移民的人，大多是那些有资产可以出售来筹措路费的农民。当第一个农民联盟成立并开始向那些想移民的人放贷时，多数申请者是来自荒芜的小村庄的农民，工艺工人和小店主寥寥无几。渐渐地，整个村庄的人都迁移到海外去了，义无反顾地抛弃了身后的门户洞开的破房。那些无生意可做的地方小商贩——从鞋匠到理发师——也纷纷迁离”。[①]

意大利移民大规模外迁发端于 1870 年之后，到 90 年代开始进入高潮期。迁移到美国的移民 1870 年仅为 1441 人，1881 年以后每年都超过 1 万人，1900 年为 8.77 万，1901 年到 1914 年每年都在 10 万以上。此后常有起伏，1920 年又上升到 35 万，1921 年下降到 6.7 万。这种起伏比较大的现象，既反映了意大利国内及国际经济发展的变化，也与意大利国内政治秩序变化密切相关，尤其是在墨索里尼掌权以后，他实施的禁止大规模移民的政策，也对外迁移民的规模产生了影响。当然，这并不能彻底禁止意大利移民向国外迁移的现象。在 1876—1976 年间，意大利向国外移民 2602.93 万，其中在 1890—1915 年间向国外移民 1169.23 万，仅在 1901—1915 年间就有 809.2 万。从移民流向看，人数最多的是欧洲国家。在 1876—1900 年间，走出国门的意大利移民有 387.4 万，其中有 128.3 万前往美国。1901—1913 年，意大利北部向欧洲移民 250 万，流向美洲的移民仅为 80 万。[②]

上述两个例子表明，各国的人口迁出与本国市场经济的发达程度密切相关，而在市场经济机制的形成过程中，与国际市场的紧密程度和国内经济结构的转型都会对本国人口的流动产生巨大的影响。至于走出国门的移民迁移到何处，则取决于移民的亲友和同乡等先行者的流

① Holmes, Colin, ed., *Migration in European History*, Vol. 1, p. 207.

② Holmes, Colin, ed., *Migration in European History*, Vol. 1, p. 189.

向、移民自身的经济条件以及他们自身的目标。在他们所考虑的因素中，除最大限度的经济收益外，还有宗教、文化和血缘等因素。在这种情况下，“社区网络理论”中强调的各种因素可能就开始发挥作用了。

【区域经济差异】 尽管19世纪以来的工业化浪潮从欧美国家向其他地区扩散与延伸，但是，并非所有国家都能在相对较短的时间内完成向工业化和后工业化社会的转型。实际上，在更多的国家和地区，工业化进程比较缓慢。到20世纪末，在亚洲和非洲，有许多资本主义国家依然处于缓慢的社会转型阶段，甚至在19世纪独立后就走上资本主义道路的拉丁美洲各国也是如此。即使是在经济相对比较发达的欧洲地区，区域经济的差距也非常明显。区域经济对移民流向和规模产生的影响，体现在两大方面：

第一，即使是在经济发展水平比较接近的国家和地区，因各国在生产中的分工不同，彼此间存在着一定的互补性。这种分工是各国根据自己的资源、技术和劳动力优势所选择的。彼此间不同的行业，对劳工数量和技术要求各有不同，即使在完全相同的行业，也因为就业机会的多寡、技术需求的结构性差异和工资水平的高低等原因，对劳动力的迁移和流向的影响也不同。因为“跨国间的人均积累性收入的较大差异决定着移民的流向。对于两个处于相同发展水平的国家来说，劳动力市场不同职业间的工资差异，会特别刺激移民向其中一个方向流动，其流向取决于职业本身……然而，在处于不同发展水平的两个国家之间，对于多数有职业技能的群体来说，平均工资上的差异，明显地反映了同一流向上的较大差异，进而刺激低收入国家出现向高收入国家大量的净移民”。①

第二，跨国家移民数量的起伏取决于移民来源国和迁入国经济的

① Karras, Georgios, and Carmel U. Chiswick, "Macroeconomic Determinants of Migration: The Case of Germany, 1964-1988", *International Migration*, Vol. 37, No. 4, 1999, p. 659.

发展。当一国经济水平较高而且繁荣发展时,对劳动力需求比较旺盛,而劳动力的缺乏必然导致劳动力工资上升的压力增大,通过吸引外来移民减缓这种压力,就成为企业降低劳工成本的一种有效方式。另一方面,移民劳动力的供给也是移民母国经济状况的一个反映。如果移民母国的经济增长缓慢,失业率较高,跨国工资差异扩大,向外移民就可能发生。对于经济落后国家的劳工来说,他们是否移民,取决于迁移后能否带来回报。如果迁移成本和在目的地国家定居后一段时间内的支出成本较低,迁移的可能性就较大,反之就较小。在一般情况下,由于经济贫困的家庭和个人劳动技能相对较弱,可以预期的经济收入微薄,结果就导致一种悖论的出现,即最需要大幅增加收入的人,恰好是迁移可能性最小的人。对于那些经济条件较好并能筹措路费的技术移民来说,他们会根据自己的劳动技能和发展需要,决定迁移的目标国家,其跨国迁移的可能性就更大,迁移的距离可能较远。相反,那些经济条件较差的劳工,则可能向附近的发达国家迁移,这在具有共同国界的地区更加突出。此外,那些会讲目的地国家语言的人或在该国有亲朋好友的人,其入境后的安置成本就比较低,因而移民率较高。从家庭的迁移过程看,一般是劳动能力强又能带来较高收入的成员可能率先迁移,他(她)在到达目的地之后,竭力积累财富,为其家庭成员的迁移创造条件。这种阶段性分批迁移模式,在家庭移民中比较普遍,其结果就是容易形成链条移民。

在上述条件下,移民的区域性流动也非常明显。例如,在美国与墨西哥、加勒比海、中美洲各国之间,美国面临的移民压力较大。甚至在美国与加拿大之间,两国的经济结构和工资差异也是使得在两国之间出现双向移民流动的现象。从移民数量和主要流向看,加拿大净迁出的移民较多。例如,在1861—1901年间,迁入加拿大的欧洲移民达到180多万,但在同期迁出的移民却达到250多万,其中多数进入美国。因此在同期,加拿大人口每10年增长不到12%,而美国却在30%以上。进入20世纪之后,来到加拿大的外来移民不少,但是最终定居的比例却不高。例如，在1911—1941年间迁入加拿大的移民中，最终定居的移民不到总数的15％，此后开始上升，由1941—1951年间的42％上升到1951—1961年间的67％，但是在1961—1971年间又下降到57％。[①] 再从美加两国的双向流动看，加拿大净流失现象非常明显。例如，在1961年，迁入美国的加拿大人为4.81万人，而迁入加拿大的美国移民为1.12万人，加拿大净流失3.68万人；1963年迁入美国的加拿大人为5.15万人，而迁入加拿大的美国移民为1.17万人，加拿大净流失3.97万人。同样，在1965年，迁入美国的加拿大移民达到4.95万人，而迁入加拿大的美国人为1.51万人，加拿大净流失3.4万人。以此累计，从1960年到1969年，加拿大净流失的移民达到26.86万人。只是从1970年开始，加拿大才结束了净流失的历史，出现了令人惊喜的净迁入的现象，在1970、1971、1972年，加拿大净迁入移民分别为816人、3327人和6289人，呈缓慢增长的趋势。[②]

在欧洲，不仅每个欧盟成员国家都居住着来自其他成员国的移民，而且在流向西欧的南欧移民中，工资差异也使某些移民群体的流向发生了变化。例如，在80年代，意大利移民劳工迁移到法国的数量急剧减少，而前往德国的劳工却日益增多，原因是德国的工资水平比法国的工资高。再从更大的范围看，美国作为一个发达的经济强国和接受外来移民的大国，也有大量人口因移民或就业而长期居住在世界各地。1989年，有364万美国人居住在海外，其中除近百万美军和政府官员及他们的配偶和子女外，其余皆因经商、国际合作、教学或移民而长期居留海外，其中17％居住在加拿大，30％居住在其他美洲国家，欧洲有

---

① Jenness, R. A., "Canadian Migration and Immigration Patterns and Government Policy", *International Migration Review*, Vol. 8, No. 1, 1974, pp. 5-8, http://www.jstor.org/stable/3002700(2008年5月27日下载).

② Boyd, Monica, "Immigration Policies and Trends: A Comparison of Canada and the United States", *Demography*, Vol. 13, No. 1, 1976, p. 95, http://www.jstor.org/stable/2060422(2008年5月27日下载).

38%，亚洲占 17%。[①] 同样，在迁入美国和英国、法国以及德国的华人、印度人和韩国人中，促成因素既有职业技术条件限制作用的影响，也有移民自身在各国的先期移民亲属的帮助，还有一些移民是作为留学生入境的，他们毕业后被当地企业和高校雇用就业，后来成为永久定居的移民。如此等等，都说明区域经济对移民的流向具有非常重要的影响。

【经济周期性波动】 尽管移民来源国的社会经济转型和各国间的区域经济差异都会使得大批移民迁离故土，但是，移民能否迁移还要取决于接受国的经济发展状况。在 19 世纪以来的美国和加拿大历史上，都曾经出现过明显的移民潮波动。这种变化既取决于经济发展对外来移民的需要，也取决于接受国移民政策的控制。在多数情况下，当这两个国家的经济发展出现萧条或危机，必然会或多或少地对入境移民产生影响。美国经济学家哈里・杰洛姆认为，无论是美国的外来移民还是土生美国人，其迁徙和流动性主要随经济的兴衰周期波动而起伏。他指出："在就业的周期性波动与迁入和迁出移民之间存在着密切的联系，这与季节性波动具有一定的相似性。有充分的理由相信，这种相似性源于人口迁徙对就业条件的敏感反应。在周期性波动中尤其如此……就周期性波动中的失业而言，人口迁徙不是这种波动的主要原因，在一些条件下会产生一种有益的影响。这种有益的影响主要表现在经济衰退的有限时期内，它阻止而不是增加了更多的工人，但是在更为常见的情况下，它却是失业这种恶魔的促成因素。"[②]不能否认，经济周期的变化对人口迁移和流动具有十分重要的影响，这种现象在 20 世纪 20 年代之前，特别是在 19 世纪的自由放任时代比较突出。但是，在 20 世纪美加两国实行了限制性的移民政策之后，纯粹强调经济周期还

---

① Heer, David, *Immigration in America's Future*, pp. 112-113.

② Jerome, Harry, *Migration and Business Cycles*, New York: National Business Bureau, 1926, p. 243.

不够。因为在经济萧条时期最重要的因素是政府的限制。20 世纪 30 年代的经济大萧条时期,美加两国不仅严格限制移民的入境,而且还采取行政手段,将境内的部分移民驱逐出境。另一个例证是在 1973—1974 年、1981—1982 年和 1991—1992 年三次经济危机时期,美国和加拿大政府并没有严格限制移民入境,因此,入境移民仍然保持在较高的水平上。同样,在西欧国家,政府政策的限制作用大于经济危机自身所产生的限制性。有学者认为,在西欧国家经济发展、社会失业率较低的时期入境的外籍劳工和移民较多,相反就比较少,这是事实。然而,经济波动自身对移民入境规模的限制,依然不如政策性限制那样明显。例如,在 1974 年经济危机时期,西欧各国纷纷终止了引进合同劳工的协议后,客籍劳工时代便宣告结束。可是各国政府没有限制家庭团聚类移民,因而当客籍劳工减少的时候,实际上入境的外来移民却没有减少。[①] 为说明政府政策的限制性,下文将适当展开论述。

【移民政策】 从微观上说,移民政策属于政治或管理的范畴,而非经济范畴,但在广义上,市场经济条件下的移民政策,是移民迁入国家或迁出国家根据其社会经济发展需要所作出的一种反应,它既可能是对市场经济内在规律或其诸种因素所引起的人口流动的补充,也可以是通过对市场经济的干预对过剩人口的迁移和流动进行制约。无论属于何者,其终极目的在于保障劳动力市场的稳定运转,进而服务于经济发展对劳动力的需求。例如,19 世纪美国联邦实施的来者不拒的自由放任政策、各州积极鼓励移民的政策、19 世纪后期中美之间通过签订《浦安臣条约》来吸引华人开发美国西部的政策以及 20 世纪美国政府实施限制和控制入境移民的政策等,都具有这样的社会功能。因此,探讨世界近现代史上的移民促成因素,不能忽略各国服务于国内劳动力

---

① King, Russell, ed., *Mass Migration in Europe*, p. 11; King, Russell, ed. *The New Geography of European Migrations*, p. 20.

市场需要的移民政策及其影响。政府政策既能吸引移民,也能限制移民。这两种功能在近现代欧美移民政策中,都始终发挥着重要的作用。如前所述,在殖民地时代,欧洲列强为促进自己的殖民地发展,都在不同程度上鼓励本国人口迁移到殖民地。英国曾作为"日不落帝国",鼓励向海外移民的政策一直实施到20世纪中期,因而英国也成为西欧国家中向海外迁移人口最多的国家。在美国和加拿大,两国政策都经历了从自由放任到选择和限制的转变。移民政策中的选择性和限制性并存的特点,在20世纪后半期已经成为一种普遍现象。从政策的限制性来说,各国都不欢迎可能构成公共负担的贫困者和威胁迁入国家的政治、经济和社会秩序与公共安全的犯罪分子、无政府主义者、贩卖或吸食毒品者等;各国欢迎的是那些在学历、技能、专业技术、企业管理和商业资本等方面具有突出能力的移民及其家属。欧美国家作为当代世界上生活水平较高、社会比较稳定、发展机会较多的地区,它们吸引技术移民的政策,的确产生了巨大的社会和经济效果。各国政府招揽人才的具体措施是:(1)在移民政策中明确所欢迎的技术人才及其类型,这已在前文各章中有所述及。几乎所有的欧洲发达国家,都制定了吸引外来人才的政策,这种趋势到20世纪末期进一步加强。例如,1998年法国政府规定,为科学家、工程师和计算机技术人才设立特殊的签证。移民如果就业一年以上,其家属可按照家庭团聚的规定入境。一些法国的企业将计算机技术岗位的年薪提高到18万法郎,临时性劳工的工资提高到2.3万法郎。英国政府规定,凡可以投资或经营企业,或为英国企业发展提供技术服务的移民,即使没有金融资本,也可以申请入境。凡在英国各类大学毕业并能就业的移民,可以居留英国。德国政府规定,外国的信息技术专业人才可以入境并永久性定居。欧盟国家以外的移民,只要愿意从事德国人不能或不愿意从事的职业,或者拥有德国缺乏的专业技术,均可申请入境。在荷兰,外国的高技术劳工可在入境后10年之内享受每年减免所得税30%的优惠。在瑞典,凡是就业的外籍高技术人才，25%的工资收入可享受免税待遇。[①]（2）通过政府协议，与一些发展中国家在教育领域合作，培养彼此需要的高级专门人才。发展中国家希望学习发达国家的技术，发达国家希望通过教育合作吸引发展国家的人才。例如，在英联邦国家，医疗技术的标准化是伴随着英国与其殖民地的关系不断发展起来的，双方以此为基础，实施交换师生协议。学生接受正规教育后就等于拿到就业证书。英国、爱尔兰、加拿大、南非、澳大利亚、新西兰、新加坡和中国香港等，都进行了长期合作。到 20 世纪 70 年代以后，这些国家或地区医疗技术接近或达到英国水平后，终止了与英国合作培养医疗人才的协议。同样，英国还与美国、澳大利亚和加拿大一起，积极拓宽在发展中国家联合办学的领域。西方发达国家非常重视联合办学，原因是其本国人口的老龄化趋势非常突出，而教育部门的管理经验作为一种财富，既可以获得不菲的收入，也可为本国介绍并引进人才。因此，发达国家的海外教育投资迅速增长。据统计，在 1997 年，英国的大学在海外办学获得的收入达到 90 亿英镑，澳大利亚在 1996 年的收入达到 20 亿澳元，美国在 1998 年的收入达到 117 亿美元。（3）通过地区性组织合作，加强成员国人才的流动。欧盟、北美自由贸易区以及新西兰与澳大利亚之间双边协议的实施，不仅促进了成员国或合作国家的人员流动，而且还吸引了落后国家的大批人才。对于发展中国家来说，大量人才的流失意味着知识资源的流失。据联合国统计，在 2001 年，有 10 万名印度计算机人才迁移到美国，折合经济损失大约为 20 亿美元。有学者指出："尽管现在很清楚，这种流动的驱动力基本上来自于工业和市场的要求，但是，国家间和地区间的政策或协议依然重要，它们的作用好比'润滑剂'，加速了追求工业目的的运动。"[②]

---

① Mahroun, Sami, "Europe and the Immigration of Highly Skilled Labour", *International Migration*, Vol. 39, No. 5, 2001, p. 32.

② Iredale, Robyn, "The Migration of Professionals", *International Migration*, Vol. 39, No. 5, 2001, pp. 9, 10-11.

四、非经济性因素的作用

除经济性因素外，非经济性因素也在不同时期发挥着作用。在多数情况下，这些因素引起的移民的来源相对单一，流向范围较小，持续时间短。换句话说，非经济性因素对国际移民的影响只是经济性因素的补充。其中，最主要的是移民来源国和接受国之间人口的增长及其与经济发展之间的关系、政治和社会秩序的稳定性(其中包括政权的更迭和种族冲突等)、战争、国际关系以及与社会经济发展较为密切的通信和交通条件等。

【人口增长】 在理论上，人口增长本身不是移民的促成因素，但是，倘若人口增长超过了国土资源所能承载的负荷或经济发展的速度与水平，那么它就构成了人口迁移的基本条件。据一些西方学者的研究，在1650年以后的300年间，欧洲人口由1亿增长到5.6亿。"这个增长率，大大超过了世界上其他任何一个地区。"在这种背景下，随着医疗条件的改善，人口死亡率不断下降，生育率却呈几何比例增长。这对生产方式处于变革过程中的欧洲国家，对生产力低下的国民经济生活，构成了前所未有的压力。因此，"向外迁移就成为剥离大部分剩余人口的安全阀。这些剩余人口中一部分外迁到一些地方，其具体的经济作用就是生产供养欧洲其余人口的食品。这种具有摆脱困境的出路，在功能上还可能扭转了社会的不满情绪，因此，对于统治阶级来说，人口迁移是一种具有政治性优势的政策"。① 当然，这并非说自新航路开辟以来，欧洲国家就一味地盲目鼓励向海外移民。相反，在18世纪末期到19世纪30年代，各国还制定了限制移民外流的政策，因为长达20多年的拿破仑战争消耗了交战国大量的劳动力资源。这对于当时仍然

① Broeck, Julien van den, *The Economics of Labour Migration*, p. 35.

处于自给自足的农业经济时代的欧洲各国来说，无疑是一种巨大的损失。当时各国统治者的理解是，人口作为一种经济资源和社会财富，其数量多寡决定着国家的强弱程度。但是，当工业化如火如荼地在各国展开之后，到19世纪中期，各国相继解除了限制人口外迁的政策，甚至还有些国家实施了资助移民出境的政策。例如，在1846—1869年间，英国政府曾资助33.9万(占当时该国移民的7%)英国人和爱尔兰移民迁移到英国在世界各地的殖民地。按照英国政府的解释，这种做法既可以缓解因为工业化引起的贫困和失业人口增长所带来的压力，有利于保持社会稳定，又能够增加殖民地的人口，增强宗主国的统治。[①]从其他国家的情况看，向外移民的人数也相当惊人。挪威是向外移民比例最高的国家，其人口在1800—1865年间增长了一倍，其中40%迁移到海外。工业化和城市化增长较快的瑞典，在1840—1914年间也有110万移民迁居海外，相当于该国同期人口增长的1/4。[②] 随着西方发达国家社会经济的发展，人口的抚养和教育支出也成倍增加，结果人口的自然增长率普遍下降。到1990年，几乎所有的西欧国家都出现了人口负增长的现象，尽管各国间仍然存在着明显的差异。20世纪70年代，联邦德国的人口增长率在全世界是最低的，80年代地中海地区各国也开始出现人口负增长现象。到90年代，人口生育率最低的国家是意大利、西班牙和德国，每对夫妇的生育率平均为0.5到0.6之间，而英国、法国、爱尔兰和斯堪的纳维亚国家也平均在0.7到1.0之间。[③]这就是说，人口的自然增长率已不足以维持人口和经济增长的需要。

当代西欧国家人口的负增长，根植于一系列因素的变化，其中包括个人生活价值观从利他主义向自由主义的转变，家庭观念从社会责任感向个人权利和享乐主义观念的转变，从强调以子女为中心的家庭观

---

① Baines, Dudley, *Emigration from Europe 1815-1930*, pp. 50-51.

② Broeck, Julien van den, *The Economics of Labour Migration*, p. 36.

③ Blotevogel, Hans H., and Anthony J. Fielding, *People, Jobs and Mobility in the New Europe*, p. 12.

念向以单亲家庭、未婚同居和节省开支的无子女生活方式的转变。实际上，这些转化又与个人的收入和地位具有一定的联系。对现代女性来说，她们不仅要考虑食品、住房和教育等方面的支出，更重要的是她们担心生育会影响自己的职业前途。这种顾虑成为当代西方国家出现女性就业率增长和生育率下降的主要原因。在20世纪50、60年代，西欧国家普遍出现婴儿潮，而这个时期恰好是西方国家经济普遍发展最好的时期。相反，在70、80年代，在西欧国家普遍出现失业率和通货膨胀率双高的情况下，人口的生育率却明显走低。东欧国家在冷战结束也发生了类似的变化。显然，经济发展和社会失业率对家庭生育具有十分明显的影响。尤其是在20世纪80年代，随着西方国家的经济不断向服务业的方向转变，就业市场对劳工的技术要求也在提高，人们在就业市场上普遍缺乏安全感。相应地，西欧国家普遍出现推迟生育或减少生育的现象。这实际上是人们对社会经济变化做出的反应。与此并行不悖的是，随着东欧国家向市场经济的转变，其人口的生育率也下降到前所未有的程度。在德国东部，每年的新生婴儿数由1989年的19.9万人降至1993年的8.05万人，每对夫妇的生育率也下降到0.32的历史最低点。[①]

【战争与国际关系】　在世界近现代史上，各国间以经济、外交和军事利益为纽带而组成的国际集团之间，都曾因争夺殖民地或势力范围而多次发生竞争、对峙与战争，对区域性乃至全球性的国际关系都产生了重大影响。每次重大冲突都会引起成千上万无家可归的难民，其中以第二次世界大战造成的难民人数最多。在战后长达半个世纪的冷战时期，两大阵营的政治和军事对峙使得数百万移民从东欧流向西方。区域性的"热战"也造就了无数难民。在1953年朝鲜战争结束后，美国接纳了大批韩国移民。1975年越南战争结束后，有50多万人以难民

---

① Blotevogel, Hans H., and Anthony J. Fielding, *People, Jobs and Mobility in the New Europe*, p. 13.

身份进入美国。在此之后，还有更多的难民经过香港流向西方。在1978年中越关系恶化后，越南掀起大规模的排华浪潮，使几十万华人进入中国、西欧和美国。1979年苏联入侵阿富汗造成数百万难民无家可归。到1992年，居住在联合国难民营的阿富汗难民达到860万。1991年海湾战争结束后，有130万伊拉克人进入伊朗，另有50万居住在与土耳其交界的联合国难民营。在东南亚，难民问题也十分突出。来自柬埔寨、越南和老挝的难民，大部分流向亚洲以外的国家。在1975—1992年间，有81.2万难民从柬埔寨、越南和老挝流向美国，此外，还有13.6万定居加拿大，澳大利亚有13.4万，法国有9.6万。[①] 如本书第一章最后一节论述的那样，内战或国家之间的战争引起的无家可归的难民，已成为目前世界上最大的难题之一，其人数之多，也成为全球性人口迁移中最大的群体之一。

【政治与社会秩序】 人口作为一个国家的社会主体，在性别、年龄、种族、民族、职业背景、政治观念和文化认同等诸多方面千差万别，由此形成众多的群体，围绕各种政治、经济和社会资源进行合作与竞争。在正常的情况下，当国家的政治与社会有序、和谐、稳定、繁荣发展时，人们习以为常的生活方式、宗教信仰和政治权利，就能受到尊重和法律保护，自身工作中的成就感就构成每个人日常生活中幸福感的重要组成部分。但是，一个国家在正常发展中，其执政党常常具有一定的政治、经济、宗教和文化等方面的背景，执政党的支持者——不管是民族群体或者宗教群体——在社会、政治与经济资源的分配中，就处于十分有利的地位。政府在制定法律和执行政策的过程中，即使最大限度地追求各种资源和利益分配的合理性和公平性，也很难满足所有人口的需要。如果政府政策具有明显的阶级或种族歧视，就可能招致相当一部分人的反对，其形式既可能是和平的抗议，也可能是暴力冲突或武

---

① Zlotnik, Hania, "Trends of International Migration since 1965", *International Migration*, Vol. 37, No. 1, 1999, pp. 34-35.

装反抗。诸如内战、政权更替、宗教冲突、阶级压迫、民族矛盾与纷争等非经济性因素的剧烈作用，都会引起社会的动荡，破坏国家政治和社会秩序的稳定性，并在不同的程度上引发大规模的移民。例如，在17世纪初期的英国清教徒与国王之间的冲突，促使数万名人口移民北美的马萨诸塞。在北美革命胜利前夕，将近10万名支持英国、反对独立的保守派迁移到加拿大。在轰轰烈烈的1848年欧洲革命失败后，有数万名移民分别从德国和奥地利等国家迁移到美国。19世纪末期，反对宗教压迫的犹太人纷纷逃离沙俄。在20世纪，纳粹德国对犹太人灭绝人性的迫害和屠杀政策，导致上百万的犹太人从德国、法国、波兰和捷克等国家，迁移到美国、加拿大、英国和巴勒斯坦地区。同样，第二次世界大战后一些国家的政权更替也造成大批移民的出现。1959年古巴革命胜利后到80年代初期，大约80万古巴人迁移到美国的迈阿密和纽约等城市。在60、70年代的非洲，肯尼亚政府拒绝承认持有英国护照的印度裔和华人的双重国籍，将数万名印度裔驱逐出境。乌干达在70年代初期发生军事政变后，将7万多名持有英国护照的印度裔驱逐出境。进入80年代后，因内战或不同部族冲突引起的难民，成为当代全球难民潮中最为突出的特征。例如，在1981—1985年间，萨尔瓦多、危地马拉及尼加拉瓜的内战冲突，导致30多万难民逃离家园。1987年哥斯达黎加、萨尔瓦多、尼加拉瓜和危地马拉达成中美洲永久性和平协议，但到1992年该地区的难民仍然有120万。在加勒比海地区，1991年海地政权被推翻后，大批海地人逃往海外，多数逃亡到美国。[①] 此外，尽管智利、海地和阿根廷等国家也属于资本主义国家，但当右翼势力掌握政权后，“所有这些国家近年来存在着严重的、有据可查的人权虐待案例和政治暴力”。[②] 那些受到迫害的不同政见者，纷纷来到美国寻求避难。在非洲，部族之间的武装冲突仍然是造成难民的主要根源。

---

① Zlotnik, Hania, "Trends of International Migration since 1965", *International Migration*, Vol. 37, No. 1, 1999, pp. 40-41.

② Barsky, Robert F., *Arguing and Justifying*, p. 195.

1985年该地区有300万难民,1995年达到680万,主要分布在卢旺达、索马里、埃塞俄比亚、苏丹、布隆迪和坦桑尼亚、安哥拉等13个国家。这些难民不属于正常的经济性移民,但是,他们作为人口流动的一个组成部分,显得格外引人注目。[①] 种种事实表明,无论社会制度如何,任何颠覆性的政策,都可能会成为移民大规模迁移的促成因素。

【交通条件】 交通作为连接不同国家、不同地区的纽带,其现代化发展过程,对移民的流向和规模都有不可替代影响。自哥伦布发现新大陆之后,人类交通条件发生了革命性的变化。其发展变化大致经历了如下三个阶段。第一阶段是前蒸汽机时代。主要以马拉车和水上的木质桅杆帆船为主要交通工具。由于此时的航海技术仍然比较落后,活跃在大西洋各个区域的船只全部是客货两用的帆船。桅杆帆船的弱点是吨位小,航行动力以自然风力为主,航速缓慢,跨越大西洋的时间平均在两个月左右。由于船只的导航系统比较落后,跨越大西洋的航行非常艰苦,甚至有许多人付出生命的代价。有时候当航船即将抵达目的地时,遇到大风大浪,不幸者则船毁人亡,幸运者则被刮回海洋,有些迷失航向的船只只好重新缓慢地向陆地方向驶去。因船只在海上航行时间过长,无法补充给养,船上食品消耗殆尽,加上船上的居住与活动空间狭小,许多体弱多病者被饿死,生存者不得不食用死亡者的尸体,即使那些体格强壮者也因缺乏营养,在上岸时因体弱多病而无法站立。面对这种凄惨的现象,有的学者形象地把这一时期的帆船称为"漂浮的棺材"。[②] 在19世纪20年代,蒸汽机技术被成功地应用于海上航行之后,对洲际移民规模的升级产生了革命性的影响。从此之后,到20世纪30、40年代航空运输崛起之前,洲际交通进入以蒸汽机动力为标志的时代。在这百余年间,船只的航速和运载能力成倍提高,船票价

---

① Zlotnik, Hania, "Trends of International Migration since 1965", *International Migration*, Vol. 37, No. 1, 1999, pp. 38-39.

② Malarek, Victor, *Heaven's Gate*, pp. 1-2.

格不断下调，海上航行时间也在逐渐缩短，到19世纪末，从欧洲到北美的航行只需要一周的时间。因此，随着19世纪欧洲工业化的兴起，跨越大西洋的移民逐年增加，高潮迭起，每次新移民潮的人数都超过以前。据美国商业部的统计，在第二次世界大战爆发之前，来到美国的外来移民潮可分为两大高潮期。第一次是1840—1890年，这50年间累计有1468.5万移民入境。尽管19世纪90年代出现了为期5年的经济危机，入境移民有所减少，但这5年间的入境人数仍有368.8万。从1900年之后一直到1930年又出现第二个移民高峰期，这30年间入境移民达到1863.8万人，比前一次移民高峰期人数多将近400万人。① 在第二次世界大战之后的半个世纪中，交通和通信条件又一次发生革命性的变化。其中最重要的标志是汽车运输和航空运输的迅速发展，形成了以汽车、火车和喷气式运输机为主要标志的三维交通体系，加上电视、通信卫星和互联网等通信技术的社会化发展，人类历史进入了多元化的通信与交通时代。

交通条件的变化对移民影响的另一个表现是前文中提到的回流移民。这类移民中，既有一心想挣钱然后再回国购置产业的短期移民，也有曾有长期在外国定居的打算但是入境后却难以适应当地的社会文化因而最终决定搬迁回国的移民。从现有资料看，作为国际移民中值得重视的现象，有规模的回流移民形成于19世纪80年代。当时，大约有1/4的欧洲各国移民最终返回欧洲，其中东欧和南欧国家倒流回国的比例较高，而西欧和北欧移民中比例较低。例如，在迁入美国的西欧和北欧国家的回流移民中，回流移民的比例为1/6，而在意大利、西班牙、希腊、克罗地亚和斯洛伐克等国的回流移民比例，则高达50%到70%。② 在来自挪威、丹麦、瑞典和芬兰的移民，回流率平均在20%左右。在20世纪初，回流移民占葡萄牙、克罗地亚、塞尔维亚、匈牙利和

① U. S. Department of Commerce, *Statistical Abstract of the United States*, p. 10.

② Broeck, Julien van den, *The Economics of Labour Migration*, p. 37.

波兰等国移民的44%左右。相比之下，意大利移民的回流率仍然是各群体中最高的，在40%到50%之间。值得注意的是，实际最终回流率可能要低些，因为有许多人后来又再次迁移，他们占意大利回流移民的10%左右。[①] 此后到20世纪末期，回流移民已经成为一种普遍的现象。综观这些移民的特征及其回流的原因，大致可以分为以下两种类型：

第一种是自愿性回流移民。从来源和回流去向看，移民迁出国和迁入国生活水平和经济发达程度相当，这种情况在19世纪末20世纪初往返于英美两国的移民中比较突出。在当代，从加拿大和澳大利亚返回英国的移民也在增加。另一种情况是移民迁出国家落后于迁入国家，因此，回流移民基本上是从发达国家迁移到经济落后的母国的迁移。最典型的例证也是在19世纪末期到20世纪初期从意大利迁移到美国的移民。在20世纪，这类移民现象也不少见。例如，1931年，美国有50多万希腊移民，其中有将近40%在此后25年返回希腊。在第二次世界大战之后，从英国迁移回国的西印度群岛移民、从美国回到波多黎各的移民、从北欧国家回到南欧国家的移民，也属于这一类型。[②]

从自愿性回流移民的个人动机看，可分为如下四种类型。第一种是“失败型移民”。这类移民中以意大利南部地区的农民居多。他们有家室和子女，来到美国后没有长期定居的打算，而是一心只想挣钱回国。由于多数人从事体力劳动，收入微薄，文化上又难以融入当地主流社会，因此，许多人在美国居住大约5年左右后就打道回府。第二是“保守型移民”。这类移民到美国后，竭力寻找职业，勤奋工作，定期向家乡汇款。尽管他们在美国定居的时间较长(一般在15年左右)，但是，他们在异国他乡仍然不愿意被同化，而是保持着自己的文化传统和生活习惯。当他们积攒了足够的资金，便回国购置家产或投资从商。

---

① Baines, Dudley, *Emigration from Europe 1815-1930*, p. 39.

② Robinson, Vaughan, ed., *Geography and Migration*, pp. 357-358.

第三类是“退休型回流移民”。这类移民一般在国外定居长达30年左右，一直工作到退休后回国。他们在经济上大多如愿以偿，攒足了资金，回国后有条件颐养天年。第四类是“创业型回流移民”。这类移民多数在当代西欧国家工作6到30年后回国，他们有一定的资本和创业精神，富有雄心和自信，回国后创办企业，对母国的经济发展具有重要的影响。[①] 在上述四种移民中，前两种多数是19世纪末到20世纪初期的移民，后两种在当代迁移到西欧和北欧国家的移民中居多。

第二种属于非自愿性回流移民。这类移民主要发生在20世纪，他们之所以回流母国，根源在于外力因素，其中包括移民接受国各种政策的限制性、殖民地独立后的排他性政策以及移民母国经济的发展等。概括说来，这类回流移民有如下几种：(一)移民接受国严格的限制性政策引起的回流移民。例如，在第一次世界大战期间和战后初期，美国、加拿大和英国等将境内被认为威胁到国家安全的数万名外国人驱逐出境。在20世纪30年代，约有50万墨西哥人被美国政府遣送回国，目的是减轻经济危机时期的救济压力。从60年代中期以后到80年代，试图进入美国的非法移民，或在边境地区被扣押，或在国内被发现后遣返回国。(二)根据引进“客籍劳工”协议如期回国的移民。在这类移民中，从联邦德国回国的移民最多。由于联邦德国始终不愿意承认自己是一个接受外来移民的国家，迁入该国的外籍人最初主要是合同劳工，绝大多数劳工都在合同期满后返回母国，但是仍然有数百万人滞留不归。据统计，在1954—1981年间，进入联邦德国的外籍劳工达到1300万，同期迁出的劳工有900多万，中间差近400万，这个数字恰好与1981年在德国定居的外籍人数相当。迁入劳工的来源和回流方向基本相同，这表明德国各地的企业，都在严格执行德国政府与外国签订的引进合同劳工的协议。那些与德国签订协议时间较早的国家，其劳工入境的高峰期和回流的高峰期就出现得比较早，反之就晚。从时间上

---

① Robinson, Vaughan, ed., *Geography and Migration*, pp. 360-361.

看，各国劳工离境的高峰期主要是在1966年之后。大规模进入联邦德国的劳工，首先来自意大利、希腊和西班牙。1967年联邦德国经济出现萧条之后，来自西班牙和意大利的劳工规模再也没有恢复到之前的最高规模上。来自葡萄牙的移民劳工，也受到此次经济萧条的影响，但是，经过缓慢的增长后，到1973年又达到新的高峰期。葡萄牙和土耳其移民劳工入境时间较晚，受到的影响不大，而且在此后很快恢复，并在原有的基础上增加了一倍。[①] 从回流移民的去向看，意大利和西班牙的回流移民较多，而葡萄牙、摩洛哥和突尼斯等国家，回流移民较少。这种差异的根本原因主要在于回流劳工母国的经济发展状况。在1973年法国和荷兰等遣返外籍劳工的政策实施后，被遣返者母国经济落后，生活水平低下，实际回国的劳工数量极少，实际结果"比预期的效果小"。[②] （三）在20世纪50、60年代亚洲和非洲各地的殖民地纷纷独立的时候，在殖民地居住的白人也纷纷返回祖籍，其中有从阿尔及利亚返回的法国人、从刚果回迁的比利时人、从印度尼西亚回流的荷兰人、从肯尼亚回迁的英国人、从安哥拉回迁的葡萄牙人、从古巴回迁的美国人等。（四）因母国经济发展和生活条件改善而回流的移民。他们在20世纪80年代西班牙、意大利、葡萄牙和希腊回流移民中比较突出。[③]

尽管回流移民产生的原因复杂多样，但是，移民回流的经济成本、便捷程度和回流过程中的舒适条件等，都与交通条件的改善具有直接的关系。这也是为何只有在19世纪末期航海技术和旅途条件改善后，才出现大规模的回流移民的根本原因之一。

总之，从微观上的移民到宏观上的人口流动，其促成因素纷繁庞杂，许多国家的人口在不同时期迁移的原因各不相同，深入细致的研究还需要加强。但毋庸置疑的是，在各种因素促成的移民与人口流动中，

---

① Booth, Heather, *The Migration Process in Britain and West Germany*, p. 201.

② Power, Jonathan, *Migrant Workers in Western Europe and the United States*, 1979, p. 5.

③ Robinson, Vaughan, ed., *Geography and Migration*, pp. 358-359.

唯有根植于市场经济机制之中的各种经济因素产生的影响力最具有持久性，其他因素只是对各种经济性因素的补充。即使是在直接促成人口大规模迁移的非经济性的因素中，在表面上与市场经济制度没有直接关系，但从内涵与外延方面看，其发挥作用的环境和条件，都处于市场经济的大背景之下，因而都无法逃出市场经济制度及其基础之上的政治制度和政策性的制约。因此，在现代市场经济日益全球化的背景下，每个发生人口迁移的国家，只有各种经济性和非经济性因素的合力作用，才能促成经久不息的移民与人口流动。

第八章　欧美国家的民族同化政策

在世界近代历史上，尽管欧美国家分别将启蒙运动中保护民权的思想纳入其政治体制中并转化为实质性的法律，但是，这些国家在相当长的时期内，并没有将自由和平等的条款应用于外来移民。只是到20世纪60年代，它们才不大情愿地将适用于本国公民的各种人权政策扩大到外来移民身上。为了促进移民的融合与同化，各国都冠冕堂皇地制定了帮助移民完成自然同化的自由平等政策，其中包括公民资格、社会福利与教育等。由于各国的政策力度参差不齐，在福利制度上羞羞答答，政策实践上三心二意，有些官员执法犯法，社会上的排外主义不时地掀起阵阵风波。虽然这些国家分别实施了推进民族多元化的政策，然而实质上它们都希望移民最终能被彻底同化。因此，移民在默默无闻地为这些国家的社会发展做出贡献的时候，他们的付出与得到的待遇并不成正比。这一切都表明，外来移民认真履行了自己的义务，但他们在侨居国家仍然是二等公民。

一、走向平等的公民资格政策

外来移民来到西方国家，不可避免地要参与迁入国家的政治、经济、社会和文化生活。为谋求生存和发展，他们必然要与土生公民在各方面进行交流与合作，甚至在获得政治、经济和社会资源等方面发生竞争和冲突。因此，需要界定和规范外来移民的行为，保证他们在参与社会生活的过程中，既能享受与土生公民同等的权利，又能遵守迁入国家的法律、对社会履行相应的义务，进而使移民为迁入国家社会发展做出贡献。反过来讲，如果在移民的公民权利方面自由放任，或对移民入境后的各种困难视而不见，则有悖于欧美国家所谓的民主原则。因为现当代欧美国家自诩以民主为突出标志的政治制度，奉行法律面前人人平等的原则，强调每个公民享有参与社会政治和经济生活的权利。因此，将公民资格授予外来移民，就成为接受外来移民的欧美国家的一项与移民入境政策并行不悖的国策。但是，由于这些国家的国情和文化，特别是在公民资格方面的传统政策各有差异，各国的政策体系和对移民要求的入籍条件也就明显不同。

美国作为一个依靠外来移民及其后裔建立和发展起来的国家，自建国伊始，就通过实践，不断完善了移民归化法体系。在第二次世界大战爆发前，美国公民归化政策曾经出现两个层次、四种方法。所谓两个层次，指的是在美国内战爆发前，联邦政府一直根据国情的发展变化，不断制定、完善移民归化法，其中包括 1790 年法案、1795 年法案、1798 年法案和 1802 年法案。在此之后，联邦政府通过修订移民归化法来完善政府政策体系。但是，美国各州都在奉行自己的归化政策，它们要求移民在申请入籍前的居住年限一般在一年左右，有些州仅为半年，而联邦政府规定的居住年限为五年。而且，各州明文规定，州公民资格只在居住州有效，如果移民迁移他州，则须按照迁入州的规定重新申请。这种与美国宪法和联邦移民归化法相悖的做法，一直到宪法第十四条修正案颁布之后才被终止。从此之后，联邦体制下两级政府同时制定移民入籍政策的历史宣告结束。所谓四种方法主要包括：(1)移民个人按照联邦归化法规定的程序和条件，申请美国的公民资格。(2)当美国政府(不管是通过购买还是武力征服)夺得领土之后，通过与外国政府签订条约，将领土主权及其居民一起转入美国政府的管辖之下。这种方法在 1803 年路易斯安那购买、1846—1848 年美墨战争以及 1867 年购买阿拉斯加中多次使用。(3)通过暴力方式打碎黑奴制，然后通过宪法第十三、第十四、第十五条修正案，确立了黑人奴隶的自由公民身份。

(4)通过国会颁布特别法令,对某些民族群体统一授予公民资格。在19世纪末期美国兼并夏威夷和波多黎各之后,美国国会分别在1900年和1917年颁布法令,将这两个领地上的居民集体归化为美国公民。在美国大陆,美国国会分别在1887年和1924年颁布两项法案,规定所有在美国政府管辖下的土著居民都是美国公民。

进入20世纪后,美国的公民资格政策主要涉及外来移民。由于当时美国社会上的种族歧视和政府政策的限制,亚洲移民被剥夺了申请入籍的资格,东欧和南欧移民的入籍过程也是困难重重。在1952年美国国会修订移民政策后,形成了迄今依然有效的移民归化政策体系。其主要特点是:它纠正了历史上对亚洲移民的歧视做法,规定移民不分国籍,都有资格在美国住满五年后申请美国的公民资格;在入境后参加美军或长期在海外为美国的政府机构、企业或者政府认可的组织服务的外籍人,都可以享受政府规定的各种优惠政策;禁止美国的任何机构和个人,以任何理由歧视或拒绝符合入籍条件的移民的申请;参加过或者支持共产党组织的外籍人不得申请。[①] 从美国移民归化法演变的历史过程看,贯穿于其中的核心思想是要求移民彻底终止对母国的忠诚,效忠美国宪法并服膺于美国政治体制,在政治、文化、民族感情和心理上树立美国至高无上的地位,归同以美国白人新教徒为核心的社会文化和价值观念。任何与之相悖的移民都将被驱逐出境。显然,就像美国的移民入境政策一样,移民归化政策也是服务于美国社会发展需要的工具和手段之一。

诚然,移民获得了公民资格并不等于他们就能充分享受到公民应有的权利。当移民处于社会的边缘,或在种族主义者攻击之下而被隔离于主流社会之外时,公民资格并不能保障平等的权利和自由,也不能保证移民能完全融入主流社会之中。公民要充分地享受其应有的权利,还需要政府在教育、住房、就业、政治选举与被选举权等方面提供法

① 梁茂信:《美国移民政策研究》,第89—127页。

律上的保障，否则，外来移民就无法平等地融入主流社会。然而，在美国建国之后，一直到20世纪60年代，所有这些法律体系才正式形成。即使在此之后，移民也在各方面受到限制。

建国进程更晚、入境移民较少的加拿大的移民入籍政策，在很多方面与美国相似。它在长期歧视亚洲移民的过程中，也剥夺了亚洲移民申请入籍的权利，这种政策到20世纪50年代以后才被解除。与美国不同的是，加拿大的英国裔和法国裔之间长期以来一直貌合神离。正像一位加拿大官员所说的那样："从一开始，每一次争论就是英国裔和法国裔之间的争斗。"[①]两大族裔围绕民族自治权和公民权益的斗争，也一直持续到21世纪初期。处于统治地位的英国裔当然要按照自己的设想制定移民与归化政策，将盎格鲁—撒克逊文化作为长期以来同化外来移民的标准。但在讲法语的族裔看来，这对他们的文化构成了巨大的威胁。因此，双方商谈的结果是，各自在移民入境、官方语言、教育、职业培训以及公民权利等方面，形成了各自的政策体系。[②]

此外，美国宪法中关于民权的规定，主要是通过宪法修正案的补充来实现的。例如，宪法第一至第十条修正案涉及民权和地方自治权利的方方面面。后来通过第十三、第十四、第十五、第二十条等宪法修正案，规定了妇女和黑人等少数民族的权利。与此完全不同的是，加拿大却至少两次制定了新的宪法。1982年颁布的《加拿大权利与自由宪章》，是加拿大最新的宪法。其中除个人的基本权利之外，还涵盖了各群体的民权，如土著民族的权利、建国民族的官方语言权利、少数民族的文化权利、妇女平等权利等。在加拿大全国范围内，多数人相信平等原则，也支持政府的政策。在他们看来，广义上的加拿大应该是一个多民族的社会，各省应在人口流动、就业、教育和政治参与等方面实施平等的政策。但是，魁北克的民族中心主义者认为，他们并不反对加拿大

---

① Foster, Lorne, *Turnstile Immigration*, p. 124.

② Kelley, Ninette, and Michael Trebilcock, *The Making of the Mosaic*, pp. 391-393.

的多元文化趋势，他们主张魁北克应该作为“一个相对的独立王国”，只强调法语的主导地位，对于各民族群体的平等权问题却避而不谈。他们主张加拿大的平等不是各群体之间的平等。他们强调法语在魁北克的主导地位的同时，也要求其他民族群体学习和继承法语文化，担心讲英语人口的增长最终会导致讲法语的人口在魁北克丧失传统的主导地位。

在欧洲，虽然英国是唯一没有成文宪法的国家，也没有像美国和法国那样颁布权利法案，但并不等于该国没有公民权的保障。例如，英格兰与苏格兰之间签订的联盟条约就规定：在英格兰没有课税的情况下，不得在苏格兰课税；立法机构不能质疑法院的判决，但后者可以监督前者立法的合法性。依照英国的习惯法，政府保护公民的权利，就像其他国家的宪法保护公民的权利一样。英国在第二次世界大战之前是一个由白人组成的同质性社会，外来移民也主要来自欧洲，因此，按照英国的规定，来自欧洲的白人移民在英国居住五年以上就可以入籍。在战后，随着有色种族移民的增多，移民入籍成为一项必须解决的议题。1948年英国政府规定，凡来自英国殖民地的移民，享有英国公民的资格和权利。随着英国移民政策在20世纪60年代发生转变后，英国政府对来自前殖民地移民的优惠政策逐渐被取消。按照英国政府规定，任何人进出英国必须持有有效的英国护照，外国人或英联邦国家的公民，如果想在英国居住，必须申请签证。来自南欧、古巴及一些非洲和亚洲国家的移民，也必须申请签证。旅行者可以出入境，只要他们能圆满回答签证官员提出的问题，并证明自己能提供所需的经费并有往返交通费用。学生签证主要保证学生完成学业。其他公民就业需要申请就业许可。如果要获得英国公民资格，必须申请归化，否则就不能就业并享受其他公民权利。移民在入籍前必须具有合法居住身份，而且在英国居住五年以上，具有良好的品格，掌握相当程度的英语，表明自己在英国永久居住的意向。移民入籍的申请被批准后，他（她）必须宣誓效忠英国国王，认同英国的政治和社会制度，履行英国公民应有的义务。应该说,英国的移民归化政策是比较宽松的,因为在战后英国的外来移民中,多数获得了英国的公民资格,其比例高于包括德国在内的许多欧洲大陆国家外来移民的入籍率。

在欧洲大陆,法国因接受外来移民较早,语言、宗教和文化上的多样性特点比较突出,因而有关公民资格与同化的政策相对比较明确。早在法国大革命时期,法国处于欧洲封建专制的包围中,长期与法国为敌的英国与欧洲大陆各国组成反法同盟,频频出兵干涉。而在法国,不少支持法国大革命的外国人,例如,一些传教士、德意志人和布列塔尼人,却受到地方政府的保护,避免受到法国激进派的迫害。法国在每次修订宪法时都规定:(1)凡在法国出生的人都是法国的公民;(2)在法国居住的外国人只要符合政府规定的要求,就可以入籍并享受法国公民的权利。从此,法国在公民资格的问题上就形成一种传统,要获得法国的公民资格,必须具备两种条件:一是在法国出生,二是通过承担某种责任和义务而被归化为法国公民。政府不再以民族语言和文化作为是否授予法国公民资格的标准。政府在政策的实践上,"从来没有将外国人排斥在外,甚至对来自敌对国的外侨也是如此。它始终允许外国人参与法国的市民社会(即便是受到国家安全措施的限制),因此,公民资格始终保持对外国人开放"。[①] 这种归化与同化政策的思想和理论基础,就是启蒙运动时期盛行的社会契约论。按照这种政策逻辑,无论是法国公民还是外国人,他们要在社会和经济发展中,维护自己应有的各种权利并保持自己的文化和生活方式,就需要政府的保护。作为交换,人们必须在政治上支持政府,政府也会要求各民族群体在某些方面牺牲自己的部分利益,从而在公民权利和义务之间维持一种相对的平衡。在这种前提下,外国人能否成为法国公民,最重要的标准是政治上的认

---

① Rapport, Michael, *Nationality and Citizenship in Revolutionary France: The Treatment of Foreigners 1789-1799*, New York: Oxford University Press, 2000, pp. 333, 343-344.

同与忠诚，其次才是民族和国家认同，即使外国人依然保持原有的国籍和民族认同，仍然可以享受与法国公民平等的权利。这种兼容并蓄的同化政策，一直持续到 20 世纪 80 年代。所有入境的外来移民都有相对宽松的选择，移民中双重国籍和双重民族认同的现象，就成为法国与其他欧美国家同化外来移民最根本的区别。当然，由于第二次世界大战之前入境的移民主要是欧洲人，他们在血统、肤色和文化等方面与法国主流群体的差异较小，并且经过几代人的同化，都变成了百分之百的法国人。

与英国相同的是，法国作为昔日的老牌殖民主义国家之一，为了加强对殖民地的统治，也在各殖民地通过推行法国的教育制度和教学管理机制，大力普及法语文化，并宣布法属殖民地居民具有法国的公民资格。法国与殖民地的这种特殊关系，到第二次世界大战之后开始发生变化。一方面，法属殖民地的居民仍然不断地向法国移民。例如，来自瓜德洛普(Guadeloup)和马提尼克岛(Martinique)的移民，从 20 世纪 60 年代开始陆续来到法国，到 90 年代，人数已经达到 20 多万。他们作为法国的公民无需申请移民归化就能自由迁移并享受法国公民各种权利；另一方面，一些殖民地独立后，其居民就丧失了法国公民资格。例如，在 1962 年之前，阿尔及利亚作为法国的殖民地，其移民入境后也具有法国公民资格。但在阿尔及利亚独立后，其公民就不再是法国公民。问题更加复杂的是，在阿尔及利亚独立战争期间，有 100 万阿尔及利亚人来到法国，他们是在阿尔及利亚宣布独立前离开祖国的，又是在阿尔及利亚的独立得到国际社会承认之前来到法国的。按照阿尔及利亚的规定，在 1962 年之前迁移到法国的移民不再是阿尔及利亚公民，而此后的移民仍然是阿尔及利亚公民。但法国按照传统的公民资格政策，仍然认定这些移民为法国公民，法国政府也允许这些移民自行选择自己的国籍和民族认同。但是，阿尔及利亚移民，就像后来入境的突尼斯和摩洛哥移民一样，多数信奉伊斯兰教，因而引起法国右翼势力的不满，他们要求采取一种强制性的同化政策，使他们必须按照“民族主义的熔炉思想，彻底同化于坚如磐石的民族文化之中”。多数法国民众认为，强制性同化的政策既不可行也没有必要。那些在经济和文化上对法国社会做出贡献的移民，可能会申请归化，也可能返回祖籍。如果居留在法国，也必须尊重他们的自由选择，其中包括他们的语言和文化。法国保持多样性的民族特点，有利于推动法国社会的发展。[①] 然而，到 20 世纪 90 年代，传统的法国移民归化政策已经难以发挥作用了。学校、企业、教会和军队作为同化外来移民的主要场所，也失去了应有的效用。从外来移民的角度看，他们在就业、住房及社会保障等方面长期遭受着不平等的痛苦，再也不愿意接受形式上的同化，对法国政府消除少数民族贫困的政策也日益不满。许多移民不愿意在获得法国公民资格的同时放弃对其母体文化的认同。在这种困境面前，法国人并不甘心失败，仍然坚持传统的同化政策。[②]

在欧洲各国中，德国的种族主义最为强烈。19 世纪中期以前，由于德国尚未统一，各邦国之间的移民迁移比较频繁，但是，文化和政治上的多元思想并没有成为德国的主流。随着德国的统一和国民经济的迅速发展，社会达尔文主义也被传入德国，经济的迅速发展助长了种族主义思潮的泛滥，对族裔血统的认同也日益强烈。在 20 世纪初，一些人喊出了德国人是“白种人的皇帝”的口号。[③] 随着 19 世纪末德国在西南非洲殖民活动的加剧，大约有 1.2 万德国人移居殖民地。为避免德国男性公民与非洲黑人女性生育混血子女，德国政府鼓励德国妇女也移民到殖民地。在德国人看来，德国人中间的任何人，如果与黑人通婚，对德意志民族来说是一种“最大的犯罪”。1905 年，德国的殖民地政府规定，如果德国人与黑人通婚并生育子女，则取消该德国人的公民资格，并被赶出德国及其殖民地。非德国血统的外籍人，也不能加入德

---

① Holmes, Colin, ed., *Migration in European History*, Vol. 1, p. 429.

② Holmes, Leslie, and Philomena Murray, *Citizenship and Identity in Europe*, p. 64.

③ Boris, Eileen, and Angélique Janssens, *Complicating Categories*, p. 151.

国国籍。在这种观念的支配下，德国政府在第一次世界大战之前发生了争论，其焦点是，是否应该将公民资格授予那些在德国生活但没有德国裔血统的外籍人。许多官员认为，应该颁布法令，禁止外国人加入德国国籍。德国殖民地的居民可以长期在德国居住，但是不能获得德国的公民资格。他们指出："让法国和其他国家按照他们的意愿处理自己的种族关系吧，对我们来说，只有一件事情，根除任何外来的东西，特别是那些暴力和不道德行为引起的破坏性后果，让那些居住在莱茵河地区的黑人杂种远离我们。"[①] 尽管如此，仍然有些德国未婚妇女生育了混血儿童，德国政府曾想把这些混血儿童送往非洲，但由于此时德国的殖民地已经丧失，那些脱离德国统治的殖民地，也因为宗主国的变更而不愿意合作，德国政府只好放弃这种想法。但是，德国白人关于保持民族血统纯洁性的思想仍然根深蒂固。这种思想在30年代被纳粹政权演绎得淋漓尽致。在第二次世界大战之后，这种思潮仍然没有消失，大批外国劳工来到德国后，仍然不能获得公民资格。

从20世纪40年代末期到90年代，德国政府关于移民归化与公民资格授予的政策主要包含两个方面：第一，按照血统基因确定入境移民能否获得德国的公民资格。按照这种原则，早期的西德和统一后的德国政府，从20世纪40年代到90年代，授予大约800万具有德意志血统的外国人以德国公民资格。第二，如前所述，联邦德国在引进合同劳工的时候，从入境到境内各环节的管理，都比英国和欧洲大陆其他国家更加严密，政府从来没有将外籍劳工当作长期居住的移民看待。从一开始，西德并没有在外籍劳工的入籍和福利保障等方面做出政策性规定。到70年代，由于逾期不归的外国劳工日益增多，"非德意志裔血统"的移民不能入籍的传统政策，在实践上和管理上遇到日益严重的挑战。政府在同化和融合政策问题上偏向那些具有德国裔血统的做法，引起了其他移民的不满，认为这是一种建立在种族优越论基础之上的

---

① Boris, Eileen, and Angélique Janssens, *Complicating Categories*, pp. 158, 165.

种族歧视。因此,德国政府不得不考虑制定相关的政策。在 70 年代初,西德规定,在联邦德国连续就业 5 年以上才能申请永久性居留权,连续居住 10 年以上才能申请入籍。在入境后到入籍前,移民不得申请社会和政府救济,不得有犯罪记录。如果德国劳工部官员认为移民从事了德国劳工愿意并且能够从事的职业,则拒绝提供新的就业许可。[①]在这种政策之下,能够入籍的移民寥寥无几。1993 年居住在德国的 700 多万外国人中,人数最多的群体依次是土耳其人(190 万)、南斯拉夫人(92.9 万)、意大利人(56.3 万)、希腊人(35.2 万)和波兰人(26 万)。他们中间,除欧盟成员国公民能享受与德国公民相同的权利外,其他移民仍然无法享受德国公民的权利。严格的政策性规定,使每年入籍的移民人数非常有限。例如,在 1992 年获得德国公民资格的移民仅有 37042 人,占所有外籍人的 0.5%。按照这种速度归化,如果现有德国境内的所有移民要申请到公民资格,需要 200 年的时间。按照政府规定,在德国出生的移民后代,不能自动获得德国公民资格,那些在德国出生而没有国籍的青年人,必须申请祖籍国家的公民资格,否则会被驱逐出境。这种严格的归化政策,既不利于外来移民的融合与同化,也无助于改善移民的社会和经济状况。许多移民在社会中受到歧视,缺乏流动的机会,因而长期居住在与外界隔离的破败住房中。由于许多移民缺乏接受良好教育的机会,加之政府在技术培训和就业方面的种族歧视,导致移民将自己处于社会底层的劣势地位传给了第二代。其结果是,在德国民族结构走向多元化的同时,社会阶层的分化也非常突出,处于底层阶级的移民逐渐成为德国社会问题的根源之一。正因为如此,公民资格问题已经成为德国政治生活中的一个敏感话题。新纳粹主义组织的复兴,使许多人认识到将外来移民全部排斥在主流社会之外的危险性。1993 年,4 名土耳其少女被新纳粹分子活活烧死后,德国掀起了战后以来最大规模的反纳粹的群众运动,其中提出的口号

① Power, Jonathan, *Migrant Workers in Western Europe and the United States*, pp. 82-83.

之一就是要求允许移民有双重国籍。对土耳其人来说，放弃母国的国籍几乎是不可能的，而现行的德国法律规定，移民放弃原来的国籍是加入德国国籍的先决条件。1993 年德国对其宪法进行了修订，允许移民的第三代加入德国国籍，禁止移民有双重国籍。可是在实践上，德国同其他欧洲移民接受国家一样，有许多公民有双重或三重国籍。甚至在德国公民中间，因与外国人通婚而生育的拥有双重国籍的人口就有 120 万人。① 尽管如此，德国社会上的右翼势力仍然非常活跃，他们坚决反对外籍人长期居留德国并享有德国公民的权利。与之相反，一些思想开明的学者和社会人士，则主张奉行开明的民主原则，允许移民永久居留德国并且授予其德国公民资格。1999 年，德国社会民主党试图修改 1913 年法案中关于非德国血统族裔不能获得德国公民资格的规定，但是，这项主张遭到了基督教民主联盟的反对。基督教民主联盟的领导人认为，血统是德国人在其历史上，尤其是在近现代历史上形成的民族身份和种族的象征，它在德国人心目中的地位和重要性，甚至超过了阶级和文化上的意义，其深层含义是：德意志人是世界文明的缔造者和推动者；德意志人自身包含有各个种族的优点，不允许任何外来的血统污染德国人的纯洁性。如果社会民主党人修改联邦法律成功，数代德国人保持德意志民族血统的种种努力就会付之东流。在这种情况下，1999 年德国修改联邦法律的努力遭到失败。

值得注意的是，多年来，英、法、德、美、加五国不仅将移民入境政策与保护国内就业市场的考虑结合在一起，对入境移民普遍实行就业许可制度，而且对于境内移民的就业类别和层次，做出了不同的规定。在美国和加拿大，除与军事、国防和国家安全相关的敏感性职业对移民有严格的限制性条件外，与民用企业相关的各类职业岗位，基本上没有限制。但是，英、法、德等主要国家，在不同时期对民用企业的就业岗位，都有过不同的限制措施。第一，从西方国家的普遍措施看，对移民的整

---

① Holmes, Leslie, and Philomena Murray, *Citizenship and Identity in Europe*, pp. 59-60.

体原则是限制每位移民的就业时间，防止他们在日积月累中积累经验后向就业市场的上层流动，从而对本国的劳工构成竞争，同时避免移民与本国居民通婚，导致在血统上"污染"白人种族基因，削弱主流社会的文化和生活方式。这种政策最突出的标志，就是在经济发展时期引进移民劳工，在经济萧条或危机的时期将其遣返回国，甚至强行驱逐出境。在60、70年代，英、法、德和瑞士等国都采取过这种政策。第二，限定入境劳工从事的具体职业及其所在区位，保护本国的就业市场。瑞士规定，移民入境5年内不允许随意更换职业，不允许企业主在提拔劳工的时候优先考虑移民。正如该国一位负责劳工就业的官员说："这是要阻止那些因为劳动力不足而能够入境并就业的外籍人，在较短的时间内流向那些就业形势稳定的部门。当前，禁止职业转换的规定也适用于一个企业内部，并且严格执行。如果一位外籍人不希望在已有的岗位上继续工作，他必须立即离开这个国家。"[①] 同样，在政策相对宽松的法国也是如此。早在1932年的一项法律中，法国政府对移民在各行业中的比例进行了限制，一般制造业部门都不得超过10%，而建筑、公路和铁路部门最高可以达到80%。在20世纪80年代，法国政府又规定，在移民归化为法国公民之前，不得从事医生、护士、建筑师、会计、政府文官或律师等职务。此外，法国政府对劳工颁发的就业许可，一般都有相对明确的区位、职业类别和时间限制。如果要更换职业，其手续不仅繁杂，而且被拒绝率较高。对此，一位法国学者指出："对外来移民颁发就业许可的不稳定性以及对一些具体职业的严格限制，带来了一些问题，拒绝更新某些合同期满的劳工(因为某些行业出现劳工过剩)的就业许可，对外籍劳工来说是一种不稳定的根源。"[②] 第三，地方政府的限制性措施。这类情况在联邦德国比较典型。由于该国的劳工多数是

① Castles, Stenphen, and Godula Kosack, *Immigrant Workers and Class Structure in Western Europe*, p. 103.

② Castles, Stenphen, and Godula Kosack, *Immigrant Workers and Class Structure in Western Europe*, p. 105.

企业招募入境的，移民从南部地区入境后，大多数向经济发达的北部地区流动，因而移民的区域流向比较集中。例如，在德国开始大规模招募外籍劳工的1961年，外籍劳工已经占埃森市人口的8.7%，杜塞尔多夫人口的7.6%，慕尼黑人口的8%，而在内卡—佛兰肯地区则达到12.1%。由于这些地区也是西德国内人口流向密集的地区，人口的过快增长，给这些城市的就业市场、交通以及市政和社会服务带来了较大的压力。因此，这几个城市相继采取了限制外来移民从德国其他城市迁入的政策，但是，由于当地企业的坚决反对，这些限制性措施不久后最终被取消。①

二、追求平等的反歧视政策

在世界近现代史上，没有哪一个国家能像美国那样出现过令人匪夷所思的悖论。一方面，在1776年《独立宣言》和1787年宪法等重大文献中，都规定了公民在社会生活中享有不可剥夺的自由和平等权利；另一方面，美国政府对印第安人的血腥屠杀达到惨绝人寰的程度，压迫黑人的奴隶制在美国宪法的保护下孳生出日益肆虐的种族主义。美国内战后，联邦政府试图将人人生来平等的原则转化为现实，因而在1865—1870年先后推动各州批准了第十三、第十四、第十五条宪法修正案，接着又通过了1866年、1871年和1875年民权法。可是这三部民权法都因联邦最高法院判决违宪而被束之高阁，理由是处理民权问题的决策权属于各州。此后，南部各州的种族歧视与隔离严重泛滥，其标志是各州通过的歧视黑人的法典。此外，在1896年普莱西诉弗格森一案中，最高法院确立了臭名昭著的“分离但平等”原则。这不仅使种族隔离制度合法化，而且为其由南部扩展到全国提供了法律依据。此

---

① King, Russell, ed., *Mass Migration in Europe*, pp. 90-92.

后到20世纪50年代,尽管美国政府中的一些行政部门在竭力实施禁止种族歧视和隔离的政策,但效果无异于隔靴搔痒。当日益觉醒的黑人开始用实际行动向种族隔离和歧视不断发起挑战后,最高法院在1954年布朗诉托皮卡教育管理委员会的判决中,认为在公立学校实施种族隔离违反了联邦宪法。这一判决的效果无异于一枚重磅炸弹,撕开了"种族隔离制度的缺口,吹响了全面废除种族隔离制度的号角"。① 在这种情况之下,备受鼓舞的黑人将民权运动推向前所未有的高潮,迫使美国政府在60年代逐步确立了当代美国民权政策的体系,其中标志性的法案有:为加强联邦政府管理的1957年民权法、强调种族和性别平等的1963年《工资平等法》、禁止美国的任何机构和个人在任何公共场所歧视有色人种的1964年民权法、保障各民族群体在政治选举中平等权利的1965年《选举权法》和旨在根除房地产市场中种族歧视的1968年《公平住房法》等。这些立法标志着美国建国以来在历次重大文献中确立的公民平等原则最终成为有章可循的法律依据,有利于在全社会营造一种公平参与的氛围和环境。但是,这些民权法要转化为实践中可操作的具体行政措施,还需要政府制定可以参照的量化标准、执行方式和阶段性目标。具有这种功用的有效载体,就是约翰·肯尼迪和林登·约翰逊两位总统开启且实施长达半个世纪的"肯定性行动计划"。它要求:美国所有雇用25人以上的企业、承担联邦合同的大型企业、学校以及政府部门在招聘劳工时,雇用的少数民族不少于少数民族在当地人口中的比例。然而,由于联邦政策中存在种种漏洞,有些国会立法被一些美国学者形象地称为一只"没有牙齿的老虎"。② 尽管国会在70年代根据实践中的经验教训,对一些国会立法进行修订,加强了司法部门的职能作用,但在实践中,不仅社会上的种族歧视更加隐蔽,而且在

① 任东来等:《美国宪政历程:影响美国的25个司法大案》,中国法制出版社2004年版,第206页。

② Bawden, D. Lee, and Felicity Skidmore, eds., *Rethinking Employment Policy*, Washington D. C.: The Urban Institute Press, 1989, p. 185.

联邦政府内，各自为政、闭门造车的现象非常突出。恰如美国民权委员会在70年代中后期的一份报告中所说的那样："联邦终止歧视的努力与其面对的任务差距甚大，最大障碍是缺乏总体的领导和指导。现行法律中存在的种种漏洞，使各自发号施令的不同机构，制定了互无关联、缺乏协调和连续性的执法计划。国会和联邦各机构的官员在试图解决困难问题、实施有效的帮助不同群体和阶级的计划方面，基本上是失败的。"① 随着保守的共和党总统里根在1981年执政后，联邦政府在民权政策上的经费投入明显减弱，相关的执法机构被撤销，结果，联邦机构中"没有足够的人力检查其分内工作"。教育部、联邦住房与城市发展部、劳工部、小企业管理局和联邦航空管理局等机构都存在着类似问题。② 进入90年代后，联邦政府人力和资金不足的问题依然没有解决。在每个年度，总统预算和国会实际拨款与核定的职员编制起伏不定。在经费不足的情况下，每一个执法机构的执法能力和绩效，都在不同程度上受到较大的影响，"各机构无法利用已有的资源完成其既定目标"。③

毋庸置疑，民权法和"肯定性行动"实施后，对少数民族和妇女的就业率和职业结构产生了积极的影响。少数民族在就业条件、就业层次和年收入等方面今非昔比，他们在大企业就业的比例明显提高。据统计，在1963—1965年间，黑人在最小的企业的就业率为17%，而在1974—1976年间为13%，黑人女性在20人以下的企业的就业率为20%。④ 此外，有色人种的职业流动获得迅速发展。1980年，黑人从事

---

① U. S. Commission on Federal Paperwork, *Equal Employment Opportunity*, Washington D. C: U. S. Commission on Federal Paperwork, 1977, pp. 2, 101-102.

② U. S. Commission on Federal Paperwork, *Equal Employment Opportunity*, pp. 42-43.

③ U. S. Commission on Civil Rights, *A New Parading for Welfare Reform: The Need for Civil Rights Enforcement*, *A Statement by the U. S. Commission on Civil Rights*, 2002, http://www.usccr.gov/pubs/prowora/welfare.htm(2004年7月21日下载).

④ Carrington, William J., et. al., "Using Establishment to Measure the Impact of Title VII and Affirmative Action", *The Journal of Human Resources*, Vol. 35, No. 3, 2000, pp. 504-505, 513.

高薪职业的人数达到246万,占黑人劳工总数的22%,另外,从事高级蓝领职业的黑人比重由4.2%上升到8.2%。[①] 当然,这并非是说美国的种族歧视不复存在。客观地讲,种族歧视仍然是这些群体摆脱贫困的掣肘。即使在学历相同的条件下,同工不同酬的现象仍然如故。1977年美国民权委员会的报告中指出:"妇女和少数民族群体成员在就业市场上,继续面临着严重的障碍,其中之一是对少数民族和妇女产生了不对称性影响的'最后被雇用、最先被解雇'原则。"[②] 到90年代,种族歧视仍然是许多劳工无法就业的主要原因之一。因此,少数民族很难摆脱在就业市场上的劣势地位,由此产生的连锁性消极影响,又使他们无法走出在美国政治、经济和社会生活中的窘境。他们自身技能较低的状态,限制了其创造经济价值的能力和在就业市场上的竞争力,因而很难摆脱经济上所处的边缘性地位。

在欧洲,由于有色人种移民主要是在1945年以后大规模到来的,英、法、德等国家的反种族歧视政策主要是在当代制定的。它们的主要依据是1945年联合国宪章中第55款的规定,它明确禁止成员国以性别、种族、语言和宗教为理由剥夺任何公民的平等权。后来的《人权宣言公约》中又增加了一条:禁止成员国政府和公民以肤色、政治观点、民族来源和出生地等为由,对一部分国民实行歧视性政策。这些原则后来成为国际人权法的基础,对所有签署国均有效。除此之外,其他一些欧洲、美洲等地区的国家,也颁布或通过了各种不同的人权宣言,或者签署了相关人权条约,基本上都禁止以种族、肤色、语言、性别、宗教、政治见解、国籍来源等为理由,在政治、经济、社会和文化生活等各方面歧

---

① Bawden, D. Lee, and Felicity Skidmore, *Rethinking Employment Policy*, p. 175.

② U. S. Commission on Civil Rights, *Last Hired, First Fired: Layoffs and Civil Rights, A Report of the United States Commission on Civil Rights*, Washington D. C.: U. S. Government Printing Office, 1977, pp. 1, 3.

视或排斥任何个人或群体。[①]

尽管欧洲国家在法律上明文禁止对移民的歧视和排斥，但各国外来移民都有着遭受种族歧视的经历。例如，在英国，“外来移民和难民都在进入社会、经济层面中，承受了英国人的冷淡和拒绝。法官、警察和移民局的官员等，都对这种行为给予了不同形式的支持……新闻媒体通过对具体问题的丑化性宣传，在维持种族主义方面发挥了不可替代性的作用。在战后英国历史上，公开的种族主义组织始终存在……战后袭击个人的行为一直没有中断过”。[②] 1958 年 9 月 1 日，英国的诺丁希尔(Notting Hill)爆发了针对西印度群岛移民的骚乱，人群中不时喊出“杀了这些黑鬼”的口号。这次骚乱导致数十人受伤。之后，1961 年 8 月，在米德尔斯伯勒(Middlesbrough)也爆发了针对巴基斯坦移民的骚乱。[③] 在就业市场上，英国工会组织领导人认识到，不同民族的工会组织应该团结起来，工会组织的分裂只能有利于企业主对劳工的剥削。如果使移民劳工处于一种更为孤立的状态，在根本上也会有害于英国的土生劳工。于是，当移民争取的权益与英国土生劳工不存在冲突的时候，也会得到英国工会组织的支持。当然，“由于移民集中在某些行业，当他们遭受的剥削不会影响到土生劳工时，这种利益的一致性就不存在了”。在这背景下，英国的不少企业乘机利用种种方式压榨移民劳工。[④]

随着 60 年代英国国内反对种族歧视呼声的高涨，种族关系也就成为英国政府必须关注的问题。英国政府在 1965 年颁布了第一部反对种族歧视的法案，禁止在学校等公共场合存在任何形式的种族歧视。

---

① Banton, Michael, *Discrimination*, Buckingham, Philadelphia: Open University Press, 1994, pp. 36-39.

② Panayi, Panikos, *The Impact of Immigration*, p. 129.

③ 详细过程见 Panayi, Panikos, *The Impact of Immigration*, pp. 135-140。

④ Castles, Stenphen, and Godula Kosack, *Immigrant Workers and Class Structure in Western Europe*, pp. 177-198.

由于该法案缺乏对违法者的制裁性措施，而且法案的实施范围不包括就业和住房市场，因此，有学者嘲讽说“法律没有牙齿”。虽然在1965年法案实施之后，英国政府成立了一个“种族关系委员会”，赋予了它较大的执法权力，然而从执法措施上看也是失败的，因为“法律……并没有得到严肃认真的执行。没有牙齿，法律既没有恐吓具有种族歧视行为的人，也没有满足被歧视的人的要求。在有色种族的社区，居民越来越丧失了对种族关系委员会的信心。因为它总是显得疲软……在种族关系方面无济于事。实事求是地讲，英国从来没有真正地在种族关系领域尝试过法律”。[①] 政府执法不力，社会上的种族歧视依然如故。在这种情况下，英国议会在1968年又颁布了《种族关系法》，规定任何以种族、肤色、民族和国籍等为由歧视任何外来移民的行为，都是违法的行为，禁止在就业招聘、培训、晋职、解雇和就业条件等任何方面，歧视有色种族的公民和移民。为保证受害者的投诉能得到有效解决，英国议会在1968年成立了“种族关系和外来移民议会特别委员会”，专门受理受害者的投诉，对违法机构和个人进行调查，并在必要的情况下实施制裁性措施。此外，该委员会对英国社会上的种族关系进行了大量的调查，其总结报告中的内容，对英国政府颁布1976年种族关系法产生了重大的影响。此外，英国政府早先成立的种族关系委员会和社区关系委员会，也根据社会上存在的问题，不断呼吁议会修改立法，认为已有的反对种族歧视的法律，根本无法解决就业和住房等方面的种族歧视。为此，英国议会在1976年颁布了《反种族歧视法》。该法案与以前的种族关系法相比，更加细致和完善。它在解释种族歧视的定义时认为，任何以直接或隐蔽的间接性方式，使任何移民在就业和住房等社会生活各个方面处于不利地位的任何行为，

---

① Claiborne, Louis F., “Law and Race in Britain”, *Annals of the American Academy of Political and Social Science*, Vol. 407, 1973, pp. 177-178, http://www.jstor.org/stable/1038762(2008年5月28日下载).

都是种族歧视。无论是外来移民还是土生公民，如果在社会生活中感受到了种族歧视，就可以向法庭起诉。该法案废除了种族关系委员会和社区关系委员会，建立了一个种族平等委员会，授予其更加广泛的实际权力进行社会调查，以满足公众需求。该委员会的工作重点是调查和监督企业主和地方政府，推进种族融合。但是，根据一些英国学者的研究，"种族平等委员会没有实现其开明支持者预想的目标。它的工作环境——一个种族偏见根深蒂固的社会——对这个委员会的目标充满了敌视。在没有政府支持的条件下，该委员会的资源不足以挑战像建筑行会、银行、跨国公司和地方政府这些实力强大的机构"。[①] 从实际情况看，这种评价是比较准确的。据统计，在 20 世纪 80 年代，平均每年有 1000 多起起诉与种族和性别歧视有关，而且，有关种族歧视的投诉以年均 25％的速度增长，性别歧视以 60％的速度增长，两者中的共同特点是投诉者中间以少数民族居多。此外，在 1991 年的一次社会调查中，被调查者在回答英国的少数民族是否受到歧视的问题时，67％的英国白人承认有某种程度的歧视；在回答亚洲裔和西印度群岛移民是否受到歧视时，48％的白人、42％的亚洲裔和 67％的黑人认为企业主有歧视行为；在回答警察是否在执法中有歧视行为的问题时，给予肯定回答的白人、亚洲裔和黑人分别为 48％、44％和 75％；在这三大群体中，认为法庭存在种族歧视的比例分别为 24％、19％和 57％；认为学校存在种族歧视的比例在白人中间为 13％，亚洲人中间为 15％，黑人为 38％。[②] 从对种族歧视的认知程度看，白人和亚洲人的比例比较接近，而白人与黑人的差距比较大，说明了各群体对种族歧视的认识和理解方面存在差异。

在 50、60 年代的西德，不少城市掀起了新的种族主义思潮，其矛头

---

① Hammar, Tomas, ed., *European Immigration Policy*, p. 118.

② Banton, Michael, *Discrimination*, 1994, pp. 57, 71.

不是针对犹太人，而是黑人。反对的对象不是外来移民，而是盟国驻扎在西德的军人。当地人反对黑人的原因在于，当地的新闻媒体连篇累牍地刊登文章，认为盟国军队中的黑人士兵是潜在的强奸犯，对西德白人妇女构成了威胁。1955 年，在西德政府注册的“占领军子女”大约有 66730 人，其中有 4700 名黑人儿童。他们的父亲都是盟军中的黑人士兵，母亲是当地白人。有些学校甚至对黑白种族的学生采取了与 20 世纪初美国对不同族裔的中小学生进行的相似的智商测验。尽管考试成绩没有区别，但是白人教师仍然认为黑人不如白人聪明。甚至有些报纸杂志刊登出漫画，描述黑人男性和女性军人如何勾引西德人。一些西德学者也推波助澜地写道：“种族混血几乎被认为是绝对不好的甚至是有威胁的事情……混血儿童在智力和身体方面都是劣等的，或者说，一位长相是黑鬼的父亲必然会生育一位卷发的和厚嘴唇的黑人儿童……即使人们对种族混血的恐惧没有证据，这种问题也会成为人们对未来的担忧。”①

当时的西德只有客籍劳工，没有移民，更没有多少有色种族的移民，因而政府没有颁布专门的民权法，而是在不同政策中实施了有利于促进劳工融合的政策。例如，当 60 年代西德的非法移民开始泛滥时，政府在 1969 年颁布了《劳动推进法》，规定那些雇用非法移民的企业主必须被监禁五年，被雇用的非法移民将被罚款 5 万马克，然后再被监禁或驱逐出境。然而，由于执法不力，这种各打五十大板的惩罚方式并没有产生很好的效果。从 1975 年 4 月开始，政府执法力度进一步加大，它在适当放宽外籍劳工就业条件的同时，允许已入境的外籍劳工家属就业。更重要的是，从 1976 年开始，西德政府也实施了有利于促进移民劳工与当地居民融合的政策，其中包括增加拨款，帮助社会机构自愿通过开办语言学校、职业培训、就业咨询等为移民提供职业教育，利用

---

① Boris, Eileen, and Angélique Janssens, *Complicating Categories*, pp. 167-168.

媒体的宣传营造气氛、帮助移民融合。实际上，在移民中间，令人关注的是第二代移民的高失业率的问题。第一代移民来到西德的目的非常明确，他们吃苦耐劳，有爱岗敬业精神，知道自己的就业岗位来之不易，工作中倍加珍惜。但是，第二代移民因种种原因而没有接受良好的教育，在家庭受到母体文化的影响，没有或不愿意融入当地社会；他们多数人好高骛远，缺乏吃苦精神，没有形成正确的人生价值观，缺乏就业技能，加上之前没有政府就业许可，因此失业率较高。同时，又因为对西德的法律一知半解，性格上好动，情绪化倾向比较明显，所以犯罪率较高。为解决上述问题，西德在 1976 年斥资兴办移民教育，帮助他们学习德语，接受职业技术培训，发放就业许可。当然，一些针对外籍劳工的不公平政策仍然存在。例如，1975 年一项法律规定，如果移民来自那些没有与西德达成协议的国家，他们就不能在德国就业，不能享受相关的社会保障。在 70 年代中期，西德的移民劳工子女达到 150 万，其中 110 万尚未达到 18 岁。这些人多数将会在西德长期定居。①

在西德政府推行促进移民融合政策的同时，工会组织也在积极地维护外籍劳工的利益。它们之所以这样做，显然是为了在同企业的集体谈判中取得有利的地位。因为它们不愿意看到外籍劳工入境并就业后，土生劳工收入减少、工作条件恶化。出于这样的考虑，西德的一些工会组织出版了许多小册子，向移民宣传劳工权益、工资条件和劳工生活等方面的知识，有些地方的工会组织甚至组织学习班，帮助移民学习德语，鼓励移民组成工会。到 50 年代末，因外国劳工入境人数的增加，这些活动的支出和组织超出了工会组织的能力，从而对移民的宣传与帮助活动最终停止。

---

① Power, Jonathan, *Migrant Workers in Western Europe and the United States*, pp. 84-85.

三、移民安置与社会保障政策

在接受外来移民之后，为促进移民与主流社会的融合，欧美各国采取了不同的安置与社会保障政策。例如，在20世纪60年代到80年代初期美国安置古巴难民的时候，曾经试图将古巴人分散在美国各地城市，使他们与当地白人杂居一处，进而在潜移默化中较快地接受美国的主流文化。然而，这些移民后来纷纷迁入迈阿密，那里有庞大的古巴裔社区，其规模可能是在古巴之外最大的古巴裔聚居区，因而迈阿密有"小古巴"之称。除此之外，最为显眼的是美国为促进民族平等而建立的民权法体系，它为各移民群体与美国人一起平等地参与政治、经济和文化生活提供了法律保障。在移民的福利保障方面，政府通过实施劳工就业许可制度和移民亲属担保制度，保证移民入境后的生活来源。由于美国的移民人数较多，它没有实施类似于欧洲各国那样比较全面的福利政策，也没有再对其他移民群体实施分散化居住的政策，而是由移民自己决定入境后的区域流向。相比之下，英国的一些政策与美国有相似之处，但在社会保障方面则更为健全。

就相似的政策而言，英国从60年代开始，先后在两个层次上对移民实行分散化安置政策。第一层次是地方政府实施的分散化政策。早在60年代后半期，伯明翰市就对迁入的8.2万名西印度群岛黑人和亚洲移民实施了分散化居住政策。具体做法是将中心城市的部分黑人转移到郊区地带的白人社区。结果，郊区黑人数量不断增加，在伯明翰市黑人总量中的比例，从1971年的20%上升到1974年的44%。这种做法也得到了英国"外来移民与种族关系特别委员会"的认可，认为这会改善移民的居住条件，缓解对地方福利的压力，避免因移民集中而可能造成的民族冲突。尽管该委员会主张移民的分散安置应该以移民自愿为主，但它并未说明其中应该遵循的原则。[①] 因此，在安置黑人移民的过程中，伯明翰市政府在一些地方也采取了强制性的政策。它规定，在城市隔都区以外的任何一个街区或公寓内，平均每六个住户中应有一个黑人家庭或其他少数民族家庭。但是，当这项政策实施到 1975 年时，“英国种族关系委员会”却认为，伯明翰市采取了违背民愿的强制性政策，有种族歧视嫌疑。它在与伯明翰市政府协商后，后者终止了分散安置的政策。不久后，居住在郊区白人社区的黑人纷纷迁回市区的黑人社区，分散安置的措施遂以失败告终。[②]

第二个层次是英国政府的分散化政策。在 70 年代末，来到英国的越南移民日益增多，到 80 年代末已达到 2.5 万人。为了帮助越南移民早日融入当地社会，英国政府实施了分散安置的政策。它要求每个社区居住的越南移民最低不少于四个家庭，最多不超过 10 个家庭。按照政府的规定，集中在伦敦等几座大城市的越南移民应分散在全国各地。在最初几年间，这种措施似乎取得了成功。然而，随着时间的推移，英国政府的“分散化政策并不十分理想。在英国最大的几个城市，有时甚至是最穷的城市，移民集中现象仍在继续”。这种现象在伦敦的贫民区仍然十分突出。[③]

上述两个层次的政策的初衷是通过分散化安置，避免移民集中居住，不至于增加当地政府的财政支出，或者带来管理上的压力，有利于推进移民与当地居民的交往和民族同化。然而，两个层次上的分散化政策均以失败告终。其中的原因很多，就其要者而言，(一)对于初来乍到的移民来说，他们身居异国他乡，不仅仅需要经济上的保障，更重要

① Flett, Hazel, Jeff Henderson, and Bill Brown, “The Practice of Racial Dispersal in Birminghan, 1969-1975”, in Robinson, Vaughan, ed., *Migration and Public Policy*, p. 511.

② Flett, Hazel, Jeff Henderson, and Bill Brown, “The Practice of Racial Dispersal in Birminghan, 1969-1975”, in Robinson, Vaughan, ed., *Migration and Public Policy*, p. 515.

③ Robinson, Vaughan, “Up the Creek without a Paddle? Britain's Boat People Ten Years on”, in Robinson, Vaughan, ed., *Migration and Public Policy*, p. 531.

的是需要寻找精神慰藉的文化氛围。将他们安置在白人社区,移民很难在短期内适应当地人的物质与精神生活,常常因为文化上的隔膜而产生一种寂寞感。(二)移民混居于白人社区,既需要当地社区提供价格适中的住房,也需要移民具备相应的收入和支付能力。在实践上这两方面的条件很难具备。一方面,无论是伯明翰市还是英国政府,两级政府都没有采取相应的措施帮助移民寻找房源,移民居住的住房都是自己寻找或由当地的行业协会提供,移民能够选择的住房在地理上又不符合政府的规定。同时,政府追求分散化,但却没有提供任何保障性机制。实际上,从越南移民的自愿性流动状况看,自愿流动的实际效果可能更好。因为他们在英国居住一段时间后,对一些地区的信息比较关注,对周围的社会环境也有一定程度的了解。他们一般在当地居住几年后,纷纷迁移到适合于自己的社区。例如,据一些学者在80年代长达9年的跟踪研究,越南移民中共有51个家庭曾经自愿迁移,其流动率达到3%,其中有1/6的越南移民家庭累计迁徙了9次,而且都是在再安置之后不久流动的,31%迁移者是在进入英国一年之内流动的,大致流向是从郊区迁移到城市的民族社区。在他们中间,既有远距离迁移,也有近距离迁移。就整个英国而言,东南部地区越南移民增长最快,由1978年的45%增加到1984年的57%;而威尔士流失人数最多,到1988年,该地区的越南人仅有1%,在西南部地区不到3%。① 英国安置政策的出发点值得称道,但是效果却不尽如人意,其关键原因在于违背了民族同化的规律,即政府的安置政策既要尊重民意,又必须提供后续保障,否则会事倍功半。此外,民族同化并非是一朝一夕就能完成的事情,从笔者对美国少数民族的融合进程看,一般至少需要三代人的时间,少数民族才能熟悉当地的语言、文化、生活方式和价值观念,才能实现彻底的同化。

---

① Robinson, Vaughan, "Up the Creek without a Paddle? Britain's Boat People Ten Years on", in Robinson, Vaughan, ed., *Migration and Public Policy*, pp. 533-534.

在法国，由于外来移民大规模入境时，法国政府并没有实施相关的政策，而是从社会管理的角度着手，强调移民进入房地产市场寻找并购买住房。然而，对绝大多数移民而言，他们初来乍到，资本有限，许多人根本无力购置住房。于是，那些在经济上并不富有的移民为了寻找廉价租房，纷纷流向巴黎、里昂和马赛等中心城市的贫民区，也有些移民迁到距离制造业工厂较近的郊区。这种居住模式，使移民处于法国社会的边缘地位。他们的就业技能较弱，可以利用的就业机会较少，收入层次较低，这限制了其居住空间和日后的流动性。更重要的是，这种劣势地位不仅影响了他们的职业技术培训和流动性，而且因其宅区又是教育设施较差、教育质量落后的地区，其子女的教育和前途也会因此受到致命性的消极影响。为保证本民族同胞入境后能够得到相应的帮助，一些移民群体自发性地成立了各种互助会。例如，阿尔及利亚移民在 1957 年分别成立了“阿尔及利亚劳工全国建设协会”和“法国阿尔及利亚穆斯林社会行动协会”。这些民间组织在安置移民，特别是帮助移民寻找住房并商议住房价格等方面，发挥了十分重要的作用。尽管这些组织在 60 年代的活动范围进一步扩大，移民在住房市场的集体行动的作用更加突出，但是，没有政府的帮助，他们也无法解决市场上经济适用住房供应不足的问题。此时，法国社会各界也在竭力呼吁政府关注城市贫民区的改造问题，那些居住在破败住房中的法国居民，也渴望能在政府的帮助下改善居住环境。在这种形势下，法国政府出资，在不少城市兴建了适合于低收入阶层的住房，同时，政府也同意移民申请租住政府建设的廉价公共住房。例如，在 1965—1975 年间政府兴建的所有公共住房中，有 6.75％的住房分配给外来移民，他们因此有条件搬迁到比较体面的住房中。60 年代中期和后期，随着法国政府实施的城市改造政策的进一步深入，政府政策的重点不再是依靠单纯新建住房来解决贫民区住房问题，而是帮助包括移民在内的所有居民翻新原有住房，帮助他们维持自己的体面住房。也就是说，原有新建住房计划仍然在实施，而新增的计划是改造旧房。在这种双管齐下的政策机制下，新区的建设与开发卓有成效，破旧住房推倒后被新建住房取代，住房管理中的公正性有所增强，专用住房数量也有所增加，许多质量较好的旧房得到了翻修。但是，在70年代的经济危机到来后，城市更新的进度有所减缓，公共住房供不应求，建设较早的公共住房也日趋老化，无家可归的人数日益增长，无论是中心城市还是郊区，私有住房市场和公共住房中的民族隔离现象日益加剧，引起了外来移民与土生法国人之间的矛盾与冲突。为此，法国政府在1977年实施了“居住与社会条件行动”计划，该计划在1982年的“街区社会开发计划”下有所扩展。不难看出，法国政府改善移民住房条件的政策，是与法国公民的住房问题结合在一起的，移民因而也从中受益。[①]

从整体效果看，法国安置移民的政策与英国明显不同。它在安置移民的过程中，既发挥了住房市场的调节作用，也充分利用中央政府的干预政策。在区位上，它既考虑到一定程度上允许移民生存所必要的文化氛围，又能产生广义上的分散化效果。然而，外来移民的住房条件，与法国公民相比，仍然存在明显的差距。在1975年，86％的外来移民和土生法国人的96％居住在政府界定的标准房中，两者相差10％。在各民族群体中，土耳其人居住在政府法定标准住房中的比例为67％，摩洛哥人为72％，阿尔及利亚人为75％，而入境较早的西班牙人和意大利人的比例则接近法国土生公民。在此之后，多数移民的居住条件有所恶化，他们居住在城市破败区的破败住房中，多数是工厂宿舍、营房、佣人居室，其通风和卫生条件，均难以与土生法国人的住房相比。例如，在1982年，51.2％的移民家庭有卫生间和集中供暖设施，而法国公民家庭中的比例为63.4％，全国平均为60.7％。此外，移民

---

① 在这两个计划下受益的社区达到130多个，其中的内容包括社区的多样性服务。例如，住房维修与城市经济开发相结合，恢复社会公共活动，防止居民放弃旧房。详见 Rudder, Véronique de, “Immigrant Housing and Integration in French Cities”, in Horowitz, Donald L., and Gérard Noiriel, eds., *Immigration in Two Democracies: French and American Experience*, New York: New York University Press, 1992, pp. 248-249。

的房间面积也比法国人家庭小。据统计,全国每个家庭平均为 3.65 个居室,移民家庭只有 3.06 个居室。法国土生人家庭中人口平均为 2.7 人,移民家庭平均为 3.34 人。从居住的拥挤程度看,移民家庭也高于法国公民,42.7%的移民家庭居住拥挤,而法国人平均为 15.8%。在各移民群体中,家庭居住拥挤的比例,在阿尔及利亚移民家庭中高达 71.5%,摩洛哥移民为 64.6%,突尼斯移民为 61.5%,葡萄牙移民为 59%。值得注意的是,在住房市场上,提供给移民家庭的住房不仅质量差,而且房价或房租也高于法国人,这表明住房管理中的种族歧视依然存在。为此,居住在巴黎和里昂等大城市的移民,发起了一场声势浩大的抵制房租的抗议运动,抗议管理部门的不合理政策,认为无人过问那些被安置在临时性过渡住房中的居民,其住房条件日益恶化,而房租却未减少。抗议者要求居民自身参与管理。从更深的层面上看,移民抵制房租运动的根本原因是他们在法国政府实施的城市改造时期受益有限。据调查,"外来移民劳工特别是劳工的总体居住条件在逐渐改善,并且接近了法国人的条件,但是要实现平等,仍然要走很长的路"。①

相比之下,西德政府在移民安置上则实施了自由放任的政策。从一开始它就要求雇用移民的企业为移民劳工提供住房,并规定了最低标准,否则就不能招募外国的劳工。但是,该国政府同时又规定,在两种情况下,企业可以不负责向移民提供住房:一是在移民劳工的家属来到西德后,其住房必须自己解决;二是如果移民在某一家企业工作一段时间后更换了工作单位,原雇主不再提供住房。政府还规定,如果移民的家属前来寻求家庭团聚,已经在西德就业的移民则必须提供证明,表明自己有足够的经济收入和住房条件,否则其家属不能入境。在这种政策之下,西德政府基本上没有实施类似于英国或法国那样的由政府

---

① Rudder, Véronique de, "Immigrant Housing and Integration in French Cities", in Horowitz, Donald L., and Gérard Noiriel, eds., *Immigration in Two Democracies*, pp. 250, 253-254.

安置的政策。据1968年调查显示，在西德的外籍劳工中间，25%的男性劳工和13%的女性劳工居住在企业主提供的住房中，6%的男性劳工和1%的女性劳工居住在临时紧急住房中。从移民的民族分布看，意大利人、西班牙人和土耳其人居住在企业主提供的住房的比例较高。而且，那些来到西德时间越长的人，自己租房或购买住房的比例也越高，住房的条件也越好。类似于西德这种由企业主提供住房的政策在法国和瑞士也同样实施过，但其总体比例远远不如西德那样高。[①] 实际上，西德的住房政策，不利于移民劳工与当地劳工的融合，多数外籍劳工几乎处于与外界的隔离状态中。这种做法的出发点是：德国政府根本就不希望外籍劳工在德国长期定居，而是希望外籍劳工在合同期满后回国。正因为如此，在1970年之前，西德政府也没有制定任何允许移民申请政府福利的计划。

从理论上讲，外籍劳工来到西德的时候，多数人处于他们人生中最富有创造性的时期，他们将自己最好的年华奉献给了西德。他们在自己受益的同时，也在默默无闻地为西德的经济和社会发展做出自己的贡献。他们在年轻力壮的时候，对福利的要求并不迫切，可是随着年龄的增长，尤其是在70年代西德经济陷入危机和长期滞胀的时候，移民因为家庭团聚或失业，生活开支捉襟见肘，对救济和福利的需求就成为不可回避的社会性问题。在此情形下，西德政府终于开始调整自己的福利政策。一方面，它继续奉行由企业、学校、工会、地方政府等联合提供移民的福利保障的政策；另一方面，政府在1975年成立了专门的联邦委员会，关注促进移民融合的事宜。1978年，西德最高法院在审理一位印度移民劳工就业许可更新的案件中，做出了推动政府向移民提供福利保障的决定。法庭认为，劳工在入境前获得政府发放的就业许可，以及入境后有权向政府申请更新就业许可的制度，已经使外籍劳工

---

① Castles, Stenphen, and Godula Kosack, *Immigrant Workers and Class Structure in Western Europe*, p. 247.

获得了享受西德宪法保护的权利。移民就业是他们生存的基本保障，就业许可有效期期满，政府就应该提供更新服务。法庭认为，政府“必须向外籍人提供居住和就业许可的保证，以便他们能够行使根据西德宪法第二款规定所赋予的自由开发个人潜力的权利，因此，他们也享有规划自己未来的权利”。1979 年，联邦法庭在审理一桩涉及巴西移民和危地马拉移民的养老金的案件时，为外来移民享受政府的福利计划创造了条件。法庭认为，在西德宪法中，政府的主要义务是“追求一个公正的社会秩序”。据此规定，法院做出有利于外籍劳工的判决，认为议会颁布的《雇员工薪保障法》违反了联邦宪法。该法案中规定，只有与西德签署引进劳工协议国家的劳工，才可以享受政府制定的福利计划。法院认为，这项规定有悖于政府追求上述“公正的社会秩序”的宪政原则，该项原则既适用于本国公民，也适用于外来移民。在西德劳工有权利享受政府福利的前提下，移民也应该享有同样的权利。[①] 法庭的这种判决引起了社会各界的激烈争论。政府在经过慎重思考后，从 80 年代初期开始，推动议会颁布了一系列法案，规定了移民申请政府福利计划的资格和权利。例如，在 1985 年法案中，凡在西德长期居住移民的子女，可以接受职业技术培训及与之相关的社会福利。1986 年颁布的《促进教育与培训法》中规定，凡在西德住满 6 年及以上的移民及其外籍子女，可申请政府的福利计划。这些措施的实施，为第二代移民提供了接受教育和职业培训的有利条件，他们因此也能够在与西德人相同的条件下进入就业市场，并竞争相关的职位。1992 年，西德政府对实施多年的《社会法典》进行了修改，允许那些在西德居住了 6 年及其以上的外国移民申请政府部门的岗位和社会保险管理部门的岗位；拥有合法居住资格的外国人，均可享受政府的失业救济、疾病时期的生活补贴、产妇休假期间的补贴等。每位移民享受失业救济的时间

---

① Rothstein, Bo, and Sven Steinmo, *Restructuring the Welfare State: Political Institutions and Policy Change*, New York: Palgrave Macmillan, 2002, p. 147.

不能超过一年，如果移民继续失业，政府不再发放救济。一般情况下，劳工特别是男性劳工在第一次申请上述救济后，如果再次申请或更新其就业许可或住房许可，可能被政府拒绝。对于那些在西德居住时间较长的移民，如果其子女在西德居住，就可以享受与西德公民子女相同的在各级学校接受教育的福利。

从严格的意义上讲，外来移民与德国公民享受的福利待遇相比微不足道，甚至来自东欧和中欧国家的德意志裔也是如此。对于他们来说，西德政府和企业都承认他们在原居住国家的就业经历，在入境后可以自由择业，享受与土生德国人一样的社会保险。但随着他们享受的权利的增多，政府提供的失业救济也相应减少。在退休金方面，1990年以后联邦德国的政策发生了一些变化。由于这些移民以前在德国没有履行公民的纳税义务，因而政府支付此类退休人员的养老金也在减少。到1991年，移民的养老退休金仅相当于德国工人的70%，1996年以后又减少到60%。那些在1996年以后入境的德意志裔，其退休金仅保持在政府规定的最低限度。然而，对于那些没有德国裔血统的移民群体来说，不管他们在德国居住了多长时间，他们没有任何福利待遇。此外，他们不能享受政治上的权利，不能组织游说集团。在德国政府看来，那些以合同劳工身份入境的非德意志裔，他们的身份不是移民，而只是临时工。那些申请政治避难的外籍人，他们可以入境，但是没有任何权利，只能享受政府提供的仅能满足生存的救济。①

与西德及统一后的联邦德国的福利政策相比，其他国家的政策更加公正。例如，英国在20世纪60年代就规定，无论是企业还是政府部门，都必须公正地向移民提供各类福利服务。各级政府也十分关注福利保障政策中的种族平等问题。这种政策在一定程度上收到了积极的效果。在一些学者的调查中，许多工作人员都强调对待种族平等的重

① Seifert, Wolfgang, "Admission Policy, Patterns of Migration and Integration", in Robinson, Vaughan, ed., *Migration and Public Policy*, p. 447.

要性。一位医疗中心工作人员说："作为那些不讲英语或很少讲英语的人们的代表，或需要有人陪伴他们去看医生、普通医生、眼科医生、牙科医生等……我们都会向患者翻译，为他们提供保健建议。如果他们遇到种族主义和歧视，我们会挑战任何种族主义。"在许多场合，工作人员不会过问移民的身份，以免侵犯移民的个人隐私。正像一位教师所说的那样，对待前来求学的移民子女，"我们都清楚地表示，我们的工作不是检查外来移民的身份，我们也没有准备那样做"。① 工作人员对待移民的服务态度是无可厚非的。这一点，也可以从外来移民的评价中得到证实。一位移民在接受采访时说："我一到医院，就有一位翻译陪伴，你能理解吗？所有的事情都是免费的。甚至在我怀孕的时候，我从一个科室到另一个科室，都是如此。药剂师开的药，有些较为昂贵，都是免费的。我没有花费一分钱，我只是在药方背面签个字。"在医院如此，在学校也是如此。一位为孩子安排入学的母亲在接受采访时说："现在，我的孩子在读小学。我曾经在我们居住的附近申请过三所学校。当我第一次申请的时候，孩子两岁半。我分别在幼儿园和小学注册，结果我同时收到三所学校的积极答复。……如果有什么事情值得提及的话，我在这件事情上的经历是令人难忘的。"② 英国政府的政策目标很明确，那就是促进移民与主流社会的同化。早在 1966 年，英国内政部长就明确表示："同化并非是一场悦耳动听的歌剧，而是在相互宽容的氛围中，通过创造平等机会，实现文化多样性的目标。"③ 虽然这种目标是少数民族努力的结果，但政府实施开明政策的主动性和重要性却是难能可贵的。进入 90 年代后，英国政府在教育、就业、文化等各个领域，都实施了积极扶持少数民族的政策，例如对外来移民子女实行双语教育制度、旨在帮助移民劳工的培训制度、向移民企业提供低息贷款以

① Jordan, Bill, and Frank Düvell, *Irregular Migration*, pp. 202-203.

② Jordan, Bill, and Frank Düvell, *Irregular Migration*, pp. 204-205.

③ Jones, Catherine, *Immigration and Social Policy in Britain*, p. 148.

及资助少数民族母语教育的计划等。上述各类计划实施后，政府相关经费支出从 1990 年的 970 万英镑增加到 90 年代中期的 3000 多万英镑，资助的少数民族的项目达到了 451 个。[①]

同样，自 1973 年开始，法国也制定了相对宽松的政策，移民基本上可以享受与法国公民相同的待遇，其中包括失业保险、失业救济和退休养老金等。在教育方面，移民子女与法国公民子女在上中学时可以享受同等的待遇。1982 年法令甚至规定非法移民子女，也可以享受与法国公民相同的待遇。1990 年的一项法令中，禁止各地政府在受理移民的福利申请方面有任何种族歧视的行为。此外，在 1990 年 1 月 22 日，法国制宪会议否决了议会颁布的、只有欧盟成员国的残疾移民才能享受残疾人福利的法案。尽管法国议会在向法院的申诉中认为，法国没有义务为外国残疾人提供福利，议会为欧盟成员国公民提供这种待遇，是因为法国公民在其他成员国可以享受同样的待遇。但是，法庭在终审判决中指出，禁止外籍人享受法国政府的福利计划"违反了宪法中平等的原则"。[②] 法庭的判决迫使政府不得不改变法律规定。法国这种开明的政策与其相对宽松的移民入境和公民资格授予政策是一致的，也是法国历史上形成的兼容并蓄传统的体现。

四、殊途未必同归的双语教育政策

在安置移民和促进融合的政策中，各国政府都在不同时期认识到，在就业、住房和教育等各方面的社会生活中，影响移民与土生居民文化交流的根本性因素之一，是他们的文化水平和语言。美国作为接受外

---

① Coleman, D. A., "International Migration: Demographic and Socioeconomic Consequences in the United Kingdom and Europe", *International Migration Review*, Vol. 29, No. 1, 1995, p. 195, http://www. jstor. org/stable/2547001(2008 年 5 月 28 下载).

② Rothstein, Bo, and Sven Steinmo, *Restructuring the Welfare State*, p. 144.

来移民人数最多、民族来源最为庞杂的国家，几乎全球所有地区的民族，都有部分人口移民美国。20世纪之前，美国的威斯康星、俄亥俄和伊利诺伊等州的德国移民，为帮助本民族的移民人口积极地融入美国社会，曾经利用一些社区教会学校和公立学校，设立德语和英语双语教育课程，帮助移民子女学习英语，以便于与当地的美国人交流。同样，19世纪中期，美国在美墨战争中吞并了大片墨西哥国土之后，原来在共同地域上居住的墨西哥人被一分为二，分别属于两个不同的国家。从此之后，在美国一侧的有墨西哥裔学生的学校，在开设西班牙语课程的同时，也开设英语课程。上述两个民族的双语教育模式，都是以本民族的语言教育为主，以英语为辅，目的只是保证本民族的人能够与土生美国人交流，而终极目标是避免本民族文化的衰竭。到20世纪之后，美国各州都在法律中将英语确定为官方语言。这样，各地学校要争取得到政府的资助，就必须按照政府的规定开设英语而非本民族语言的课程。①

然而，随着第二次世界大战后入境的非英语民族移民的增多，特别是来自西半球地区讲西班牙语的移民人数急剧增长，他们和美国境内的其他少数民族一起，借黑人民权运动之东风，要求民族自由和平等。美国国会在这个时期确立民权法政策体系时，也在实施"向贫困开战"计划，其中的主要议题之一，就是帮助各级教育中的少数民族学生，除向学生提供助学金、贷款和各类半日工机会之外，最为引人注目的是1965年的《中小学教育法》。该法第七条款规定，部分联邦拨款可以用来"实施双语教育计划"，以便向他们提供平等的教育机会。然而，由于国会在这项规定中语焉不详，相关的拨款非常有限，各地学校在执行过程中，并未将双语教育列入首要议题之中。同一时期，美国社会各界对民族多元化的认同日益强烈，学术界要求政府正视多元化现实的呼声

---

① Parlmann, Joel, "Historical Legacies: 1840-1920", *The Annals of the American Academy of Political and Social Science*, Vol. 508, 1990, p. 29.

不断高涨，为此，当时奉行自由主义观念的美国民主党人推动国会在1968年颁布了《1965年中小学教育法修正案》（该法案又被国会定义为《双语教育法》）。它标志着美国联邦双语教育政策的开始。但是，在实践上，该法案存在着明显的不足。一是那些经济条件较好的非英语移民子女被排斥在外，二是联邦拨款明显不足。按照国会规定，该法案的服务对象是那些家庭年收入低于政府规定的贫困线以下的不讲英语的少数民族学生。在法案实施的第一年，联邦投入只有1500万美元，尽管此后的政府投入逐年增加，但在1970年也不过4000多万美元。①

针对双语教育中的问题，美国国会从70年代开始就不断地修正双语教育法，其中主要有1974年和1978年修正案。在这两项法案中，国会拨款随之增加到每年的一亿美元以上，服务对象扩大到所有英语水平有限的学生，其中也包括美国的土著印第安人，政策中的平等性质较以前更加突出。在操作上，学生不仅可以学习英语，还可以学习本民族的语言和文化。因而，双语教育政策"已经成为一种推动使用两种语言和文化多元论的工具"。② 进入80年代以后，随着美国保守主义思潮的升温，许多人对双语教育政策提出质疑，而各地双语教学中暴露出的教学效果低下、学生辍学率依然居高不下、教学中客观上存在种族隔离教学模式等诸多问题，不仅引起主张维护白人盎格鲁新教文化的保守主义者的批评，甚至那些子女接受双语教育的家长，也表示怀疑双语教

① Thernstrom, Stephen, *Harvard Encyclopedia of American Ethnic Groups*, Cambridge, Mass.: Harvard University Press, 1980, p. 623; Imhoff, Gary, "The Position of U. S. English on Bilingual Education", *The Annals of the American Academy of Political and Social Science*, Vol. 508, 1990, pp. 51-54; Mulhauser, Fredrick, "Reviewing Bilingual-Education Research for Congress", *The Annals of the American Academy of Political and Social Science*, Vol. 508, 1990, pp. 114-115; Secada, Walter G., "Research, Politics and Bilingual Education", *The Annals of the American Academy of Political and Social Science*, Vol. 508, 1990, pp. 87-88.

② Miquel, Guadalup S., *Contested Policy: The Rise and Fall of Federal Bilingual Education in the United States, 1960-2001*, Denton, Texas: University of North Texas Press, 2004, p. 32.

育政策的合理性和有效性。与此同时，滥觞于80年代初期的“唯英语”运动也日趋活跃，并且得到越来越多的美国人的支持。社会上反对民族多元化的呼声也日益高涨，多数人认为，双语教育的目的不是维持民族多元化，而是一项帮助移民融入美国主流社会的过渡性计划。[①] 因此，到90年代，美国社会各界围绕双语教育的政策再次展开激烈的争论，尤其是“唯英语”运动的宣传更加积极，影响范围更大。另一方面，从80年代初期开始，尽管政府每年为双语教育投入了数亿美元，但是，接受双语教育的少数民族学生的整体学习成绩，却基本上没有发生变化，高辍学率的问题仍然没有解决。为此，美国各州相继颁布法律，确定英语为官方语言。到2003年，颁布这种立法的州已经达到27个，其中21个州的立法是在1985年之后颁布的。[②] 地方政府的这些变化，实际上意味着美国双语教育政策的末日即将到来。2000年共和党总统乔治·布什执政后，美国国会在2001年颁布了《儿童上进法》，双语教育政策最终被旨在提高学生英语的计划所取代。在少数民族学生中唯一继续享受双语教学计划的对象只剩下土著印第安人。至此，美国政府对外来移民子女实施长达40余年的双语教育政策寿终正寝。

从美国的双语教育政策的动机和目的可以看出，尽管这种政策产生于民族心理宽容、承认文化多元化的60年代，但是从70年代开始，政策的目标开始发生变化，最终的目的是将双语教育作为移民实现美国化的一个过渡性阶段。在参与双语教育计划期间，学校可以开设本民族语言的课程，但其宗旨不是为了保持本民族的语言文化，而是帮助学生更好地学习英语，进而使学生逐渐疏远并且放弃本民族的语言和文化，最终在思想、观念、文化和民族感情上，彻底实现美国化。

如前所述，加拿大的移民史与移民来源的发展变化，与美国有许多

---

① Thernstrom, Stephen, *Harvard Encyclopedia of American Ethnic Groups*, p. 623.

② Porter, Rosalie P., *Forked Tongue: The Politics of Bilingual Education*, New York: Basic Books, 1990, p. 211.

相似之处。两个国家都是在20世纪60年代认识到民族结构多元化的现实与发展趋势。当美国启动面向多元化的双语教育计划后不久，加拿大的双语教育计划也付诸实施。因为同美国一样，加拿大少数民族要求民族平等的呼声不断高涨，新移民中知识分子的增多以及他们的文化多元化的思想主张等，都对主流社会提出较大的挑战。人们呼吁在议会中增加少数民族的席位，在学校教育中应增加少数民族的语言和文化内容，少数民族群体也多次要求政府废除就业市场和住房市场的种族歧视与隔离。但是，在一些加拿大土生居民看来，文化多元主义是一柄双刃剑。一方面，接受不同文化背景的移民，有利于增强加拿大的社会的活力；另一方面，它必然给加拿大带来诸多的问题。按照一些学者的解释，"将许多不同的族裔群体纳入一个单一的政治体制中，意味着吸纳了族裔冲突的基本问题，这会导致政治结构的紧张关系的产生"。[①] 实际上，这种观点并不代表加拿大社会的主流思想。因为更多的加拿大人认为，在加拿大历史上，宗教、民族性和种族等因素都无关紧要，因为这些差异只是不同群体之间固有特征的反映，它并不代表各民族群体在政治认同上的差异，也不会对加拿大的政体产生威胁。相反，各群体对自己的文化传统的信心，有助于培植健康的自我认同感和积极地与其他民族兼容并蓄的态度，进而产生一种互补作用、形成一种和谐的群体关系。1969年，加拿大皇家双语与双文化委员会的一份报告中指出："融合并非是同化的同义语。同化意味着几乎完全被吸纳入另一个语言和文化群体之中，被同化者个人放弃了自己的文化认同，而且甚至会改变自己的姓名。在加拿大，同化与融合均已展开，每个人都必须拥有选择适合于自己同化途径的自由权利。……一个开放的、现代化的加拿大社会，应该有能力将那些异质性的因素融化入一个和谐

---

① Frideres, James S., "Managing Immigrant Social Transformations", in Halli, Shiva S., and Leo Driedger, eds., *Immigration Canada: Demographic, Economic and Social Challenges*, Toronto: University of Toronto Press, 1999, p. 70.

的体系之中，从而实现多样性中的一体性。”[①]的确，加拿大的种族多元化政策具有一种开明的、自由的性质，其包容性和民族自信显然比美国人大气得多。因此，当美国在实施民族多元化的同化政策时，总能听到各种不和谐的声音，其核心是对外来移民，特别是对来自亚洲和拉丁美洲国家的有色种族移民的不信任感。与加拿大人相比，美国人相形见绌了。美国人的同化最终是要实现合众为一的目标，而加拿大则将多元化看做是民族活力的动力来源。正是在这种基础上，加拿大政府在1969年颁布了《官方语言法》。1971年又颁布了旨在维护多元文化的《双语教育法》。1988年加拿大颁布的《多元文化法》，对双语教育政策进一步充实与完善。更重要的是，为保护加拿大多元文化主义者的权利，1982年《加拿大权利与自由宪章》第27条中规定，必须保护加拿大的多元文化传统，以有利于阻止一些加拿大公民的民族中心主义势力对移民的排斥。这项规定又在1982年宪法第36条款中得到增强，它规定联邦政府和议会的主要职责是推进机会平等和社会福利。这样，加拿大成为将双语教育纳入国策的国家之一。它在宪法中关于解决民族冲突、保护少数民族权利和文化、反对种族歧视等诸多方面的规定，表明多元化已经日益深入人心。政府的多元化政策既有利于维护国家的民族团结，也为加拿大社会和经济的发展注入了活力。

自1971年加拿大实施了双语教育政策之后，政府投入逐年增多，到1974年已经达到1000万加元，在此基础上，各省还提供了相应的配套投入。同时，加拿大的移民居住模式也发生了明显的变化。以前入境的移民主要前往西部农村地区，而在70年代以后，移民主要是进入加拿大10座最大的城市，其比例占入境移民的70％。他们建立了自己的民族社区，这在一定意义上加剧了移民与主流社会的隔离。这种

① Harles, John C., "Integration before Assimilation: Immigration, Multiculturalism and the Canadian Polity", *Canadian Journal of Political Science*, Vol. 30, No. 4, 1997, p. 711, http://www.jstor.org/stable/3232254(2008年5月21日下载).

隔离的特征不是以经济条件或人口规模为基础,而是“与现有的民族文化形势特别是宗教和文化教育机构有密切的联系”。[①] 对于将双语教育作为基本国策的加拿大来说,这种隔离也许更有利于双语教育的推行。因为移民的集中,组织课堂教学更容易,可以节省雇用教师、租赁教室和课堂分班教学等环节中的经费支出。从双语教学的具体效果看,那些在文化和宗教背景等方面与加拿大主流文化差异较小的群体,学习效果更好,反之效果就较差,而且需要投入的时间更长。[②] 在各省中间,唯有魁北克省的强制性政策比较明显。1977 年,魁北克省通过了 101 号决议,要求外来移民在省内所有公共场合都讲法语。魁北克的政策说明了这样一个事实,即在该省内讲法语人口的比例不断减少,而首选英语作为官方语言的人口数量却日益增长。这种趋势在双语教育政策实施后,也没有发生变化。这并非是说,讲法语的民族群体中丧失了其语言的传承性。相反,因为入境移民中讲法语的移民人数在不断减少,而非英语和非法语民族的移民在不断增加,因此,每个省份的语言多元化的特点都十分突出。在一些省份,学习本民族语言的学生人数增长较快。例如,在艾伯塔省,学习本民族语言的学生增长了 1/4。[③]

在民族多元化的政策目标上,加拿大与美国不同。加拿大始终尊重少数民族群体在文化认同上的选择,而且这种政策一直没有中断。1996 年,“加拿大公民资格与外来移民协会”经过与各地安置外来移民的机构协商后,拟定了帮助移民同化的基本原则。它们是:(1)移民融合是一种双向进程,需要新来者积极适应加拿大社会,另一方面,也需

① Clark, Colin, David Ley, and Peach Ceri, *Geography and Ethnic Pluralism*, London: George Allen and Unwin Publishers Ltd., 1984, pp. 104-105.

② Boyd, Monica, "Integrating Gender, Language, and Race", in Halli, Shiva S., and Leo Driedger, eds, *Immigration Canada*, p. 297.

③ Neuwirth, Gertrud, "Toward a Theory of Immigrant Integration", in Halli, Shiva S., and Leo Driedger, eds., *Immigration Canada*, pp. 73-74.

要加拿大接纳这些新来者和他们的文化；(2)融合的关键是移民使用加拿大的官方语言（英语或法语）的能力。但是，允许移民在学习两种官方语言的同时，继续学习本民族的语言和文化；(3)应当珍惜移民对加拿大的社会和经济价值，这就需要外来移民在经济上实现自给自足，也需要加拿大各地社区居民向移民提供帮助，使移民拥有足够的机会积极参与加拿大的经济与社会生活，并做出他们的贡献；(4)积极与移民分享加拿大的自由、平等和民主权利；(5)在帮助移民实现经济自足的时候，政府的安置与融合服务至关重要，首要关心的对象应是那些在融合过程中遇到困难较大的移民或最需要帮助的人。尽管这些纲要过于简单，没有说明具体的操作措施，但作为一种原则却表明，在移民融合进程中，无论是土生居民还是外来移民，都应该履行各自应该承担的责任。在各方积极合作的前提下，移民在语言、文化、社会和经济生活中行使了更多的自由和平等权利。①

从整体上看，加拿大兼容并蓄的多元化政策产生了积极的效果，增强了外来移民的认同感和凝聚力。外来移民加入加拿大国籍之后，就具有一种从未有过的安全感、自豪感和归宿感。一位取得加拿大国籍的老挝移民这样感慨地写道："我将自己视为一位真正的加拿大人。每当我离开加拿大外出旅行的时候——因公前往底特律和纽约——总有一种不安全的感觉。而当我跨越边界进入加拿大的时候就感到一种安全感。去年公司派遣我去纽约参加一个会议，当我听到加拿大国歌的时候，我激动得泪流不止。"移民在异国他乡生活，需要一个新的生活环境，他们也愿意积极地向主流文化和社会生活方式靠拢。例如，另外一位老挝移民在接受调查时这样表述："作为老挝人，我们不能保留自己的习惯，因为我们与在家乡的生活完全不同……我们必须改

① Neuwirth, Gertrud, "Toward a Theory of Immigrant Integration", in Halli, Shiva S., and Leo Driedger, eds., *Immigration Canada*, pp. 55-56.

变我们的生活方式。我们来到加拿大,做事情就必须像加拿大人一样,我们不能把自己的传统带到这个国家并且期望在这里工作。我们必须更像一个加拿大人。"① 显然,加拿大的双语与多元化民族政策得到了移民认同。

在当代欧洲各国中,英国是推行双语教育政策最早的国家。1944年英国议会颁布的一项法案中规定,各地学校应根据各自的具体条件和学生来源,确定英语以外的外语教育;各地中小学应该在地方教育机构的领导下,确立自己的办学特色和课程结构。1975年,英国政府的一份报告在解释双语教育政策时指出:"对他们进行双语教育,对其子女和家庭乃至于整个社会,都具有非凡的重要意义。在现代世界上一个对语言比较敏感的国家中,我们应该认为这是一种财富,是一种应该培植的事情,而担负这种义务的机构之一就是学校。学校应该理所当然地采取积极的态度,教授学生学习双语,并在可行的情况下,帮助学生保持并加深他们的母语知识。"② 为此,英国议会在1976年种族关系法第71款中再次强调,各地学校有义务对各种族的学生提供平等的教育机会。对少数民族来讲,学习母语是他们是否获得教育平等机会的象征和标志,他们可以在母语的基础上进一步提高自己的语言水平。1978年,英国议会进一步规定:"对于各种宗教和非教会观念,宗教教育应培养一种心态公正的态度。它应该鼓励一种愿意接受他人立场的意愿。这种方法应该保证,本民族的传统在受到批判之前,应该允许学生按照自己的观点进行判断。"③ 英国政府这种相对开明的教育政策,一方面是移民自身努力争取的结果,另一方面也反映了英国政府对现实社会的认识与判断。一些少数民族领导人认为,英国之所以存在着严重的种族主义,是因为英国的教育从小学开始就向学生灌输种族优

① Harles, John C., "Integration before Assimilation", *Canadian Journal of Political Science*, Vol. 30, No. 4, 1997, pp. 720, 732.

② Poulter, Sebastian, *English Law and Ethnic Minority Customs*, pp. 69-70, 175.

③ Poulter, Sebastian, *English Law and Ethnic Minority Customs*, pp. 167-168.

越论的思想，多数教科书中都强调白人如何领导世界的未来，这等于英国政府和社会仍然把英国人在近现代史上对有色种族的杀戮，看做是英国人的“辉煌历史”。这种教育理念在客观上只会助长英国社会上根深蒂固的种族主义，增强白人对少数民族的蔑视感，加大少数民族与主流文化融合的难度。因此，少数民族要求学校教材中增添有色种族文化的内容。这种观点也得到了不少学者和政府官员的支持。他们认为，对少数民族群体进行双语教育，既有利于保持自己的文化传统，又能使移民群体利用本民族语言增加自己的就业机会，通过参加与母国的经济贸易来提高经济收入。

在具体操作上，英国的做法与加拿大恰好相反。一方面，英国在1945年之前的种族同质性特点非常突出，种族多元化的趋势是战后出现的一种新景象；另一方面，尽管英国在1966年颁布了《地方政府法》，加大了对教育的投资，增加了教育师资编制和设备投入①，但是，政府企图把移民子女与英国学生进行合校教育。由于许多移民集中在内城，白人子女多在郊区，一些地方政府采取校车接送制度，遭到了移民和英国人的反对。后来英国政府在安置移民时采取分散化政策，移民子女也就跟随其父母被分散到各地教育区。但是，英国政府对每所学校的移民学生人数比例做出规定：任何一所接受外来移民子女的学校，少数民族学生不能少于在校生的2%，最多不能超过在校生的1/3。这样做的目的，就是要“避免社会紧张关系”。从实践上看，对学生进行分散化教育并不困难。例如，布拉福德教育局的一份报告中指出：“尽管提供交通的支出不断增长，分散化进展基本顺利。年初，我们已经有五

---

① 英国政府始终没有颁布一项专门的双语教育法，而是在各种立法中规定实行双语教育。在财政方面，主要是通过各种综合性的计划提供资金。例如，1968年实施的“城市援助计划”中，就有关于少数民族学生教育的规定和专项资金；另一类是欧洲共同体设立的“欧洲社会基金”，它主要用来帮助移民子女从事实践教学的科研项目。详细论述参见 Tomlinson, Sally, “A Note on the Education of Ethnic Minority Children in Britain”, *International Migration Review*, Vol. 16, No. 3, 1982, pp. 648-649。

所学校完成定额，现在增加到 11 所。目前，移民子女学生人数达到 10 人的学校已有 56 所。”[①]这种政策虽然是一种积极的促进融合的政策，但一些学校在突然来了外来移民的学生后，某些经济条件较好的白人学生纷纷转学，结果拒绝承担双语教学的学校日益增多。一些学校认为，这种政策违反了办学原则，一些移民家长因住所与学校之间距离太远，不能保持一种良好的联系，不利于对学生的教育。在教学的过程中，由于语言上的障碍，许多学生无法理解课堂的讲授内容。于是，一些学校便开设语言速成班，等学生的语言能力明显提高后，再安插到同年级白人学生的班级。还有些学校将课外补习和双语教育结合起来。这些办法所产生的效果可谓喜忧参半，说明仅仅政府政策还不足以解决实际问题，还需要更加合理的教学计划。一些地方的调查表明，在黑人比较集中区域的学校，教育质量都比较低。在学校，移民子女面临着白人学生和教师的歧视，因而其学习成绩较差。[②]

法国作为一个具有悠久历史传统的民主国家，其国民教育体系一直强调教育机构对教育公民价值观念的重要性，要求学校认真培养儿童“共和制道德，热爱祖国和工作的欲望”。到 19 世纪末，随着法国公立教育制度的确立，法国就明确了“共和国创办了学校，学校将缔造共和国”的教育宗旨。这种教育理念在 20 世纪法国的教育政策中仍然十分突出。1989 年的一项教育法中就这样明确地写道，“学校在民主国家发展中发挥着至关重要的作用。学校通过教育，培育自由观念，在学校日常生活和教育中，开发构成文明的、民主社会的基础的美德”，这些美德包括追求真理的信仰、知识的活力、责任意识、对自己和他人的尊重、团结和合作的精神、反对种族主义以及为自由献

---

① Castles, Stenphen, and Godula Kosack, *Immigrant Workers and Class Structure in Western Europe*, p. 220.

② Tomlinson, Sally, “A Note on the Education of Ethnic Minority Children in Britain” *International Migration Review*, Vol. 16, No. 3, 1982, pp. 651-652.

身的精神等。[1]

在这种背景下,战后大批有色种族移民到来后,不仅各国移民之间的语言差异甚大,而且彼此间的学历和教育水平也有所不同。例如,在成年移民中,来自阿尔及利亚的移民,大多数接受的是法国模式的教育,只有3%的人没有学历;在摩洛哥移民中,28%的人小学毕业,52%属于中学或中等专业技校毕业,16%有大学学历;在犹太人中间,多数来自欧洲其他国家,因而"犹太人的学历高于所有法国人"。[2] 语言作为文化的载体,对移民提高就业技能和创新能力具有重要的影响。就像法国教育部官员所认识到的那样,"掌握法语……是所有其他阶段学习的前提……这也是它被视为自由工具的原因之一……对于那些第一语言不是法语的儿童,学校提供了融入法国社会的手段,鼓励文化走向多样性"。[3] 按照这种主张,法国政府在20世纪30年代以来,就要求所有的公立学校和私立学校对移民子女开放,学校的教学模式和管理接受政府的监督。作为回报,政府负责这些私立学校的教师工资,并承担部分教育开支。由于战后学生人数多,分散后流向各地区学生的人数多寡不同,因此,法国政府从1973年开始实施双语教学政策,在每一周的课程中用移民母语授课的时间不得少于三个课时。为推动双语教育政策的有效性,法国政府在1985年规定,凡来自与法国达成官方协议国家的移民,都可以在法国的学校接受母语教学。从当时的情况看,先后与法国达成双边协议的国家包括:葡萄牙和意大利(1973年)、阿尔及利亚(1982年),此后法国又分别与西班牙、摩洛哥、突尼斯、土耳

---

① Boyzon-Fradet, Danielle, "The French Education System: Springboard or Obstacle to Integration", in Horowitz, Donald L., and Gérard Noiriel, eds., *Immigration in Two Democracies: French and American Experience*, New York: New York University Press, 1992, p. 149.

② Hyman, Paula, *The Jews in Modern France*, pp. 196-197.

③ Boyzon-Fradet, Danielle, "The French Education System: Springboard or Obstacle to Integration", in Horowitz, Donald L., and Gérard Noiriel, eds., *Immigration in Two Democracies*, pp. 149-150.

其和南斯拉夫签订了双边协议。这些国家的学生的母语教育,可由其祖国派遣老师任课,教师的工资由母国政府支付。但是,这种合作方式也带来一些问题。例如,它可能有利于那些将来准备返回祖国的学生,而对于那些准备在法国长期定居的学生则用处不大,他们要的是通过双语教育,在保持本民族文化的同时,提高法语水平,为以后的深造奠定基础。这种着眼于移民融合和同化的政策也必将促进移民子女与法国社会和文化的融合。事实证明,这种效果是令人满意的。例如,在1981年,选择学习母语的学生中,阿拉伯人、阿尔及利亚人、摩洛哥人、西班牙人、意大利人、葡萄牙人、土耳其人和南斯拉夫人的总数量达到43.45万,1989年增加到60.88万。在相同的年份,阿尔及利亚裔学生处于增长状态,由6232人增加到1.67万人,意大利裔从8149人增加到1.11万人,摩洛哥裔从3775人增加到1.23万人,土耳其裔从4382人增至7932人。在这两个年份,在学校选择学习母语人数减少的群体是:突尼斯裔,学生人数从3131人减至2316人;西班牙裔从996人减至387人;葡萄牙裔从1.66万人减至9900人。当选择母语的学生人数减少后,移民社区领导人之间也出现两种观点:一种观点认为应首先学习法语,课后再学母语;另一种观点主张放弃学习母语,将移民子女与法国儿童进行合校教育,这样有利于移民子女融入主流社会。[①] 实践证明,后一种观点对移民儿童日后融入法国社会具有积极的作用,他们接受教育的时间越长,对法国文化的了解越深,成人后进入就业市场的融合程度就越高。[②]

除正规的学校教育外,法国政府针对入境移民中文盲率较高的问

---

① Boyzon-Fradet, Danielle, "The French Education System: Springboard or Obstacle to Integration", in Horowitz, Donald L., and Gérard Noiriel, eds., *Immigration in Two Democracies*, pp. 157-158.

② Boyzon-Fradet, Danielle, "The French Education System: Springboard or Obstacle to Integration", in Horowitz, Donald L., and Gérard Noiriel, eds., *Immigration in Two Democracies*, pp. 162-163.

题做出规定：凡愿意学习文化的移民，可向政府提出申请，只要一个教育区的报名人数达到10人，就可以由政府出资举办学习班。学习班中使用的语言既可以是法语，也可以是移民的母语。这项政策实施后，参加学习班的移民与日俱增。据统计，1969年参加政府举办的学习班的移民达2.5万人。在同年参加由法国的工会、企业主和民族组织等社会机构举办的民办学习班的学员达到5.5万人。授课教师多数来自各学校的志愿者。在被调查的146个组织中，有3120名志愿教师，占民办学习班教师的94.5%。① 显然，法国的双语教育在欧美国家中最为灵活，类型也是多种多样。这种积极促进融合的政策与民族多元化趋势并行不悖，可以说具有典范性意义。

与法国为邻的德国，其政策大相径庭。德国政府除与土耳其政府签订了举办双语教育的协议外，在多数情况下，要求地方政府和各地学校承担双语教育计划。不管是早期的西德还是统一后的德国，其政府都不大欢迎有色种族的移民，因而在促进移民与主流社会的融合方面，始终羞羞答答，趑趄不前，往往是万般无奈之下才开始制定相关的政策，这一点在前文中已多次提及。在移民双语教育方面也是如此。其中的原因之一，是在西德对外籍劳工实行遣返政策之后，的确有许多移民回国。70年代后期，当政府发现境内有许多移民毫无回国的打算之后，才开始允许各地的学校举办双语教育。在一些城市，来自意大利、西班牙和希腊移民的子女，除每天接受当地正规教育之外，几乎每天下午都到本民族的补习班学习。希腊政府在征得西德政府的同意后，也在西德资助了几所双语教育的学校，专门供希腊移民子女学习希腊的语言、宗教、地理和文化。当然，西德的一些企业也出于自身发展的需要，为本公司的移民开设双语教育，因为它们期望能够长期雇用这些劳工，又不敢与西德政府有明显的公开对抗行为。可是各公司自身办学

---

① Castles, Stenphen, and Godula Kosack, *Immigrant Workers and Class Structure in Western Europe*, pp. 183-184.

经验不足，常常遇到一些意想不到的困难。一家企业的代表在谈到举办学习班的过程时表示，尽管他们通过实践和摸索而不断地修订教学计划和方案，但还是认为："从一开始，我们雇用语言教师的时候就出差错了。换句话说，我们没有找到专职教师上课。结果，在一般情况下，他们失败了，因为在实践上，出于职业荣誉的考虑，他们决定向外籍劳工传授正确的语言，他们轻视口语……我们必须改变把语言看做是原始的交流工具的主意。几周来，我们正在试验，教会外籍人 400 个常用单词，把这些单词精心挑选出来并且都放在图画册中。"这种教育方法常常能取得较好的效果。①

总括上文，欧美各国因国情和历史文化背景不同，各自的出发点和目标也存在着差异，但是，各国政策的共同之处，都是为本国的社会经济发展服务。尽管各国旨在促进移民与主流社会融合的政策力度迥然有别，但其中的人道主义精神是不言而喻的。虽然类似德国那样的保守政策并非普遍现象，但在内心深处，各国政府决策者首先是希望移民能够认同迁入国家的政治制度和社会文化观念。在此前提下，他们尊重少数民族的文化，提供促进移民自然同化的政策。这与第二次世界大战之前相比，已经是难能可贵的了。毕竟，各国民族的融合与同化是一个需要实践和探索的过程。然而，尽管各国政府在推进移民与主流社会融合政策的实施过程中，都明令禁止对移民有任何歧视性行为，但从普遍情况看，政府部门中的工作人员执法犯法的事例不胜枚举。在许多国家，移民个人的权利经常受到侵害，"管理人员可能不告知移民的权利，警察在破案时缺乏激情。在涉及移民的福利、失业保险或社会保障时，服务人员没有查阅有利的法规"。无论是有意还是无意，政府部门的一些官员不时地设置重重障碍，制造困难，故意疏远或拒绝保护移民的人权。尤其是警察执法时，有任何小的违规行为或行为不端的

① Castles，Stenphen，and Godula Kosack，*Immigrant Workers and Class Structure in Western Europe*，pp. 190，231.

移民，常常不经过法庭审判就被驱逐出境。在涉及侵犯外来移民权利的刑事案件中，警察常常敷衍塞责，不愿意搜集有利于移民的证据。法庭在做出判决时，常常偏袒土生公民。在英国保守党中，一些议员也助纣为虐，不时地高喊右翼势力组织频繁使用的“保持英国白人的纯洁性”的口号。更无法令人接受的是，许多公共场所都有“狗和有色人种不得入内”的招牌。[①] 这些问题表明，欧美国家反对种族歧视的政策实施后，根本没有在政治生活中消除制度上的种族主义，因而就没有办法消除隐藏在社会各方面的种族歧视现象。只要这种现象普遍存在，解决民族同化的问题依然任重道远。

① Power, Jonathan, *Migrant Workers in Western Europe and the United States*, pp. 51-52.

第九章　移民与欧美国家的民族多元化

从前文各章中可以看出，当欧美发达国家在 20 世纪接受了大批的外来移民之后，最为醒目的变化之一，就是其民族结构中的多元化特征非常突出。由于各国接受的移民的民族来源不同，人数多寡悬殊，因而民族多元化的程度也各不相同。在本章中，笔者所界定的欧美各国的多元化主要分为两个层次。第一层次是同一种族下的民族多元化，是针对欧洲各国内部的白人移民而言的；第二层次是不同种族间的民族多元化，主要是针对欧洲白人和有色种族的移民而言的。两者的不同之处在于肤色和血统上的差异，而共同之处在于移民的文化与文明背景、语言、宗教和生活方式方面存在的异质性。在这个意义上，判定欧美国家的民族多元化，可以清楚地勾画出各国民族结构性变化。对于各国移民来说，由于他们与迁入国的语言、文化、宗教、生活方式等存在多方面的差异，接受教育的程度也千差万别，因而他们的融合与同化进程不尽一致。在移民接受国家，各移民群体经历过不同程度的排斥，与主流社会的融合程度各有差异。因此，摆在这些国家面前的任务不仅仅是帮助移民入籍，更要使他们在工作方式、价值观念和政治认同等方面融入主流社会。在这个意义上，民族多元化实际上是移民融合进程快慢的侧面写照。

一、民族多元化的形成

在欧美各国中，唯有美国接受的外来移民规模最大，民族来源也最为庞杂。到19世纪末期之前，几乎所有西欧和北欧国家都有移民进入美国。此后，虽然西欧和北欧国家的移民日益减少，但是，来自俄国、意大利、波兰、奥匈帝国、西班牙和葡萄牙等东欧和南欧国家的移民纷至沓来。他们作为20世纪大部分时期美国外来移民的主体，大多不讲英语，又信奉东正教、犹太教和天主教。与西欧和北欧国家的移民相比，他们属于不同的语系，西欧和北欧国家的语言属于印欧语系，东欧和南欧国家则属于斯拉夫语系和拉丁语系。尽管如此，他们都是白人种族，在血统上具有一定的相似性。但是，从19世纪中期开始，华人、日本人、韩国人、菲律宾人、印度人和一些阿拉伯人等也陆续到达美国。在20世纪初期，来自墨西哥等西半球国家的移民增多。这些有色种族的移民与居住在美国的土著印第安人和黑人一起，形成了与白种人对比分明的多种族群体。按照美国学界的界定，在美国人口中有来自亚洲的黄种人、非洲黑人、欧洲白人、拉丁美洲的棕色人种（即黑人和土著印第安人的混血后代）以及以土著印第安人为主体的红种人。可以说世界各种族的群体都在美国有移民。面对这种格局，美国学者卡伦·霍雷斯主张在解释美利坚民族的构成时，用“民族多元化理论”来替代盛极一时的民族熔炉理论。尽管有的学者对他的观点提出挑战，而且，当时美国人口和外来移民的主体是白人，但是，卡伦关于人们可以改变自己的文化和宗教信仰但永远不能改变自己祖宗的观点，至今仍被美国学术界所接受。① 美国

① Jiobu, Robert Masao, *Ethnicity and Inequality*, Albany, New York: State University of New York Press, 1990, pp. 10-11；〔美〕塞缪尔·亨廷顿：《我们是谁？美国国家特性面临的挑战》，程克雄译，新华出版社2005年版，第109—110页。

政府在20世纪最初20年间发起了带有强制性色彩的美国化运动，要求移民在政治、语言文化、宗教和价值观念等各方面，完成向美国化方向的转变。第二次世界大战后，随着美国移民政策的松动和种族歧视性条款的废除，有色种族的移民越来越多，并且成为60年代以来入境移民的主体。从此之后，美国的民族多元化（也可以说是种族多元化）特征越来越突出。例如，在1965—1990年间，共有25个国家的104.39万外来移民在纽约市定居，其中移民人数最多的国家依次是多米尼加（18.3万）、波多黎各（13.44万）、中国（11.71万）、牙买加（7.42万）、哥伦比亚（5.32万）、厄瓜多尔（4.92万）和海地（4.71万），其中，有色种族达到85%以上。① 每个移民群体都有自己的语言，就至少有25种的语言；再加上同期入境的欧洲移民，语言种类就更为多样。纽约市是美国民族多元化的一个缩影，在这里使用双语教学的语种有30多个。在各群体中，欧洲移民的同化速度在加快，而来自西半球讲西班牙语的移民也在增多。在80年代之前，申明德语为自己母语的美国人减少了15%，讲斯拉夫语的人口减少了30%，其中立陶宛语人口减少了27%，俄语人口减少了26%，然而，讲菲律宾语的人口增加了120%，讲汉语的人口增加了70%，阿拉伯语人口增加了40%。从绝对人口数量上讲，讲西班牙语的人口最多。在1980年人口统计中，将近2300万人口不讲英语，其中1100万讲西班牙语。从区域分布看，讲西班牙语人口最多的州依次是新墨西哥、夏威夷、加利福尼亚、得克萨斯、亚利桑那、纽约、罗得岛、新泽西、康涅狄格和佛罗里达。② 从上述资料看，如果说第一次世界大战时期美国的种族多元化已经初露端倪，那么第二次世界大战之后，随着亚洲和拉丁美洲国家的移民日益增多，美国人口结构

---

① Cordero-Guzmán, Hèctor, and Ramon Grosfoguel, "The Democratic and Socio-Economic Characteristics of Post-1965 Immigrants to New York City: A Comparative Analysis by National Origin", *International Migration*, Vol. 38, No. 4, 2000, pp. 48-49.

② 〔美〕布·罗北：《美国人民：从人口学角度看美国社会》，董天民、韩宝成译，国际文化出版公司1987年版，第149—152页。

中的种族多元化更加突出。面对这种变化，一些美国学者忧心忡忡，认为在 20 世纪中期，“美国是一个多民族、多人种的社会，拥有将多种亚文化包含于其中的盎格鲁—新教文化，以及根植于这一主流文化的共同政治信念。如果发生在 20 世纪后期的事情持续下去，可能会使美国分成一个两叉的、通行两种全国性语言的盎格鲁—拉美裔社会”。这些学者指出，出现这种趋势的原因，一方面是因为过去 40 多年来美国推行双语教育，另一方面，“文化分叉趋势背后的驱动力，是来自拉美尤其是墨西哥的移民”。① 显然，美国的多元化趋势并非受到所有美国人特别是白人的欢迎。

与美国相比，加拿大同样是一个多种族的社会。但是，与美国人更加保守的态度相比，加拿大人的宽容性更强。有学者曾经这样乐观地比喻加拿大的多元化趋势：“加拿大是一个文化多元化的社会，一个族裔万花筒，一个由多民族组成的斑驳陆离的复合体，其鲜明的文化为整体添加了色彩和结构。”不仅如此，在可以预见的将来，加拿大就像美国那样，少数民族还会继续增加。到 21 世纪 20 年代，少数民族人口将会达到 710 多万。其中，黑人将会由 1991 年的 54 万上升到 130 万；南亚人将会由 1991 年的 54.3 万人上升到 120 万，成为第三个群体；西亚人和阿拉伯人将会是增长最快的群体，由 1991 年的 31.5 万增长到 2016 年的 100 万。②

当然，与美国不同的是，美国的官方语言是英语，而加拿大的官方语言是英语和法语。这既与加拿大殖民地时代的宗主国以及殖民地人口构成相关，也与魁北克的法国裔坚持民族平等的要求密切关联。从殖民地时代到 19 世纪末期，在加拿大人口中，英国裔和法国裔居于主导地位，但是，随着此后来自东欧和南欧移民的增多，人口中的民族多元化趋势日益增强。也就是说，加拿大的种族多元化趋势与美国基本

① 〔美〕塞缪尔·亨廷顿：《美国国家特性面临的挑战》，第 183 页。

② Foster, Lorne, *Turnstile Immigration*, p. 8.

相同,两个国家的移民的民族来源发生转换的时间也大体一致。不同的是,加拿大在每个时期的移民人数始终没有美国那样多。因此,在第一次世界大战时期,也即美国人口的种族多元化初步形成的时期,也是加拿大民族多元化初步形成的时期。到第二次世界大战后,加拿大人口的种族结构几乎与美国一致。到 20 世纪 50 年代,加拿大外来移民绝大多数来自欧洲,20 世纪 70 年代以来非白人移民越来越多。在 1951 年迁入加拿大的外来移民中,人数最多的 10 个国家中有 9 个属于欧洲。可是,在 1984 年入境移民人数最多的 10 个国家或地区中,有 7 个国家或地区属于第三世界,其中,越南和中国香港处于第一和第二位,英国居于第五位。在 1993 年移民人数最多的 10 个国家中,7 个属于亚洲。相应地,1971 年非白人人口占加拿大人口的 5%,到 1991 年增长到 10%。① 随着入境移民中有色种族移民人数的增多,加拿大人口中的非白人人口也呈现出迅速增长之势。在各民族中,人口增长的速度差异较大。除英国移民和法国移民外,其他群体的移民比例较高,欧洲裔人口中的移民比例较低,因为欧洲移民多数是在 1961 年之前入境的。在亚洲和其他第三世界国家的移民中,外来移民占其民族人口的 60%以上,其中西亚移民、华人和拉美移民的比例占其民族群体人口的 70%以上。他们都是从 80 年代开始大规模入境的。显然,随着战后有色种族移民人数的增多,加拿大民族同质性日渐削弱,种族多元化趋势进一步加强。据统计,在 1991 年,加拿大人会说英语和法语的

---

① Halli, Shiva S., and Leo Driedger, "Immigration Challenge 2000", in Halli, Shiva S., and Leo Driedger, eds., *Immigration Canada*, pp. 3-4. 据一些加拿大学者研究,1950—1955 年间,欧洲移民占加拿大外来移民的 88%,但是在 1974—1978 年间下降到 37%,而亚洲移民在这 4 年间占入境移民人数的 26%,拉丁美洲和加勒比海移民占 18%。1979 年由于大批越南难民入境,亚洲移民占当年加拿大入境移民的 45%左右。这种显著变化说明了当今加拿大的社会和民族人口结构的显著变化。一直到 1968 年,迁入加拿大的移民人数最多的国家和地区依次是:英国、美国、意大利、德国、中国香港、法国、奥地利、希腊、葡萄牙和南斯拉夫,而在 1979 年入境移民人数最多的国家和地区是:越南、英国、美国、中国香港、印度、老挝、菲律宾、葡萄牙、牙买加和中国。参见 Clark, Colin, David Ley, and Peach Ceri, *Geography and Ethnic Pluralism*, pp. 103-104。

人口比例达到97.4%，可是，在外来移民中，会讲两种官方语言的比例在60%左右，在家庭里讲两种语言的比例不过39%。如果按照移民的主要来源界定，也存在着较大的差异。在1946年以前入境的移民中，在家里说官方语言的比例，在男性中间为97.8%，女性中为88.8%。从此之后，入境的移民中讲官方语言的比例不断下降。例如，在1946—1960年间入境的移民中，在家庭说官方语言的移民男性为73.4%，女性为72.6%。在1971—1975年间入境的移民中，同一比例分别为63.8%和63.0%；在1981—1985年间入境的移民中，分别为44.9%和45.6%，在1986—1991年间入境的移民中，分别为33.2%和34.4%。从区域上看，唯有魁北克比较明显。说英语的移民在1946年以前入境移民中的比例达到68.9%，说法语的比例达到26.8%，说其他语言的比例为4.3%；在1960—1971年间入境的移民中，说英语的比例下降到39.2%，说法语的移民上升至36.7%，其他语言的移民为24.2%；在80年代入境的移民中，说英语的移民为23.9%，法语移民达到47.45%，其他语言的移民达到28.55%。[①] 从少数民族的现状看，大量数据表明，英语是各少数民族群体首选的官方语言，包括魁北克在内的所有省份都是如此。但是，1977年魁北克省通过101号决议，要求外来移民在省内所有公共场合都说法语。在艾伯塔省，说挪威语、德语、法语的人口在过去50年间减少了50%，说非官方语言的学生增长了1/4。[②] 当然，亚洲和第三世界国家移民人数的增多，只能说明加拿大人口结构中，说非官方语言的少数民族人口有所增多。尽管如此，到20世纪90年代，在加拿大使用的非官方语言中，欧洲国家的民族语言

① Beaujot, Roderic P., "Immigration and Demographic Structures", in Halli, Shiva S., and Leo Driedger, eds., *Immigration Canada*, p. 108.

② Neuwirth, Gertrud, "Toward a Theory of Immigrant Integration", in Halli, Shiva S., and Leo Driedger, eds., *Immigration Canada*, pp. 73-74.

仍然居于主导性地位，历史上形成的加拿大民族人口的主体格局依然未变。在90年代初，使用非官方语言人数最多的群体中，欧洲裔仍然居于前列（见表9.1）。

表9.1 1991年加拿大使用人口最多的10种非官方语言[①]

语言	母语人口数量（万）	在家庭讲母语（%）	会讲母语	语言	子女数量（万）	会讲母语（%）	有母语传统（%）
意大利语	53.86	28.82	701910	旁遮普语	2.68	85	40
汉语	51.68	43.00	557300	汉语	7.61	82	47
德语	49.06	13.44	684950	西班牙语	3.31	79	43
葡萄牙语	22.06	15.25	254465	希腊语	1.93	76	34
乌克兰语	20.13	4.99	249535	葡萄牙语	4.21	71	33
波兰语	20.03	11.71	239580	波兰语	3.14	56	35
西班牙语	18.76	14.5	402435	意大利语	8.67	43	7
旁遮普语	14.72	12.37	167930	德语	8.02	23	10
荷兰语	14.64	1.99	173290	乌克兰语	2.29	17	5
希腊语	13.29	9.31	161320	荷兰语	3.86	8	2

与美国和加拿大相比，接受外来移民的欧洲国家既有不同之处，也有相似的发展趋势。在20世纪之前，欧洲长期作为一个移民迁出人数最多的地区，接受的外来移民相对较少，移民无论是作为季节劳工还是永久性定居者，其来源主要局限于与各国接壤或邻近的国家，入境者主要是白人。例如，进入法国的移民主要是比利时人和意大利人，来到德国的移民主要是波兰人，进入英国的移民多数是爱尔兰人。他们与东道国在语言、文化和宗教上具有一定的相似性，彼此在历史上的交往和文化联系，使他们相对容易地融入主流社会。因此，接受移民的西欧各国的民族多元化只是在相对狭义的概念上而言的。这种趋势一直持续

① Halli, Shiva S., and Leo Driedger, eds., *Immigration Canada*, pp. 309, 312.

到第二次世界大战爆发。在战争结束后，随着来自第三世界国家移民的日益增多，无论是西欧和北欧国家，还是作为新近加入接受外来移民国家行列的南欧国家，其人口结构中共同的特点是有色种族人口骤然增多。因此，外来移民对这些国家的影响，与其说反映在人口数量上，还不如说是表现在语言和民族文化方面。在1989年，外来移民占法国人口的3.8％、联邦德国的5.7％、比利时人口的3.3％、荷兰人口的3.1％、丹麦人口的2.3％、希腊人口的1.2％、英国人口的1.8％、意大利人口的0.4％、爱尔兰人口的0.5％、葡萄牙人口的0.7％和西班牙人口的0.4％。[①] 虽然外来移民人数占东道国人口的比例较低，然而，由于20世纪70年代之后进入欧洲国家的外来移民中来自亚洲、非洲、加勒比海地区的有色种族移民日益增多，他们作为生产者、消费者和文化的载体，对当地的人口构成和文化构成产生了前所未有的影响。在接受外来移民较多的国家中，人口中的民族和文化多元化特征更加突出。这种历史性的变化已经引起西方不少学者的关注。他们认为，在20世纪后半期，跨国性质的移民导致西方许多国家"出现了或者正在出现民族、文化、种族、宗教和语言的多元化"[②]，还有学者更加肯定地认为，西欧和北欧国家民族多元化形成的时间，不应该是20世纪和21世纪之交，而应该在20世纪80年代末期。[③] 当然，在不同的国家，其时间早晚各有不同。例如，在迁入法国的移民中，第二次世界大战前移民主要来自欧洲，而欧洲以外的移民非常有限，在第二次世界大战后这

---

① Findlay, Allan, "An Economic Audit of Contemporary Immigration", in Robinson, Vaughan, ed., *Migration and Public Policy*, p. 3. 西方学者关于丹麦的移民数据有出入。有学者认为，1987年丹麦的外来移民达到12.8万，占其总人口的2.5％，其中40％来自北欧和欧共体国家。其他国家的移民较多的是土耳其人（2.2万）、巴基斯坦人（7000）、南斯拉夫人（8000）和伊朗人（6000）。参见 Mercuro, N., H. Entinger, and J. Carter, *Immigration in Western Democracies*, p. 226。

② Taran, Patrick A., "Human Rights of Migrants: Challenges of the New Decade", *International Migration*, Vol. 38, No. 6, 2000, p. 10.

③ 〔美〕文森特·帕里罗、约翰·史汀森、阿戴思·史汀森：《当代社会问题》，周兵译，华夏出版社2002年版，第261页。

种现象发生逆转。在 1975 年之后，法国 4/5 的移民来源于利比里亚半岛和北非国家，20%以上来自阿尔及利亚和葡萄牙。就像在美国一样，法国既有老移民也有新移民，此外还有 100 多万非法移民。[①] 同样，英国在第二次世界大战后尤其是在 50、60 年代来自亚洲（中国香港、越南、柬埔寨、印度、巴基斯坦）的移民和西印度群岛的黑人等，也对英国的民族结构产生重大影响。这些纷繁庞杂的民族群体，构成了当今英国社会的民族多元化特点。虽然英国依然是一个以白人为主体的国家，但是，其种族多样化不容小觑。据统计，1991 年，在其 5488.88 万人口中，白人有 51877.4 万人，有色种族群体 301.5 万人，其中，来自加勒比海的黑人将近 50 万人，印度人 84.03 万，非洲黑人 21.23 万，巴基斯坦人 101.86 万，华人 15.69 万，孟加拉人 16.28 万，阿拉伯人 6.9 万，其他亚洲人 31.97 万，有色种族的移民及其后裔几乎占英国总人口的 6%。[②] 对此，有的西方学者认为："战后外来移民对英国人生活方式的影响，远远超过 1945 年之前入境的移民，尽管自战争结束以来发生的所有变化，都需要从过去 50 年来日益增长的全球化背景下解释。"来自世界各国的移民，不仅带来了自己的食品和烹饪、服饰文化和建筑风格，而且在当地的音乐和体育等方面发挥了积极的作用。英国的体育行业和流行音乐中都有大量的黑人。[③] 在北欧国家，外来移民的结构也发生同样的变化。1989 年居住在丹麦的 11.5 万外籍人中，30%来自南斯拉夫；荷兰的外籍人中间，40%来自印度尼西亚和土耳其，30%

---

① Horowitz, Donald L., "Immigration and Group Relations in France and America", in Horowitz, Donald L., and Gérard Noiriel, eds., *Immigration in Two Democracies*, p. 6.

② 引文中的黑人包括入境的外来移民。如果将英国土生的黑人和混血人包括在内，其人数将达到 200 多万。参见 Jones, Richard, and Gnanapala Welhengama, *Ethnic Minorities in English Law*, London: Trentham Books Limited, 2000, pp. 2-3; Booth, Heather, *The Migration Process in Britain and West Germany*, p. 40。

③ Panayi, Panikos, *The Impact of Immigration*, p. 10.

来自摩洛哥。[①] 与此相似的是，瑞典民族多元化的特征也十分明显。一位在瑞典定居的乌干达籍印度裔妇女在接受学者的问卷调查时指出："我的民族背景是混血的，我是一位穆斯林、一位印度裔、一位瑞典人。我嫁给一位库尔德人，是一位生活在西方的东方人，谁也不会想到我是仅仅属于一个民族。"[②]

宗教作为民族文化的一种主要表现形式，也能有效地反映西欧国家民族文化的变化。英国政府没有具体的关于教徒或参加教堂活动的人数统计，但是根据英国的一些学者的统计和调查，在 1985 年，英国有穆斯林 91.2 万，犹太教徒 22.2 万，锡克教信徒 17.5 万，印度教教徒 14 万，东正教信徒 12.5 万，五旬节派教徒(Pentecostal)9.5 万，来自非洲和西印度群岛的黑人移民教徒 7.9 万，佛教徒 2 万多，基督复临派教徒 1.6 万。[③] 在法国，信奉伊斯兰教的移民人数最多，达到 400 万，地方性和全国性组织达到 1000 个。其中，人数最多、影响最大的组织是 1985 年成立的法国伊斯兰教协会，它在法国拥有 150 多个地方组织。[④] 从整体上看，到 1993 年，西欧国家已经有 500 多万穆斯林。他们大多是来自东欧国家、地中海地区和中东地区的移民。[⑤]

另一方面，即使是在接受外来移民较晚的南欧国家，入境移民中民族来源也日益庞杂。以意大利为例，它在 20 世纪末期开始接收大批第三世界国家的移民，到 90 年代其少数民族人口数量也不断上升。意大利人口结构中的民族多元化趋势也非常明显，其中最突出的是，除非洲移民占有较大的比重以外，亚洲移民所占的比重也是比较高的，是有色种族群体中的第二大群体(表 9.2)。

---

① Findlay, Allan, "An Economic Audit of Contemporary Immigration", in Robinson, Vaughan, ed., *Migration and Public Policy*, p. 3.

② Frykman, Maja P., *Beyond Integration: Challenges of Belonging in Dispora and Exile*, Lund, Sweden: Nordic Academic Press, 2001, p. 85.

③ Poulter, Sebastian, *English Law and Ethnic Minority Customs*, pp. 69-70, 206.

④ Amersfoort, Habs van, *International Migration*, pp. 118-119.

⑤ Fizpatrick, Peter, *Nationalism, Racism and the Rule of Law*, p. 167.

表 9.2 1991 年居住在意大利的外来移民①

地区与国家	人数	百分比	地区与国家	人数	百分比
美国与西欧		23.2	非洲		25.7
美国	59669	7.0	摩洛哥	88665	10.3
德国	39340	4.6	突尼斯	46276	5.4
英国	27605	3.2	塞内加尔	27036	3.1
法国	24789	2.9	埃及	22373	2.6
瑞士	18057	2.1	加纳	12782	1.5
希腊	14366	1.7	埃塞俄比亚	12548	1.4
西班牙	14366	1.7	索马里	11842	1.4
东欧		10.7	亚洲		9.7
南斯拉夫	33663	3.9	菲律宾	40611	4.7
阿尔巴尼亚	26191	3.0	中国	20597	2.4
波兰	18860	2.2	斯里兰卡	14473	1.7
罗马尼亚	13407	1.6	伊朗	12605	1.5
拉丁美洲		3.9	印度	12064	1.4
巴西	17246	2.0			
阿根廷	16267	1.9	总计	859571	100.0

总之，美国和加拿大的民族多元化产生的时间较早，西欧和南欧国家则主要是在当代特别是在 80 年代形成的。尽管它在西欧各国形成的时间前后不一，但整体趋势基本相同，而且在性质上民（种）族多元化的发展速度也是欧洲历史上前所未有的。

① “累计”中也包括人数不到 1 万人的移民群体。如：佛得角人（5237）、毛里求斯人（6008）、多米尼加人（5416）、阿尔及利亚人（4373）、尼日尔人（6578）、巴基斯坦人（7070）、孟加拉人（5237）、哥伦比亚人（6359）和秘鲁人（6358）。参见 King, Russell, and Krysia Rybaczuk, “Southern Europe and the International Division of Labour”, in King, Russell, ed., *The New Geography of European Migrations*, pp. 189-190。

二、外来移民的城市化与隔离

无论是在19世纪来到美国的外来移民，还是在20世纪进入西欧国家的移民，他们为尽快改善经济条件、摆脱贫困，在入境后大多选择城市作为自己的落脚点。从各国的情况看，基本特点是城市规模越大，吸引的移民就越多，民族社区的规模就越大，多样性特点也就愈加突出。例如，在19世纪末到20世纪初进入美国的移民中，迁入城市的移民占入境移民总数的80%左右，其中占俄国移民的88.6%、爱尔兰移民的86.9%、意大利移民的84.4%、波兰移民的84.4%、匈牙利移民的80%、英国移民的75%、奥地利移民的75%、加拿大移民的74.5%。[①] 从城市的规模看，城市人口的多寡与吸引的移民人数呈正比。城市规模越大，移民人数就越多。在百万人口城市中的外来移民占1890年入境移民总数的73%，1930年为71.2%。在相同的年份，进入25万人口以上城市中的移民占当地人口的比例分别为59.3%和46.5%，而在2.5万人口以上的城市中，则分别为49.3%和33.5%。[②] 在1890年，全国20万人口以上的城市中，除费城和华盛顿、巴尔的摩和新奥尔良外，外来移民及其第一代子女占其所在城市居民的69%以上的有：密尔沃基为88%，纽约为81%，芝加哥、旧金山和底特律均为78%，克利夫兰为77%，布法罗为76%，圣路易斯、匹兹堡和辛辛那提为70%。[③] 许多移民之所以迁入大城市，是因为大城市的经济规模大，

---

① Ward, David, *Cities and Immigrants: A Geography of Change in the Nineteenth Century*, New York: Oxford University Press, 1979, p. 58.

② Thompson, Warren S., and P. K. Whelpton, *Population Trends in the United States*, New York: McGraw-Hill Book Company, Inc., 1933, p. 49.

③ McKelvey, Blake, *American Urbanization: A Comparative History*, Scott, Illinois: Foresman and Co., 1973, pp. 72-73.

就业机会多，而移民中多数是非熟练劳工，进入大城市后相对容易就业。此外，自 1890 年以来，特别是在 1910 年以后，由于美国社会上兴起了前所未有的限制外来移民的浪潮，入境移民人数逐渐减少。同时，由于移民在美国生育的第一代后裔生育的子女均被计入土生人口中，所以，城市中外来移民的比重处于下降状态。尽管如此，到 1920 年，外来移民及其在美国生育的第一代后裔，仍然占美国城市人口的 62%以上。①

在 20 世纪 60 年代以后，外来移民流向美国各地城市的格局没有变化。1980 年，在美国的移民中，92%的合法移民和 93%的非法移民居住在大都市区，仅仅集中在洛杉矶、纽约、旧金山、芝加哥、休斯敦和迈阿密等城市的外来移民，就占去了当代美国外来移民的 3/4。更为引人注目的是，当代加州的拉丁美洲裔人口的增长之快相当惊人，仅在 80 年代，洛杉矶县的拉美裔就增长了 130 万，占该族裔新增居民的 93%。② 在纽约，黑人持续不断地迁居美国南部地区，当地居民的城市郊区化进程加快，进入纽约市的外来移民日益增多，因此，纽约市区的人口发生了巨大的变化。到 2000 年，非西班牙裔白人占该市的人口的 35%，西班牙裔为 29%，黑人为 26%，亚洲裔为 10%。③ 在迈阿密，从 20 世纪 60 年代初到 80 年代初期，大约有 80 多万古巴人先后迁居迈阿密地区，迈阿密因此也成为古巴以外最大的古巴人社区。先后迁入的古巴移民的经济条件和社会地位有一个逐渐下降的过程：先来的移民来自古巴上层社会，后来的移民则主要是中层或下层社会的人口。后来的难民入境后，多在古巴移民社区就业。最先入境的移民通过自

---

① Ward, David, *Cities and Immigrants*, pp. 51-52.

② Glazer, Nathan, "The New Immigration and the American City", in Horowitz, Donald L., and Gérard Noiriel, eds., *Immigration in Two Democracies*, pp. 133, 270, 272.

③ Cordero-Guzmán, Hèctor, and Ramon Grosfoguel, "The Democratic and Socio-Economic Characteristics of Post-1965 Immigrants to New York City", *International Migration*, Vol. 38, No. 4, 2000, p. 45.

己从古巴带来的资金，纷纷在迈阿密成立了自己的公司。据统计，1967年，古巴移民创办的企业只有919家，到1976年达到8000家。虽然大多数规模比较小，且集中在纺织、皮革、家具、雪茄、建筑、金融和甘蔗生产与加工业，但是，古巴人控制了迈阿密建筑公司股份的40%、金融资本的25%。这些民族企业利用移民的语言和文化上的优势，或集资或通过当地的本民族市场的消费，迅速积累资本，拉动了民族经济的发展。"移民飞地经济的发展，与共同的民族性所具有的凝聚力，为移民劳工创造了流动的机会，使得移民过去的投资得到充分利用。"① 到80年代，古巴移民已经在迈阿密形成了一统天下的局面。之所以如此，一方面是因为当地的美国人先后迁移到了郊区，另一方面，其他移民群体和当地黑人在经济上无法与古巴人进行竞争。古巴人集中在一个城市并形成明显的社会优势，是美国的其他移民群体所不能比拟的。

迈阿密土生白人郊区化的趋势，在美国各地并不鲜见。战后美国人口和制造业以及部分服务业的郊区化，已经进入爆炸性发展阶段，并分别在1970年和1980年分别完成了人口和产业的郊区化进程。从此，郊区成为美国政治、经济和社会与文化等方面的主要舞台。与此同时，以服务业为主的中心城市，却居住着劳动技能素质低下的黑人等少数民族和入境不久的外来移民。由于这些人的择业范围非常有限，又无法解决就业所必需的交通问题，因此，在美国经济和社会繁荣发展中，他们依然蜷缩在中心城市贫民区，并在星移斗转中形成了经济上和文化上贫困的底层阶级。②

对于外来移民来说，多数人由于缺乏美国就业市场所需要的就业技能、学历和熟练的英语水平，加上人地两生，他们不仅在美国的就业市场长期居于相对脆弱的位置，而且流动性也会受到限制。他们像早

---

① Wilson, Kenneth L., "Immigrant Enclaves: An Analysis of the Labor Market Experiences of Cubans in Miami", in Cohen, Robin, ed., *The Sociology of Migration*, Cheltenham, U. K.: Edward Elgar Publishing Limited, 1996, pp. 177, 189.

② 梁茂信:《都市化时代》,第208—218、271—299页。

期的外来移民一样，先在本民族社区栖身。在他们看来，民族社区只是他们融入主流社会的跳板，可是，他们在融入美国社会之前，既要积累必要的资本、提高职业技能，也要熟悉并接受当地社会的政治观念、语言文化和价值观念，适应美国人的生活方式。在此过程中，随着外来移民的增多，当地白人纷纷迁移到风景秀丽、环境优美的郊区。结果，一些地区的少数民族和低收入人口急剧上升，少数民族的隔都区也随之扩大。在区域上，除加州、佛罗里达、科罗拉多、堪萨斯和肯塔基之外，纽约和宾夕法尼亚等州的移民社区也呈现出快速增长之势，空间上隔离更加突出，与南部和西部地区的少数民族社区相比，与外界的隔离程度更高。西班牙裔人口在加州和肯塔基的隔离程度较高，但是，迈阿密的西班牙裔和白人之间的隔离程度较低，原因是迈阿密的白人居民较多，有色种族移民比其他州明显偏少。在那些农业为主的州，例如，科罗拉多和堪萨斯，种族隔离程度最低，因为那里的少数民族在全国最少。就亚洲裔而言，在那些城市化最高的州，例如，宾夕法尼亚、纽约以及加利福尼亚，亚洲裔与白人之间的“空间隔离程度最高”。在这些州，亚洲裔民族的社区最多，但大部分集中在大都市区。在堪萨斯，尽管亚洲裔人口数量较少，但他们大多集中在肉类包装等少数低技术行业，因而“白人与亚洲裔之间的隔离程度达到惊人的程度”。然而在佛罗里达和科罗拉多等地区，亚洲裔的数量较少，但学历与文化程度较高，因而其与白人的隔离程度较小。可见，外来移民与白人隔离程度的高低，取决于当地的经济结构、少数民族人口数量、移民自身的学历和就业技能等。“少数民族人口数量越少而且居住分散化，可能会遇到歧视和随之而来的经济困难就越小；但是，少数民族人口数量越多越集中，他们在就业和住房市场的偏见障碍就越大。”这种现象主要是两方面原因造成的，第一，那些教育程度较高、就业技能较强的人，其经济状况较好，与白人的融合程度较高，他们人数较少，对盎格鲁白人的生活方式的影响相对较小，甚至在肯塔基和俄亥俄等州的大都市区，少数富有的亚洲裔融洽地与当地白人相处。第二，那些散居在加利福尼亚的中央谷地

(Central Valley)或得克萨斯州与墨西哥交接地区的城镇的移民，距离白人社区比较远，对主流社会的依赖性较小，在就业和经济资源等方面与当地白人之间不存在竞争。至于那些在大都市区中心城市的少数民族社区，他们不仅需要当地白人社区的机构提供服务，而且在就业市场、住房、学校、政府和公共服务等资源方面与当地白人竞争，因而在受到白人排斥的过程中，形成了适度性的隔离。[①]

加拿大国土面积辽阔，总人口较少，到 1981 年只有 2500 万，人口超过 300 万的城市只有蒙特利尔和多伦多。相应地，尽管外来移民主要流向城市，75%以上移民居住在 10 万人口以上的城市[②]，但是，分散在各城市的移民占当地总人口的比例明显偏低。英国裔人口比较平均，分别占渥太华、温尼伯和多伦多等全国八大城市人口的 16%以上，其中，比例最高的是伦敦(43.7%)，其次是哈密尔顿(38.3%)、温哥华(23.05%)，最少的是蒙特利尔。相比之下，法国裔主要集中在蒙特利尔、渥太华、温尼伯，其他城市的比例较低。华人居住地也比较集中，主要聚居在多伦多、卡尔加里和温哥华，德国裔集中在温尼伯、卡尔加里和爱德蒙顿，南亚移民则集中在多伦多和温哥华，犹太人集中在蒙特利尔和多伦多，意大利移民集中在多伦多和哈密尔顿。换一个角度看，八个城市中，每个城市都至少居住着其他民族群体的人。在这些城市，外来移民区形成了一个个"唐人街"、"小意大利"、"希腊城"等。随着时间的推移，一些社区的移民融入主流社会，其民族社区最终消失了，但源源不断的移民潮又使得其他移民社区依然保持着强劲的增长势头。在各民族群体中，犹太裔的居住比较集中。在蒙特利尔，有 9 个人口统计区的犹太裔人口占居民人口的 90%。在多伦多和温尼伯，50%以上的犹太人集中在 3.1%的人口统计区。意大利人和波兰人的居住也比较

---

① Gimpel, James G., *Migration, Immigration and the Politics of Places*, Ann Arbor, Michigan: The University of Michigan Press, 1999, pp. 326-329.

② Richmond, Anthony H., *Immigration and Ethnic Conflict*, pp. 10-11.

集中，集中程度最高的是在蒙特利尔，那里 8.4%的居住区集中着半数以上的居民。就其他少数民族而言，他们在加拿大的集中程度最高。同样在蒙特利尔，50%以上的南亚裔集中在 5.1%的人口统计区，半数以上的华人和黑人集中在 8%和 9.5%的人口统计区。在多伦多，半数以上的华人集中在 9.6%的人口统计区，有 28 个人口统计区的华人占其统计区人口的 1/3 以上。[①]

在西欧国家中，由于有色种族的移民主要是第二次世界大战后特别是在 20 世纪 70 年代以后入境的，他们进入这些国家的城市后，使得这些城市具有明显的"外来移民特征"。例如，外来移民占 1981 年布鲁塞尔人口的 23.8%、西柏林(1987 年)人口的 14%、慕尼黑(1987 年)人口的 16.6%、伦敦(1986—1988 年)人口的 17%、法兰克福(1987 年)人口的 24.4%、科隆(1987 年)人口的 16%、巴黎(1982 年)人口的 14%、里昂(1982 年)人口的 12.2%。在马赛、汉堡和斯特拉斯堡等城市，外来移民占总人口的 10%以上。[②]

外来移民进入城市后，以血统、文化、亲情或经济利益为纽带，聚居在一起，形成了精神上、物质上互为依存的社会实体——移民社区。在各地城市，移民社区的规模各异，类型不一，大的如同一个几十万人口的城市，小的如同一个小镇，其中既有以单一民族为核心的同质性社区(homogeneous community)，也有由诸多民族组成的异质性社区(heterogeneous community)。由于市场经济的规律决定了人口流动的频繁性，许多社区都有其他民族的人口。这种"你中有我，我中有你"的居住模式，在许多大城市中存在。在西欧国家，外来移民的处境与美国和加拿大基本相似。一方面，这些国家的城市郊区化方兴未艾，许多上层社会的富有人口随着制造业和部分服务行业一起流向郊区；另一

① Balakrishnan, T. R., and Feng Hou, "Residential Patterns in Cities", in Halli, Shiva S., and Leo Driedger, eds., *Immigration Canada*, pp. 124-125.

② King, Russell, ed., *Mass Migration in Europe*, p. 67.

方面，由于外来移民经济上比较贫困，他们只能到中心城市本民族社区寻找栖身之地。例如，在20世纪进入英国的外来移民中，来自印度、巴基斯坦、孟加拉国和西印度群岛的移民占入境移民的50%以上，他们主要流向伦敦和伯明翰等大城市。在1981年，居住在英国的黑人人口达到220.7万，其中居住在英格兰和威尔士地区的人数达到216.1万，居住在大伦敦地区的人数达到94.5万，占该地区人口的11.7%，他们大多数集中在伦敦内城(inner London)，人数有46万，占当地居民的18.8%。此外，在伦敦郊区也居住着不少黑人。例如，在伦敦郊区布伦特和伊灵，黑人分别达到8.3万和7万，分别占当地居民的23%和25%，是郊区黑人居住最为集中的地区。同样，在其他城市，黑人居民的集中程度也比较高。黑人的数量和在当地居民中的比例，在伯明翰分别为14.9万和15%，在莱斯特分别为5.9万和21.3%，在伍尔弗汉普敦为3.9万和15%。[①] 在许多情况下，为节省开支，移民们常常通过合租的方式，居住在年久失修、缺乏卫生设施的房舍中。随着移民人数不断增多，民族社区逐渐向外扩展，形成了与当地白人的空间隔离。例如，在1973年的一次调查中发现，印度人与英国人的隔离率为58.7%，1975年为56%，1977年为56.9%，1980年为54.7%，虽然处于不断下降状态，但仍然较高。[②]

更重要的是，移民从母国来到异国他乡，需要在陌生的国家创建熟悉的生活环境。与本民族的人或同乡居住在一起，在心理上和感情上有一种舒适感和安全感。他们无法割舍早已习惯的生活方式和宗教信仰，希望在改善物质生活条件的同时，也能在文化上得到满足。这种现象在所有的西方国度都比较突出，在亚洲裔中间尤为如此。在英国，亚洲移民喜欢同居一处，四世同堂的现象在华人和印度移民中间非常普遍。根据70年代中期的调查，有1/3的家庭是三代同堂，2/3的家庭

① Booth, Heather, *The Migration Process in Britain and West Germany*, p. 40.

② Clark, Colin, David Ley, and Peach Ceri, *Geography and Ethnic Pluralism*, p. 239.

属于核心家庭。更重要的是,“有明显的证据表明,亚洲裔中间,至少有相当大部分的族裔希望将来继续保持这种几代同堂的居住模式。”[①] 这种现象说明,移民仍然保持了传统家庭的观念,他们身在异国他乡生活,需要一种共同的文化和社会人文氛围,来满足精神上的需要。家庭有老人和子女,是许多移民梦寐以求的、能够享受天伦之乐的理想生活。家庭作为社会组织中的一个细胞,其家族观念对社会稳定具有重要的作用。正因为如此,在英国的其他移民群体中,也同样存在类似的现象。根据一些英国学者的调查:

> 接受采访的土耳其人和库尔德人中,多数人倾向于一种特殊的社会网络、文化和政治团体,藉此与母国发生联系……通过这些机构,他们获得一种在东道国的“参与感”。此外,他们在经济活动中愿意与本民族的人相处……这意味着他们只能逐渐地学会了解并适应英国的制度体系。他们已经形成现成的结构,在心理上和物质上接受其一定程度的支持,并且架起一座参与伦敦生活的桥梁。但从长远看,这种过渡有其代价,他们获得进入伦敦社会中特殊部分的渠道,有自己的实力关系和经济体系……此外,在伦敦东北部的社会等级结构中,他们的社会地位基本与经济和文化上日益接受同化的英国最贫困的公民相似。因此,尽管他们比巴西人和波兰人更加主动地融合,但是,他们的故事中包含更多的是失业与贫困,比其他群体向上流动的机会更少。伦敦的巴西人在行为上更像英国人,就像柏林的巴西人更像德国人一样。波兰人为他们自己凿出一种经济上的壁龛,他们在这里居住的时间越长,得到的回报就越多。土耳其人和库尔德人依然保持着自己的民族特征,而且相当贫困。[②]

---

① Poulter, Sebastian, *English Law and Ethnic Minority Customs*, p. 67.

② Jordan, Bill, and Frank Düvell, *Irregular Migration*, pp. 114-115.

不啻如此，移民在适应东道国生活方式的同时，也希望自己的子女学习英语和技术，以便能在将来有所作为，因为接受教育是移民子女参与社会生活的必要条件。但是，由于英国的富有人口迁移到郊区，中心城市学校的硬件设施和师资力量不如郊区，加上移民子女较多，一些教室拥挤不堪，学生人数太多，许多孩子没有座位，只好辍学回家。“那些能够上学的亚洲裔子女与英国儿童交往的机会有限，甚至许多亚洲裔儿童连这种机会都没有，因为他们被迫待在本民族社区的家里。”结果就出现了这种现象：“使用英语成为一种正规的例外，因为英语基本上限于教室。在运动场、住址附近的街道上和电影院、儿童必须讲母语。”① 这种条件下，每逢周末，移民的子女就到本民族学校学习宗教和文化。尽管这种双重的教育模式使移民既保留了自己的语言文化，也逐渐地掌握了东道国的语言文化，形成了东道国的民族和文化多元化，但是，移民家庭的团聚和以同乡为核心的聚居区形成的社区网络，在一定程度上不利于本民族人口的流动，也无助于与主流社会的融合。

让人感到吃惊的是，来自西印度群岛移民的生活方式，仍然带有19世纪奴隶制时期的某些特征。西印度群岛黑人过去长期生活在奴隶制的枷锁之下，不能自由组成家庭，女性往往成为繁殖黑奴的工具。因此，多数男性既没有家庭，也没有形成作为一家之主应有的威严和意识，因而在男女关系中处于明显的弱势地位。这种生活方式对后来黑人组成家庭产生了重要的影响。在西印度群岛移民来到英国后，这种生活方式仍然没有改变，男女同居成为一种很正常的生活方式，而且，女性要组成家庭，必须在结婚前同居，至少生育一个子女，证明自己生理正常。正如一些英国学者所观察的那样：“没有生育孩子反而显得不正常。没有证明生育能力的女性，不会找到有责任心的男性，因为没有

---

① Clark, Colin, David Ley, and Peach Ceri, *Geography and Ethnic Pluralism*, pp. 249-250.

男性会向这种女性求婚……不会生育的女性必然招致怜悯、蔑视或者嘲弄。"这种生活方式引起两个突出的问题：第一，女性在成家之前一般会生育孩子，这必然会增加家庭的经济负担，婚后再生育经济负担就会加重；第二，女性在家庭中较强的独立性，容易使家庭在经济条件恶化时破裂，离婚率较高，导致单亲家庭比例上升。尽管子女有时候被法庭判给父亲，但是跟随母亲的子女不在少数。在单亲家庭成长起来的子女，多数性格怪僻，性情不稳定，容易走上歧途，犯罪率比较高。上述两种情况中，不论出现哪一种情形，都会影响到这些移民的社会流动性，减缓与主流社会的融合进程。所以，西印度群岛移民在进入英国30年之后，依然在英国社会的底层徘徊。[①]

在法国，许多移民入境后因为语言障碍而常常遭受挫折。一位葡萄牙移民来到法国后的感受，让人看后感到非常同情："起初，我感到不知所措。我很害怕，便离开酒店。我一句法语也不懂，我走到街头，返回酒店，因为担心迷路。"另一位移民说："我不会说法语，不知道到哪里寻找庇护所，如何吃饭，怎么样找到工作。"1969年，居住在里昂的移民中有2358人接受了调查，其中有来自阿尔及利亚、摩洛哥和突尼斯的移民，他们中间有64%的人不会说法语，大多数属于非熟练劳工，主要集中在法国的制造业、纺织工业、采矿业和农业。显然，语言上的障碍也影响到工作上的交流。当然，法国的一些社会组织采取了各种方法，帮助移民学习法语。那些与法国比较接近的移民学习相对比较容易，而那些没有文化联系的国家的移民则比较难，所需要的时间也比较长。同时，一些民族群体因文化上的差异，学习法语的积极性比较低，进展比较困难。

同样，在西德，不会说德语移民的比例也比较高。在1968年的一次调查中，14%的男性和20%的女性根本不会说德语，53%的男性和52%的女性的德语不流利，33%的男性和28%的女性比较流利。从整

---

① Poulter, Sebastian, *English Law and Ethnic Minority Customs*, pp. 69, 71-72.

体情况看，那些来自西德周边国家的移民劳工的语言比较好，同时，在西德居住的时间越长，语言水平越高。在西德的一些农场，来自意大利的移民较多，有些人的工作时间较长，资历较深，因而晋升到一些管理性工作岗位，所以，后来的意大利移民不需要学习德语就能胜任工作。一位移民说："我们农场的外国人多数是意大利人，他们来得最早。西班牙人、希腊人、土耳其人等都比较晚，所以，意大利人之间交流，只要找到同乡，就能告诉他如何做，办公室发工资的工头和雇员都说意大利语，移民经常光顾的商店的店主和雇员也说意大利语。两年来，有些西班牙人在商业雇员协会努力地学习德语，在巴登地区，其他外籍人也在学习德语，后来也能说流利的意大利语，甚至希腊人和土耳其人也在几个月后也能用意大利语很好地交谈。"① 移民不会说德语，就需要与当地土生公民有更多的交流机会，但是，在西德，移民与主流社会的隔离程度更高。因为战后来到德国的移民多数居住在城市。他们在各地城市中的比例多寡不同，一般来说，移民在大城市的比例较高。例如，在70年代后期，外来移民占法兰克福市人口的18.4%、斯图加特人口的15.4%、杜塞尔多夫人口的10.9%、不来梅人口的5%。在这四个城市中，人数较多的是南斯拉夫人、土耳其人、希腊人、西班牙人以及意大利人。他们的居住区形成了一种"古典移民隔都区模式"。所谓古典移民隔都区模式，是指在客籍劳工轮换制度下，在外籍劳工居住区，从内向外的张力并未发生，先来的劳工进入距离工作地点较近的社区居住，他们在合同期满之后回国，其住所被新来的合同工占住。在这种替换性的流动性模式下，外籍人社区没有扩展。随着一些劳工决定在德国永久性定居，他们的亲属纷纷前来团聚，之后形成链条移民的模式，而原来的德国居民纷纷离去。这样，每个社区内的人口形成了一种相对封闭的隔离状态。例如，在不来梅，外籍劳工的隔离指数是26.7，但是在土

① Castles, Stenphen, and Godula Kosack, *Immigrant Workers and Class Structure in Western Europe*, pp. 182, 191.

耳其劳工中是 40,希腊劳工中为 44.5,南斯拉夫人中间为 40;在斯图亚特,土耳其人的隔离指数为 35.5,希腊人为 36.7,南斯拉夫人为 28.4;在杜塞尔多夫,土耳其人的隔离指数是 27.4%,希腊人为 28.8,南斯拉夫人为 26.4,意大利人为 24。①

从上文中可以看出,德国的外来移民与主流社会的隔离指数并不算太高,但是,对于每个移民群体来说,移民数量越多,隔离指数就越高,反之就越低。就隔都区形成的原因来说,还有其他的一些因素:(一)雇主在雇用外籍劳工的时候,往往喜欢雇用某一个国家的劳动力,因为在管理上相对容易。于是,企业越大,从同一个国家招募的外籍劳工人数就越多。从一开始,各地招募外籍劳工的企业,将所有劳工安置在与世隔绝的企业宿舍。在布局和设计上,这些宿舍好似"特殊的工人营房",或者说是"类似营地的营房,干净而没有特点"。按照规定,每三位移民居住在 8 平方米的小屋,每人每周支付 30 马克的房租。无论是奔驰公司还是大众汽车公司,彼此的劳工管理模式大同小异。劳工们不参与政治,没有妻室,只有到周末才到附近的旅馆与妓女交欢。然而,移民保护自己权益的意识却很强烈。就在 70 年代后期,奔驰公司为压缩劳工居住空间,禁止劳工的行李箱放在居室,认为劳工的箱子占用空间太大,并且乘劳工上班时将每个人的行李箱统一放在一个简易房。劳工下班回到宿舍发现这种事情后,立即决定举行抗租活动,立誓在箱子放回原处之前绝不交纳房租,他们最终取得了胜利。一位负责组织此次抗租活动的意大利移民说:"对于政治上活跃的劳工来说,奔驰公司有一套新颖的歧视性体系。他们将劳工安置在隔离的工厂区位。"他说:"我来到这里已经 12 年了,我一般一年回国一到两次,每次三到四周。我的妻子在那里,我们不能在这里为她找到安身之所。"②

---

① O'Loughlin, John, "Distribution and Migration of Foreigners in German Cities", *Geographical Review*, Vol. 70, No. 3, 1980, pp. 263, 266.

② Power, Jonathan, *Migrant Workers in Western Europe and the United States*, p. 87.

由于他不能为妻子找到安身立命之所，就只好把妻子留在母国，自己在他国异乡独身生活，这样既不了解当地社会，更没有机会参与当地的社会生活。（二）外来劳工与主流社会的隔离程度较高，因为他们就业单位附近没有条件较好的住房。一位德国学者指出："外籍人恶劣的住房条件，不是因为他们没有足够的承租能力，而是因为没有这样做的机会。在这方面，那些向外来移民提供住房的房地产商、公共住房的官员、住房代理商、工厂住房的房东，都在其中发挥着重要的作用。"（三）由于外籍劳工的就业技能较低，失业率相对较高，部分劳工的承租能力有限。即使他们就业，也多集中在那些容易受经济波动影响的产业，一旦经济衰退，他们便首先失业，收入来源缺乏稳定性。另一方面，当地的房东有意抬高租金。在不少地方，甚至在同等条件下，外籍劳工交纳的房租比德国人高。例如，在法兰克福，外籍劳工支付的房租比当地人高 20%到 30%。可以说，"隔离与集中的模式是住房市场机制的反映，不是因为外籍人愿意与同乡人居住在一起"。实际上，许多外籍劳工也希望能居住在德国人社区，但是，种种因素的作用，造成了外籍劳工与当地人的隔离。①

上述资料表明，移民的隔离与东道国的主客观两方面的因素密切相关，促成这些国家的种族多元化和民族多元化共同发展。但是，移民毕竟作为外来者，要参与当地社会的生活，就必须积极向主体民族的语言、生活习惯、政治和民族认同靠拢。在这个意义上，无论多元化展现出何等的生命力，移民在东道国生活，在各个方面难免受到主流文化的影响。对于移民来说，保持母国文化，吸纳东道国主流文化，两者之间的选择都很艰难。

---

① King, Russell, ed., *Mass Migration in Europe*, p. 94.

三、艰难的融合进程

在欧美国家近现代历史上，民族的融合与同化一般不外乎于两种类型。第一种类型是当土著民族被另一个民族群体入侵或征服后，土著民族作为被征服者处于从属地位。这种现象在早期的北美、澳大利亚、新西兰和南非都比较明显。第二种类型是当一个民族或种族群体迁移到另一个国家和地区后，他们在社会地位、政治和经济等方面从属于当地的主体民族，这种现象更多地发生在对外来劳动力需求旺盛、对迁入地区的社会和经济发展比较有利的地区。具体地说，就像建国后的美国，当盎格鲁—撒克逊人在美国形成主体地位之后，迁移到美国的西北欧移民——如德国人、爱尔兰人和其他北欧国家的移民——则处于从属地位。在20世纪迁移到美国和欧洲国家的移民也是如此。这些后来的移民与土著民族相比，更愿意接受主流社会的民族同化，其方式是学习主体民族的语言或利用教育体系，在社会发展中积极地向主体民族靠拢。当迁移者与主体民族在种族、血统、文化、宗教和价值观念等方面差异较小时，通婚现象比较普遍，融合程度也比较高。然而，当同化者与被同化者属于不同种族时，异族通婚的现象就明显偏低，种族间的从属关系也比较明显。在这种背景下，接受移民的各国政府也会在不同时期采取各种不同的同化政策。这一点已如前文所述，目的是促进移民与主体民族的融合，在语言、政治、民族感情和生活方式等方面，保持主体民族的同质性。就处于从属地位的移民群体而言，不管移民接受国采取了强制性还是自然同化的政策，希望永久性定居的移民群体在主观上存在着一种矛盾性的现象。一方面，他们希望能全方位地参与所在国家的政治、经济和各种社会生活，愿意接受主流社会的同化，另一方面，移民群体大多数是作为劳动力迁移而来的，他们在母国成长期间的生活经历和耳濡目染中受到的文化熏陶，使得移民形成了具有本民族特色的生活方式、价值观念和文化认同。在他们有生之年很难割舍本民族的文化与民族情结，而且，他们还希望自己的子女能够传承本民族的文化。在日常生活中，移民在本能上的心理认同，使得移民有意识或无意识地对主流文化采取一种抵触性的态度，进而保持自己的民族特征与文化。相应地，接受外来移民国家的民族结构向着多元化的方向发展。这种现象在第二次世界大战后迁移到欧洲和北美地区的亚非拉移民身上，体现得更加突出。

从现有史料看，移民融合与同化是一个相对漫长而复杂的过程，其中既取决于移民接受国政府的政策和移民所处的人文与经济环境，也依赖于移民自身的文化素质、经济条件和民族认同心理。移民要完成与主体民族的融合进程，必须在各方面加强与主体民族和其他民族的融合，在政治上、心理上和文化上积极地向主体民族靠拢。从融合过程看，判断移民是否融合，关键在于移民的就业层次、异族通婚率、社会流动性、参与当地社会政治生活的程度等方面。从实践上看，这个过程大致需要三代人的时间。一般说来，第一代移民的融合进程相对困难，第二代则处于过渡阶段，因为他们在家里仍然受到母体文化和生活方式的熏陶，同时，又因他们在学校接受了客居国家的文化教育，因而在潜移默化中形成了与主体民族同龄人相似的价值观念、政治认同和生活方式。他们作为处于母体文化和主流文化夹缝中成长起来的一代，距离母体的文化与生活方式越来越远，对母国的眷恋日益淡薄，甚至没有任何印象和留恋的感觉。到第三代人的时候，与主流民族相比，除肤色之外，在各方面的差别相对较小或几乎没有差别。

在这个过程中，还有两个关键性的因素不能忽略。一方面，主体民族和少数民族彼此享有质量和水平相同的文化教育，另一方面是父辈们所能掌握和可以支配的各种资源，包括经济和文化资源。对此，有的美国学者通过广泛的社会调查和研究后认为：

> 设想在一个没有代际流动性体系的社会背景下，不管种族或民族来源如何，后代将会有与父辈同样的职业，不同群体

将会无限制地继续其初期有利的或不利的地位……假设在另一个极端的社会体系中，父辈的社会经济地位对后代不会产生影响。在这种背景下，只有歧视会阻碍同一代群体实现民族平等的结果。从这一视角看，阻碍不同群体实现相同社会地位的因素是社会缺乏内在流动性机制（也就是说，父辈的社会地位会对后代的生活机会产生影响），以及业已存在的歧视，这阻挠了一些群体完全参与到现有的流动性体制之中……如果每个群体受到相同的流动性制约，不同群体之间最初形成的差异对后代不会产生永久性的影响。因此，很明显，在类似于美国这样一个……充满流动性的社会里，民族之间的差异就会在几代人之后消除——前提是不再有更多的大批外来移民。对最近几十年代际间流动性的大规模研究中获得的证据表明，这种过程的确已经发挥作用。也就是说，在考虑到父辈的社会经济地位的来源之后，民族来源对代际流动性没有实质性影响。①

笔者并不完全同意上述假设，因为种族歧视在各群体之间造成的政治、经济、社会和文化等方面的资源分配不均的现象始终没有消失。但是，作者提出的移民融合受到社会流动性和第一代移民所掌握资源状况的影响，笔者表示认同。在此基础上，笔者认为，有些美国学者提出的"碎片式同化"(Segmented Assimilation)模式似乎更具有说服力。按照这种理论，当代美国的外来移民之间存在着三种不同的模式：第一种是以时间为标志的向上流动，并在文化和经济上进入美国中产阶级的社会结构中。第二种是向着相反的方向流动，进入美国的底层阶级社会。第三种是在经济上进入中产阶级，但在文化上仍然保持着对移

① Lieberson, Stanley, "Socioconomic Attainment", in Horowitz, Donald L., and Gérard Noiriel, eds., *Immigration in Two Democracies*, New York: New York University Press, 1992, p. 317.

民母体文化的认同与忠诚。之所以出现这三种不同的模式，主要取决于主客观两个方面的因素。就个人因素而言，包括个人的出生地、到达美国的年龄、雄心程度、在美国居住时间的长短、英语熟练程度和学历，客观因素包括种族背景、家庭的经济条件、到达美国后居住的地域等。这两方面因素的相互作用，使得移民进入美国后，分别流向富裕的中产阶级郊区和贫困不堪的中心城市隔都区等不同社会层面之中。那些学历层次高、经济条件优越的移民直接或经过渡而进入中产阶级社区后，择业面较宽，各类发展机会较多，子女接受的教育水平与主流社会发展同步，居住在白人郊区也有利于移民的融合与同化。相反，那些在上述主观因素方面劣势明显的移民，从进入中心城市贫民区之日开始，就陷入不利的处境。由于移民家长的经济条件较差，学历低，贫民区的社会和经济资源稀缺，学校的办学条件落后，师资水平较低，文化上“贫困”问题突出，单亲家庭较多，社会风气恶劣，多数人可能因此就先天性地丧失了向上流动的机会。有些移民在这里居住较长的时间，其后代依然原地不动，移民代际之间的职业差异并不明显。上述正反两方面的极端性例证，不仅在 20 世纪上半期迁入美国的意大利人、爱尔兰人、犹太人和黑人移民中都普遍存在，而且在当代入境的亚洲和拉丁美洲移民中也表现得十分突出。对于那些几代人长期徘徊在贫民区的人来说，一个最棘手的问题不是社会流动性，而是代代相传的单亲家庭结构和生活模式。更值得关注的是，“在美国居住的亚洲和拉丁美洲移民群体中，第一代和第二代移民相比，与单亲一起生活的子女，在第二代移民中有较大幅度的增长。特别是在拉美移民和菲律宾移民的第三代人中，单亲子女依旧处于严峻的不利位置”。在第三代人中间，单亲家庭占墨西哥移民的 40%、古巴移民的 50%、多米尼加移民的 70%、菲律宾移民的 40%。[①] 在这种单亲家庭成长起来的子女，多数都在重复着

---

① Min Zhou, “Segmented Assimilation: Issues, Controversies, and Recent Research on the New Second Generation”, *International Migration Review*, Vol. 31, No. 4, 1997, p. 978.

家长的生活方式。因此，他们很难融入主流社会之中。[①]

族际通婚被认为是衡量有色种族移民实现与主流社会融合的标志之一，它能有效地判断各移民群体的融合进程。一般来说，在侨居国居住的时间越长，移民与当地居民通婚率越高，同化的速度就越快。据一些美国学者调查，在 1994 年，美国的第一代亚洲裔与异族的通婚率仅为 18%，到第二代为 29%，第三代为 42%。同样，第一代西班牙裔与异族的通婚率为 8%，第二代为 27%，第三代为 33%。[②] 值得注意的是，在西班牙裔中间，既有白人，也有黑人和棕色人种。白人之间的通婚率相对较高，而黑人之间的通婚率较低。例如，在美国，黑人和波多黎各人彼此都不喜欢对方。在纽约的一次采访中，一位被调查者回答说："波多黎各人处于这个国家社会阶梯的底层，黑人的状况更加糟糕，既然负负相加不能得正，黑人就不应该与波多黎各人通婚。"甚至到第二代人，多数波多黎各人仍不愿意与本族人或黑人结婚。"他们期望能与那些皮肤浅的人结婚，至少皮肤不比他们自己更黑。"但是，当回答是否愿意与黑人或白人一起工作时，回答都是肯定的，因为"黑人有权力，白人有钱，与这两个群体工作，我们最终能占上风"。[③]

在加拿大，异族通婚具有两个特点。第一，欧洲移民之间的通婚率较高，亚洲移民与白人之间的通婚率较低；第二，移民在加拿大定居的时间愈长，族际通婚率越高。例如，在 1871 年，1/4 的德国移民与异族通婚，这个比例到 1991 年达到 60%。在 1921 年，斯堪的纳维亚移民中，几乎有半数移民夫妇两人来自两个不同的国家，1991 年达到 85%。[④] 这表明早期的西欧和北欧移民与加拿大的主流文化比较接

---

① 梁茂信：《都市化时代》，第 287—299 页。

② Sheffer, Gabbriel, *Diaspora Politics at Home and Abroad*, p. 161.

③ Andersen, Margret L., and Patricia H. Collins, *Race, Class and Gender*, Belmont, C. A.: Wadsworth Publishing Company, 1992, pp. 283-284.

④ Neuwirth, Gertrud, "Toward a Theory of Immigrant Integration", in Halli, Shiva S., and Leo Driedger, eds., *Immigration Canada*, pp. 73-74.

近，肤色相同，通婚率较高。相反，那些进入加拿大比较晚的移民群体，例如，华人、印度人、波兰人、西班牙人等，与加拿大文化差异较大，因而移民子女在文化思维上进入加拿大文化圈的难度较大，对母语的依赖性较强。他们融入加拿大主流社会需要的时间更长。此外，移民的族外婚比例越高，说母语人数的下降幅度越大。据调查，在乌克兰人、荷兰人和德国人中，族际通婚比例较高，使用母语交流的子女人数下降速度快。调查结果显示，波兰人和意大利人的异族通婚率，在 20 世纪 90 年代分别为 44%和 47%，他们的子女使用母语的比例分别为 58%和 54%。德国移民、乌克兰人和荷兰人的异族通婚率，分别是 70%、82%和 74%，他们的子女会说母语的比例分别为 27%、25%和 12%。相反，华人的异族通婚率为 14%，子女说母语的比例达到 83%。在印度移民中间，两类比例分别为 12%和 85%，西班牙人分别为 33%和 77%，希腊人分别为 30%和 70%，葡萄牙人分别为 24%和 69%。[①]

在欧洲，尽管英国政府对当地居民与移民通婚状况的统计不完善，但各方面的资料显示，黑人男性与白人女性的通婚率较高。1974 年，2%的黑人女性和白人男性通婚。在西印度群岛移民中，黑人女性和男性与白人的通婚率分别为 1%和 8%。如果从黑人的整体考察，可以看出，在 1973—1975 年间，8%的黑人女性和 14%的黑人男性的配偶是白人。到 1981 年，以黑人为主的西印度群岛移民中，11%的女性和 22%男性的配偶是白人，而与英联邦其他新成员国移民通婚的女性仅为 2%，男性为 8%。在非洲移民中，11%的女性和 27%的男性与白人通婚，与英联邦其他新成员国移民通婚的比例分别为 17%和 19%。可是，来自印度、巴基斯坦和孟加拉国的移民，与白人通婚的比例均低于西印度群岛和非洲的移民，与英联邦其他新成员国移民的通婚比例也不高。[②] 这就是说，南亚三国的移民基本上是族内通婚。这种现象的

---

① Halli, Shiva S., and Leo Driedger, eds, *Immigration Canada*, p. 314.

② Booth, Heather, *The Migration Process in Britain and West Germany*, p. 48.

促成因素较多,在各国移民中的表现形式也不尽相同。例如,在 90 年代被调查的印度移民中,准备在英国长期定居的人并不多,其比例为 58%。另有许多人来到英国是为了增加收入,帮助在印度的家庭改善生活条件。这类移民的比例达到 62%,其中有不少人已经在英国居住了二十多年,在回答如果收入增加后准备做什么时,28%以上的人仍然说准备邮寄回家。他们准备回家,原因是在他们的观念中只有印度而非英国,他们同时也感到自己在英国受到了种族歧视。① 巴基斯坦移民与异族通婚的比例较低,主要是因为多数人喜欢他们的子女与本族人结婚。一些居住在英国的巴基斯坦移民,将婚龄子女送回巴基斯坦。他们的理由是,“在欧洲环境中长大的子女缺乏对家庭的忠诚感。如果与一位土生土长的巴基斯坦女孩结婚,她就会对年迈的父母予以更多的照顾。如果儿子与一位在欧洲长大的巴基斯坦裔女孩结婚,父母得到的照顾就比较少。换句话说,子女作为父母的养老保险,很难让人相信他们会在父母需要之时能提供支持”。②

当然,从总体上看,当代英国的外来移民与异族的通婚率仍然较低,即使是在与异族通婚率增长较快的西印度群岛移民中,族内通婚仍然是多数移民的首选。甚至在一些移民中,不仅无人与异族通婚,而且,来自同一村庄的移民的通婚率之高,达到相当惊人的程度。例如,在来自加勒比海圣卢西亚岛的多数移民中,“通婚只限于同一村落的水平上”。在伦敦成亲的 59 位男性中,有 30 位移民的妻子是来自同一村落的移民,有 12 人的妻子来自于该岛屿其他村落,只有 11 人的妻子来自加勒比海其他岛屿。在伦敦成亲的 54 位圣卢西亚女性移民中,有 30 位女性的丈夫来自同一村落,有 8 位女性的丈夫来自该岛临近村落,3 位女性的丈夫来自多米尼加,2 人的丈夫来自西印度群岛其他的

---

① Clark, Colin, David Ley, and Peach Ceri, *Geography and Ethnic Pluralism*, pp. 235-236.

② Castles, Stenphen, and Godula Kosack, *Immigrant Workers and Class Structure in Western Europe*, p. 364.

岛屿。[①] 由于这些移民长期生活在与本民族人口的交往中，他们不会说英语，与英国人交往的机会较少。随着时间的推移，这些移民的子女在不同程度上接受了英国的教育，英国文化使他们的思维方式以及对生活的理解与追求，发生了与其父辈们截然不同的变化，与母体文化的联系和感情也在逐渐减弱。

在西欧国家中，法国的外来移民与土生公民之间杂居一处的程度比较高，与主流社会之间的隔离问题，既不像美国那样普遍，也没有英国那样严重。与英美两国相似的是，法国的移民中有不少人居住在中心城市，也有许多人与法国人一起居住在郊区。面对法国土生公民和外来移民杂居相处的模式，一些法国学者认为，美国贫困人口集中在城市而经济条件较好的家庭集中在郊区的两极化现象，在法国的各大城市并不存在，美国大都市区的"隔都化现象"并不适合于表述法国的民族分布和城市人口的结构。"在法国这些街区，从来没有构成历史上人们所了解的隔都区，它们不仅没有体制化，而且也缺乏同质性：外来移民是少数民族，即使他们构成一个明显的多数民族，他们都不是来自同一个国家、一个民族或者一个文化区。我们也发现，一些较大的群体居住在以'生活方式'为标记的街区，使得街区形成'阿拉伯'或'亚洲'风格，但我们从来没有在这些少数群体中发现规模较大的'少数民族'。这些地区的民族身份和特征不像其他国家那样鲜明。"据调查，在20世纪90年代法国的各地城市中，"没有一个城区的人口中40%以上是外来移民，高度集中的现象仅仅限于一些小范围：一栋楼房，或者几栋楼房，或者一个街区"。[②] 不同种族杂居相处，有利于移民融入主流社会的生活。然而，各国移民在阶级观念、资源占有率、生活方式和目标方面既有冲突，也有合作。移民在参加社区组织、选择自己的民族认同和

---

① Clark, Colin, David Ley and Peach Ceri, *Geography and Ethnic Pluralism*, p. 223.

② Rudder, Véronique de, "Immigrant Housing and Integration in French Cities", in Horowitz, Donald L., and Gérard Noiriel, eds., *Immigration in Two Democracies*, pp. 256, 261.

彼此的认知关系时，具有一定的自由空间，移民最终做何选择，取决于各方在工作、商业活动、街区生活和日常关系中的和谐程度。在这种背景下，法国移民在认同法国主流社会政治、社会和民族观念的同时，保持着独具特色的民族身份和生活方式，融合过程中的多样性特征十分突出。即使是在郊区居住的外来移民中，由于移民的劳动技能和经济条件较低，就业不稳定，收入来源狭窄，因而经济条件"十分困难"或"有些困难"的家庭较多。这类家庭的特点是子女多，单亲比例、失业率和贫困率较高。在他们中间，尽管不少劳工从事的职业是为法国中产阶级提供服务，与法国人在阶级上的互补性也可能超越民族分歧，但在大多数情况下，法国土生公民对移民的社区生活基本上漠不关心。"外来移民形成一种独立的社会与社区生活，与法国公民的生活并行不悖。"①

相比之下，居住在城市贫民区的移民状况更加糟糕。尽管多民族的移民在日常生活中交往密切，但不同群体之间，在生活方式方面依然保持着各自的特点。从居住的条件看，许多家庭的住房条件不堪入目，属于典型的底层阶级生活。例如，一些法国学者在调查报告中指出：

> 我们访问了巴黎12个贫民区的居所，它们都大同小异。然而，在一个由车库改建成的居所，情况就不同了。住户正在举行抗租示威，其原因不难理解。两侧是割断的房间，中间是通道，每间屋子住着8人，通道上摆满了小商贩出售的剃须用具、梳子和阿拉伯语宗教书刊，旁边到处是鸡。厨房兼居室，是紧张繁忙的各种活动的场所，也是流言蜚语最多的地方，被男性集体雇用的5名非洲妇女正在锅里搅拌米饭和肉食。但是，既没有椅子也没有桌子，饭菜都放在地上……400名男人共同使用8个淋浴……多数屋子都住着人。尽管已经是周日下午，有些人已经熟睡，更多的人在交谈。墙上连一张美人画

---

① Rudder, Véronique de, "Immigrant Housing and Integration in French Cities", in Horowitz, Donald L., and Gérard Noiriel, eds., *Immigration in Two Democracies*, p. 256.

也没有，没有看到有人喝酒。[①]

在这样的生存条件中，移民依然按照家乡的习俗，论资排辈，等级分明。例如，在1950—1970年间入境的扎伊尔、毛里塔尼亚、刚果和塞内加尔等国移民中，不少人是非法移民，他们在巴黎形成了较大的黑人社区，保留了非洲的文化传统和社会等级制度。“老年人继续控制移民社区，不管其职业如何，年轻人必须将其全部收入交给老年人，后者决定每年应该给非洲的家乡邮寄多少，多少应该留给青年人自己。老年人经常检查年轻人，甚至负责安排他们的休闲时间——就像在家乡一样，常常无休止地讨论那些困扰家乡的问题。任何有悖于社区生活的活动都受到制止，因此，如果有人出去陪伴法国女性，尤其是妓女，在宗教上和经济上都是不能接受的。”[②] 在管理上，各社区或街区以民族为核心，形成了一种具有原始部族特点的等级制度。每个民族之间的联系与合作方式，仍保持了非洲母体文化的特色。在社区的社会和金融管理、利益分配和交流等方面，都是如此。甚至在吃饭的时候，也能看出等级制度的特点。“他们在按照传统古老的苏尼科(按：撒哈拉以南地区的民族名称)习惯准备饭菜：部族所有成员使用同一个饭碟，吃饭时按照年龄大小和在社区的地位，年长者先吃，年轻者后吃。年长者吃饱后，再将碟子交给他的奴隶(Slaves)，该奴隶必须做饭，并且必须满足于享用残羹剩饭。即使这位年长者贵族是一位清扫马路的工人，他也不会清扫自己的社区。”种种现象表明，法国巴黎黑人社区的社会管理，“具有一种比母国社会更僵化的等级制度”。[③]

在当代德国，土耳其移民及其后代在选择自己的民族认同的过程中，选择了三种不同的认同模式：一是具有鲜明特点的土耳其民族主义认同的观点，二是主张与德国的主流社会融合的观点，三是固守宗教信

① Power, Jonathan, *Migrant Workers in Western Europe and the United States*, pp. 75-76.

② Buechller, Hans Christian, and Juddith Maria Buechller, *Migrants in Europe*, p. 84.

③ Buechller, Hans Christian, and Juddith Maria Buechller, *Migrants in Europe*, p. 86.

仰及其生活方式的观点。这些不同的主张在当地土耳其族裔报纸杂志和德国的政治选举中都比较明显。例如,90年代中期的德国议会选举中,第一种和第二种认同泾渭分明。强调第一种认同的代表人物是厄尔特·卡拉库鲁苏(Ertug Karakullukcu)。他在1994年竞选德国议员,他的竞争对手森姆·奥兹德米尔(Cem özdemir)持第二种认同,主张融入德国。两人都是土耳其移民在德国生育的后代。他们为反映本民族的利益要求,积极参加德国当地的社会和政治生活。为赢得选票,两人在报纸杂志上连篇累牍地发表文章、在电视上演讲,竭力彰显自己,贬低对方。当然,奥兹德米尔在主张土耳其移民认同德国的同时,要求德国政府在人权、公民资格以及最基本的社会权利方面,考虑土耳其移民的利益,应该承认民族多元化的现实。他并没有忘记自己的祖籍,也承认自己不能也不愿意切断与自己本民族的文化联系。他说:"我是一位具有土耳其血统的德国人,在感情上,士瓦本比德国更为亲切,我的土耳其血统并不简单,我的父亲来自安托利亚附近的一个小村庄,我的母亲来自伊斯坦布尔。我自己来自士瓦本。因此,我最恰当的称谓应该是一位安托利亚—士瓦本人。"① 他的民族感情的确是发自内心的,希望在竞选中能够得到土耳其移民的支持。他又对土耳其移民的某些行为提出批评。他说:"我们必须保持我们的文化,为我们所居住的国家的多元化文化增添我们美丽的文化传统,但是,与此同时,我们必须参与我们所在国家的社会、政治和文化活动……这是我们所必须创建的新的身份的共同前提。"又说:"我反对土耳其政府在德国组织游说团,我提醒人们注意,尽管土耳其移民有朝一日会成为具有双重国籍的公民,但是这种国籍必须是德国国籍。部分土耳其媒体在德国扮演着土耳其政府游说团的角色……影响了一部分土耳其移民,并且被认为是热爱土耳其的一个标志……如果有德国公民资格的土耳其人

---

① 士瓦本(Swabian)是土耳其移民在德国居住比较集中的一个地名,而安托利亚—士瓦本(Antolia Swabian)则是土耳其和德国两个不同的地名合称,意在表明移民的双重认同。

允许他们自己被利用，并且被土耳其的政治家所遥控，这会损害德国社会的和谐。”[①] 对于奥兹德米尔的观点，卡拉库鲁苏坚决反对，他撰文批驳道：“有什么比出卖自己的祖国更令人心痛？上帝不会饶恕……奥兹德米尔在向德国议会提供我们祖国的情报时，他的心不流血吗？……他手中拿着德国社会民主党的匕首，在我们的背后插上一刀，这不公平。对于居住在德国的多数土耳其移民来说，与土耳其的关系是一个具有决定性的因素，保持与土耳其的融合和对她的忠诚，让奥兹德米尔的观点见鬼去吧，确凿的事实是不言自明的：我们的人民不希望自己的祖国受到嘲弄，被蔑视，被鄙视，被轻视或被视为劣等。对年轻人来说，真正的祖国是土耳其。”[②] 土耳其移民关注母国政治、经济和文化等方面的发展，是对本民族热爱的表现，表明他们的民族情感和文化认同依然十分强烈。这一方面是本国文化、社会生活观念以及民族血统在移民自身中发挥作用的结果，他们的心理意识和民族认同，绝非通过简单的区位转移就能改变；另一方面，母国的社会、经济和政治等各方面发展的好坏，对移民在侨居国的社会地位和生活等都具有重大的影响。母国积极有利的形象有利于移民在争取民权时处理他们与所在国家的关系。作为侨居者，移民在海外漂泊的过程中，尤其是在失落或遇到挫折的时候，需要一种真正能在心理上、精神上和文化上理解自己的文化环境的人，能够宣泄自己的郁闷和痛苦，这不仅能帮助自己渡过难关，更重要的是对那些在社会生活中以种种方式排斥或歧视自己的异族群体以一种震慑力，而唯一能满足这种精神需求的只有自己的国家。国家兴盛的程度，对海外移民群体的社会地位以及他们的精神状况具有非常重要的影响。弱国无外交的至理名言，同样在海外移民群体的社会地位以及与其他国家的移民群体的关系中，多少会有所反映。在这个意义上，土耳其移民所面临的问题，也是其他移民群体在融合过程

---

① Ogden, Philip E., *Migration and Geographical Change*, pp. 124, 126.

② Ogden, Philip E., *Migration and Geographical Change*, pp. 128-130.

中存在的问题。

需要说明的是，在美国和西欧国家的移民中，有不少人信奉伊斯兰教。在英国的巴基斯坦移民、法国的阿尔及利亚人、摩洛哥人以及德国的土耳其移民中，到处都能看到这类移民的身影。按照伊斯兰教的教规和生活方式，妇女不能就业，不能出门参加社会活动。她们的生活圈子主要局限于家庭，对外界不了解，因而她们多数人在迁入国家无法适应主流社会的生活；甚至在这些国家当地政府为移民举办文化与就业技能培训班、工作人员前往去招收学员的时候，还必须首先劝说其丈夫，说明学习主流社会的官方语言的重要性。但是，许多信奉伊斯兰教的男性移民表现出强烈的抵触情绪，他们“不愿意看见自己的妻子认字和算术有进步”。因为妻子的文化和就业技能提高后，她们有了工作岗位和经济收入，个人的独立性就会增强，这会削弱男性作为一家之主的权威地位。没有丈夫的同意，妻子只能在家里操持家务。[①] 与其他移民群体相比，穆斯林移民的封闭性更强，加上他们多数人的社会和经济地位低下，在居住空间上又远离主流社会，移民的精神和文化生活只能局限于本民族社区。在家庭生活中，移民家长在与子女的交流方面存在着文化断层现象。例如，在法国的穆斯林移民家庭，“在母亲与其子女之间，当母亲用母语讲话时，子女能听懂，但当子女用法语回答问题时，父母亲就不明白了”。由于子女是在西方的教育理念下成长起来的，回到家里又必须接受母体文化的教育和熏陶。在与父母的关系上，子女们的消极或抵触性行为，经常导致家庭出现代际矛盾。[②] 当然，这并非是说穆斯林移民丝毫未受到主流社会的影响，相反，他们在保持个人的生活方式的同时，也能与其他族裔和平共处。许多伊斯兰教教徒也在不断地调整自己的生活方式，他们在认同自己的宗教的同时，也在

---

① Castles, Stenphen, and Godula Kosack, *Immigrant Workers and Class Structure in Western Europe*, pp. 192, 199-200.

② Castles, Stenphen, and Godula Kosack, *Immigrant Workers and Class Structure in Western Europe*, p. 363.

客观世界中会关照其他民族或宗教群体的利益。在这种情况下，他们为了生存，积极就业并参加社会活动，接受当地主流社会的生活方式和价值观念。在一些社区，也能看到一些穆斯林居民与非穆斯林人口通婚的现象。在这种与异族通婚的家庭，穆斯林移民在成为定居国家公民的同时，也保持了自己的民族身份。他（她）既能在一定程度上遵守本民族的生活与宗教习俗，又能享受在与主流社会融合过程中的快乐。[①]

四、制约移民融合的因素

外来移民在进入某一迁入国后，其实现与主体民族的融合与同化，都是一种双向交流、相互作用的过程。在此过程中，接受移民的国家不仅要在法律政策上提供保障，而且其国民也应该以开放和宽容的心态，欢迎外来移民的融合。另一方面，移民自身也应该及时地做出自我调整，适应当地的语言、文化和生活方式，积极参与当地的政治与文化生活。然而，从半个世纪以来欧美国家的具体情况看，移民在融合过程中遇到许多制约性的主客观因素。就笔者观察所见，这些主客观因素可归纳为如下几个方面。

【排外主义】　美国著名学者约翰·海厄姆在《国土上的陌生人》一书中指出："排外主义应被界定为：国内某一少数民族群体（不是美国人）因与外国的联系而受到强烈的敌视。具体的敌视性排外情绪有可能、并且事实上是受少数群体特点变化的刺激和对当时条件变化所做出的反应，其差异比较广泛，但是，每次不同的敌视性行为，始终贯穿着一种具有连续性的、充满活力的民族主义情绪。尽管排外主义强调文化上的排斥和对族裔的主观判断，但它却能转换成一种热情，对于那些威胁到具有鲜明的美国人特征的生活方式的敌人而言，这种热情足以

---

① Fizpatrick, Peter, *Nationalism, Racism and the Rule of Law*, p. 175.

将其摧毁。”海厄姆所强调的排外主义核心是民族主义。他认为从19世纪末期开始，美国的排外主义具有三种表现形式：第一种是反对天主教。这种思想根植于美国的新教文化中，认为天主教不能、也没有美国民主制度所需要的品质，这是美国公民所不能容忍的。第二是强烈的反对激进主义，其核心思想是认为外来移民缺乏民主思想、充满激进的甚至是无政府主义的革命思想，目的是推翻美国稳定的政治与社会制度。第三种是美国历史上的种族主义。海厄姆认为，种族排外主义是美国排外主义中最为重要的、最具有持久性的形式，这种排斥思想产生于美国历史上的白人种族优越论。它在20世纪初期被转换为一种全社会性的排外狂飙。① 海厄姆所说的排外主义在19世纪末期的美国和欧洲都非常突出。在20世纪，虽然排外主义的表现形式远不如19世纪那样激烈，但它无论是作为一种社会思潮，还是作为一种本能的先发制人的自卫性行为，都始终没有消失。在20世纪欧美国家人口与经济发展相对比较协调、社会福利日臻完善的趋势下，各国政府和许多具有远见卓识的人士都认识到引进外籍劳工或移民对本国人口增长和经济发展的战略性意义，然而，那些不甚了解国情、缺乏高屋建瓴眼光的人，仍然在经济上、文化上、种族上、血统上和生活方式等方面，把外来移民看做是一种威胁。随着入境移民的增多及来源的多样性特征日益突出，社会上的排斥性心理也随之增强。即使在60年代经济繁荣发展的时期也不例外。例如，1966年英国的一次民意调查中发现，半数以上的被调查者认为应鼓励白人移民，限制有色种族的移民，因为后者“消耗了社会服务，带来了疾病，肮脏不堪，引起就业竞争”。在同一年度的法国，62%的被调查者认为法国的北非移民太多，27%的人认为西班牙人太多。在1973年的调查中，92%的法国人认为“法国的外籍人太多”，53%的被调查者认为外来移民不能被同化。德国的民意调查结

① Higham, John, *Strangers in the Land: The Patterns of American Nativism 1860-1925*, New York: Atheneum Press, 1981, pp. 4, 133.

果是："在整体上……德国人还没有做好容忍或欢迎雇用外国人的准备，约2/3的被调查者认为应该解雇外国工人。"[①] 从现有资料看，20世纪欧美国家排斥移民的理由，主要包括如下几个方面：

首先，随着各国就业竞争的加剧，那些处于社会下层的劳工及其在政府的代言人，常常指责移民抢去了当地劳工的职业，引起了土生劳工的失业或工资水平的下降。一些地方官员为取悦选民，也常常借题发挥，抨击移民过多地享受了政府福利计划，加重了所在地区政府的经济负担。最典型的例子就是20世纪90年代美国加州通过的禁止外来移民特别是非法移民享受政府福利计划的187号决议。它核心思想是，移民通过合法和非法的方式，消耗了美国的社会救济、教育、住房和医疗保险等公共福利资源。[②] 其次，由于20世纪的白人跨国移民在不断减少，而有色种族的移民日益增多，接受移民的欧美各国政府尽管都在不同程度上实施了多元化的双语教育政策。可是，在这种顺应社会发展的措施之下，却始终存在着一种逆流：那些文化上的保守人士强调维护民族同质性的呼声不绝于耳。泛滥于20世纪80年代美国社会上的"唯英语"运动和21世纪初期美国政府终止双语教育政策，其原因之一就在于此。这种观点的实质是担心少数民族语言人口的增加，会威胁到英语作为官方语言的主导性地位，不利于美国民族的同质性发展。一些右翼势力团体也频频以外来移民不能同化为由而主张禁止移民，这种思潮在欧洲国家比较突出。再次，随着欧美国家入境移民的增长，城市贫民区的移民人数也与日俱增，他们居住在破烂不堪的茅棚小屋，环境恶劣，卫生条件差，单亲家庭较多，相应地，社会贫困和犯罪率也比较高。当地居民中不少人就因此认为外来移民是造成这些社会问题的根源。他们在要求政府改造贫民区住房和教育条件的同时，也主张限

---

① Power, Jonathan, *Migrant Workers in Western Europe and the United States*, pp. 45-46.

② Sánchez, George J., "Face the Nation: Race, Immigration, and the Rise of Nativism in Twentieth Century America", *International Migration Review*, Vol. 31, No. 4, 1997, pp. 1019-1021.

制外来移民的入境人数。有学者指出:"从地中海国家到斯堪的纳维亚,每一个西欧国家的每一座城市中都弥漫着一股强烈的恐外感的臭气,许多喜欢以礼貌、委婉的术语谈论这个特别问题的政治家……和各政治群体的人们,已经感到厌烦不堪,他们担心犯罪的上升,害怕福利预算的过分增长,担心外籍人的各种文化威胁到自己的生活方式。"① 最后,以白人为主的欧美国家,在不同时期都实施过禁止有色种族移民与白人通婚的政策。尽管这种政策到第二次世界大战后已成为历史的陈迹,不同种族群体之间的通婚率也在上升,但是,德国人的这种观念依然十分顽固。该国历史上形成的以"血统"原则为授予公民资格的依据,实际上对已经入境的异族移民构成了种族上的歧视和排斥。

在上述各种排外主义思潮中,对移民的歧视主要表现为两种方式。一种是采取激烈的暴力攻击或发动种族骚乱。这类例证在当代欧美国家都不难找到。在1986—1987年的美国,反犹太人的暴力事件增长了17%,其中48%发生在纽约、加利福尼亚和佛罗里达等犹太人密集的地区。② 1992年4月30日,洛杉矶发生一起因白人警察殴打黑人罗德尼·金而引发的黑白种族暴力冲突,但在为期一周的骚乱中,经济上损失惨重的是韩国移民,而受伤的西班牙裔人数最多。有人认为,这一事件标志着当代美国"种族化排外主义的兴起"。③ 在法国,自20世纪70年代以来排外主义一直非常猖獗。1973年初,一位阿尔及利亚移民在马赛伤害了一位法国公共汽车司机。在随后的几周中,阿拉伯人遭到严重的袭击,11名阿尔及利亚移民被杀。在1967—1973年间,被谋

① Malarek, Victor, *Heaven's Gate*, pp. 83-84. 类似观点见 Smith, David J., "Ethnic Origins, Crime, and Criminal Justice in England and Wales", in Tonry, Michael, ed., *Ethnicity, Crime and Immigration: Comparative and Cross-National Perspectives*, Chicago: The University of Chicago Press, 1997, pp. 114-115。

② Andersen, Margret L., and Patricia H. Collins, *Race, Class and Gender*, p. 89.

③ Sánchez, George J., "Face the Nation: Race, Immigration, and the Rise of Nativism in Twentieth Century America", *International Migration Review*, Vol. 31, No. 4, 1997, pp. 1009-1011.

杀的阿尔及利亚移民达到26人,受严重袭击的有65起。到1975年,在巴黎、里昂和鲁贝,袭击移民的爆炸性事件时常发生。[①] 在1978—1985年间,法国社会上针对外来移民的暴力行动增加了五倍。80年代的主要标志是法国极端右翼势力国民阵线的崛起,它因在1984年选举中提倡反对外来移民而名声大噪,认为北非国家的移民带来了毒品并加剧了社会犯罪。社会上针对性的种族暴力袭击有增无减。[②] 在德国,特别是在进入90年代后,对外来移民的袭击事件不断增多。每年针对移民的袭击事件均有数千次。在1991年到1996年,发生攻击移民的骚乱和个人刑事案件,累计多达24074次,其中最多的是发生在1992年和1993年,分别为6636次和6721次,在1994年以后略有下降,到1995年和1996年分别为2468次和2332次。[③] 一些德国的学者对1991—1992年间袭击外籍人的1398起事件进行了分析,结果发现,在参与者中间,90%为20岁以下的青年男性,其中47%的人有前科,他们学历低,常年处于失业状态,犯罪率较高,属于社会上的闲散青年。他们经常寻找影响面较广的焦点性问题发泄对社会的不满。他们崇拜极端右翼群体,与法国的国民阵线有联系。[④] 不难看出,社会上的反对外来移民的多是青少年,但是,在更深层的理论上,包括德国政府政策的理论性思维,都能直接地或者间接地找到德国历史上种族主义的痕迹。到90年代,德国不少城市常常能听到"德国属于德国人、外国佬滚出去"的声音。这种仇恨外国人的情绪,被升华为"具有侵略性的民族主义"。[⑤]

---

① Power, Jonathan, *Migrant Workers in Western Europe and the United States*, pp. 46-47.

② Holmes, Leslie, and Philomena Murray, *Citizenship and Identity in Europe*, p. 64.

③ Rotte, Ralph, "Immigration Control in United Germany", *International Migration Review*, Vol. 34, No. 2, 2000, p. 363.

④ Krell, Gert, Hans Nicklas, and Anne Ostermann, "Immigration, Asylum, and Anti-Foreigner Violence in Germany", *Journal of Peace Research*, Vol. 33, No. 2, 1996, pp. 155-156, http://www.jstor.org/stable/425434(2008年5月21日下载).

⑤ Fijalkowski, Jurgen, "Aggressive Nationalism, Immigration Pressure and Asylum Policy Disputes in Contemporary Germany", *International Migration Review*, Vol. 27, No. 4, 1993, p. 850.

与攻击移民的骚乱和暴力相比，日常生活中更加隐蔽的种族歧视在表面上虽然温和，但也更为持久。它作为排外主义的有机组成部分，在移民日常生活中无处不在，无时不有。即使是在政府和社会上多数人欢迎外来移民的时候，种族主义者也不大愿意接受有色种族的移民。例如，1973 年一些法国学者在问卷调查中发现，在回答外来移民对法国社会的影响时，属于"好"或者"非常好"范畴中，意大利人得票率高达 83%、西班牙人为 85%、葡萄牙人为 76%、南斯拉夫人达到 51%、土耳其人为 28%、阿尔及利亚移民为 33%；在回答移民能否被同化的问题时，64%的法国公民认为阿尔及利亚移民不能同化，57%的法国人反对与阿尔及利亚移民通婚，这个比例"是所有移民群体的记录中最高的"。[①] 在移民的融合进程中，对于移民影响最大的是就业问题。在就业市场上，欧美国家历史上指责移民抢去土生劳工职业的陈词滥调，在当代依然不绝于耳。一些土生公民也把移民看做是就业中的竞争对手和最大的威胁者。在就业市场上，就业技能比较低的有色种族移民本已处于十分脆弱的位置，而土生劳工又利用种种方式排挤这些移民。因此，有色种族的移民往往是最后的被雇用者和最先被解聘的对象，因而其失业率也始终是最高的。在英国，移民及其子女的失业率远远高于英国人，因为他们在母国所受的教育较少，文化水平低，在英国又处于个人的适应和调整期，不像英国的青年那样具有天时地利的优势。他们每申请到一个职业，经历的挫折比英国人要大好几倍。有的学者指出："那些竭力就业并获得成功的人，相当于白人同行为求职付出努力的三倍。无论是有意识的歧视还是无意识的歧视，种族歧视都是黑人青年求职时面临困难的主要因素。值得注意的是，必须认识到，歧视未必是有意识的，也未必是以种族或者肤色为理由直接拒绝雇用一位劳工，表面上平等但对某些特殊群体提出了歧视性的条件或要求的间接性歧视，同样是有害的。"在 1973 年 11 月和 1977 年 1 月的经济萧条

---

① Adler, Stephen, *International Migration and Dependence*, pp. 119-120.

时期，英国全国的失业率增加了一倍，而少数民族群体增加了4倍。在1979年2月到1980年2月，少数民族的失业率比全国的总体失业率高4倍，全国18岁青年的失业率减少了2.4%，而少数民族失业率却增加了7.3%。在1995年，16—19岁的英国劳工中，白人的失业率为15%，黑人为22%，印度人为18%，巴基斯坦和孟加拉移民的失业率高达33%，其他少数民族为29%。少数民族失业率比较高，固然是因为经济状况的波动，但是一个重要的原因是英国工会组织的排斥。亚洲移民中的一些女性，为了弥补家庭收入不足，也开始工作。她们大多数从事家政、文字处理、服装制作或商品包装等，却不能享受企业提供的各种福利，如养老保险等，而且随时都会失业。① 大量资料证明，英国人对有色种族移民的歧视相当严重。一些学者调查后发现，亚洲移民来到英国后，受到当地人的种族歧视。一方面，英国在对亚洲国家的殖民化过程中，就已经形成了对亚洲人的偏见，而在亚洲移民来到英国的时候，英国政府曾经把少数民族看做是英国"社会不稳定的替罪羊……是就业机会、住房和学校教育机会的竞争者和侵占者"。这种思维的结果，必然是英国人对少数民族的排斥和敌视心理的加剧，并在就业、教育、住房和福利等各方面限制他们的流动性。②

【无奈的社会犯罪】 在当代欧美国家中，社会犯罪的受害者和参与者中不乏外来移民。各国土生人与移民相关的犯罪大致有两类。第一类是土生公民特别是青少年针对移民的犯罪，另一类是移民引起的犯罪。有学者认为，移民的犯罪率比土生人口高。在美国和英国，黑人的犯罪率比白人高7—8倍。在澳大利亚和加拿大，移民与土生白人的犯罪率之差，高于白人与黑人犯罪率之差。移民犯罪率较高的根源是他们相对贫困的经济状况，多数案件都与财产和毒品走私有关，而各国移民犯罪率高低的差异，取决于移民各自的文化传统和思维、移民社区

---

① Panayi, Panikos, *The Impact of Immigration*, pp. 86-87.

② Clark, Colin, David Ley, and Peach Ceri, *Geography and ethnic Pluralism*, p. 233.

的社会环境以及与主流社会的文化差异等。①

移民的社会犯罪问题的确存在，但其犯罪率是否就比土生居民高则值得商榷。各国不同移民群体之间，彼此犯罪率差异较大。例如，在加拿大，犯罪率最高的是土著居民，其次是黑人，最后才是移民。1993—1994 年间，土著人占全国人口的比例不到 4%，但是却占被关押罪犯的 17%，与 1989—1990 年间的 18%和 1990—1991 年间的 19%非常接近。土著居民与黑人的犯罪比例较高，除长期的经济贫困外，最关键的原因是加拿大司法制度存在着严重的种族歧视。长期以来，加拿大政府官员承认，在加拿大监狱被关押的人口中，土著人的比例比较大，那是因为"司法体系中直接或间接的种族歧视"。在 1995 年安大略的调查中，58%的黑人和 36%的白人认为，司法体系中存在着对有色人种的严重歧视，40%的辩护律师、法律咨询人员以及 33%的法官们认为，在相同的案件中对有色种族采取了歧视的处理方式。② 这些资料说明，司法体系中的种族歧视程度，对有色种族的社会犯罪率具有重要的影响。德国一些学者对德国公民和外来移民的社会犯罪率进行比较后认为，"少数民族和外来移民并没有造成特别严重的犯罪问题，或者说造成特别的社会危害"。③ 此外，在 1990 年的英格兰和威尔士，西印度群岛移民和印度移民、巴基斯坦移民和孟加拉移民等几乎是同一个时期入境的，并且在入境后经历了相似的经历，但到 1990 年，孟加拉国移民在总体上的贫困率比较高，而西印度群岛移民的犯罪率是最高的。印度移民、巴基斯坦和孟加拉国移民的犯罪率甚至低于英国白人。亚洲移民的犯罪率之所以较低，关键在于他们的文化修养。"在同等条件

---

① Tonry, Michael, ed., *Ethnicity, Crime and Immigration*, pp. 1, 12.

② Roberts, Julian V., and Anthony N. Doob, "Race, Ethnicity, and Criniminal Justise in Canada", in Tonry, Michael, ed., *Ethnicity, Crime and Immigration*, pp. 479-482, 489.

③ Albrecht, Hans-Jörg, "Ethnic Minorities, Crime and Criminal Justice in Germany", in Tonry, Michael, ed., *Ethnicity, Crime and Immigration*, pp. 55-65, 87.

下，南亚人和加勒比海人遇到的歧视相似，但个人经历的歧视和反应却不一致，南亚移民经常回避面对面的敌视，而在加勒比海移民中的反应更加激烈。"这种相似的结论，在70、80年代的多次调查中都得到了证实。[①]

第二代移民犯罪率较高，主要是因为他们是在两种文化的夹缝中成长起来的，他们自身的生活条件虽然比父辈们在祖国时更好，但他们因为年轻，缺乏自身纵向比较的条件，他们在横向比较后所看到的是他们生活在贫困之中，经济升迁的机会渺茫，他们在学校和其他公共场合被主流社会疏远，回到家里又进入父母所营造的母国民族文化氛围中。在社会上的失落感与回家后的压抑感，使他们感觉到，自己在书本中所学到的美好生活的描述与现实相去甚远，因而在与父母发生矛盾时常常出走，到社会上又受到本民族黑社会组织的诱惑或拉拢，结果有些人便加入黑社会，进而走上犯罪的道路。在欧洲，各国家移民的犯罪率各不相同。例如在英国，华人、印度人、巴基斯坦人、孟加拉人的社会犯罪率不仅低于加勒比海移民，而且也比英国白人低，这说明文化背景差异对经济条件相同的移民群体的社会犯罪率具有较大的影响。这就是说，移民接受国的政策、民众的态度和移民自身的努力，都能够有效地减少移民社会犯罪的发生。从民族融合与同化的角度讲，无论是移民受到犯罪的伤害，还是他们作为罪犯对他人造成的伤害，带来的负面效果都会阻碍移民融入主流社会。一方面，他们受到土生居民的歧视，由此产生了一种恐惧感和敌视情绪，对土生居民的犯罪便是他们在经济、政治和种族歧视等方面发泄不满的途径；他们有意避免与土生人的接近，也加剧了与主流社会的疏离。另一方面，土生居民对移民的犯罪，也是源自对外来移民的排斥，为发泄私愤，或是因为一种对移民事业和经济成功的嫉妒。无论属于何种原因，其结果都不利于移民的融合与

---

① Smith, David J., "Ethnic Origins, Crime, and Criminal Justice in England and Wales", in Tonry, Michael, ed., *Ethnicity, Crime and Immigration*, pp. 110-111.

同化。在这个意义上,移民在欧美国家的边缘化,仍将是一个长期性的社会问题,与主流社会的融合还需要几代人的努力。

【语言与文化差异】 语言与文化对移民在与主体民族融合进程中的制约作用,同样在加拿大外来移民中展现得淋漓尽致。从现有资料看,如果英语或法语水平较高,就业市场的参与率就高,反之就低。那些不能用英语交流的女性移民的就业参与率只有60%,而在通晓英语或法语的女性移民中则为70%以上。从失业率看,在各类群体中间,学历较高者,其就业参与率较高而失业率较低,反之亦然。例如,学历在13.1年的加拿大人群中,1991年的就业参与率达到79%,失业率为8.1%;在加拿大出生的明显少数民族中间,那些学历在14年的劳工中,就业参与率为83.5%,失业率为8.5%;在外国出生但能说英语和法语的明显少数民族中,学历为14年者,就业参与率为82%,失业率为8.1%;而那些不懂英语和法语且学历只有8年的明显少数民族群体中,就业率参与率只有58.2%,失业率达到21.4%。[①] 与失业率相关的是移民的贫困率。失业与贫困作为孪生兄弟,两者呈正比关系。从移民群体的文化背景看,欧洲移民的失业率和贫困率较低,而亚洲和拉丁美洲移民的失业率和贫困率相对较高。乌克兰、葡萄牙、巴尔干地区、英国、意大利和德国的移民的贫困率较低,平均在10.4%到15.2%之间,而华人、希腊人、菲律宾人、波兰人和匈牙利人等处于第二档次,贫困率平均在16.6%到23.5%之间,而中南美洲移民以及阿拉伯人、西班牙人、越南人和加勒比海地区的黑人等群体贫困率较高,平均在32.7%到41.1%之间。[②] 从移民的空间流动性看,欧洲移民与加拿大土生公民的空间流动性相当,而亚洲和拉丁美洲移民的空间流动性较低。例如,在1991年,加拿大土生公民的流动性达到21%,西欧和北

---

① Boyd, Monica, "Integrating Gender, Language, and Race", in Halli, Shiva S., and Leo Driedger, eds., *Immigration Canada*, pp. 290-291.

② Kazemipur, Abdmohammad, and Shiva S. Halli, "A Study of the Poverty of Ethnic and Immigrant Groups in Canada", *International Migration*, Vol. 38, No. 1, 2000, pp. 73, 84-85.

欧移民为22%,美国的移民流动性超过20%。相比之下,亚洲移民平均在12%左右,拉丁美洲和非洲移民为15%,大洋洲移民达到17%。从各群体的特征看,年龄越大,迁移的可能性就越小,学历越高,迁移的可能性越大,英语和法语水平熟练的人口比其他语言移民的流动性更高。① 这些资料表明,如果移民的语言与文化水平与主体民族接近,其融合与同化进程就越快,相反就慢。这已经在当代欧美各国移民的同化中得到多次证实。对于那些缺乏这种优势的移民群体来说,语言上的障碍限制了生活中的交往范围,也限制了对主体民族的文化深邃性的理解,因而又制约了文化思维方式,限制了就业技能层次,影响到劳动中的创新思维层次和程度,进而决定着移民自身的经济收入和社会地位。所有这些都是移民融合和同化中不可或缺的。

【学历与就业技能】 在移民的融合进程中,影响最大的是移民自身的心理认同和学历与劳动技能。就移民的心理认同而言,大多数准备在迁入国家永久性定居的移民在不自觉地保持着本民族的文化和生活方式,但是,到第二代和第三代,移民后裔对本民族的认同日渐减弱。同时,如前所述,移民家庭的文化氛围和经济条件,对移民后代也产生了较大的影响,尤其是那些人境时学历较低、劳动技能和家庭收入较差的移民,即便到第二代甚至第三代,如果没有充分利用教育资源提高文化素质,那么后代依旧重复着前辈的艰难历程。无论是哪一代移民,教育对移民的融合与同化至关重要,也是因为这一点,当代美国社会的隔离,最突出地表现为文化水平、就业技能和家庭收入等方面的差异。

在19世纪迁入美国、加拿大和西欧国家的移民中,一个共同的现象是,移民与迁入国劳工之间在文化与就业能力方面差异越小,移民的融合就相对容易。然而,在当代各国移民中,移民与迁入国家主体人口

---

① Ram, Bali, and Edward Shin, "Internal Migration of Immigrants", in Halli, Shiva S., and Leo Driedger, eds., *Immigration Canada*, pp. 154, 156.

的种族和文化的结构性差异，远远大于19世纪移民与迁入国家之间的差异。尤其是在西方国家进入后工业化社会的时候，入境移民多数却来自第三世界国家。他们从入境开始，就与迁入国家的主体民族在文化、学历、就业技能和经济条件等方面存在着巨大的差异。例如，在1965年以后迁入美国的外来移民中，欧洲移民的学历和技术构成整体上较高，因而与美国人的差异不大；只有意大利和希腊移民学历和技术构成较低，所以其就业率和贫困率明显高于美国人。相比之下，亚洲移民中，尽管高中以下学历者的比重高于美国人的平均水平，但大学及其以上学历的移民比重明显偏高，失业率和贫困率相对较低。相反，拉丁美洲移民的平均学历低，失业率和贫困率较高。经济条件上的限制，使得他们很难进入美国的主流社会（具体统计见附录6）。

同样，在进入欧洲国家的移民中，有许多来自农村，文盲率较高。据估计，在法国的移民中有100万是文盲，他们主要来自阿尔及利亚、中部非洲、葡萄牙和西班牙。在1968年入境的2.4万名阿尔及利亚移民中，70.3%的移民目不识丁，21%只会识字，拥有各级学校学历证书的移民仅仅为8.3%。1969年居住在法国里昂的阿尔及利亚移民中，67.9%的人不懂法语，21.3%的人识字不多，10.7%的人只掌握一定程度的法语，68.3%的人根本不懂阿尔及利亚语言。非洲黑人中的文盲率更高，达到90%。[①] 如此低的学历与文化素质，必然制约移民入境后的就业层次。从1968年阿尔及利亚移民的就业分布看，他们主要集中在建筑和公共工程行业，在农业和服务业就业的比例相对比较小。在法国所有外来移民中，非熟练劳工的比例为71%，而阿尔及利亚移民中为87%，只有约12%是熟练劳工。具体到各个行业中，建筑和公共工程中熟练劳工为16%，而在冶金行业仅为5.7%。从职业流动的情况看，阿尔及利亚移民的职业流动性非常慢。根据1967年7月的调

---

① Castles, Stenphen, and Godula Kosack, *Immigrant Workers and Class Structure in Western Europe*, p. 182.

查，在所有的外国劳工中，25.2%为熟练劳工，阿尔及利亚劳工为11.5%，到1971年，前者为26.8%，后者为15.9%，总体水平仍远远低于前者。[①] 在德国，不少移民没有文化，缺乏就业市场需要的就业技能，只能从事体力劳动，随时都有失业的危险。更重要的是，第一代移民的教育水平和职业技能，对移民后代也产生了重要的影响。在经济条件比较优越的家庭，家长对子女的道德和文化教育比较重视，家庭和学校教育互相补充，两代人之间的沟通比较彻底，子女具有良好的社会和家庭生活的观念，孩子在学校的学习成绩也具有明显优势。相反，在英国西印度群岛移民中，父母亲的学历低，家庭经济条件差，父母对子女的教育投入不足，子女的学习成绩一直是各移民群体中最差的。原因之一是这些移民家庭团聚早晚不一，有些分离时间过长，家长对子女教育的关注程度不够。据英国"少数民族教育调查委员会"在70和80年代的两次调查发现，在高中毕业考试中，在英国出生的移民子女的考试成绩，高于那些在西印度群岛出生的学生，但是仍低于其他少数民族的学生。[②] 在1965年的法国巴黎，6—14岁的阿尔及利亚儿童和少年共有10035人，其中58%比法国同龄孩子的识字能力相差一年以上，其他国家移民的识字率与法国同龄少年相比，相差半年以上。英国的情况大致也是如此。例如，在伦敦市移民社区的5027名8岁的孩子当中，识字能力差的比例平均为28.5%，其中英国公民的子女平均为14.8%，印度移民的子女为26.8%，巴基斯坦移民的子女为27.6%，西印度群岛移民的子女为30.1%，塞浦路斯希腊族移民的子女为30.2%，塞浦路斯土耳其族移民的子女为40.5%，其他移民的子女平均为19.6%。[③] 这种问题所带来的必然结果，便是这些移民的后代将重蹈其父辈之覆辙，很难融入主流社会。

---

① Adler, Stephen, *International Migration and Dependence*, pp. 116-117.

② Richmond, Anthony H., *Immigration and Ethnic Conflict*, p. 24.

③ Castles, Stenphen, and Godula Kosack, *Immigrant Workers and Class Structure in Western Europe*, pp. 214-216.

【对母体文化的认同】 如前所述，各国移民的民族社区形成后，不仅创办了自己的报纸，建立了为子女提供教育的民族学校，经常举办具有民族特色的文化娱乐活动，成立了各种旨在帮助移民渡过难关的社区性互助组织，而且还修建了可以满足移民精神需要的寺庙。在1990年的英国各地，穆斯林教徒建立了600多个清真寺，其中以伦敦的清真寺建筑规模最大、装饰最豪华，前来祷告的人数最多时可达2万人，除了每天约有400人祷告外，星期五祷告的人数达到4000人。尽管这些清真寺多数是普通建筑改建的，但是基建费用都是来自移民和母国教会组织提供的捐助基金。它们不仅为老年人提供照顾，而且还建立了穆斯林学校，向移民子女传授穆斯林文化。这种具有民族特色的宗教活动和组织，在其他移民群体中也同样引人注目。例如，在1995年8月18日，位于伦敦的印度佛教寺庙投入使用，它是印度移民自筹资金建立的"印度之外最大的印度传统庙宇"。建筑材料使用了3000吨石灰岩和2000吨意大利大理石。这些材料首先被运往印度，经过手工艺人的雕琢后再运往英国。楼房建筑20多米高，具有古印度的风格，以英国橡树材料为主体结构。内部装有空调，电梯主要供残疾人使用，场外有可以停放500多辆汽车的露天停车场，为英国的130万印度裔参拜提供服务。① 通过这些活动，移民可以在陌生的国度里找到熟悉的生活空间，在与异族文化交往的过程中又能感受到民族文化的慰藉。另一方面，许多移民组建自己的民族社区和组织，实际上是一种无奈的选择。因为他们如果要加入迁入国家的社团组织，也面临着祖国方面的压力。例如，西班牙、葡萄牙、土耳其、摩洛哥和希腊的移民在出国前，其政府官员告诫他们不要加入西方国家的左翼组织，禁止移民参加这些国家的任何政治组织，以免移民将来回国后，对母国的社会和政治生活产生较大的影响。在德国、比利时和荷兰的希腊与土耳其移民社区，都有各自国家政府代表或存在某种形式的控制。移民将这些代表

① Panayi, Panikos, *The Impact of Immigration*, pp. 107-108.

政府的官员形象地称为"灰狼"。他们经常对本国移民进行监视,凡是参加迁入国社团组织的移民,最有效的控制方式就是在移民回国后没收护照。在希腊,一位曾担任政府代理的移民劳工回国后以警察为职,他在接受采访时指出,他在德国期间拿着两份工资:一份是母国政府支付的工资,另一份是他在德国斯图加特的一家工厂领取的工资。他在德国的任务,是监视并向祖国报告希腊移民在斯图加特的任何政治性活动。他说:"我并没有告诉他们(按:希腊政府官员)多少……只是报告谁组织了工会,它们是什么群体……"① 正是这些"灰狼"的监视,许多移民不得不将自己的活动局限于当地的移民社区,移民也很难将散居在各地的同胞组织起来形成一支统一的强大的政治力量,更不敢参与各种政治活动。

除此之外,还有些移民处于相对封闭的状态。例如,根据一些欧洲学者的研究,在 20 世纪 90 年代进入欧共体成员国家的移民中,将近 2/3 的移民信奉伊斯兰教,其中多数进入德国。他们在日常生活中,始终坚持本民族的宗教和生活方式,活动范围基本上不超出本民族社区。德国人要对这些移民完成民族同化十分困难,因为这些"拒绝同化而形成孤立的趋势在伊斯兰移民群体中十分明显"。② 如果政府政策处理不当,会在不同民族群体之间产生某种疏离感。在这种趋势下,担负重要任务的各国政府,则必须在着眼于长远的社会经济发展和民族和谐关系的同时,采取更加谨慎的政策。

总括前文,20 世纪欧洲内部的跨国移民,特别是战后欧共体和欧盟成员国人口的流动,在西欧各国形成了"你中有我、我中有你"的民族多元化格局,而当大批的有色种族的移民纷纷从第三世界国家迁入欧美发达国家的时候,这些国家都不可避免地走上了种族多元化的道路。

---

① Power, Jonathan, *Migrant Workers in Western Europe and the United States*, pp. 57-58.

② Wingen, Max, "Immigration to the Federal Republic of Germany as a Demographic and Social Problem", *International Migration Review*, Vol. 29, No. 3, 1995, pp. 716-717, http://www.jstor.org/stable/2547501(2008 年 5 月 27 日下载).

尽管西欧各国都在各方面采取了促进移民融合的政策，但是，各国的外来移民都经历了空间上与文化上的隔离现象，而移民自身的民族认同感和族内通婚较高的比例，也使各移民群体聚居区仍然能够保持自身的民族文化。另一方面，对于有色种族的移民来说，自入境那一刻起，他们便来到了一个与母体文化截然不同的社会与文化环境中。此后，他们实际上就很难突破主体民族设定的“玻璃天花板”。他们中间的部分人能摆脱贫困，但是作为整体却又很难在各方面与主体民族“平起平坐”。主体民族的这种思维，并没有明文书写在各国的宪法与立法之中，而是深藏于主体民族的政治与文化思维中。在社会稳定发展的时期，由于种族主义歧视已经发展成为一种更加隐蔽性、更为巧妙的社会现象，它像幽灵一样，游荡在学校、就业市场、住房市场以及政治生活等各种公共场所，成为处处制约移民的紧箍咒。当外来移民取得可与土生精英比肩的成就时，政治选票就成为压制移民的有力武器；当主体民族的政体或经济陷入严重危机时，外来移民和少数民族就会成为他们发泄对社会不满的替罪羊。

结　语

直言不讳地讲，对于外来移民问题，我并不感到陌生，也颇有几分自信感。然而，当我的视野扩大并深入到欧美国家的国际移民时，才发现其中的头绪之多、涉及面之广、各种因素之复杂，都超出以前的预想。要完成这项横跨多国的课题，既要有扎实而全面的通史知识和专题性研究的基础，又要从扑朔迷离的历史现象中探索出某种共性特征，并且在有限的时间与篇幅内阐述清楚，有时的确有几分力不从心的感觉。虽然我力求全面反映欧美发达国家的移民史，但当我努力去构思和研究时，才发现自己的研究框架和涉及的层面中，并不敢说有多少创新，也有许多问题还有待今后继续深入探讨。综观现代欧美国家的外来移民，笔者感到之中有些问题，需要与读者作一交代。

首先，就美国和加拿大而言，它们作为近代殖民主义扩张的产物，在过去几百年间始终是接受外来移民的国家。近代欧洲移民所带来的思想和文化，确定了这两个国家政治、经济和社会机制的基础，而后来的亚洲和拉丁美洲移民，则为这两个国家的崛起做出了巨大贡献。可以说，没有近现代历史上波澜壮阔的移民潮，这两个国家的现代化进程至少要推迟数百年。在 20 世纪，尽管这两个国家都在不同程度上确立了选择和限制性的移民政策，但政策的核心是选择那些在政治、经济、文化、科学技术和教育等各个方面的有用之才，限制那些有可能成为公共负担或者威胁到公共秩序与国家安全的外籍人；在种族上是欢迎西欧和北欧国家的白人，歧视东南欧人，排斥亚洲移民。与美国和加拿大不同的是，英、法、德等欧洲国家都从 19 世纪中后期开始由纯粹的移民净迁出国转化为净迁入国家，人口的跨国性迁移形成了迁入和迁出并行不悖的对流态势。在20世纪上半期，这种特点仍然十分突出。到第二次世界大战之后，这三个国家作为欧洲经济强国，出现了一个新的历史性转变，即来自欧洲各国的移民日渐稳定，而来自亚洲和非洲发展中国家的有色种族移民日益增多。这是欧洲人口迁移史上不曾有过的新现象。值得关注的是，在20世纪70年代末期，意大利、西班牙、葡萄牙和希腊等南欧国家，也经历了从移民净迁出向净迁入的转变，尤其是当来自亚洲和非洲的移民入境后，它们的民族结构也日趋多元化。

无论是美国与加拿大还是西欧国家，由于人口自然增长率日渐下降，社会经济发展又需要引进外国劳工，特别是今后对外国技术人才的需求会更加旺盛，因此，在今后很长时期内，各国引进技术人才、限制非熟练劳工的趋势不会改变。甚至在一些特殊的情况下，还会引进季节性劳工。同时，各国为了加强对边境的控制、限制非熟练劳工、禁止非法移民，跨国间的合作会空前加强，类似于欧盟这样的集体性政策，会越来越发挥出突出的作用。此外，在欧美国家接受外来移民的历史上，在土生人中间经常能听到这样一种不和谐的声音，即外来移民对迁入国家构成了威胁。当时所指的威胁包括：(1)外来移民抢去了土生劳工的职业，引起了社会失业率的上升；(2)威胁到了接受国家主体民族血统的纯洁性或者文化上的同质性；(3)以前，只有在国家处于战争状态的时候，来自交战国或者敌对国家的外籍人对迁入国家的安全才构成威胁。然而，在"9·11"事件之后，由于恐怖主义组织对美国纽约世贸大楼的攻击，欧美国家对外籍人的恐惧感骤然加剧，都在不同程度上加紧了对入境和过境人口的控制。但是并非所有的出入境人口都是移民，那些出于旅游、经商、求学等原因出入欧美各国的外籍人数量，远远多于国际移民。在2000年，因经商、旅游和访友等短期访问而进入美国的外籍人达到714万，2001年达到758万，2004年达到504万。此外，按照美国与英国、法国、德国和瑞士等27个自由市场经济国家达成的协议，在签证豁免计划(Visa Waiver Program)之下入境的停留期限不超过 90 天的外籍人数也是惊人的，其数量在 2000 年达到 1759 万，2002 年达到 1311.3 万，2004 年达到 1576.2 万。[①] 上述数字中不包括每年进入美国的永久性的移民。在数量如此庞大的出入境人口中，要严格控制恐怖分子、禁止非法移民，实在是一件大海捞针的事情。[②]

其次，从移民潮的来源变化看，它经历了一个从早期的英国、法国、爱尔兰和德国等西欧和北欧国家逐渐向整个东欧和南欧各国扩散的过程，然后又从 19 世纪后期开始逐渐地扩大到亚洲、非洲和拉丁美洲，进而形成一种全球范围的跨国移民现象。尽管西方学界不少学者从 19 世纪末期开始纷纷著书立说，提出不同的理论模式，它们各自在解释自己研究对象时都有一定的道理，但是很少有哪一种理论能够解释全球性的带有普遍意义的国际移民和人口流动问题。实际上，以笔者所见，能够解释这种现象的唯有市场经济及其全球化进程。因为大量的史料表明，无论是在早期的欧洲还是在 20 世纪的亚洲和拉丁美洲国家，一个国家的人口大批迁移到海外，首先与该国的经济机制及其结构密切相关。那些最先确立资本主义市场经济机制并且较早启动和完成工业化进程的国家，其人口迁移海外的发生、发展、高潮、低落以及相对稳定的每个阶段，就来得较早，反之就比较晚。人口迁移到海外的增减变化过程，完全取决于国内工业化引起的社会经济的转化过程。在全球视野下，这种变化又与该国参与全球经济活动的广度和深度是一致的。

当然，这并非是说，那些最早完成近现代社会转型的国家就不再有跨国人口迁移。恰恰相反，即使是美国和加拿大这样接受外来移民的

---

① U. S. Congress, Congressional Budget Office, *Immigration Policy in the United States*, 2006, p. iiiv, http://www. cbo. gov/ftpdocs/70xx/doc7051/02-28-Immigration. pdf (2007 年 8 月 29 日下载).

② Faist, Thomas, "'Extension du domaine de la lutte': International Migration and Security before and after September 11, 2001", *International Migration Review*, Vol. 36, No. 1, 2002, p. 12.

国家，每年也有成千上万的人口迁移到欧洲、亚洲、拉丁美洲、大洋洲和非洲等地区。同样，在欧洲，英、法、德等国家也是如此。在欧洲一体化进程中，各国关注的主要议题之一，就是成员国居民的自由流动和第三国移民的入境问题。由于现代交通技术的发展，无论是接受外籍劳工和外来移民的国家，还是移民净迁出国家，跨国人口的迁移由 19 世纪末期以前主要以单向流动为主转化为双向流动。表现在一个地区的不同国家，则形成了一种相互交叉的多向、多层面流动。尽管许多人最初迁移的身份和目的并非是移民，但是有不少人最终却成为永久性的侨居者。在狭义上讲，不同时期不同群体移民的具体促成因素可能有所不同，个人迁移的动机也有差异，他们决定迁移的时间、路线、方式和目的地等，也绝非是整齐划一的，但在宏观上，各类移民都不可避免地受到市场经济及其全球化趋势下的各种经济性和非经济性因素的制约。各种不同的因素，都在市场经济机制下直接或者间接地发挥作用，进而形成了全球范围内的人口大迁移。

从目前全球各国社会和经济发展水平及其差异看，发展中国家与发达国家之间的差异、发展中国家内部的政治秩序、民族或宗教纷争、区域性武装冲突和国际形势等方面的变化，还会继续成为人口迁移的因素。其中，发达国家与发展中国家经济发展的差异，很难在近期完全消除，这种差异依然会成为引发第三世界国家人口大规模地迁移到欧美发达国家的根本性因素。欧美发达国家运用种种方式限制移民，但却很难达到预期的效果。在今后很长时期内，如果欧美国家入境政策的限制性非常严格，非法移民的现象就在所难免。

再次，移民迁入新的国家之后，开始了从适应、调整、融合到最终同化的过程。在这个过程中，移民最关心的紧迫问题是就业与住房，长远性的问题还包括公民资格、平等参与社会生活的各种权利。可是，要行使这些权利，首先必须申请所在国家的公民资格。从移民接受国的政策看，美加两国作为移民及其后裔建设和发展起来的国家，在公民资格上设立了诸多限制性条款，其中最为突出的是种族歧视。直到 20 世纪中期之后，公民资格的授予政策才建立在相对平等的基础之上。欧洲的主要接受移民国家的政策各有不同，但是，多数在20世纪60年代之后，也明确了移民归化的标准与原则。德国到20世纪末期，才废除了建立在血统原则上的公民资格授予政策。同时，各国政府根据各自的国情，也实施了诸如就业培训、住房、失业保险、双语教育等有利于移民融合和同化的政策。尽管各国政策涉及的范围和程度各有不同，但其总体趋势是向着自由和平等的方向发展，希望能通过创造宽松的社会条件，帮助移民在星移斗转中逐渐淡化对母体民族和文化的认同，积极参与接受国各方面生活中，最终融入主流社会。

各国政府的政策中都包含着反对种族和性别歧视的原则，但在实践上，并未彻底消除政府管理机制中的歧视性行为。社会上形形色色的歧视也未完全消失，反而更加隐蔽。移民与土生公民之间在许多方面不平等的问题依然十分突出。外来移民因为对自身文化的依恋、对母国无法割舍的民族认同情结、自身就业技能和文化水平的限制而出现的较高的失业率和贫困率，以及他们居住在中心城市贫民区从而形成的与主流社会的隔离，都构成了第一代和第二代移民融入主流社会的障碍，各国民族多元化的格局已经形成，而且，由于新移民的不断到来，移民社区的多元化文化特征也更加突出。尽管不同群体移民的异族通婚率在上升，移民积极融合的历史趋势也是无可争议的事实，但是，欧美各国的民族多元化不大可能在较短的时期内消失。实施兼容并蓄的同化政策，也将是欧美各国的一项长期任务。

最后，当欧美各国的移民与民族同化政策日益走向开明和平等的时候，这些国家的排外主义思潮却持续升温。在美加两国，排外主义思潮萌生于殖民地时代，在19世纪工业化时期空前泛滥，并且促使两国政府分别制定了具有明显种族歧视的移民政策。在同一时期，两个国家社会性的排外主义浪潮此起彼伏，在就业市场、住房、学校等公共场所，对外来移民实行明目张胆的排斥与歧视。在20世纪，尽管这两个国家再也没有发生大规模的暴力排斥移民的现象，但是，排外主义者仍然运用各种合法与非法的手段，要求政府限制有色种族的移民。在战后，当来自亚洲、非洲和拉丁美洲等地区的有色种族移民成为美国外来移民的主要来源的时候，美国联邦政府为兑现其宪法中的自由与平等的诺言，不得不在民族多元化趋势下实施双语教育计划。在该计划全盛时期的80年代初期，美国"唯英语"运动的兴起和英语作为官方语言的政策在各州的实施，最终迫使美国联邦政府终止了实施长达40余年的双语教育政策。按照一些美国学者的解释，"如果这种趋势在今后几十年继续持续下去，那些认为应该保持美国文化根基的人们就会在维持这种信念的过程中，面临着日益增长的困难"。[①] 同样，在加拿大历史上出现对外来移民的排斥，主要是地方而非全国性的价值观念、狭义上的意识形态与社区观念作祟的结果。例如，在20世纪初期加拿大对亚洲移民、犹太人和黑人移民的排斥，30年代和40年代拒绝犹太人移民入境，战后对支持社会主义制度的移民的驱逐，60年代以来对待来自共产党国家和右翼势力国家难民的政策等，地方性的因素都在其中发挥了重要的作用。

在19世纪的西欧各国中，当大批的外籍劳工从南欧和东欧国家纷至沓来的时候，当地劳工和居民则运用公开或隐蔽的方式排斥外来者，最激烈的表现形式就是发动排斥移民的骚乱。例如，在19世纪最后20年间，仅仅在法国就发生了三次大规模的针对意大利移民的种族骚乱。他们的财产被抢劫一空或被付之一炬，每次骚乱中都有十余人死亡，数十人受伤。每次骚乱中都能听到"法国万岁！打倒意大利！"的口号。[②] 进入20世纪之后，特别是在20世纪60年代之后，随着欧洲国家经济发展而吸引的有色种族劳工和移民的增多，移民与土生人在就业、住房和教育等方面的资源竞争日益加剧。那些不习惯于与有色种族群

---

① Mercuro, N., H. Entinger, and J. Carter, *Immigration in Western Democracies*, Vol. 1, p. 1.

② Holmes, Colin, ed., *Migration in European History*, Vol. 1, p. 434.

体共同生活的白人,则不断要求政府实施禁止有色种族入境的政策,对于境内难以同化的移民,则实施遣返回国的政策。可以说,当代欧美国家中,欧洲的排外主义比美加两国更加激烈,相关的暴力事件也比较多。一位学者指出:"在西欧国家的许多城镇和城市,各种类型的种族主义者的行为,使那些梦想改善自己生活的人们,不得不再次面对残酷的限制。事实上,许多新移民的生活不仅是凄惨的,而且有些人还丧失了自己的生命。在包括英国和德国在内的西欧许多地方,发生的暴力攻击有时是致命性的。"① 这些问题的根源,是许多西欧国家的公民认为外来移民威胁了他们的国民认同,他们把暴力当作是捍卫自己民族认同的一种有效手段。正因为如此,到 60 年代中后期,欧洲许多国家的民意调查都发现,当地居民对外来移民劳工持有强烈的反对态度。在 1966 年英国进行的一次民意调查中发现,有半数以上的被调查者认为,应该为白人和有色种族设立不同的入境政策;42%的被调查者认为,在企业解雇劳工时,应该最先解雇有色种族。同样,法国在 70 年代经济长期滞胀的时期,对移民各种类型的攻击性事件比较多。② 更加严重的是,一些国家的政府也奉行了排斥性的政策。在欧洲国家中,当西德和统一后的德国的排斥性政策逐渐减弱的时候,英国的移民政策中的排斥性却在增强,它由 60 年代具有自由主义色彩的移民政策开始向保守的限制性政策转变。尤其是在 20 世纪末期,最明显的是英国政府的高层官员多次在公开场合排斥移民。英国前首相撒切尔夫人曾经表示,她最担心的是英国文化"被文化背景不同的人群所淹没"。英国前保守党首相约翰·梅杰也曾明确表态支持这种观点,他在英国围绕批准《马斯特里赫特条约》的争论中认为,关于外来移民,英国要保持一种独立的权利,根据自己国家的需要,限制移民人数和来源。因此,英国拒绝签署要求在欧盟国家取消护照的《申根协定》,认为这会使大量

① Holmes, Leslie, and Philomena Murray, *Citizenship and Identity in Europe*, p. 2.

② Power, Jonathan, *Migrant Workers in Western Europe and the United States*, pp. 46-47.

的移民涌入英国，不但不能增强英国经济，反而会给英国的社会和经济增添负担。[①] 值得关注的是，自70年代以来，英国的一些右翼组织的活动变本加厉，它们认为有色种族的移民在文化上根本不可能融入英国文化之中，其领导人在要求政府遣返移民时指出："所有的经历表明，非洲人、亚洲人和西印度群岛人都不能成功地与英国人实现融合与同化，在他们居住人数较多的地方，社区不可避免地出现争斗与紧张关系，他们带来的生活习惯，不是我们要批评的目标，但只能说他们的习惯是奇怪的，对英国人来说是陌生的。他们大批定居在英国城镇，已经使这些城镇变得为英国人不熟悉了。我们相信这不会有好结果。"[②]所以，该组织不仅主张全面限制外来移民，而且应该将英国的有色种族移民遣返回国。实际上，面对各国政府和社会上不同的排外主义，外来移民都在一定程度上产生了一种疏远主流社会的感觉，他们在心理上缺乏必要的安全感，于是，他们将自己的生活与社会活动限制在本民族社区。各国城市少数民族隔都区的形成，表明了移民与主流社会的隔离。只要移民无法全面地参与所在国家的社会生活，移民融入当地主流文化的前景依旧漫长。不仅如此，外来移民的问题，已经使欧美国家的政府陷入进退维谷的困境。下面，笔者简要列举的这些困境，仍将使欧美接受移民的国家面临着较大的考验。

【开放市场与关闭国门的矛盾性】 接受外来移民最多的国家都是市场经济机制发达、社会福利保障比较完善的发达国家。它们引领着经济全球化的潮流，利用自己的技术和生产社会化的优势，竭力打开发展中国家的市场。同时，这些国家也试图运用种种"平等互惠"条约或者协议，与发展中国家进行实质上不对称的合作与竞争。当发展中国家的经济受到不同程度的冲击，或者说在经济机制上与西方发达国

---

① Findlay, Allan, "An Economic Audit of Contemporary immigration", in Vaughan Robinson, ed., *Migration and Public Policy*, p. 7.

② Panayi, Panikos, *The Impact of Immigration*, p. 145.

家的市场经济接轨之后，西方发达国家的资本投资和技术的有偿转让，获得了丰厚的利润回报，同时发展中国家的生产秩序的变化导致原有的落后生产方式发生变革，许多劳工丧失生产资料后首先在本国内流动。与此同时，也有不少劳工及其家庭为谋求更好的发展机会，纷纷来到发达国家。发达国家人口增长率和经济发展的反向态势，促使这些发达国家运用各种方式，引进必要的外籍劳工，来补充国内日益紧缺的劳动力资源，弥补人口增长的不足。可是，当外来移民入境人数达到相当规模的时候，发达国家又开始限制入境移民的人数，人为地将人口从它与商品、资本、信息和商业服务的自由流动性的一体中割裂开来，在继续保持商品、资本、信息和商业服务自由流动的前提下，人口的自由流动却受到了限制。这在理论上违背了经济全球化条件下必然出现的资本、商品、信息和人员流动的基本规律。类似这种现象的典型例证是，欧盟对成员国和非成员国家（或者说第三国）移民的区别对待。因此，当合法移民特别是具有高技术移民能够进入欧美发达国家的时候，非法移民作为市场经济体系下"开放的市场和封闭的边境"这一组矛盾现象中的"副产品"，就不可避免地出现了。它在西欧国家一直存在，在北美地区最为严重。美国与加拿大之间实行人员与资本和商品的自由流动，但是，两国与墨西哥之间的自由贸易虽生机勃勃，可是关于移民的限制性却异常严格，非法移民依然禁而不止。

【入境与同化政策的矛盾】 美国和加拿大两国在接受和同化外来移民方面，具有较为悠久的历史，对移民同化进程中出现的种种问题，有足够的心理准备；而欧洲各国则与两国不同，它们在第二次世界大战之后才开始接受了与本民族和文化差异甚大的有色种族的移民，政府和民众对这些移民的融合和同化问题，都缺乏足够的心理准备，相关政策的制定还需要在实践上探索和检验。因此，当大批有色人种并未在政府预期内融入主流社会的时候，各国政府就开始控制外来移民入境人数，避免给本国同化外来移民带来更大的压力。1991 年，欧洲委员会在关于移民与民族关系的报告中指出，同化外来移民和少数民族的有效方式，是倡导“一种开放、欢迎和宽容的态度”，使移民感觉到他们不是一个“分离的且有问题的群体”，而是“作为社会中的组成部分已经被接受”，并且完全可以参与社会各方面的生活，为当地的社会和经济的发展做出贡献。然而，在移民入境和同化政策的关联上，既需要积极的同化政策，也需要恰当的限制性政策。但是，问题的矛盾性在于：“西欧国家之间存在着一种并行不悖的、几乎是在最大程度上的限制性政策，认为实现移民中少数民族融合的前提是禁止更多的移民入境。”① 这样做的理由是，移民中的有色种族越来越多，他们在文化、价值观念和宗教等方面与欧洲人不同，要使他们融入当地社会，就必须适当地控制每年移民的入境人数，使接受移民的国家能够有时间和精力“消化”那些已经入境的移民。可是，移民入境是瞬间可以解决的问题，而同化则需要较长的时间。这种差异决定了政策在理想主义与客观实践上的矛盾与困难。

【追求平等的理想与政策有限性的矛盾】 在接受外来移民的欧美国家，其公民都以本国的“民主”、“自由”和“平等”而感到自豪，而当移民要求享受自由与平等权利的时候，各国政府政策的宽容度却是有限的。因为他们并不愿意外籍人到来后，就立刻享受与自己相同的权利和待遇。但如果不授予外来移民相应的公民资格和公民权利，又有悖于西方民主国家的原则。在这些国家的立国原则中，民主意味着所有人都有权利参与社会、政治和经济生活；但是，允许移民入籍又可能打乱这些国家原有的文化和民族同质性，因而在长期追求民族同质性的德国、奥地利以及原来只有单一民族的瑞士和比利时，政府授予公民资格政策的限制性非常突出。这些国家都经历了从最初引进外籍劳工计划到后来接纳外来移民及其家庭的变化。这些国家中的共同现象是，第一代移民很难通过申请归化来获得公民资格，第二代移民没有获得自动获得公民资格的机会。但现实问题是，这些国家的多数移民肯定

① Collinson, Sarah, *Beyond Borders*, p. 33.

会永久定居。要驱逐他们出境，几乎是不可能。同样，政府不实行归化政策，与公民资格相关的各种问题便会接踵而来。由于这些国家都有强烈的排斥移民的意识，排外主义者也要求进一步限制已入境移民的种种权利。移民不能直接地参与政治生活，他们只能与本民族人口聚居，在共同的经历中，用共同的语言和民族感情进行交流，其结果必然不利于移民与主流社会的融合。此外，如前所述，保证移民积极地融入当地社会，仅仅授予公民资格还是不够的，因为授予了公民资格，并不等于移民就能充分享受到各种应有的权利。当移民成为种族主义者攻击的对象或被隔离于主流社会之外时，公民资格中所赋予的各种权利就丧失了实际意义。公民要充分地享受其应有权利，还需要一系列相关的社会和政策保障机制，在选举与被选举、教育、住房、就业、医疗和养老金等方面，制定并实施禁止种族歧视的政策。然而，从前文中可以看出，欧美各国为移民提供的社会保障制度，并没有建立在与本国公民完全平等的基础之上，政府担心这样的政策会对外国移民产生更大的吸引力，进而使限制移民入境的政策事倍功半。在这种背景下，对入境移民来说，尤其是那些劳动技术和学历较低的非熟练劳工，他们即使获得了公民资格，其追求自由和平等的权利，也会因为种种外在的制约因素而大打折扣。

【同化政策的单向性与移民认同的多重性】 在欧美国家中，除加拿大以外，其他国家的民族同化政策都具有单向的性质。这种属性在双语教育政策中体现得很明显。如前所述，各国政府都希望通过开设移民的母语课程，帮助少数民族学生掌握迁入国官方语言，提高其对主体民族文化的理解能力与水平，并逐渐地融入主流社会。这就是说，各国的双语教育政策的出发点不是民族多元化，也不是鼓励移民学习并发扬本民族的文化进而与主流民族的语言和文化形成平等的地位。相反，双语教育只是移民融入主流社会的一个过渡性阶段。在理论上，教育作为现代所有市场经济国家的劳工进入就业市场并广泛参与社会生活的台阶，对于外来移民特别是第二代移民来说，具有不可替代的意义，因为语言作为文化的载体，学习迁入国家的官方语言，实际上就是学习其文化。而文化的系统性学习只能在正规的学校教育中完成，因此，通过接受正规性的教育，移民子女可以学习到迁入国家的语言、文化、思维方式和必要的专业技术知识，从而为未来进入就业市场奠定扎实的基础。但是，对于第一代移民而言，虽然他们愿意认同并接受寄居国的政治制度、社会和文化观念，并广泛地参与当地的社会生活，但是，他们大多数是在母国文化熏陶下成长起来的，母国的文化与价值观念在他们的脑海中已根深蒂固，绝非通过简单的环境改变就能使其在短期内实现脱胎换骨的质变。他们来到新的国家后，会在较长的时期内保持心理上的双重认同，即既保持原有民族的认同，同时又在政治上确立对寄居国的认同。即使到第二代移民，这种双重的认同还会持续，只不过其认同程度不如第一代那样强烈。另一方面，如前所述，由于移民来到这些发达国家之后，都在不同程度上受到歧视和排斥，在适应和融入寄居国社会与经济生活的过程中，因为宗教礼仪、文化和生活方式等方面的差异，他们多数集中在自己的民族社区。那里有他们熟悉的文化空间，形成了自己熟悉的社会结构和生活方式，在心理上有一种安全感。这是民族认同的一种表现方式，也是针对社会上的种族主义所做出的一种本能的自卫性反应。所以，民族认同的转换需要在移民自身观念和心理实现转换的同时，必须具有良好的外部环境，需要主流社会的开放性和包容性，在就业、住房、教育和政治生活中提供完整的机会和权利。在这个意义上，民族文化作为一种社会资源，能在移民实现身份转换过程中发挥更大的社会作用。

当然，国际移民是由多种因素相互作用而产生的一种复杂的社会现象，其中的奥妙纷繁庞杂，扑朔迷离，绝非草草几笔就能说清楚。在收笔之际，笔者仍然觉得有些问题需要进一步深入探讨。

【女性移民】　在世界近现代史上，特别是在19世纪中期之后，女性移民屡见不鲜，但在20世纪之前，多数女性移民是作为家属迁移的，且比例较低，因而国内学界并未予以足够的重视。第二次世界大战之后，女性移民的比例空前提高。1965 年，女性移民占全球国际移民 7500 万人口中的 47%，到 1990 年占全球 1.2 亿移民的 48%。[①] 女性移民的增多，除跟随家庭迁移之外，更多的是独立移民。她们多数受过教育，在家庭和社会上的独立性要求日益强烈，就业比例也空前提高。另一方面，在欧美国家走向后工业社会的时代，多数企业主希望雇用廉价劳动力，也希望利用传统的观念加强对劳工的控制。在这种背景下，更多的女性加入了国际移民的行列，其中既有来自农村的妇女，也有来自发展中国家城市下层社会的女性，还有高学历的专业人才。她们为求职，或为寻求家庭团聚，纷纷通过合法或非法方式进入欧美国家。在社会生活中，她们在心理上和精神上都面临着比男性更大的压力，受到性骚扰的现象也比较普遍。目前，学界关于女性移民的相关研究还远远不足，已有的部分成果中甚至带有性别偏见。[②]

【移民汇款与回流移民】 无论是作为劳工还是永久性移民，他们迁移到西方国家之后，勤奋工作，省吃俭用，为的是积攒更多的积蓄，补贴家用，或购置地产，或娶妻生子。不管移民是否回国，他们都会从自己的积蓄中拿出部分资金邮寄回国。这些资金为移民家乡的消费和经济发展注入一定的活力。有的学者还认为，"日益增多的证据表明，来自海外的汇款对许多发展中国家的社区生存，具有至关重要的作用"。据统计，在 20 世纪 90 年代初，流向发展中国家的汇款每年达到 750 多亿美元，到 2000 年达到 1000 亿美元，其中 60%流向发展中国家。移民汇款占全球金融流动资金的一大部分，并且"在相当程度上超过了全球开发援助资金"。[③] 由此让人联想到的问题是：在不同时期不同地

---

① Castes, Stephen, "International Migration and the Global Agenda: Reflections on the 1998 UN Technical Symposium", *International Migration*, Vol. 37, No. 1, 1999, p. 10.

② Nyberg-Sørensen, Ninna, Nicholas van Hear, and Poul Engberg-Pederson, "The Migration-Nexus Evidence and Policy Opptions State-of-the-Art Overview", p. 8.

③ Nyberg-Sørensen, Ninna, Nicholas van Hear, and Poul Engberg-Pederson, "The Migration-Nexus Evidence and Policy Opptions State-of-the-Art Overview", p. 24.

区，移民汇款通过什么方式，对移民家乡产生了哪些影响？它是否又引起了新的移民潮？在汇款流向移民家乡的同时，是否也带回了新观念，它们对移民家乡的社会、经济和生活方式等产生了什么样的影响？这些问题都值得进一步探讨。与上述问题相关的另一个问题是自近代以来就已经出现的、到19世纪末期形成规模的回流移民。如果说20世纪上半期之前的回流移民是自发性的，那么第二次世界大战后的回流移民，更多的是在外在因素强迫下发生的。在西欧国家实施引进客籍劳工计划的时期，在按照合同进行客籍劳工轮换制度时，就形成了定期性的回流移民，因而西欧国家的国际人口迁移中也就出现了双向流动的现象。即使在70年代以后欧美国家加强了对入境移民的控制，自发性的回流移民仍然存在。回流移民作为国际人口流动中的重要组成部分，其存在与变化使国际移民的结构更加复杂，这就有必要思考他们回流的原因、回国后的流向和对母国社会发展的影响，他们回流母国后生活方式的适应问题、母国政府的政策、社会环境对回流移民再次迁移的影响等，都值得进一步研究。

【技术移民与人才流失】 自80年代以来，欧美国家的移民政策中都强调了引进技术类移民的必要性和重要性。政策中的许多优惠性条款，每年的确吸引了数十万外国高学历移民进入欧美国家。据统计，从第二次世界大战后初期到80年代末期，从发展中国家迁移到发达国家的移民中，有1290万接受过高等教育，其中有700万流向美国，590万流向欧洲。在埃及、加纳和南非等国家流失的移民中，60%的人有大学学历。在1990年来到美国的12.8万移民中，有9.5万人是大学毕业生。在许多发展中国家，高学历人才的流失率达到30%，在圭亚那移民中则达到70%，在伊朗达到了34%。根据世界银行的估计，在1960—1987年间，非洲流失的管理人才达到1/3以上。每年有2.3万名非洲学生流向海外，其中大部分来到欧洲。在美国，外国留学生由1970年的14.5万人上升到1994年的45万人，半数以上的学生在他们毕业后不打算回国。① 进入21世纪之后，欧美发达国引进技术类移民的政策力度有增无减。众所周知，德国一直拒绝承认自己是一个接受外来移民的国家，但是，该国内政部在2001年宣布，“德国是一个接受外来移民的国家”。德国政府政策的变化，有许多原因，但是其中重要的原因之一，就是为了吸引和鼓励外国的高级技术人才。基于同样的考虑，英国在2002年也决定实施引进“高技术移民计划”，其操作方法类似于加拿大和澳大利亚的积分制。② 西方国家引进外来人才的政策也引起了学术界的讨论。一些学者认为，西方发达国家的政策造成了发展中国家人才的流失。另一些学者提出相反的观点，认为欧美国家通过培养留学生，为发展中国家培养了大批的技术人才，同时，有些移民在欧美国家工作多年之后返回原籍，实际上意味着发达国家的“人才流失”。此外，跨国公司在发展中国家开办独资或者合资公司，不仅为发展中国家提供了经济发展的资本，而且也通过雇用和培训当地劳工，为经济发展提供了技术上的支持。凡此种种，都说明人才流失不单纯是发展中国家的现象，发达国家也存在着“技术资源流失”的现象。对于这样复杂的问题，我们应该加强研究。

【移民入境后的流动性】 无论是美国、加拿大还是西欧各国，也不管是移民自愿选择流向还是政府安置计划中明确规定目的地，移民在迁入国家站稳脚跟后，随着他们对有关就业、住房、教育以及任何有利于自己发展的机会的了解，他们还会进行迁移，出现所谓的第二次或第三次迁移。空间流动的结果多少都会对职业的纵向升迁产生促进作用。然而，移民在流动中的制约因素有哪些？与土生居民相比，移民在区域、规模、年龄、学历和民族等方面有哪些特征？对迁入地区的人口构成、民族分布和社会经济发展产生了怎样的影响？移民代际之间的

---

① Olesen, Henrik, "Migration, Return and Development: An Institutional Perspective", *International Migration*, Vol. 4, No. 5, 2002, p. 136.

② 当然，德国调整其移民政策，引进人才是其中的原因之一，而非全部。Stalker, Peter, "Migration Trends and Migration Policy in Europe", *International Migration*, Vol. 38, No. 6, 2000, pp. 168-169.

流动性有何差异，其原因是什么？移民的流动性与其在主流社会的融合有何关系？对于这些问题，我们都几乎一无所知。

【移民对迁入国家就业市场和经济发展的影响】 长期以来，几乎在所有接受外籍劳工和外来移民的国家中，都能听到不和谐的声音，即外来移民"抢"去了当地劳工的就业机会，加剧了当地的社会失业率；移民接受救济或享受社会与政府福利，加重了迁入国家的财政负担；移民的就业不稳定或文化差异等因素，引起了社会贫困率和犯罪的上升。也许在 19 世纪工业化发展时期，没有多少人会接受这种观点。但是，在 20 世纪后半期，随着后工业经济的发展，就业市场的竞争日趋激烈，人口增长与经济资源的配置矛盾日渐突出，这样的指责不能不引发学界的反思。如果说上述指责成立，那么，当代欧美国家吸引外籍劳工和移民的政策的必要性及其基础是什么？移民政策实施了半个多世纪，而且将来还会继续实施，其合理性何在？这恐怕是不能用纯粹的人道主义因素来解释清楚的。假设移民入境后对迁入国经济发展的确产生了积极贡献，那么，这些贡献具体表现在哪些方面，具有什么样的特点和规律性，它与市场经济发展中的社会流动性具有什么样的关系？实际上，研究这些问题，其意义远远超出了欧美国家的移民政策，它是关乎到市场经济流动性的理论性问题。

【控制非法移民】 在 20 世纪国际移民史上，一个令人瞩目的现象是非法移民。它作为一个在 20 世纪后半期令所有发达国家头痛的全球性的问题，一直没有得到很好的解决。各国相继推出了种种措施，例如赦免境内非法移民、制裁雇用非法移民的企业以及加强边境控制等，然而，从效果上看，禁止非法入境的政策仍然显得苍白无力，非法移民仍然大量存在。[①] 种种事实表明，非法移民作为经济全球化背景下与

---

① Düvell, Franck, *Illegal Immigration in Europe*, p. 4; Immigration Policy Center, "Targets of Suspicion: The Impact of Post-9/11 Policies on Muslims, Arabs, and South Asians in the United States", *Immigration Policy in Focus*, Vol. 3, No. 2, 2004, p. 2, http://www.ailf.org/ipc/ipf051704.pdf(2007 年 8 月 29 日下载).

合法移民并存的一种现象，其产生不单纯在于它们非法入境的环节本身，恐怕还有更为深刻的社会根源。当今世界上，几乎所有的市场经济国家都面临着移民非法出境和入境的问题。无论是单打独斗的国家，还是通过多边合作、集体性限制的国家，都未能成功地阻截非法移民的迁移。“甚至在 1990 年以前声称没有非法移民的斯堪的纳维亚国家，现在也经历着同类的现象。”① 这就是说，纯粹依靠实施签证制度、就业许可及驱逐出境的政策，已无法根除非法入境的问题。在这种背景下，一些国家通过与移民来源较多的国家签订双边协议，通过发展贸易、提供经济援助和增加投资的方式，帮助其发展经济，从而在长远上抑制欠发达国家的人口外流。不难看出，非法移民是一个涉及经济、外交和文化等多方面的历史与社会现象，需要从不同学科进行多角度的研究和探讨。在这个意义上，非法移民问题不仅仅是一个长期困扰西方发达国家的社会问题，也是学术界今后需要认真梳理的艰巨任务。

【国际移民与人口流动的理论研究】 应该说，国外学界关于国际移民和人口流动的个案与综合性研究可谓汗牛充栋，浩如烟海，相关理论层出不穷，花样不断翻新。每种理论似乎都有其一定的客观性和学术价值，但是，当我们调换角度、进行扎实的实证分析和跨学科对比时就会发现，各种理论中都存在着诸多的缺陷和漏洞。国内学界在评价国外学者的成果时，都会指出其中的问题，可是总体的分析还是无法摆脱国外学者理论性思维的影响。迄今在国际学界仍然听不到中国学者的声音。笔者在撰写这部专著的过程中也曾提出自己的看法，具体观察与分析中难免存在一些不足，也希望学界不同学科的专家首先加强对中国自市场经济体制确立以来的移民和人口流动的研究，促进国际移民和人口流动的实证性与理论性研究，在扩大我国学界成果国际影响的同时，也希望能为我国市场经济发展过程中相关问题的解决提供一点参考。

---

① Düvell, Franck, *Illegal Immigration in Europe*, p. 5.

当然，任何一位学者在研究国际移民和国内人口流动性的时候，都会发现其中值得研究的问题远非笔者的思考所能涵盖。国际人口迁移中还有许多问题需要引起我们的关注，类似民族融合与同化、国际移民与恐怖主义、国家安全与跨国移民的人权问题等，也都值得探讨。笔者将这些问题提出来，希望能引起更多的学者的注意。如果研究人数不断增加，研究方法不断完善，研究领域与范围不断拓宽，我们就会取得可观的学术成果。

附录 1

欧盟国家的外国移民与外籍劳工统计(单位:万)①

		比利时	丹麦	德国	法国	希腊	英国	荷兰	意大利	西班牙
外国人口总数	1975	—	9.4	409.0	344.2	—	—	—	—	16.5
	1980	87.9	10.0	445.3	—	7.0	168.2	47.3	21.1	18.3
	1985	89.8	10.8	437.9	406.1	10.6	170.0	55.9	—	29.3
	1990	88.1	15.1	524.2	359.7	17.2	247.6	64.2	49.0	40.8
	1991	90.5	16.1	534.3	—	18.4	242.9	69.2	78.1	40.8
成员国家人口	1975	—	—	161.6	186.0	—	—	—	—	93.0
	1980	59.8	2.5	150.3	—	1.9	71.2	16.8	7.9	10.8
	1985	58.4	2.6	135.7	156.6	3.0	72.9	17.3	—	14.2
	1990	54.1	2.7	142.2	141.2	5.0	87.3	16.3	13.0	24.1
	1991	55.2	2.8	143.9	—	5.4	78.2	16.9	14.9	24.1
非成员国人口	1975	—	—	247.4	158.2	—	—	—	—	7.2
	1980	28.1	7.5	295.0	—	5.2	97.1	30.6	13.2	9.8
	1985	31.4	8.2	302.2	249.5	6.8	97.1	38.6	—	9.8
	1990	34.0	12.4	381.9	228.5	12.2	160.3	47.9	36.1	16.7
	1991	35.3	13.3	390.4	—	13.0	164.7	52.4	63.2	16.7
外国劳工总数	1975	23.0	4.1	209.1	190.0	—	79.1	11.3	1.0	—
	1980	21.3	3.9	204.1	120.8	2.5	83.3	19.0	—	5.9
	1985	18.7	3.9	155.5	126.0	2.4	82.1	16.6	5.7	—
	1990	—	4.7	174.0	—	2.3	75.1	19.2	38.1	6.3
	1991	—	4.7	184.2	—	3.0	70.4	19.7	23.4	7.6

① Broeck, Julien van den, *The Economics of Labour Migration*, p. 162.

续表

成员国家劳工	1975	17.4	1.4	84.9	104.5	—	34.7	5.9	—	—
	1980	15.9	1.1	73.2	65.3	0.5	40.6	8.4	—	3.1
	1985	14.1	1.2	52.0	59.0	0.6	39.8	7.6	1.4	2.8
	1990	—	1.3	48.3	—	0.7	34.7	9.0	5.0	2.4
	1991	—	1.3	49.7	—	1.8	33.3	9.2	4.4	3.6
非成员国劳工	1975	5.6	2.7	124.2	85.5	—	44.4	5.5	—	—
	1980	5.5	2.8	130.9	55.5	1.9	42.7	10.6	—	2.8
	1985	4.6	2.8	103.6	62.0	1.8	42.3	9.0	4.3	—
	1990	—	3.4	124.7	—	1.4	30.4	10.9	33.2	3.3
	1991	—	3.5	134.6	—	1.2	37.1	12.2	19.0	4.0

注：上述表格中没有爱尔兰、卢森堡和葡萄牙的统计。

附录　2

1994 年欧盟部分成员国外来移民数量及百分比统计①

	1975	1980	1985	1990	1991	1992	1993	1994
奥地利的外来移民(万)	24.4	28.3	30.4	45.6	53.3	62.3	69.0	71.4
占总人口比重	—	3.7	4.0	5.9	6.8	7.9	8.6	8.9
经由成员国入境的比例	—	—	—	—	—	—	—	—
比利时的外来移民(万)	83.5	87.7	84.7	90.5	92.3	90.9	92.1	92.2
占总人口比重	—	8.9	8.6	9.1	9.2	9.0	9.1	9.1
经由成员国入境的比例	—	—	63.6	60.9	60.1	—	59.6	59.9
法国的外来移民(万)	340.2	371.4	—	359.7	—	—	—	—
占总人口比重	6.6	6.8	—	6.3	—	—	—	—
经由成员国入境的比例	54.3	47.7	—	36.5	—	—	—	—
德国的外来移民(万)	409.0	445.3	437.9	534.3	588.2	649.7	687.8	699.1
占总人口比重	6.6	7.2	7.2	8.4	7.3	8.0	8.5	8.6
经由成员国入境的比例	—	33.7	31.0	26.9	25.3	23.2	22.3	22.3
意大利的外来移民(万)	—	29.9	42.3	78.1	89.7	92.4	98.7	89.9
占总人口比重	—	0.5	0.7	1.4	1.5	1.6	1.7	1.6
经由成员国入境的比例	—	—	30.8	16.4	16.2	13.5	15.5	15.3
荷兰的外来移民(万)	35.1	52.1	55.3	69.2	73.3	75.7	78.0	77.4
占总人口比重	2.6	3.7	3.8	4.6	4.8	5.0	5.1	5.0
经由成员国入境的比例	44.2	32.9	29.2	24.3	24.0	24.2	24.1	24.9

① Papademetriou, Demetrios G., *Coming Together or Pulling Apart?*, pp. 14-15.

续表

瑞典的外来移民(万)	41.0	42.2	38.9	48.4	49.4	49.9	50.8	53.7
占总人口比重	10	5.1	4.6	5.6	5.7	5.7	5.8	6.1
经由成员国入境的比例	—	18.0	—	14.1	13.6	13.3	13.0	—
瑞士的外来移民(万)	101.3	89.3	94.0	110.0	116.3	121.4	126.0	—
占总人口比重	16.1	14.1	14.5	16.3	17.1	17.6	18.1	—
经由成员国入境的比例	—	77.1	74.8	69.1	66.8	63.3	61.2	—
英国的外来移民(万)	260.0	—	173.1	172.3	175.0	198.5	200.1	194.6
占总人口比重	—	—	3.1	3.2	3.1	3.5	3.5	3.4
经由成员国入境的比例	—	—	4.6	42.4	42.3	39.6	36.0	40.7

注:到 1994 年,欧盟成员已有 12 个国家:比利时、丹麦、法国、德国、希腊、爱尔兰、意大利、卢森堡、荷兰、葡萄牙、西班牙、英国。奥地利、芬兰和瑞典三国的成员国资格从 1995 年开始生效。

附录　3

一些主要国家的经济和人口趋势统计[①]

	人均国内生产总值(1980年美元价值,单位:美元)			参与经济活动的人口,单位:百万)		
	1960	1985	增长率	1960	1990	1990—2000增长率
欧共体北方国家						
比利时	4379	9717	+121.9	3.5	4.2	+ 1.0
丹麦	5490	10884	+ 98.3	2.1	2.9	0.0
法国	4473	9918	+121.7	19.7	25.4	+ 4.3
联邦德国	5217	10708	+105.3	26.2	29.3	− 6.4
爱尔兰	2545	5205	+104.5	1.1	1.5	+16.3
荷兰	4690	9092	+ 93.9	4.1	6.2	+ 2.6
英国	4970	8665	+ 74.3	24.3	27.8	+ 1.1
欧共体南部国家						
希腊	1474	4464	+202.8	3.4	3.9	+ 2.5
意大利	3233	7425	+129.7	20.7	23.3	− 0.1
葡萄牙	1429	3729	+161.0	3.4	4.7	+ 8.2
西班牙	2425	6437	+165.4	11.6	14.5	+ 7.5
地中海南岸及北非国家						
阿尔及利亚	1302	2142	+ 64.5	2.9	5.8	+44.0
埃及	496	1188	+139.5	7.5	14.6	+31.2
摩洛哥	542	1221	+125.3	3.3	7.8	+34.2
苏丹	667	540	− 19.0	3.9	8.1	+36.4
叙利亚	1234	2900	+135.0	1.3	3.1	+49.9
突尼斯	852	2050	+140.6	1.2	2.6	+30.2
土耳其	1255	2533	+101.8	14.0	23.7	+21.3

① King, Russell, and Krysia Rybaczuk, "Southern Europe and the International Division of Labour: From Emigration to Immigration", in King, Russell, ed., *The New Geography of European Migrations*, p. 180.

附录 4

1971—1991 年加拿大人口与外来移民区域分布①

省份	1971	1981	1991	省份	1971	1981	1991
加拿大土生人口				1961—1970 年入境移民			
大西洋沿岸各省	10.3	10.9	10.2	大西洋沿岸各省	2.1	2.1	1.9
魁北克	30.7	28.9	28.5	魁北克	18	16	14.8
安大略	33.2	32.2	34.4	安大略	55.5	55.5	58.9
大草原各省	16.5	17.8	18.3	大草原各省	11.3	11.3	10.8
不列颠哥伦比亚	9.3	10.3	8.7	不列颠哥伦比亚	13	15.1	13.6
累计	100	100	100	累计	100	100	100
1946 年以前的移民				1971—1981 年入境的移民			
大西洋沿岸各省	2.8	3.1	3.1	大西洋沿岸各省	—	2.4	1.8
魁北克	10.2	9.7	9.2	魁北克	—	14.1	13.8
安大略	39.8	41.4	43.6	安大略	—	51.6	53.7
大草原各省	27.4	25.7	27.6	大草原各省	—	15.1	14.6
不列颠哥伦比亚	19.7	20	16.5	不列颠哥伦比亚	—	16.8	16
累计	100	100	100	累计	—	100	100
1946—1960 年入境的移民				1981—1991 年入境的移民			
大西洋沿岸各省	1.9	1.8	1.8	大西洋沿岸各省	—	—	1.4
魁北克	15	12.8	11.9	魁北克	—	—	15.8
安大略	56.9	57.4	60.2	安大略	—	—	54.7
大草原各省	12.6	12.8	12.4	大草原各省	—	—	13.2
不列颠哥伦比亚	13.6	15.2	13.7	不列颠哥伦比亚	—	—	14.9
累计	100	100	100	累计	100	100	100

① Beaujot, Roderic P., "Immigration and Demographic Structures", in Halli, Shiva S., and Leo Driedger, eds., *Immigration Canada*, pp. 100-101.

附录　5

1954—1981 年联邦德国外籍劳工迁入与迁出人数统计[①]

年份		总计	意大利	希 腊	西班牙	葡萄牙	土耳其	南斯拉夫
1954	迁入	46853	2997	—	—	—	—	2018
	迁出	28831	1990	—	—	—	—	788
	净迁入	18022	1007	—	—	—	—	1230
1955	迁入	60368	5016	—	—	—	—	3043
	迁出	35548	2679	—	—	—	—	1234
	净迁入	24820	2337	—	—	—	—	1809
1956	迁入	82505	16003	—	—	—	—	3532
	迁出	48221	8555	—	—	—	—	1524
	净迁入	34284	7448	—	—	—	—	2008
1957	迁入	107418	21660	—	—	—	—	5798
	迁出	59292	11895	—	—	—	—	2391
	净迁入	48126	9765	—	—	—	—	3407
1958	迁入	118282	29468	—	—	—	—	7464
	迁出	64011	16820	—	—	—	—	3511
	净迁入	54271	12648	—	—	—	—	3953
1959	迁入	145919	49446	—	—	—	—	7411
	迁出	80630	27584	—	—	—	—	4060
	净迁入	65389	21862	—	—	—	—	3351
1960	迁入	317685	143614	27317	31233	602	3614	7211
	迁出	124441	57498	3033	3379	230	1003	3614
	净迁入	193244	86116	24284	27854	372	2611	3597

① Booth, Heather, *The Migration Process in Britain and West Germany*, pp. 157, 159, 161.

续表

1961	迁入	411069	179071	37843	53967	1220	8781	13602
	迁出	181524	92249	8559	12118	335	1364	4758
	净迁入	229545	86822	29284	41849	885	7417	8844
1962	迁入	488872	201474	53056	62561	1295	17559	34081
	迁出	245066	130824	14002	29847	376	3565	9023
	净迁入	243806	70650	39054	41714	919	13994	25058
1963	迁入	498438	187528	64583	62134	2007	31025	26328
	迁出	344526	184628	23894	34095	630	6267	16168
	净迁入	153912	2900	40689	28039	1377	24758	10160
1964	迁入	625484	209653	81709	81818	4590	71256	31381
	迁出	371448	165925	36369	40853	782	13820	21765
	净迁入	254036	43728	45340	40965	3808	57436	9616
1965	迁入	716157	269012	78233	82324	11844	72476	51300
	迁出	412704	174334	44157	48641	1717	22682	24699
	净迁入	303453	94678	34076	33683	10127	49794	26601
1966	迁入	632496	237268	55396	54363	10810	60488	74453
	迁出	535235	220263	58093	68890	3765	40368	36866
	净迁入	97261	17005	－2697	－14527	7045	20120	37587
1967	迁入	330298	105961	20598	17012	3997	33106	37890
	迁出	527894	174320	73828	67725	6005	53890	40797
	净迁入	－197596	－68359	－53239	－50713	－2008	－20784	－2907
1968	迁入	589562	178296	53107	38042	8242	79711	95277
	迁出	332625	121607	29043	26643	2919	27740	30562
	净迁入	256937	56689	24064	11399	5323	51971	64715
1969	迁入	909566	190571	87884	59273	15214	151142	220450
	迁出	368664	132097	24394	25609	3025	31622	54633
	净迁入	540902	58474	63490	33664	12189	119520	165817
1970	迁入	976232	183980	94307	61318	22474	176972	238502
	迁出	434652	136531	30259	31939	5371	42355	88991
	净迁入	540902	58474	63490	33664	12189	119520	165817
1971	迁入	870737	167570	71064	52434	23793	186955	159398
	迁出	500258	139040	40119	35924	8312	60883	197709
	净迁入	370479	28530	30945	16510	15481	126072	51689

续表

1972	迁入	787162	147207	51083	44540	24549	184549	134117
	迁出	514446	127472	48060	36124	8667	75008	97209
	净迁入	272716	19375	3023	8416	15882	109841	36908
1973	迁入	869109	152545	36102	46234	39269	24969	151056
	迁出	526811	121463	48807	39203	10451	87094	91534
	净迁入	342298	31082	－12705	7031	28818	162576	59522
1974	迁入	538574	85591	29960	13760	13247	160750	72289
	迁出	580445	120317	48732	47574	17382	110825	101955
	净迁入	－41871	－34726	－18772	－33814	4315	49925	－29666
1975	迁入	366095	50907	18196	7606	8139	98562	45561
	迁出	600105	104498	65709	40077	14928	148475	100016
	净迁入	－234010	－53591	－47513	－32471	－6789	－49913	－54455
1976	迁入	387303	66361	16004	6269	5839	105758	40715
	迁出	515438	84755	58200	32780	12276	130354	74393
	净迁入	－128135	－18394	－42196	－26511	－6437	－24596	－33688
1977	迁入	422845	80230	15276	5641	4761	114515	38553
	迁出	542093	75396	48000	24534	9049	113531	58415
	净迁入	－29248	4834	－32724	－18902	－4288	984	－16493
1978	迁入	456117	83037	15387	5277	4687	131019	38553
	迁出	405753	73925	36258	17447	6560	88080	50943
	净迁入	50364	9112	－20871	－12170	－1873	42939	－12390
1979	迁入	545187	89292	14787	5049	4424	171880	40573
	迁出	366008	73931	29247	12139	5761	66256	44413
	净迁入	179179	15361	－14460	－7090	－1337	105624	－3840
1980	迁入	631434	86138	15811	5402	3958	212254	41884
	迁出	385843	77429	22318	10001	7994	70583	41078
	净迁入	245591	8709	－6507	－4599	－4036	141671	806
1981	迁入	501138	65044	18536	5674	3078	84052	33945
	迁出	415524	80728	15782	8899	7789	70905	40026
	净迁入	85614	－15684	2754	－3225	－4711	13147	－6081

附录 6

1965年之后部分国家迁入纽约市的16—64岁移民的学历、技术结构比例和贫困率统计①

来源＼特征	12年以下	12年学历	四年大学肄业	大学及其以上学历	管理与专业技术类	技术销售与行政	服务业	工艺维修与其他	贫困率	年收入(万美元)
土生美国人	22.1	26.6	24.0	27.4	32.9	38.5	13.2	15.3	15.43	2.32
核心发达国家										
英国	13.1	18.0	26.0	42.9	53.2	29.2	10.0	7.6	8.08	3.68
德国	7.1	17.1	25.1	50.7	48.8	36.5	6.0	8.7	11.51	3.41
意大利	54.1	21.8	13.5	10.6	18.4	22.0	16.5	43.0	8.06	2.05
日本	4.4	22.3	21.9	51.3	46.2	30.8	17.9	5.0	19.17	3.14
半边缘国家										
希腊	43.1	25.1	16.5	15.3	20.3	25.0	20.2	34.5	10.45	1.68
爱尔兰	17.0	40.4	24.5	18.1	26.8	19.4	23.6	30.2	8.38	2.40
波兰	27.8	26.3	22.0	13.9	19.2	21.7	22.9	35.3	15.42	1.80
苏联	18.8	26.5	21.9	32.8	28.0	32.7	14.6	24.7	32.0	1.53
韩国	20.7	26.8	21.3	31.2	22.7	43.4	11.8	22.0	17.51	1.40
内层边缘国家										
墨西哥	67.3	20.0	7.8	4.9	5.1	13.4	38.8	42.9	22.54	0.90
波多黎各	57.1	22.7	15.3	5.0	12.0	31.6	22.0	34.4	41.88	0.92
古巴	43.6	23.0	21.0	12.4	15.6	32.1	22.8	29.4	20.07	1.41
多米尼加	69.7	18.8	16.0	5.5	8.7	25.4	22.7	43.5	33.78	0.92

① 表格中的数据由笔者根据多项表格合制而成，参见 Cordero-Guzmán, Hèctor, and Ramon Grosfoguel, "The Democratic and Socio-Economic Characteristics of Post-1965 Immigrants to New York City: A Comparative Analysis by National Origin", *International Migration*, Vol. 38(4), 2000, pp. 64, 67, 69。

续表

拉美边缘国家										
哥伦比亚	40.0	29.3	21.7	8.8	10.8	23.6	27.9	37.5	16.51	1.23
厄瓜多尔	45.4	26.3	21.5	6.9	8.0	24.4	23.3	44.3	16.83	1.20
秘鲁	30.0	31.9	27.3	10.8	11.2	21.9	26.7	40.2	14.13	1.29
萨尔瓦多	57.6	23.8	14.3	4.3	6.1	17.1	34.4	42.3	23.84	1.10
牙买加	32.8	28.7	25.6	12.8	18.2	33.1	28.8	20.0	12.01	1.69
特立尼达与多巴哥	29.4	33.4	25.6	10.1	17.8	40.3	21.6	20.3	12.39	1.69
圭亚那	34.8	31.3	27.3	8.4	16.1	38.2	20.5	25.1	12.92	1.45
海地	33.0	22.8	25.4	11.6	13.0	25.4	33.6	28.0	14.97	1.46
亚洲边缘国家										
中国	43.7	19.8	16.0	20.5	17.7	29.0	21.4	31.8	17.43	1.34
印度	23.4	18.0	19.0	49.7	31.0	39.4	10.9	18.6	10.90	1.89
菲律宾	7.0	7.9	21.9	63.3	44.6	37.1	10.6	7.5	5.17	2.56
其他移民	38.1	24.7	19.2	17.9	22.8	30.7	20.7	25.8	18.13	1.78
平均	29.5	25.5	22.1	22.9	27.7	35.1	16.5	20.7	17.35	2.02

参考书目

英文书目

1. Adler, Stephen, *International Migration and Dependence*, Farnborough, Hampshire: Gower Publishing Company, 1981.
2. Amersfoort, Habs van, *International Migration: Process and Interventions*, Amsterdam: Het Spinhuis Publishers, 1998.
3. Andersen, Margret L., and Patricia H. Collins, *Race, Class and Gender*, Belmont, C. A.: Wadsworth Publishing Company, 1992.
4. Baines, Dudley, *Emigration from Europe, 1815-1930*, Hamshire, England: Macmillan Education Ltd., 1991.
5. Balakrishnan, T. R., and Hou, Feng, "Residential Patterns in Cities", in Halli, Shiva S., and Driedger, Leo, eds., *Immigration Canada: Demographic, Economic and Social Challenges*, Toronto: University of Toronto Press, 1999.
6. Banton, Michael, *Discrimination*, Buckingham, Philadelphia: Open University Press, 1994.
7. Barsky, Robert F., *Arguing and Justifyiing: Assessing the Convention Refugees' Choice of Movement, Motive and Host Country*, Burlington, Vermont: Ashgate Publishing Company, 2000.
8. Bawden, D. Lee, and Felicity Skidmore, eds., *Rethinking Employment Policy*, Washington D. C.: The Urban Institute Press, 1989.
9. Beaujot, Roderic P., "Immigration and Demographic Structures", in Halli, Shiva S. and Driedger, Leo, eds., *Immigration Canada: Demographic, Economic and Social Challenges*, Toronto: University of Toronto Press, 1999.
10. Benbassa, Esther, *The Jews of France: A History From Antiquity to the Present*, Princeton: Princeton University Press, 1999.
11. Bennett, Marion, *American Immigration Policy: A History*, Washington D. C.: Public Affairs Press, 1963.

12. Bernard, Willianms, *American Immigration Policy: A Reappraisal*, New York: Harper and Bros Press, 1950.
13. Bishoff, Henry, *Immigration Issues*, Westport, Connecticut: Greenwood Press, 2002.
14. Blotevogel, Hans H., and Anthony J. Fielding, *People, Jobs and Mobility in the New Europe*, Chester, New York: John Wiley and Sons, 1997.
15. Booth, Heather, *The Migration Process in Britain and West Germany*, Brookfield, Vermont: Ashgate Publishing Company, 1992.
16. Boris, Eileen, and Angélique Janssens, *Complicating Categories: Gender, Class, Race and Ethnicity*, New York: Cambridge University Press, 1999.
17. Boyd, Monica, "Integrating Gender, Language, and Race", in Halli, Shiva S. and Driedger, Leo, eds., *Immigration Canada: Demographic, Economic and Social Challenges*, Toronto: University of Toronto Press, 1999.
18. Boyzon-Fradet, Danielle, "The French Education System: Springboard or Obstacle to Integration", in Horowitz, Donald L., and Gérard Noiriel, eds., *Immigration in Two Democracies: French and American Experience*, New York: New York University Press, 1992.
19. Briggs, Vernon Jr., *Immigration Policy and American Labor Force*, The Johns Hopkins University Press, 1984.
20. Briggs, Vernon M., *Immigration and American Unionism*, Ithaca: Cornell University Press, 2001.
21. Britman, Richard, and Allan Kraut, *American Refugee Policy and European Jewry*, Bloomington: Indiana University Press, 1987.
22. Broeck, Julien van den, *The Economics of Labour Migration*, Cheltenham, U.K.: Edward Elgar Publishing Company, 1996.
23. Buechller, Hans Christian, and Juddith Maria Buechller, *Migrants in Europe: The Roles of Family, Labor and Politics*, New York: Greenwood Press, 1987.
24. Capaldi, Nicholas, ed., *Immigration: Debating the Issues*, Amherst, New York: Prometheus Books, 1997.
25. Carens, Joseph H., "Aliens and Citizens: the Case for Open Borders", in Jacobson, David, ed., *Immigration Reader: America in a Multidisciplinary Perspective*, Malden, Mass.: Blackwell Publishers Ltd., 1998.

26. Castles, Stenphen, and Godula Kosack, *Immigrant Workers and Class Structure in Western Europe*, London: Oxford University Press, 1973.

27. Champion, Tony, and Graeme Hugo, eds., *New Forms of Urbanization: Beyond the Urban-Rural Dichotomy*, Burlington, Vermont: Ashgate Publishing Company, 2004.

28. Chávez, Leo R., *Covering Immigration: Popular Images and Politics of the Nation*, Berkeley: University of California Press, 2001.

29. Chiswick, Barry S., *The Gateway: U. S. Immigration Issues and Policies*, Washington D. C.: American Enterprise Institute, 1982.

30. Clark, Colin, David Ley, and Peach Ceri, *Geography and Ethnic Pluralism*, London: George Allen and Unwin Publishers Ltd., 1984.

31. Collinson, Sarah, *Beyond Borders: Western European Migration Policy towards the 21st Century*, London: Royal Institute of International Affairs, 1993.

32. Cornellius, Wayne A., Philip L. Martin, and James F. Hollifield, *Controlling Immigration: A Global Perspective*, Stanford, C. A.: Stanford University Press, 1994.

33. Daniels, Roger, *Coming to America: A History of Immigration and Ethnicity in American Life*, New Jersey: Harper Collins Publishers, 1990.

34. Divine, Robert, *American Immigration Policy: 1924-1952*, New York: Dale Co. Press, 1972.

35. Düvell, Franck, *Illegal Immigration in Europe; Beyond Control?* New York: Palgrave Macmillan, 2006.

36. Findlay, Allan, "An Economic Audit of Contemporary Immigration", in Robinson, Vaughan, ed., *Migration and Public Policy*, Cheltenham, U. K.: Edward Elgar Publishing Limited, 1999.

37. Fizpatrick, Peter, *Nationalism, Racism and the Rule of Law*, Brookfield, Vermont: Dartmouth Publishing Company, 1995.

38. Flett, Hazel, Jeff Henderson, and Bill Brown, "The Practice of Racial Dispersal in Birminghan, 1969-1975", in Robinson, Vaughan, ed., *Migration and Public Policy*, Cheltenham, U. K.: Edward Elgar Publishing Limited, 1999.

39. Foster, Lorne, *Turnstile Immigration: Multiculturalism, Social Order and Social Justice in Canada*, Toronto: Thompson Educational Publishing,

Inc. ,1998.

40. Frideres, James S. ,"Managing Immigrant Social Transformations", in Halli, Shiva S. and Leo Driedger, eds, *Immigration Canada: Demographic, Economic and Social Challenges*, Toronto: University of Toronto Press, 1999.

41. Frykman, Maja P. ,*Beyond Integration: Challenges of Belonging in Dispora and Exile*, Lund, Sweden: Nordic Academic Press, 2001.

42. Gibney, Mark, *Open Borders? Closed Societies? The Ethical and Political Issues*, London: Greenwood Press, 1988.

43. Gimpel, James G. , *Migration, Immigration and the Politics of Places*, Ann Arbor, Michigan: The University of Michigan Press, 1999.

44. Grigg, D. B. , "E. G. Ravenstein and the 'laws of Migration'", in Robinson, Vaughan, ed. , *Geography and Migration*, Cheltenham, U. K. : Elgar Publishing Company, 1996.

45. Glazer, Nathan, "The New Immigration and the American City", in Horowitz, Donald L. and Gérard Noiriel, eds. , *Immigration in Two Democracies: French and American Experience*, New York: New York University Press, 1992.

46. Halli, Shiva S. and Driedger, Leo, eds. , *Immigration Canada: Demographic, Economic and Social Challenges*, Toronto: University of Toronto Press, 1999.

47. Hammar, Tomas, ed. , *European Immigration Policy: A Comparative Study*, Cambridge: Cambridge University Press, 1985.

48. Hammar, Tomas, et. al. , *International Migration, Immobility and Development*, New York: Oxford University Press, 1997.

49. Hanckvich, George J. , *Ethnic America 1978-1980, Updating the Ethnic Chronology*, New York: Oceana Publishing Inc. , 1981.

50. Hayes, Helene, *U. S. Immigration Policy and the Undocumented: Ambivalent Laws, Furtive Lives*, Westport, Connecticut: Praeger Publishers, 2001.

51. Heer, David, *Immigration in America's Future: Social Science Findings and the Policy Debate*, Boulder: Westview Press, 1996.

52. Higham, John, *Strangers in the Land: The Patterns of American Nativism 1860-1925*, New York: Atheneum Press, 1981.

53. Hoffstetter, Richard, *U. S. Immigration Policy*, North Carolina: Duke University Press, 1984.

54. Holmes, Colin, ed. , *Migration in European History*, Vol. 1, Cheltenham, U. K. :Edward Elgar Publishing Limited,1996.

55. Holmes,Leslie,and Philomena Murray,*Citizenship and Identity in Europe*, Brookfield,Vermont: Ashgate Publishing Company. 1999.

56. Horowitz, Donald L. , "Immigration and Group Relations in France and America",in Horowitz,Donald L. ,and Gérard Noiriel,eds. ,*Immigration in Two Democracies: French and American Experience*, New York: New York University Press,1992.

57. Hyman,Paula, *The Jews in Modern France*,Berkeley:University of California Press,1998.

58. Jacobson, David,ed. ,*Immigration Reader:America in a Multidisciplinary Perspective*,Malden,Mass. : Blackwell Publishers Ltd. ,1998.

59. Jerome,Harry,*Migration and Business Cycles*,New York: National Business Bureau,1926.

60. Jiobu,Robert Masao, *Ethnicity and Inequality*, Albany, New York: State University of New York Press,1990.

61. Jones, Richard, and Gnanapala Welhengama, *Ethnic Minorities in English Law*,London: Trentham Books Limited,2000.

62. Jordan, Bill, and Frank Düvell, *Irregular Migration: The Dilemmas of Transnational Mobility*,Cheltenham,U. K. : Edward Elgar,2002.

63. Jones, Catherine, *Immigration and Social Policy in Britain*, London: Tavistock Publications Limited,1977.

64. Kelley, Ninette, and Michael Trebilcock, *The Making of the Mosaic: A History of Canadian Immigration Policy*, Toronto: University of Toronto Press,2000.

65. King,Russell,ed. ,*Mass Migration in Europe: The Legacy and the Future*, London: Belhaven Press,1993.

66. King,Russell, "Return Migration: A Neglected Aspect of Population Geography", in Robinson, Vaughan, ed. , *Geography and Migration*, Cheltenham,U. K. : Elgar Publishing Company,1996.

67. King,Russell,ed. ,*The New Geography of European Migrations*, London: Belhaven Press,1993.

68. Kolm, Richard, *The Change of Identity: An Analysis of Factors*

Conditioning the Cultural Integration of Immigration, New York: Arno Press, 1980.

69. Laham, Nicholas, *Ronald Reagan and the Politics of Immigration Reform*, Westport, Connecticut: Praeger Publishers Inc., 2000.

70. Leigh, Leonard H., and Chaloka Beyani, *Asylum and Immigration Act of 1996*, London: Blackstone Press Limited, 1996.

71. LeMay, Michael L., *From the Open Door to the Dutch Door: The Analysis of U. S. Immigration Policy*, New York: Praeger Publishers, 1987.

72. Lemay, Michael, and Elliott R. Barkan, *U. S. Immigration and Naturalization Law Issues: A Documentary History*, Westport, Connecticut: Greenwood Press, 1999.

73. Levera-Batiz, Francis, *The Reform of American Immigration Policy in the 1980s*, New York: Praeger Publishers, 1991.

74. Lieberson, Stanley, "Socioeconomic Attainment", in Horowitz, Donald L., and Gérard Noiriel, eds., *Immigration in Two Democracies: French and American Experience*, New York: New York University Press, 1992.

75. Livi Bacci, Massimo, *The Population of Europe: A History*, translated by Cynthia De Nardi Ipsen and Carl Ipsen, Malden, Massachusetts: Blackwell Publishers Ltd., 2000.

76. London, Louise, *Whitehall and the Jews, 1933-1948: British Immigration Policy, Jewish Refugees and the Holocaust*, Cambridge: Cambridge University Press, 2000.

77. Malarek, Victor, *Heaven's Gate: Canada's Immigration Fiaso*, Toronto: Macmillan of Canada, 1987.

78. Martin, Philip E., "The Migration Issue", in King, Russell, ed., *The New Geography of European Migrations*, London: Belhaven Press, 1993.

79. Meehan, Elizabeth, *Citizenship and the European Community*, London: SAGE Publications, 1993.

80. McKelvey, Blake, *American Urbanization: A Comparative History*, Scott, Illinois: Foresman and Co., 1973.

81. Mercuro, N., H. Entinger, and J. Carter, *Immigration in Western Democracies: The United States and Western Europe*, Vol. 1, London: JAI Press Inc., 1989.

82. Miquel, Guadalup S., *Contested Policy: The Rise and Fall of Federal Bilingual Education in the United States, 1960-2001*, Denton, Texas: University of North Texas Press, 2004.

83. Mobasher, Mohsen M., ed., *Migration, Globalization, and Ethnic Relations: An Interdisciplinary Approach*, Upper Saddle River, New Jersey: Pearson Prentice Hall, 2004.

84. Moch, Leslie Page, *Moving Europeans: Migrations in Western Europe since 1650*, Bloomington: Indiana University Press, 2003.

85. Neuwirth, Gertrud, "Toward a Theory of Immigrant Integration", in Halli, Shiva S., and Leo Driedger, eds., *Immigration Canada: Demographic, Economic and Social Challenges*, Toronto: University of Toronto Press, 1999.

86. Nevins, Joseph, *Operating Gatekeeper: The Rise of the "Illegal Alien" and the Making of the U. S.-Mexican Boundary*, New York: Routledge Co., 2002.

87. Nicholas, David, *Urban Europe, 1100-1700*, Hamshire: Palgrave Macmillan, 2003.

88. Ogden, Philip E., *Migration and Geographical Change*, Cambridge: Cambridge University Press, 1984.

89. OECD, *Combating the Illegal Employment of Foreign Workers*, Paris: OECD, 2000.

90. OECD, *Innovative People: Mobility of Skilled Personnel in National Innovation Systems*, Paris: OECD, 2001.

91. OECD, *Trends in International Migration: Annual Report*, Paris: OECD, 2004.

92. Panayi, Panikos, *The Impact of Immigration: A Documentary History of the Effects and Experiences of Immigrants in Britain since 1945*, Manchester: Manchester University Press, 1999.

93. Papademetriou, Demetrios G., *Coming Together or Pulling Apart? The European Unions Struggle with Immigration and Asylum*, Washington D. C.: Carnegie Endowment for International Peace, 1996.

94. Parmet, Robert, *Labor and Immigration in Industrial America*, Florida: Robert E. Krieger Publishing Company, 1987.

95. Porter, Rosalie P. , *Forked Tongue: The Politics of Bilingual Education*, New York: Basic Books, 1990.

96. Poulter, Sebastian, *English Law and Ethnic Minority Customs*, London: Butterworths and Co. Ltd. , 1986.

97. Power, Jonathan, *Migrant Workers in Western Europe and the United States*, New York: Pergamon Press, 1979.

98. Ram, Bali, and Edward Shin, "Internal Migration of Immigrants", in Halli, Shiva S. , and Leo Driedger, eds. , *Immigration Canada: Demographic, Economic and Social Challenges*, Toronto: University of Toronto Press, 1999.

99. Rapport, Michael, *Nationality and Citizenship in Revolutionary France: The Treatment of Foreigners 1789-1799*, New York: Oxford University Press, 2000.

100. Richmond, Anthony H. , *Immigration and Ethnic Conflict*, London: The Macmillan Press Ltd. , 1988.

101. Roberts, Julian V. , and Anthony N. Doob, "Race, Ethnicity, and Criniminal Justise in Canada", in Tonry, Michael, ed. , *Ethnicity, Crime and Immigration: Comparative and Cross-National Perspectives*, Chicago: The University of Chicago Press, 1997.

102. Robinson, Vaughan, ed. , *Migration and Public Policy*, Cheltenham, U. K. : Edward Elgar Publishing Limited, 1999.

103. Robinson, Vaughan, "Up the Creek without a Paddle? Britain's Boat People Ten Years On", in Robinson, Vaughan, ed. , *Migration and Public Policy*, Cheltenham, U. K. : Edward Elgar Publishing Limited, 1999.

104. Rolfe, Heather, and Angela Byre, *Labour Mobility in the European Union*, London: Policy Studies Institute, 1995.

105. Rothstein, Bo, and Sven Steinmo, *Restructuring the Welfare State: Political Institutions and Policy Change*, New York: Palgrave Macmillan, 2002.

106. Rudder, Véronique de, "Immigrant Housing and Integration in French Cities", in Horowitz, Donald L. , and Gérard Noiriel, eds. , *Immigration in Two Democracies: French and American Experience*, New York: New York University Press, 1992.

107. Salt, John, "A Comparative Overview of International Trends and Types, 1950-1980", in Robinson, Vaughan, ed. , *Geography and Migration*,

Cheltenham, U. K.: Elgar Publishing Company, 1996.

108. Seifert, Wolfgang, "Admission Policy, Patterns of Migration and Integration: The German and French Case Compared", in Robinson, Vaughan, ed., *Migration and Public Policy*, Cheltenham, U. K.: Edward Elgar Publishing Limited, 1999.

109. Shah, Prakash Amritlal, *Refugees, Race and the Legal Concept of Asylum in Britain*, London: Gravebdish Publishing Limited, 2000.

110. Sheffer, Gabbriel, *Diaspora Politics at Home and Abroad*, Cambridge, U. K.: Cambridge University Press, 2003.

111. Simcox, David E., *American Immigration in the 1980s*, Boulder, Colorado: Westview Press, 1988.

112. Simmons, Alan B., "Immigration Policy: Imagined Futures", in Halli, Shiva S., and Leo Driedger, eds., *Immigration Canada: Demographic, Economic and Social Challenges*, Toronto: University of Toronto Press, 1999.

113. Smith, Darrell H., and Guy Herring, *The Bureau of Immigration: Its History, Activities, and Organization*, The Johns Hopkins University Press, 1924.

114. Smith, David J., "Ethnic Origins, Crime, and Criminal Justice in England and Wales", in Tonry, Michael, ed., *Ethnicity, Crime and Immigration: Comparative and Cross-National Perspectives*, Chicago: The University of Chicago Press, 1997.

115. Steiner, Dale R., *Of Thee We Sing: Immigrants and American History*, New York: Harcourt Brace Jovanovich Publishers, 1987.

116. Suro, Robert, *Watching America's Door: The Immigration Backlash and the New Policy Debate*, New York: The Twentieth Century Press, 1996.

117. Thernstrom, Stephen, *Harvard Encyclopedia of American Ethnic Groups*, Cambridge, Mass.: Harvard University Press, 1980.

118. Thompson, Warren S., and P. K. Whelpton, *Population Trends in the United States*, New York: McGraw-Hill Book Company, Inc., 1933.

119. Tonry, Michael, ed., *Ethnicity, Crime and Immigration: Comparative and Cross-National Perspectives*, Chicago: The University of Chicago Press, 1997.

120. Tournier, Pierre, "Nationality, Crime, and Criminal Justice in France", in

Tonry, Michael, ed. , *Ethnicity, Crime and Immigration: Comparative and Cross-National Perspectives*, Chicago: The University of Chicago Press, 1997.

121. United Nations, *Migration and Population Change in Europe*, UNIDIR/93/23, New York: United Nations, 1993.

122. United Nations, Population Division, *International Migration and Development: The Concise Report*, ST/ESA/SER. A/164, New York: United Nations Reproduction Section, 1997.

123. United Nations, Department of Economic and Social Affairs, Population Division, *World Urbanization Prospects: The 2003 Revision*, ST/ESA/SER. A/237, New York: United Nations, 2004.

124. U. S. Commission on Civil Rights, *Last Hired, First Fired: Layoffs and Civil Rights, A Report of the United States Commission on Civil Rights*, Washington D. C. : U. S. Government Printing Office, 1977.

125. U. S. Commission on Federal Paperwork, *Equal Employment Opportunity*, Washington D. C: U. S. Commission on Federal Paperwork, 1977.

126. U. S. Department of Commerce, *Statistical Abstract of the United States*, Washington D. C. : Government Printing Office, 1992.

127. U. S. Department of Justice, Immigration and Naturalization Service, *Statistic Yearbook of the Immigration and Naturalization Service*, Washington D. C: U. S. Government Printing Office, 1991.

128. Ward, David, *Cities and Immigrants: A Geography of Change in the Nineteenth Century*, New York: Oxford University Press, 1979.

129. Watts, Julie R. , *Immigration Policy and the Challenge of Globalization: Unions and Employers in Unlikely Alliance*, Ithaca: Cornell University Press, 2002.

130. White, Paul, "The Social Geography of Immigrants in European Cities: The Geography of Arrival", in King, Russell, ed. , *The New Geography of European Migrations*, London: Belhaven Press, 1993.

131. Wilson, Kenneth L. , "Immigrant Enclaves: An Analysis of the Labor Market Experiences of Cubans in Miami", in Cohen, Robin, ed. , *The Sociology of Migration*, Cheltenham, U. K. : Edward Elgar Publishing Limited, 1996.

期刊论文

132. Appleyard, Reginald, " International Migration Policies: 1950-2000", *International Migration*, Vol. 39, No. 6, 2001.

133. Basok, Tanya, "He Came, He Saw, He... Stayed, Guest Worker Programmes and the Issue of Non-Return", *International Migration*, Vol. 38, No. 2, 2000.

134. Böhning, W. R., " Helping Migrants to Stay at Home", *Annals of the American Academy of Political and Social Sciences*, Vol. 534, 1994.

135. Boyd, Monica, "Immigration Policies and Trends: A Comparison of Canada and the United States", *Demography*, Vol. 13, No. 1, 1976.

136. Bustamante, Jorgre A., " Mexico-United States Labor Migration Flows", *International Migration Review*, Vol, 31, No. 4, 1997.

137. Carrington, William J., et. al., "Using Establishment to Measure the Impact of Title VII and Affirmative Action", *The Journal of Human Resources*, Vol. 35, No. 3, 2000.

138. Castes, Stephen, "International Migration and the Global Agenda: Reflections on the 1998 UN Technical Symposium", *International Migration*, Vol. 37, No. 1, 1999.

139. Cordero-Guzmán, Hèctor, and Ramon Grosfoguel, "The Democratic and Socio-Economic Characteristics of Post-1965 Immigrants to New York City: A Comparative Analysis by National Origin", *International Migration*, Vol. 38, No. 4, 2000.

140. Curti, Merle, and Kendall Birr, "The Immigrant and the American Image in Europe: 1860-1914", *The Mississippi Valley Historical Review*, Vol. 37, No. 2, 1950.

141. Dàvila, Alberto, José A. Pagán, and Montserrat V. Grau, " The Impact of IRCA on the Job Opportunities and Earnings of Mexican-Americans and Hispanic-American Workers", *International Migration Review*, Vol. 32, No. 1, 1998.

142. Eagleburger, Lawrence, "Statements before the Senate Judiciary Committee", U. S. Department of State Dispatch, July 27, 1992.

143. Eschbach, Karl, et. al., " Death at the Border", *International Migration Review*, Vol. 33, No. 2, 1999.

144. Faist, Thomas, "'Extension du domaine de la lutte': International Migration and Security before and after September 11, 2001", *International Migration Review*, Vol. 36, No. 1, 2002.

145. Geddes, Andrew, "International Migration and the State Sovereignty in an Integrating Europe", *International Migration*, Vol. 39, No. 6, 2001.

146. Grigg, D. B., "E. G. Ravenstein and the 'Laws of Migration'", *Journal of Historical Geography*, Vol. 3, 1977.

147. Harwood, Edwin, "American Public Opinion and U. S. Immigration Policy", *Annals of American Academy of Political and Social Science*, Vol. 487, 1986.

148. Imhoff, Gary, "The Position of U. S. English on Bilingual Education", *Annals of the American Academy of Political and Social Science*, Vol. 508, 1990.

149. Iredale, Robyn, "The Migration of Professionals: Theories and Typologies", *International Migration*, Vol. 39, No. 5. 2001.

150. Karras, Georgios, and Carmel U. Chiswick, "Macroeconomic Determinants of Migration: The Case of Germany, 1964-1988", *International Migration*, Vol. 37, No. 4, 1999.

151. Kazemipur, Abdmohammad, and Shiva S. Halli, "A Study of the Poverty of Ethnic and Immigrant Groups in Canada", *International Migration*, Vol. 38, No. 1, 2000.

152. Koser, Khalid, and Richard Black, "Limits to Harmonization: The 'Temporary Protection' of Refugees in the European Union", *International Migraiton*, Vol. 37, No. 3, 1999.

153. Lazaridis, Gabriella, and Joanna Poyago-Theotoky, "Undocumented Migrants in Greece: Issues of Regulation", *International Migration*, Vol. 37, No. 4, 1999.

154. Mahroun, Sami, "Europe and the Immigration of Highly Skilled Labour", *International Migration*, Vol. 39, No. 5, 2001.

155. Martin, Philip, "Harvest of Confusion: Immigration Reform and California Agriculture", *International Migration Review*, Vol. 24, No. 1, 1990.

156. Martin, Philip, "Good Intentions Gone Away", *Annals of the American Academy of Political and Social Sciences*, Vol. 534, 1994.

157. Martin, Philip, "Mexican Workers and the U. S. Agriculture: The Revolving Door", *International Migration Review*, Vol. 36, No. 4, 2002.

158. McLaren, Lauren M., "Anti-Immigrant Prejudice in Europe: Contact, Threat Perception, and Preferences for the Exclusion of Migrants", *Social Forces*, Vol. 81, No. 3, 2003.

159. Mulhauser, Fredrick, "Reviewing Bilingual-Education Research for Congress", *Annals of the American Academy of Political and Social Science*, Vol. 508, 1990.

160. Nyberg-Sørensen, Ninna, Nicholas van Hear, and Poul Engberg-Pederson, "The Migration-Development Nexus Evidence and Policy Options State-of-the-Art Overview", *International Migration*, Vol. 4, No. 5, 2002.

161. Olesen, Henrik, "Migration, Return and Development: An Institutional Perspective", *International Migration*, Vol. 4, No. 5, 2002.

162. Parlmann, Joel, "Historical Legacies: 1840-1920", *Annals of the American Academy of Political and Social Science*, Vol. 508, 1990.

163. Perotti, Rosanna, "Employer Sanctions and the Limits of Negotiation", *Annals of the American Academy of Political and Social Sciences*, Vol. 534, 1994.

164. Perotti, Rosanna, "IRCA's Antidiscrimination Provisions: What Went Wrong?", *International Migration Review*, Vol. 26, No. 3, 1992.

165. Ravinstein, E. G., "Census of the British Isles, 1871; Birthplaces and Migration", *Georgraphical Magazine*, Vol. 3, 1876.

166. Ravinstein, E. G., "The Laws of Migration", *Journal of the Statistical Society*, Vol. 48, 1885.

167. Ravinstein, E. G., "The Laws of Migration", *Journal of Statistical Society*, Vol. 52, 1889.

168. Reniers, Georges, "On the History and Selectivity of Turkish and Moroccan Migration to Belgium", *International Migration*, Vol. 37, No. 4, 1999.

169. Rogers, Andrei, and Sabine Henning, "The Internal Migration Pattern of the Foreign-Born and Native-Born Populations in the United States: 1975-80 and 1985-90", *International Migration Review*, Vol. 33, No. 2, 1999.

170. Salt, John, "Trafficking and Human Smuggling: A European Perspective", *International Migration*, Vol. 38, No. 3, 2000.

171. Secada, Walter G., "Research, Politics and Bilingual Education", *Annals of the American Academy of Political and Social Science*, Vol. 508, 1990.

172. Selya, Roger M., "Illegal Migration in Taiwan: A Preliminary Overview", *International Migration Review*, Vol. 26, No 3, 1992.

173. Sànchez, George J., "Face the Nation: Race, Immigration, and the Rise of Nativism in Twentieth Century America", *International Migration Review*, Vol. 31, No. 4, 1997.

174. Spencer, Steven A., "Illegal Migrant Workers in Japan", *International Migration Review*, Vol. 26, No. 3, 1992.

175. Stalker, Peter, "Migration Trends and Migration Policy in Europe", *International Migration*, Vol. 40, No. 5, 2002.

176. Taran, Patrick A., "Human Rights of Migrants: Challenges of the New Decade", *International Migration*, Nol. 38, No. 6, 2000.

177. Tomlinson, Sally, "A Note on the Education of Ethnic Minority Children in Britain", *International Migration Review*, Vol. 16, No. 3, 1982.

178. Werner, Heinz, "Regional Economic Integration and Migration: The European Case", *Annals of the American Academy of Political and Social Sciences*, Vol. 534, 1994.

179. Zhou, Min, "Segmented Assimilation: Issues, Controversies, and Recent Research on the New second Generation", *International Migration Review*, Vol. 31, No. 4, 1997.

180. Zlotnik, Hania, "Trends of International Migration Since 1965: What Existing Data Reveal", *International Migration*, Vol. 37, No. 1, 1999.

网上下载资料

181. Aaron Fogleman, "Migrations to the Thirteen British North American Colonies, 1700-1775: New Estimates", *Journal of Interdisciplinary History*, Vol. 22, No. 4, 1992, http://links. jstor. org/sici? sici = 0022-1953%28199221%2922%3A4%3C691%3AMTTTBN%3E2.0.CO%3B2-%23(2007 年 6 月 24 日下载).

182. Adelman, Howard, "Canadian Borders and Immigration Post 9/11", *International Migration Review*, Vol. 36, No. 1, 2002, http://www. jstor. org/stable/4149524(2008 年 5 月 27 日下载).

183. Bach, Robert L., and Lisa A. Schraml, "Migration, Crisis and Theoretical Conflict", *International Migration Review*, Vol. 16, No. 2, 1982, http://www.jstor.org/stable/2545101(2008 年 5 月 27 日下载).

184. Bréchon, Pierre, and Subrata K. Mitra, "The National Front in France: The Emergence of an Extreme Right Protest Movement", *Comparative Politics*, Vol. 25, No. 1, 1992, http://www.jstor.org/stable/422097(2008 年 5 月 28 日下载).

185. Claiborne, Louis F., "Law and Race in Britain", *Annals of the American Academy of Political and Social Science*, Vol. 407, 1973, http://www.jstor.org/stable/1038762(2008 年 5 月 28 日下载).

186. Chimni, B. S., "New Issues in Refugee Research, From Resettlement to Involuntary Repatriation: Towards a Critical History of Durable Solutions to Refugee Problems", http://www.jha.sps.cam.ac.uk/c/co2.pdf(2006 年 3 月 12 日下载).

187. Coleman, David, "International Migration: Demographic and Socioeconomic Consequences in the United Kingdom and Europe", *International Migration Review*, Vol. 29, No. 1, 1995, http://www.jstor.org/stable/2547001(2008 年 5 月 28 日下载).

188. Coleman, David, and Robert Rowthorn, "The Economic Effects of Immigration into the United Kingdom", *Population and Development Review*, Vol. 30, No. 4, 2004, http://www.jstor.org/stable/3657331(2008 年 5 月 31 日下载).

189. Couper, Kristin, and Ulysses Santamaria, "An Elusive Concept: The Changing Definition of Illegal Immigrant in the Practice of Immigration Control in the United Kingdom", *International Migration Review*, Vol. 18, No. 3, 1984, http://www.jstor.org/stable/2545879(2008 年 5 月 21 日下载).

190. DeLey, Margo, "French Immigration Policy since May 1981", *International Migration Review*, Vol. 17, No. 2, 1983, http://www.jstor.org/stable/2545975(2008 年 5 月 21 日下载).

191. Evans, Peter, "Immigration: British-Style", *Transition*, No. 40, 1971, http://www.jstor.org/stable/2934128(2008 年 5 月 21 日下载).

192. Fijalkowski, Jurgen, "Aggressive Nationalism, Immigration Pressure and

Asylum Policy Disputes in Contemporary Germany", *International Migration Review*, Vol. 27, No. 4, 1993, http://www.jstor.org/stable/2546915(2008年5月21日下载).

193. Freeman, Gary P., "Modes of Immigration Politics in Liberal Democratic States", *International Migration Review*, Vol. 29, No. 4, 1995, http://www.jstor.org/stable/2547729(2008年5月29日下载).

194. Fawcett, James T., "Networks, Linkages, and Migration Systems", *International Migration Review*, Vol. 23, No. 3, 1989, http://www.jstor.org/stable/2546434(2008年5月27日下载).

195. Gish, Oscar, "Color and Skill: British Immigration, 1955-1968", International Migration Review, Vol. 3, No. 1, 1968, http://www.jstor.org/stable/3002179(2008年5月21日下载).

196. Grabbe, Hans-Jürgen, "European Immigration to the United States in the Early National Period, 1783-1820", *Proceedings of the American Philosophical Society*, Vol. 133, No. 2, 1989, http://www.jstor.org/sici?sici=0003-049X%28198906%29133%3A2%3CI90%3AEITTUS%3E2.0CO%3B2-Y(2008年3月27日下载).

197. Green, Alan G., and David A. Green, "The Economic Goals of Canada's Immigration Policy: Past and Present", *Canadian Public Policy*, Vol. 25, No. 4, 1999, http://www.jstor.org/stable/3552422(2008年5月21日下载).

198. Harles, John C., "Integration before Assimilation: Immigration, Multiculturalism and the Canadian Polity", *Canadian Journal of Political Science*, Vol. 30, No. 4, 1997, http://www.jstor.org/stable/3232254(2008年5月21日下载).

199. Immigration Policy Center, "Targets of Suspicion: The Impact of Post9/11 Policies on Muslims, Arabs, and South Asians in the United States", *Immigration Policy in Focus*, Vol. 3, No. 2, 2004, http://www.ailf.org/ipc/ipf051704.pdf(2007年8月29日下载).

200. Jackson, Anna, "The Detention of Asylum Seekers in the U.K.: Bail for Immigration Detainees", *Feminist Review*, No. 73, 2003, http://www.jstor.org/stable/1395997(2008年5月27日下载).

201. Jenness, R. A., "Canadian Migration and Immigration Patterns and

Government Policy", *International Migration Review*, Vol. 8, No. 1, 1974, http://www.jstor.org/stable/3002700(2008 年 5 月 27 日下载).

202. Karapin, Roger, "The Politics of Immigration Control in Britain and Germany: Subnational Politicians and Social Movements", *Comparative Politics*, Vol. 31, No. 4, 1999, http://www.jstor.org/stable/422238(2008 年 5 月 28 日下载).

203. Krell, Gert, Hans Nicklas, and Anne Ostermann, "Immigration, Asylum, and Anti-Foreigner Violence in Germany", *Journal of Peace Research*, Vol. 33, No. 2, 1996, http://www.jstor.org/stable/425434(2008 年 5 月 21 日下载).

204. Kurthen, Hermann, "Germany at the Crossroads: National Identity and the Challenges of Immigration", *International Migration Review*, Vol. 29, No. 4, 1995, http://www.jstor.org/stable/2547732(2008 年 5 月 21 日下载).

205. Marr, William L., "Canadian Immigration Policies since 1962", *Canadian Public Policy/Analyse de Politiques*, Vol. 1, No. 2, 1975, http://www.jstor.org/stable/3549509(2008 年 5 月 21 日下载).

226. McKeown, Adam, "Global Migration, 1846-1940", *Journal of World History*, Vol. 15, No. 2, 1994, http://www.Jstor.org/stable/20068611 (2008 年 5 月 27 日下载).

207. Morris, Lydia, "Governing at a Distance: The Elaboration of Controls in British Immigration", *International Migration Review*, Vol. 32, No. 4, 1998, http://www.jstor.org/stable/2547667(2008 年 5 月 21 日下载).

208. O'Loughlin, John, "Distribution and Migration of Foreigners in German Cities", *Geographical Review*, Vol. 70, No. 3, 1980, http://www.jstor.org/stable/214255(2008 年 5 月 28 日下载).

209. Prioux, France, and Jonathan Mandelbaum, "Recent Demographic Developments in France", *Population*, Vol. 60, No. 4, 2005, http://www.jstor.org/stable/4148180(2008 年 5 月 28 日下载).

210. Parai, Louis, "Canada's Immigration Policy, 1962-74", *International Migration Review*, Vol. 9, No. 4, 1975, http://www.jstor.org/stable/3002342(2008 年 5 月 27 日下载).

211. Robinson, W. G., "Illegal Immigrants in Canada: Recent Developments", *International Migration Review*, Vol. 18, No. 3, 1984, http://www.jstor.org/stable/2545881(2008 年 5 月 28 日下载).

212. Rotte, Ralph,"Immigration Control in United Germany: Toward a Broader Scope of National Policies", *International Migration Review*, Vol. 34, No. 2, 2000, http://www.jstor.org/stable/2675906(2008年5月21日下载).

213. Statt, Daniel, "The City of London and the Controversy over Immigration, 1660-1722", *The Historical Journal*, Vol. 33, No. 1, 1990, http://www.jstor.org/stable/2639390(2008年5月28日下载).

214. Scullion, Rosemarie, "Vicious Circles: Immigration and National Identity in Twentieth Century France", *SubStance*, Vol. 24, No. 1, 1995, http://www.jstor.org/stable/3685089(2008年5月27日下载).

215. Stead, Robert J. C., "Canada's Immigration Policy", *Annals of the American Academy of Political and Social Science*, Vol. 107, 1923, http://www.jstor.org/stable/1014695(2008年5月27日下载).

216. Stinchcombe, Arthur L., "Social Mobility in Industrial Labor Markets", *Acta Sociologica*, Vol. 22, No. 3, 1979, http://www.jstor.org/stable/4194301(2008年5月27日下载).

217. Therborn, Goran, "Migration and Western Europe: The Old World Turning New", *Science*, Vol. 237, No. 4819, 1987, http://www.jstor.org/stable/1699515(2008年5月28日下载).

218. Timlin, Mabel F., "Canada's Immigration Policy, 1896-1910", *The Canadian Journal of Economics and Political Science*, Vol. 26, No. 4, 1960, http://www.jstor.org/stable/138931(2008年5月27日下载).

219. Tucker, Gilbert, "The Famine Immigration to Canada, 1847", *The American Historical Review*, Vol. 36, No. 3, 1931, http://www.jstor.org/stable/1837913(2008年5月27日下载).

220. U. S. Commission on Civil Rights, "A New Parading for Welfare Reform, The Need for Civil Rights Enforcement: A Statement by the U. S. Commission on Civil Rights", 2002, http://www.usccr.gov/pubs/prowora/welfare.htm(2004年7月21日下载).

221. U. S. Congress, Congressional Budget Office, "Immigration Policy in the United States, 2006", http://www.cbo.gov/ftpdocs/70xx/doc7051/02-28-Immigration.pdf(2007年8月29日下载).

222. Raphael-Emmanuel, Verhaeren, "The Role of Foreign Workers in the Seasonal Fluctuations of the French Economy", *International Migration Review*,

Vol. 20, No. 4, 1986, http://www.jstor.org/stable/2545740(2008 年 5 月 28 日下载).

223. Wingen, Max, "Immigration to the Federal Republic of Germany as a Demographic and Social Problem", *International Migration Review*, Vol. 29, No. 3, 1995, http://www.jstor.org/stable/2547501(2008 年 5 月 27 日下载).

224. Wright, Richard A., Mark Elhs, and Michael Reibe, "The Linkage between Immigration and Internal Migration in Large Metropolitan Areas in the United States", *Economic Geography*, Vol. 73, No. 2, 1997, http://www.jstor.org/stable/144449(2008 年 5 月 27 日下载).

中文资料

225. 陈文海:《法国史》,人民出版社 2004 年版。

226. 戴超武:《美国移民政策与亚洲移民》,中国社会科学出版社 1998 年版。

227. 邓蜀生:《美国与移民:历史、现实与未来》,重庆出版社 1990 年版。

228. 付成双:《加拿大西部地方主义研究》,民族出版社 2001 年版。

229. 姜芃:《加拿大文明》,中国社会科学出版社 2001 年版。

230. 李炳炎:《社本论:社会主义资本论》,人民出版社 2000 年版。

231. 梁茂信:《都市化时代:20 世纪美国人口流动与城市社会问题》,东北师范大学出版社 2002 年版。

232. 梁茂信:《美国移民政策研究》,东北师范大学出版社 1996 年。

233. 列宁:《俄国资本主义的发展》,《列宁全集》第 3 卷,人民出版社 1984 年版。

234. 列宁:《农业中的资本主义》,《列宁全集》第 4 卷,人民出版社 1984 年版。

235. 刘绪贻:《富兰克林·D.罗斯福时代》,人民出版社 1994 年版。

236. 马克思:《资本论》第 1 卷,人民出版社 2004 年版。

237. 钱皓:《美国的西裔移民研究——古巴、墨西哥移民历程及双重认同》,中国社会科学出版社 2002 年版。

238. 任东来等:《美国宪政历程:影响美国的 25 个司法大案》,中国法制出版社 2004 年版。

239. 宋全城:《欧洲移民研究:20 世纪的欧洲移民进程与欧洲移民问题化》,山东大学出版社 2007 年版。

240. 田德文:《欧盟社会政策与欧洲一体化》,社会科学文献出版社 2005 年版。

241. 王昺:《文化马赛克:加拿大移民史》,民族出版社 2003 年版。

242. 王章辉、黄柯可:《欧美农村劳动力的转移与城市化》,社会科学文献出版社1999年版。
243.《马克思恩格斯全集》第2卷,人民出版社1957年版。
244.《马克思恩格斯全集》第3卷,人民出版社2002年版。
245.〔德〕贝娅特·科勒—科赫、托马斯·康策尔曼和密歇勒·科诺特:《欧洲一体化与欧盟治理》,顾俊礼译,刘立群校,中国社会科学出版社2004年版。
246.〔美〕布·罗北:《美国人民:从人口学角度看美国社会》,董天民、韩宝成译,国际文化出版公司1987年。
247.〔美〕塞缪尔·亨廷顿:《我们是谁? 美国国家特性面临的挑战》,程克雄译,新华出版社2005年版。
248.〔美〕文森特·帕里罗、约翰·史汀森、阿戴思·史汀森:《当代社会问题》,周兵等译,华夏出版社2002年版。
249.〔美〕西奥多·W.舒尔茨:《论人力资本投资》,吴珠华等译,北京经济学院出版社1990年版。
250.〔美〕约瑟夫·威勒:《欧洲宪政》,程卫东等译,周弘、程卫东、李靖堃校,中国社会科学出版社2004年版。
251.〔美〕乔尔·科特金:《全球城市史》,王旭等译,社会科学文献出版社2006年版。
252. 李长久:"移居美国的科学家的作用",《人民日报》1985年1月27日。
253. 梁茂信:"19世纪末期美国对华人的移民政策",《东北师范大学学报》1998年第1期。
254. 梁茂信:"近代早期西欧国家人口流动的特征及其原因分析",《求是学刊》2008年第3期。
255. 谢晋宇:"欧盟面临的新挑战:反移民的逆流",《南开学报》2000年第2期。
256. 王涌:"战后英国移民政策透视",《世界历史》2002年第3期。
257. 周聿峨、阮征宇:"当代国际移民理论研究的现状与趋势",《暨南学报》2003年第2期。